KARL MAY'S
GESAMMELTE WERKE

BAND 85
VON EHEFRAUEN
UND EHRENMÄNNERN

KARL-MAY-VERLAG
BAMBERG·RADEBEUL

VON EHEFRAUEN UND EHRENMÄNNERN

BIOGRAFISCHE UND POLEMISCHE
SCHRIFTEN 1899-1910
VON
KARL MAY

13. TAUSEND

KARL·MAY·VERLAG
BAMBERG·RADEBEUL

Auf dem Titelbild sind jeweils von links nach rechts abgebildet, in der oberen Reihe:

Ansgar Pöllmann (1871-1933; vgl. S. 335ff.), Georg Ruseler (1866-1920; Heimatdichter, Verfasser der Anti-May-Schrift *Karl May, eine Gefahr für unsere Jugend*, 1901), Paul Schumann (1855-1927; vgl. S. 177ff.), Heinrich Wolgast (1860-1920; Pädagoge, übte in seinem Werk *Das Elend unserer Jugendliteratur*, 1896, deutliche Kritik an Karl May und war einer der Hauptauslöser der Schundliteratur-Diskussion);

in der mittleren Reihe:

Fedor Mamroth (1851-1907; vgl. S. 145ff.), Hermann Cardauns (1847-1925; vgl. S. 205ff.), Ida Pauline Münchmeyer (1840-1928; vgl. S. 16ff.);

in der unteren Reihe:

Ferdinand Avenarius (1856-1923; Pädagoge und Schriftsteller, Herausgeber des *Kunstwarts*, einer der Wortführer in der Schundliteratur-Debatte, scharfer Gegner Karl Mays), Emma May, geb. Pollmer (1856-1917; vgl. S. 11ff.), Rudolf Lebius (1868-1946; vgl. S. 208ff.).

Herausgegeben von Lothar und Bernhard Schmid

© 2004 Karl-May-Verlag, Bamberg
Alle Urheber- und Verlagsrechte vorbehalten

Deckelbild: Carl-Heinz Dömken

Druck: Fuldaer Verlagsanstalt
ISBN 978-3-7802-0085-3
www.karl-may.de

INHALT

Vorwort 7

"Eine wahre Bereicherung unserer Höchst=Literatur"... 11

Frau Pollmer, eine psychologische Studie 25

*"Ich lege die Sonde an die großen Wunden
der Gegenwart." Karl May antwortet auf die
Angriffe der Frankfurter Zeitung* 145

Karl May und seine Gegner. Antwort an die
‚Frankfurter Zeitung' in der ‚Tremonia', Dortmund 149

*"Ich gehe meinen eigenen Weg, einen Weg,
den noch niemand vor mir beschritten hat."
Karl Mays offene Briefe an den ‚Dresdner Anzeiger'.* 177

An den ‚Dresdner Anzeiger' 181

*"Meine Bücher enthielten nicht ein einziges
laszives Wort." Sechs Flugblätter Karl Mays
aus den Jahren 1905-1910* 205

Offener Brief an den Haupt-Redakteur der
‚Kölnischen Volkszeitung',
Herrn Dr. phil. Hermann Cardauns 211

Aus dem Lager der May-Gemeinde 217

Die ‚Rettung' des Herrn Cardauns 221

Ist Cardauns rehabilitiert?
Entgegnung zu No. 194 der ‚Germania' 243

An die deutsche Presse! 249

Herr Rudolf Lebius, sein Syphilisblatt und sein Indianer... 257

*„Gebt Euerm Volk und Euern Kindern
Sonnenfrüchte!" Karl Mays Kampagne
gegen die ‚Schund- und Giftliteratur'* 265

Die Schundliteratur und der Früchtehunger 271

Wer war Franz Langer? 279

Die Schund- und Giftliteratur und Karl May,
ihr unerbittlicher Gegner 283

Aphorismen über Karl May 301

Zur Abwehr 317

Meine Beichte (2. Fassung) 327

Meine Beichte 329

*„Fast jeder, der die Feder in die Hand nähme, würde
ein literarischer Spitzbube sein!" Karl Mays
‚Freistatt'-Artikel gegen Pater Ansgar Pöllmann* 335

Auch ‚Über den Wassern' 339

*„Es sei Aufgabe eines jeden bedeutenden Menschen,
der sich nicht mehr als Schaf betrachtet, Leithammel
irgendeiner Herde zu werden, gleichviel welcher."
Mays Polemiken gegen Rudolf Lebius* 393

Lebius, der ‚Ehrenmann' 395

Zeugenaussage für Klara May 413

VORWORT

Immer wieder wird bei der Betrachtung des Lebens und Werks eines Schriftstellers aus dem Abstand vieler Jahre nach seinem Tod die Frage gestellt, wie viel denn eigentlich geblieben sei von diesem schriftstellerischen Oeuvre und was sich dem Gedächtnis der Nachwelt eingeprägt habe. Im Falle Karl Mays wird man – mehr als 90 Jahre nach seinem Tod im Jahre 1912 – gewiss sagen dürfen, dass die Gestalten seiner Fantasie, Figuren wie Winnetou, Old Shatterhand oder Kara Ben Nemsi, in der Erinnerung zahlloser Leser immer noch lebendig sind, während von den vielerlei Anfeindungen, die der Schriftsteller in seinen letzten Jahren erdulden musste, kaum etwas geblieben ist; überlebt haben Mays Imagination und ihre Schöpfungen.

Dennoch war Karl Mays Alter stark geprägt von den Auseinandersetzungen mit seinen literarischen und persönlichen Gegnern. Die Streitschriften in Band 83 der Gesammelten Werke, *die sich vor allem mit den Auseinandersetzungen um Mays Kolportageromane für Münchmeyer und mit der Problematik seiner Ehescheidung von Emma Pollmer sowie dem Verleumdungsprozess gegen Rudolf Lebius befassen, zeigen, wie sehr May damals persönlich verletzt wurde, wie er sich förmlich ‚an den Marterpfahl‘ gestellt sah.*

Die im vorliegenden Band versammelten Beiträge dokumentieren Mays Kampf mit literarischen Gegnern wie Fedor Mamroth, Hermann Cardauns und Ansgar Pöllmann sowie seinem persönlichen Feind Rudolf Lebius; sie zeugen aber auch von den tiefen seelischen Wunden, die er in den Jahren seiner ersten Ehe davontrug. Viele der literarischen Auseinandersetzungen der Jahre 1899-1910 sind zweifellos zeitbedingt und heute nur noch von historischem Interesse; es gehört zu der persönlichen Tragik Karl Mays, dass sein ‚Fall‘ teilweise auch zusammentraf mit Streitigkeiten zwischen unterschiedlichen politischen und religiösen Lagern der damaligen Presselandschaft. Da May seine Reiseerzählungen vornehmlich für den katholischen Deutschen Hausschatz *verfasst hatte, galt er lange Jahre als ‚Lieblingsschriftsteller' der katholischen Presse und wurde auch entsprechend gelobt. Kein Wunder, dass der liberal-‚freisinnig' (also antiklerikal) gesonnene Redakteur Fedor Mamroth bei seiner Artikelserie gegen Karl May auch gleich die ‚ultramontane', der Zentrumspartei nahe stehende Presse, mit angriff. Hermann Cardauns, Chefredakteur der katholischen* Kölnischen Volkszeitung, *wiederum erblickte unter anderem auf Grund solcher Attacken aus dem anderen politischen Lager in May einen Hochstapler, der der katholischen Seite Schaden zufügen konnte, und führte nun seinerseits einen Feldzug gegen ihn.*

Rudolf Lebius, der Hauptfeind in Mays späteren Lebensjahren, war als Propagandist der gegen die Sozialdemokraten agierenden ‚gelben' Gewerkschaften tätig. In einen Prozess, den Lebius gegen einen Redakteur des sozialdemokratischen Vorwärts *anstrengte, wurde auch May mit hineingezogen, hatte er doch Beweise dafür, dass es sich bei Lebius um einen eher zweifelhaften ‚Ehrenmann' handelte.*

Den Offenen Briefen, Flugblättern und anderen Schriften in diesem Band sind jeweils kürzere Erläuterungen des zeitgeschichtlichen und biografischen Hintergrunds vorangestellt, vor dem die Arbeiten entstanden. Dabei wurde auch aus Schriften der Mayschen Gegner zitiert, soweit dies für das Verständnis der May-Texte nötig erschien. Ein vollständiger Abdruck der Presseangriffe wäre allein schon aus Gründen des Umfangs dieser Materialien nicht möglich gewesen.

Natürlich stand May bei Abfassung der kritischen und polemischen Schriften gegen seine Kritiker unter erheblichem psychologischen Druck; daher ist die literarische Qualität der hier versammelten Texte durchaus unterschiedlich zu bewerten. Hatte er am Anfang, bei der Kontroverse mit Fedor Mamroth, noch versucht, seine Lebenslegende vom eifrigen Weltreisenden und umfassenden Sprachgenie wenigstens teilweise zu retten – was ihm dann umso pointiertere Gegenangriffe Mamroths eintrug –, so argumentierte er später, insbesondere in den Freistatt*-Artikeln gegen Ansgar Pöllmann, ungleich geschickter und verstand es, die Blöße des Gegners offen zu legen, ohne sich selber dadurch in Verlegenheit zu bringen. Es scheint aber auch, dass die Arbeit an den Verteidigungsschriften und Polemiken May dazu anregte, sich über sein eigenes Leben und über seine Intentionen als Schriftsteller klarer zu werden. Analysen wie* Die Schundliteratur und der Früchtehunger *oder die Selbstbekenntnisse der* Aphorismen über Karl May *zeugen von einer stärkeren Bewusstheit des Autors in Bezug auf seine Absichten und seine Stellung in der Literatur. Natürlich ist nicht alles, was May hier zu Papier brachte, wirklich ausgefeilt; aber in Zusammenhang mit dem Spätwerk[1] ab* Und Friede auf Erden! *und seiner Autobiografie* Mein Leben und Streben[2] *lesen sich viele der Texte als interessante Ergänzung.*

Eine Sonderstellung in Mays Werk nimmt das erstmals 1982 veröffentlichte Manuskript Frau Pollmer, eine psychologische Studie[3] *ein. Es ist eine überaus private, sehr offene und intime Abrechnung mit der ‚Hölle' seiner ersten Ehe, die aber auch tiefe Einblicke in seine eigenen Ängste, Komplexe und Seelenqualen eröffnet. Gabriele Wolff, die bereits eine ausführliche Studie zu diesem Werk vorgelegt hat, kommentiert es in einem Beitrag in sehr einfühlsamer Weise, wobei nicht nur die biografischen Umstände der Entstehung dieses Textes, sondern auch sein Nachleben in der Literatur des 20. Jahrhunderts (nämlich im Werk Arno Schmidts) in den Blick genommen wird.*

Schließlich haben Wolfgang Hermesmeier und Stefan Schmatz neue und interessante Erkenntnisse zu der kleinen Schrift Die Schund- und Giftliteratur und Karl May, ihr unerbittlicher Gegner *zusammengetragen, die man bisher ganz sicher für eine Arbeit Karl Mays hielt, die dieser unter Pseudonym veröffentlicht habe. Hermesmeier und Schmatz eröff-*

---

[1] Karl Mays Gesammelte Werke Bde. 28 bis 33
[2] Heute in Karl Mays Gesammelte Werke Bd. 34, „ICH"
[3] Faksimile der Handschrift in: Karl May. „Prozess-Schriften Band 1. Frau Pollmer, eine psychologische Studie"

nen mit ihren Forschungen, auch wenn sie noch keine endgültigen Ergebnisse präsentieren können, innovative und anregende Perspektiven für eine künftige Diskussion der Autorschaft.

Überhaupt hoffen wir, mit diesem Band das Gespräch über Karl May und sein ebenso vielgestaltiges wie merkwürdiges Werk wieder um einige Facetten bereichern zu können.

Christoph F. Lorenz

„EINE WAHRE BEREICHERUNG UNSERER HÖCHST=LITERATUR"

Warum eigentlich interessieren wir Leser uns für das Privatleben eines Autors? Gar für die intimen Details seines Liebes- und Ehelebens, von denen Karl Mays Text Frau Pollmer, eine psychologische Studie *aus dem Jahr 1907 vielleicht mehr liefert als manch einem lieb und recht ist: Das Ich seiner Romane, das uns von Beginn an verführt und gelehrt hat, es mit dem Autor gleichzusetzen, wird in dieser Studie ganz klein geschrieben. Es präsentiert sich als passiv und leidend, es ringt um seine Existenz im Überlebenskampf mit dieser dominanten, kämpferischen, suggestiven und erotisch unersättlichen Dämonin* Frau Pollmer, *die zwischen 1880 und 1902 Emma May hieß. Groß ist dieses Ich nur in der Genauigkeit seiner Beobachtungen, im Deuten von Spuren, im Notieren seiner Ängste. Groß ist es auch in seiner literarischen Leistung, die sämtlichen Positionen zwischen Überlegenheit des wissenschaftlichen Beobachters – des theoretisierenden Psychologen – einerseits und aggressivem Kontrollverlust andererseits zur Sprache verhilft. Kaum ein Mann hat jemals in einem autobiografischen Text, der keine Fiktion sein will, demütigende Erfahrungen so präzise protokolliert. Und selten wird man einen Text lesen, der zwar über Intimstes Auskunft gibt, aber dennoch ganz und gar nichts Voyeuristisches an sich hat. Humor, einer von Mays sympathischsten Zügen und bewährtes Stilmittel des Romanautors, ist ein Signal für ersparten Gefühlsaufwand; man findet ihn in seiner Studie daher kaum. Nur bei der Beschreibung von Emmas Freundinnen, die zugleich Mays Feindinnen waren, der „Vertreterin der Kraft- und Faust-Weiberei", dem „Karnikel", der „Phryne, liebestolle Personen dritten Geschlechtes" und „alte geifernde Weiber" inklusive, bricht ein, wenn auch sarkastisch gefärbter, Humor durch.*

So haben wir May, selbst in seinen verzweifeltsten Verteidigungsschriften gegen die zahlreichen Gegner, die seine letzten zehn Lebensjahre verdüsterten, noch nicht erlebt. Gerade die augenfälligen Unterschiede zwischen der Studie *und Mays gesamtem Werk sind Grund genug für unser Leserinteresse: Denn wie war es möglich, dass May diesen erschütternden Lebens-Text, in den nach und nach die Realität eines aktuellen, von seiner Gegnerin und Emmas Freundin Pauline Münchmeyer gegen ihn angestrengten Ermittlungsverfahrens wegen angeblichen Meineids hineindringt, seine beabsichtigte Chronologie zerstörend, zur selben Zeit schreiben konnte wie den hochgestimmten Menschheitsroman* Ardistan und Dschinnistan, *der unter dem Titel* Der 'Mir von Dschinnistan *ab November 1907 im Deutschen Hausschatz erschien? Arbeitete May so hochkonzentriert, weil er tatsächlich, wie er in der Studie schrieb, über die „Willenskraft" verfügte, „meine glückliche, selige Arbeitswelt und die armselig häßliche, traurige Welt der Pollmerschen Dämonen vollständig auseinander zu halten"?*

Misslang ihm dieser Kraftakt nicht vielleicht öfter, als er selbst wahrnehmen konnte? Wer die Studie *gelesen hat, wird Kara Ben Nemsis Kommentar angesichts der Verzückung von Halef, der sich auf den ersten Blick in die fünfzehnjährige Hanneh, die dunkeläugige Schöne, verliebt, jedenfalls mit ganz anderem Verständnis lesen: „Die Augen meines Halef leuchteten auch (...); seine Sprache trieb poetische Blüten; vielleicht stand er am Rande desselben Abgrundes, welcher die Hadschi-Hoffnungen seines Vaters und Großvaters, weiland Abul Abbas und Dawud al Gossarah, verschlungen hatte: der Abgrund der Liebe und der Ehe."[1] Der merkwürdige Humor, mit dem Kara Ben Nemsi kurze Zeit später Halefs Frage, ob er wisse, was die Liebe sei, abwehrt: „Ja. Die Liebe ist eine Koloquinthe. Wer sie ißt, bekommt Bauchgrimmen."[2] – auch er findet seine Erklärung.*

Halef und Hanneh werden trotz dieser skeptischen Bemer-

---

[1] May: „Durch Wüste und Harem", Reprint der Fehsenfeld-Ausgabe Bd.1, (Freiburg 1892), Bamberg 1982, S. 263 (Karl Mays Gesammelte Werke Bd. 1, „Durch die Wüste")

[2] Ebd., S. 272

kungen der Ich-Figur zu dem glücklichsten ‚realen' Paar, das May je ersonnen hat; aber er lässt keinen Zweifel daran, dass die sinnliche, mütterliche, kluge und tatkräftige Hanneh ihren Halef im Griff hat und ihm nur die Illusion gönnt, Familie und Stamm zu regieren. Die orientalischen Ehemänner im Übrigen sind komische Figuren, Pantoffelhelden allesamt, ob nun Mersinah, die Myrte, Tschileka, die Erdbeere, oder im Spätwerk Pekala, die Köstliche, oder Taldscha, das Schneeglöckchen, katzenpfotig das Zepter schwingt. Selbst die kurdische Madana, die Petersilie, emanzipiert sich rasch und befreit den deutschen Helden, die entgegenstehende Weisung ihres brutalen Mannes ignorierend. Von der respektvollen Verehrung der abendländischen Frau entzückt, wie sie ihr von Kara und Sir David Lindsay vermittelt wird, hält sie die dortigen Frauen für vom Glück begünstigte Wesen, was Kara Ben Nemsi mit ironischem Unterton wie folgt kommentiert: „Wäre Germanistan nicht so viele Tagreisen entfernt gewesen, so hätte meine Petersilie vielleicht versucht, aus eigener Anschauung kennen zu lernen, ‚wie glücklich unsere Frauen sind'!" [1]

Kämpferische Frauen, die sich als Mann verkleiden, findet man ab 1896 in Mays Westen (Kolma Puschi in Old Surehand III[2]*) wie auch im Orient (die unter dem Pseudonym Adsy alias Adir Beg auftretende Anführerin der Hamawand-Kurden in* Im Reiche des Silbernen Löwen II[3]*) – das Foto von Emma May in Männerkleidung, das in der Studie erörtert wird und ihr als Beweismittel A beigelegt war, deutet auf biografische Hintergründe für derlei Erfindungen hin, und das ebenfalls 1896 entstandene Foto von Emma im Old Shatterhand-Kostüm*[4] *fügt dieser Deutung noch einen beklemmenden, wenn nicht gar Furcht erregenden, Beleg hinzu.*

---

[1] May: „Durchs wilde Kurdistan", Fehsenfeld- Reprint Bd. 2, (Freiburg 1892), Bamberg 1982, S. 629

[2] Heute Karl Mays Gesammelte Werke Bd. 15, „Old Surehand II"

[3] Heute Karl Mays Gesammelte Werke Bd. 27, „Bei den Trümmern von Babylon"

[4] Beide Fotos veröffentlicht in: Christian Heermann: „Winnetous Blutsbruder. Karl-May-Biografie", Bamberg Radebeul 2002, S. 330

Anders als in seinen Reiseerzählungen spielen die erotischen Beziehungen zwischen Mann und Frau in Mays frühen Romanen eine wichtige Rolle; und mag auch der Frauentypus der gefährlichen, die Geschlechtergrenzen überschreitenden Frau ein gängiges Motiv, wenn nicht gar der Mythos des ausgehenden 19. Jahrhunderts schlechthin sein, so weist er doch in dieselbe Richtung. Die zwischen sadistisch-mörderischem Pirat und verführerischem Vollweib changierende Kunstfigur der ‚Miß Admiral' weckt männliche Ängste, die May geteilt haben dürfte: „Wer von uns hätte nicht von diesem Frauenzimmer gehört, die ein Teufel in Menschengestalt gewesen ist!"[1] Erstmalig betrat die vielseitige Dame in Mays ‚Criminalroman' Auf der See gefangen (heute Band 80 der Gesammelten Werke) in der Zeitschrift Frohe Stunden von Bruno Radelli in den Jahren 1878/1879 die literarische Bühne, als May für Radelli als Redakteur tätig war und mit Emma Pollmer in Dresden eine Ehe auf Probe führte; auch diese Zeit wird in der Studie behandelt, wobei May die Summe seiner hierdurch gewonnenen Erkenntnisse folgendermaßen zieht: „die Burschen und Männer waren ihr nur noch ‚Dummköpfe', ‚Säue' und ‚Schweine', die man mit Sinnenlust füttert, um sie dann abzuschlachten." Und: „Sie musste Qualen sehen, um sich glücklich zu fühlen."

Sein Roman Die Jueweleninsel *erschien zwischen August 1880 (Eheschließung von Karl und Emma) und März/April 1882 in der Zeitschrift* Für alle Welt! *und ist wiederum ein Beispiel für eine sehr frühe Dämonisierung der Frau, die die Geschlechtergrenzen überschreitet: Die hinreißend gefährliche Kunstreiterin Miß Ella, von zwei Männern heftig umworben, deren Name sich lediglich durch eine winzige Buchstabenverschiebung der Mittelkonsonanten von Emmas Namen unterscheidet – die Wandlungsfähigkeit dieses Teufelsweibes sprengt fast das Vorstellungsvermögen. Zirkusreiterin, heimliche Kurtisane des tollen Prinzen, sündige*

---

[1] May: "Old Surehand". 2. Band, Fehsenfeld- Reprint Bd. 15, (Freiburg 1895), Bamberg 1983, S. 430. (Heute Karl Mays Gesammelte Werke Bd. 19, „Kapitän Kaiman")

Nonne, im vorletzten, dem 7. Kapitel, dann Indianer abschlachtender Bowie-Pater, der in dieser Episode verwundeten Indianern sein Messer ins Herz stößt und dabei die Nr. 221 der laut memorierten Strichliste abhakt, später Mönch – nur die ältliche, aber noch immer attraktive Dame, die zu guter Letzt dem Westmann Bill Holmers ihr Ja-Wort gibt, nimmt man einer Ella nicht so ganz ab.: „Er hat die Seele des bösen Geistes, den Mut eines Mannes und den Leib eines Weibes", fasst der Apatschenhäuptling Rimatta seinen Abscheu vor dem Pater zusammen, den er als Einziger „belauscht hat, als er im Fluss badete",[1] *und daher das Geheimnis seines wahren Geschlechts lüften kann.*

Die Figur der Kunstreiterin – führt sie nicht unmittelbar zu der Formulierung in der Studie: *„da wollte sie [Emma] geliebt sein und wieder lieben, gleichviel ob männlich oder weiblich, denn sie fand sich in beiden Sätteln zurecht"? Trägt nicht sogar Winnetous liebliche Schwester Nscho-tschi, deren zarte Liebe zu Old Shatterhand unerfüllt bleibt, amazonenhafte Züge? Wird sie doch für gefühllos gehalten, weil sie die qualvolle Ermordung eines Menschen so gar nicht berührt. „Die Frauen der Bleichgesichter", verteidigt sich Nscho-tschi, „sind nicht so zart, wie du denkst. Sie können die Schmerzen sehr gut ertragen, aber die Schmerzen, welche andere, Menschen oder Tiere, erdulden..."*[2]

Die Wechselwirkung zwischen Leben und Werk ist es, die das Interesse des Lesers für ein Dokument wie Mays Studie *erregt. Insbesondere bei einem Autor, der wie kein zweiter ‚Ich' gesagt hat, es mit autobiografischem Material anreicherte, um jenes fiktive ‚Ich' nach einem beispiellosen Erfolgszug in sein reales Leben eintreten zu lassen. Ein Autor, der vielleicht eine verborgene Wahrheit aussprach, eine erst auf den zweiten Blick erkennbare, als er immer wieder beteuerte, er habe*

---

[1] May: „Der Bowie-Pater und andere Erzählungen". Bd. 84 der Gesammelten Werke, Bamberg Radebeul 2003, S. 118

[2] May: „Winnetou der rote Gentleman". 1. Band, Fehsenfeld Reprint Bd. 7, (Freiburg 1893), Bamberg 1982, S. 387 (Karl Mays Gesammelte Werke Bd. 7, „Winnetou I")

alles das, was in seinen Romanen geschehe, selbst erlebt. „Man sieht, daß ich ein echt deutsches, also einheimisches, psychologisches Rätsel in ein fremdes orientalisches Gewand kleide, um es interessanter machen und anschaulicher lösen zu können" [1], *heißt es in seiner Autobiografie.*

Mays psychologische Studie über seine erste Ehefrau Emma, fünf Jahre nach der Scheidung verfasst, handelt von diesem einheimischen psychologischen Rätsel. Sie wirft die Frage nach der Wahrheit seiner Darstellung auf, die ein Blick zurück im Zorn ist. Sätze wie: „habe ich gekennzeichnet, welch ein erbitterter, nie endender, sondern an jedem Morgen neu erwachender Kampf zwischen ihr und mir sich bis zum Scheidungstage durch meine ganze Ehe zog. Es war eine nervenmordende, entsetzliche, teuflische Zeit!", sind als wertende Betrachtung einer Ehe ‚wahr' im Augenblick der bewältigenden Niederschrift. Der überwiegende Teil der Studie wurde – mit hoher Wahrscheinlichkeit – erst nach der am 9.11.1907 bei May durchgeführten Hausdurchsuchung verfasst; ein Vorgang, der ihn bis hin zu einem Nervenzusammenbruch erschütterte, denn niemals hatte er geglaubt, dass die Strafanzeige seiner Prozessgegnerin Pauline Münchmeyer, gegen die er wegen seiner Rechte an den 1882 bis 1887 geschriebenen Kolportageromanen bereits seit 1902 zivilrechtlich vorging, von der Justiz ernst genommen würde.

May war, insbesondere nach Wiederveröffentlichung seiner alten Romane durch den Verlagskäufer Adalbert Fischer, der die Werke unter dem nun berühmt gewordenem Namen herausgab, wegen angeblicher Unsittlichkeit derselben empfindlich angegriffen worden. Publizistisch verteidigte er sich mit der Behauptung, dass Münchmeyer anstößige Stellen in seinen sittenreinen Text hineinmanipuliert habe. Juristisch war dies nicht zu belegen, weil May seine Manuskripte nicht mehr besaß. Also war er gezwungen, den Beweis zu führen, dass Pauline Münchmeyer nicht mehr über seine Rechte verfügte, als sie sie verkaufte (wodurch Fischer, falls dieser Pro-

---

[1] May: „Mein Leben und Streben". In: Karl Mays Gesammelte Werke Bd. 34 „ICH", Bamberg 2002[41], S. 215

zess mit einem Sieg geendet hätte, am Nachdruck gehindert worden wäre). Dass May nicht klagen würde, war für das Duo Münchmeyer/Fischer Geschäftsgrundlage des Verlagsverkaufs: Sie verließen sich auf das Druckmittel, vage Kenntnisse über Mays Vorstrafen zu haben. May allerdings ließ sich nicht erpressen, er klagte und sollte das Prozessende nicht mehr erleben. In drei Instanzen hatte er schließlich gegen Pauline Münchmeyer gewonnen und am 11.02.1907 den vom Reichsgericht für zulässig erklärten und mangels schriftlicher Beweise erforderlichen Parteieid abgegeben, wonach seine Rechte nur bis zu einer bestimmten Auflagenhöhe an die Firma Münchmeyer abgetreten worden seien. Nach diesem Eid trat das Zivilverfahren in ein neues, quälend langwieriges Stadium ein: Er verklagte die Witwe Pauline Münchmeyer, einstmals Emmas beste und engste Freundin, auf Auskunft und Rechnungslegung über die tatsächlich verkauften Exemplare. Pauline Münchmeyer wiederum nahm diese für sie existenzbedrohende Niederlage nicht kampflos hin, sondern zeigte May und die für ihn aussagenden Zeugen, darunter auch Emma Pollmer, wegen Meineids an.

Emma war plötzlich wieder machtvoll präsent in Mays Leben, ohne dass er sich zuvor der Bearbeitung der existenziellen Konflikte gestellt hatte, die ihm durch diese Ehe aufgezwungen worden waren. Eine literarische Bewältigung war ihm lediglich hinsichtlich des Trennungs- und Scheidungsgeschehens gelungen, das für alle Beteiligte traumatisch genug war: In den vielschichtigen Bänden von Im Reiche des Silbernen Löwen III *und* IV, *die in den Jahren 1902/1903 entstanden, kann man die Geschichte nachlesen...*[1]

Nun aber, im Jahr 1907, stellten sich die eigentlichen Lebensfragen neu und in der Bedrängnis der Lebenssituation sogar noch verschärft: War Emma etwa nicht das wichtigste Glied in einer Kausalkette, die sich ihm rückblickend als der rote Faden seines Lebens schlechthin darstellte und seine immer passiven, immer nur reagierenden Lebensentscheidungen er-

---

[1] Heute Karl Mays Gesammelte Werke Bde. 28 und 29, „Im Reiche des silbernen Löwen" und „Das versteinerte Gebet"

klärte? War die Eheschließung nicht nur auf Emmas flehentliche Bitte von Mai 1880 hin erfolgt, sie trotz der negativen Erfahrungen der Ehe auf Probe und der danach erfolgten Trennung im Jahr 1879 zu heiraten, während der hypnotische Blick ihres sterbenden Großvaters, ihres einzigen Verwandten, auf May gerichtet war? Hatte die umschwärmte Emma, die sich ein materiell sorgloses Leben bei erheblichen Ansprüchen an Kleidung, Vergnügungen und Dienstpersonal erträumte, etwa nicht auf ihn eingewirkt, für Münchmeyer ab 1882 Kolportageromane zu verfassen? Und obwohl May sich bereits Anfang 1877 als Redakteur für verschiedene Münchmeyer-Zeitschriften geradezu fluchtartig aus dem Dunstkreis der Münchmeyers entfernt hatte (wofür es gute Gründe gab): Er ließ sich überreden in der Aussicht, die lebenslustige Emma durch einen Umzug fort aus der zu engen Provinz in die Residenzstadt Dresden und durch ein gesichertes Einkommen zufrieden zu stellen. War es nicht Emmas allzu frivoler Flirt mit Heinrich Münchmeyer, vor allen Dingen aber ihre allzu intime Freundschaft mit Pauline Münchmeyer, die zur Entfremdung zwischen den ohnehin auf verschiedenen Planeten wohnhaften Ehepartnern beitrugen? War es nicht ‚wahr‘, dass Emma beschwichtigend, ja bezwingend, auf ihn einwirkte, ihre alte Freundin Pauline nach dem Tod von Heinrich Münchmeyer im Jahr 1892 nicht mit Abrechnungsforderungen zu behelligen? Emma war zu großen Szenen in der Lage, die May, wenn möglich, vermied und denen er sich, wie glaubhaft in der Studie beschrieben, nicht selten durch Flucht in Gaststätten entzog. Und so ließ er alles dahintreiben, ohnehin auf sein aktuelles literarisches Schaffen und seine glanzvollen Auftritte in der Öffentlichkeit konzentriert, die auch seine Frau genoss. Mit der Folge eben, dass Pauline sich im Jahr 1899 sicher genug fühlte, ihren Verlag mitsamt den angeblichen Rechten an Mays seinerzeit unter Pseudonym bzw. anonym verfassten Kolportageromanen zu verkaufen. ‚Wahr‘ ist auch, dass Emma Papiere verbrannte, als May auf Orientreise war: Ob diese Papiere als

Beweismittel in dem Zivilverfahren gegen Pauline Münchmeyer eine verfahrensbeschleunigende Wirkung hätten entfalten können, ist eine reine Wertungsfrage und juristisch eher zu verneinen. Denn ein Brief, in dem Münchmeyer konkret seinerzeitig mündlich abgeschlossene Verträge schriftlich bestätigt hätte, existierte nicht. Auch in der Studie *wird lediglich – dies aber mit aller dem hochemotionalen Gegenstand entsprechenden Vehemenz – behauptet, dass die vernichteten Schreiben prozessentscheidende Wirkung gehabt hätten. Aus den gleichzeitig offenbarten, überaus zurückhaltenden Fakten über den Inhalt der Schriftstücke lässt sich diese Wertung allerdings nicht nachvollziehen.*

So ordnet sich, bei erkennbarem Bemühen, sich an belegbare Tatsachen zu halten, für May das Bild ganz neu und ganz streng. Eine nicht angreifbare subjektive Wahrheit entsteht in dieser Studie*, die, soweit überhaupt der Überprüfung zugänglich, auf unbestreitbaren Fakten beruht.*[1]

Dass es sich um eine der Lebenssituation geschuldete verengende, rückblickend wertende Sicht handelt, macht die Darstellung nicht ‚unwahr'. Ereignisse gravieren sich nicht unveränderlich ins Gedächtnis ein, woraus sie jederzeit mit den alten Gefühlsbeteiligungen abrufbar wären. Das Sich-Erinnern ist ein aktiver Prozess, der entsprechend der aktuellen Lebensumstände den gespeicherten Situationen ein neues Deutungsmuster unterlegt und zu diesem Muster nicht passende Ereignisse löscht. Das Wiederaufrufen von Glücks-Erlebnissen mit einem Partner, der letztlich als existenziell zerstörend erlebt wurde und die Trennung von ihm als befreiend, ist keinem Menschen möglich. Die Gewissheit, nur eine Illusion gelebt zu haben, in einem wahnhaften Irrtum befangen gewesen zu sein, als man mit dem Anderen glücklich war, verhindert eine ‚gerechte' Darstellung einer Ehe, in der es auch Momente der emotionalen Nähe, der physischen Befriedigung und des ge-

---

[1] Zum Realgehalt der Studie vgl: Gabriele Wolff: „Ermittlungen in Sachen Frau Pollmer". In: „Jahrbuch der Karl May-Gesellschaft 2001", hrsg. von Claus Roxin, Helmut Schmiedt, Reinhold Wolff und Hans Wollschläger, S. 11-351, Husum 2001; speziell zur erörterten juristischen Würdigung: S. 41-67

meinsamen Lachens gegeben haben muss. (Dies trotz der falschen, auf rein sinnlichen Motiven beruhenden, Partnerwahl, die, wie bei Goethe oder James Joyce, Einsamkeit im Geistig-Seelischen erzeugt hat, ein Bereich, der à la longue immer zur wichtigsten Gemeinsamkeit in einer langjährigen Beziehung wird.) May macht da keine Ausnahme von der Regel: Die Auswahl seiner Eindrücke ist subjektiv und von der Erfahrung des Endes und den Erleidnissen der Lebenssituation, in der er seine Studie *schrieb, geprägt.*

Einen Tag, bevor er sie abschloss, sah er Emma wieder, in einem Konzert, das am 13.12.1907 stattfand, wie Roland Schmid, der Herausgeber der Erstveröffentlichung der Studie *im Jahr 1982, ermittelte*[1]*. Welche eigenen Ängste, welche Sorgen auch um seine zweite Frau Klara, die von Emma immer und ewig Beherrschte, dieses überraschende Ereignis auslöste, lässt sich dem Text unschwer entnehmen: „Die alte Angst vor Schwefelsäure, Salzsäure, Gift usw. taucht natürlich sofort von neuem auf! (...) Also der alte Klatsch beginnt von neuem! Da sind wir denn doch gezwungen, nachzuschauen!"*

Und May schaute tatsächlich nach. Die in Weimar wohnende Emma hatte in Dresden seit dem 10.12.1907 als Beschuldigte in dem auch gegen sie gerichteten Verfahren ausgesagt. In der Sache, um die es eigentlich ging, nicht gegen May gerichtet, aber natürlich ihren eigenen Ehe- und Scheidungsgroll verarbeitend, der sich hauptsächlich gegen ihre intime Freundin Klara richtete, die sich von ihr ab- und May zugewandt hatte. Diesen giftigen Klatsch befürchtend, in Kenntnis der Charakterstruktur seiner früheren Frau ihre Aussagen hellsichtig vorausahnend, übergab May, der den Text für seinen Biografen, nicht aber für die Öffentlichkeit geschrieben hatte, die Studie *noch im Dezember 1907 unter dem Siegel der Verschwiegenheit und ausdrücklich außerhalb der Akten dem Untersuchungsrichter Dr. Curt Theodor Larrass. Das Bild, das seine zwischen leidenschaftlicher Liebe und glühen-*

---

[1] Roland Schmid: Vorwort des Herausgebers. In: Karl May. „Prozess-Schriften Band 1. Frau Pollmer, eine psychologische Studie", Bamberg 1982, S. IX f.

dem Hass schwankende geschiedene Frau, deren seelische Erkrankung, die ab 1914 zur stationären Unterbringung in der Psychiatrie führte, bereits ihre Schatten vorauswarf, von Klara und ihm gezeichnet haben musste oder geben würde, sollte durch sein eigenes neutralisiert werden. Als er im April 1908 bei Rückgabe seiner Schrift durch geschickte ‚Vernehmung' von Richter und Staatsanwalt herausfand, dass Larrass die Studie *an Staatsanwalt Seyfert, Schulfreund des Münchmeyer-Anwalts Gerlach, weitergegeben haben musste, obwohl Larrass dies ihm gegenüber abstritt, stellte er einen wohlbegründeten Befangenheitsantrag gegen seinen Untersuchungsrichter. Dieser blieb, jedenfalls gegenüber den Kollegen beim Landgericht Dresden, bei der Wahrheit und gab zu, entgegen seinem Versprechen Mays Text an den Staatsanwalt weitergeleitet zu haben. Wegen seiner Lüge gegenüber May wurde Larrass gerügt. Für befangen hielten ihn die Kollegen, die Mays selbstentblößendes und erschütterndes Dokument nicht kannten, dennoch nicht.*

Hätten sie es gekannt, wäre ihre Entscheidung wohl anders ausgefallen. Ein größerer Vertrauensbruch als die Weitergabe dieser Schrift und ein kläglicherer Verteidigungsversuch als deren Verleugnung ist nicht denkbar. Mays Bekenntnisse, mit denen er mehr über sich aussagt als über seine erste Frau, bewegen selbst den heutigen Leser. Auch wenn die religiös grundierten psychologischen Erklärungsversuche Mays mit ihrer Engel-und-Teufel-Metaphorik und die emanzipatorischen Befreiungsversuche Emmas, die im rechtlosen Status der Frau des 19. Jahrhunderts lebte, zeitbedingt sind: Das Drama einer unter allen Lebensbedingungen möglichen und auch stattfindenden Ehehölle mit all den tiefen Verletzungen, die einander nur in einer Liebesgemeinschaft zugefügt werden können, ist zeitlos. Nur in der Literatur und in Strafprozessen werden die Erschütterungen, die solche Nähebeziehungen auslösen können, öffentlich und sichtbar.

Die Studie, *die den Menschen May und die Entstehungsbedingungen seiner Bücher in ein ungewohntes und grelles*

Licht rückt, ist nur deshalb überliefert worden, weil seine zweite Frau Klara von ihrer Wahrheit überzeugt war. Sie muss darüber hinaus davon überzeugt gewesen sein, dass sie Mays Andenken nicht schaden könne. Trotz Klara Mays überaus aktiver Mitwirkung bei der Legendenbildung um ihren Mann, trotz ihrer Vernichtung von Strafakten Mays, deren objektive Bewertung durch eine vorurteilsfreie Nachwelt sie sich angesichts der miterlebten tödlichen May-Hetze einfach nicht vorstellen konnte: Die Studie blieb unangetastet, obwohl sie selbst darin als ein hypnotisiertes und lebenslang von Emma beherrschtes Opfer dargestellt wird. Klara nahm sogar die Wertung hin, dass May sie nach dem ersten Kennenlernen zunächst als „Gänschen, nicht ganz so groß wie meine eigene Gans, doch geistig unbedeutend" eingeschätzt hatte. Akzeptierte die Kränkung, dass er zu den Gründen seiner Eheschließung mit ihr lediglich die Konvention ins Feld führte, die ihre Pflegeleistung, welche sein physischer Zusammenbruch nach der Trennung von Emma erforderte und die sie anbetend, liebend, leistete, nur unter den Bedingungen einer Ehe gestatte.

Klara selbst, die noch am 06.08.1942 eine liebevolle Notiz über die im Jahr 1917 verstorbene Emma fertigte[1] – nie kam sie los von ihr –, hat unter dem 26.10.1903 in ihrem Tagebuch vermerkt, dass Emma ihr gestanden habe, „sie habe immer gewußt, daß Karl und ich wie Geschwister, nicht aber wie Eheleute leben".[2] Eine weitere Bestätigung dafür, wie demütigend May seine sexuelle Hörigkeit gegenüber Emma zuletzt empfunden haben muss. Nie wieder in solche Abhängigkeiten zu geraten, die ihn zu vernichten drohten, scheint er sich vorgenommen zu haben, was wiederum von Klara in einer mit ‚Emma Pollmer' überschriebenen Notiz aus ihren letzten Lebensjahren gestützt wird: „Mir hat sie immer leid

---

[1] Fritz Maschke: „Karl May und Emma Pollmer. Die Geschichte einer Ehe. Beiträge zur Karl-May-Forschung 3", hrsg. von Prof. Dr. Heinz Stolte, Bamberg 1973, S. 94

[2] Hansotto Hatzig: „‚Du, die mir über alle Prinzessinnen geht'. Feststellungen über Karl und Emma". In: Mitteilungen der Karl-May-Gesellschaft Nr. 100 (1994), S. 21

getan, sie konnte sich nicht mehr ändern und ihr Mann hatte nichts mehr für sie übrig, konnte er nicht haben. So wuchs der Zwiespalt, den ich im ganzen Umfang nach *dem Tod meines ersten Mannes kennen lernte. Hier erst sah ich ein, daß es keine Brücke zwischen diesen zwei Menschen gab und daß Karl May dem Ende entgegenging, erfolgte nicht Trennung."* [1]

Kann es somit als gesichert gelten, dass die Studie *eine Lebenswirklichkeit beschreibt, so stellt sich doch auch die Frage nach ihrem Kunstwert; denn es handelt sich fraglos um Literatur, um eine von einem sprachmächtigen Autor geformte Wirklichkeit. Hans Wollschläger hat sie im Jahr 1965 als „ein Stück von beträchtlicher literarischer Qualität: manche Passagen erreichen Strindberg'sches Format."* [2] *charakterisiert. Klara hätte dieser Wertung sofort zugestimmt, notierte sie doch im Jahr 1916 nach einer Aufführung von Strindbergs* Der Vater *in ihr Tagebuch, „daß sie darin all die Leiden Karl Mays, die er mit Emma durchkämpfte, wiedergesehen habe. Manche Szenen seien fast lächerlich ähnlich gewesen."* [3] *Einen anderen Autor hat die* Studie *so sehr beeindruckt, dass er sich zu einem Roman mit derselben Thematik – Flucht vor dem Sexualterror der Frauen in die Längeren Gedankenspiele der Literatur – hat inspirieren lassen: Arno Schmidt. In seinem 1960 erschienenen Roman* Kaff auch Mare Crisium *hat er Karl May listigen Dank hierfür abgestattet. Sein Held Karl (wie sollte er auch anders heißen?) Richter findet in einer Ausgabe des* Deutschen Hausschatzes *eine Abschrift der* Studie, *die so genannte „‹COPIE NR. 2 / für Herrn Andreas Näwy / Dresden / Johannstädter Ufer 2, III›" – Schmidt hatte sich tatsächlich die Mühe gemacht, den vollständigen Namen und die zutreffende Adresse von Richter Larrass' Protokollführer zu ermitteln, um die literarische Fiktion einer durch Larrass ver-*

---

[1] Maschke: „Karl May und Emma Pollmer", S. 99

[2] Hans Wollschläger: Karl May. Reinbek bei Hamburg 1965, S. 121. Neuausgabe Göttingen 2004, S. 196 (dort in der Variante „Strindberg'schen Rang")

[3] Zitiert nach: Hansotto Hatzig: „Spätlese in Deidesheim". In: Mitteilungen der Karl-May-Gesellschaft Nr. 20 (1974), S. 10

anlassten privaten Abschrift der Studie *authentisch wirken zu lassen. Lag es etwa nicht nahe, dass der Richter, der die* Studie *nachweisbar heimlich weitergab, sich auch noch genauso heimlich eine Abschrift fertigen ließ, bevor er sie an May zurückgab? Leitmotivisch taucht die* Studie *– und andere May-Reminiszenzen – in diesem Roman immer wieder auf. Karl Richters Diktum lässt sich nichts hinzufügen:* „Die müßte man mal abdruckn, ehrlich & ungekürtzt, Wort= & Zeichngetreu; das wäre 1 echtes ‹document humain›; ein unvergleichliches Genre=Bildchen aus dem Ende des vorijen Jahrhunderts, diese ‹COPIE NR. 2› hier. Eine wahre Bereicherung unserer Höchst=Literatur; 1 Psüchologikumm von unabschätzbarem Wert; ich weiß, was ich sage: Mit solch=einer Veröffentlichunk, würde May mit 1 Schlage in die Reihe der ernstzunehmenden Selbst=Biografen einrücken."[1]

Gabriele Wolff

---

[1] Arno Schmidt: „Kaff auch Mare Crisium". Bargfelder Ausgabe I/3, Zürich 1987, S. 94, 210

FRAU POLLMER, EINE PSYCHOLOGISCHE STUDIE
(1907)

Im jetzigen Hohenstein-Ernstthal in Sachsen gab es in den dreißiger Jahren des vorigen Jahrhunderts einen ehrsamen Ackerbürger namens Steger[1], der sich schlecht und recht von dem Ertrag einiger Felder nährte, einige Kühe besaß und innerlich so ernst und wissensdurstig angelegt war, dass er seine Mußezeit nicht wie andere Leute auf unnütze Dinge, sondern nur darauf verwendete, sich geistig fortzubilden. Er kaufte sich wissenschaftliche Bücher, die er mit großem Fleiß las, und trieb sogar Latein. Er war nicht nur ein Musterbürger, sondern auch rein äußerlich ein Mustermensch: Er und seine Frau galten als das schönste Ehepaar der ganzen Umgegend. Darum war er nicht nur stolz auf sein Latein, sondern noch viel mehr auch auf den Ruf, der schönste Mann zu sein und die schönste Frau zu haben.

Dieser Mann hatte zwei Töchter, auf die sich die körperlichen Vorzüge der Eltern vererbten. Sie waren ganz natürlich ‚die schönsten Mädchen in der Stadt' und darum viel umworben. Die eine heiratete einen Arzt, Dr. Günther geheißen, der sich ihretwegen im Städtchen niederließ. Die andere aber betrübte ihre Eltern und Verehrer durch eine Liaison resp. ackerbürgerliche Mesalliance sondergleichen. Sie wählte sich einen Barbiergesellen, der aus einem armen, kleinen Dorf in der Nähe von Annaberg stammte und mit seiner hohen, wohlgewachsenen Grenadiergestalt und seinen pechschwarzen Augen sämtliche jungfräulichen und nicht jungfräulichen Mädchenherzen, Tanzböden und Kammerfenster eroberte. Dieser Barbier litt trotz aller Ursachen, die er nicht dazu hatte, bis an sein hohes Alter an einer grenzenlosen Selbstvergötterung und wusste es auf die allereinfachste und natürlichste Weise durchzusetzen, dass man ihm das Mädchen gab. Er brachte einen ganz

---

[1] Der erwähnte Vorfahre hieß nicht Steger, sondern Stegner.

bedeutenden Einschlag von unbezwinglicher Voluptuosität[1] in die Stegersche Familie und legte den Grund zu deren schneller Perversion. Er hieß Pollmer. Er bekam die Mittel, sich als Barbier zu etablieren, das heißt, jedermann nach damaligem Preis für drei Pfennige, im Abonnement aber für zwei Pfennige zu rasieren. Da aber die Verschwägerung mit einem wirklichen Doktor der Medizin und die alten, ackerbürgerlichen, heiligen Traditionen mehr verlangten, so machte man den Versuch, den Barbier in etwas Besseres und Höheres zu verwandeln. Er bekam die Stegerschen Bücher alle zu lesen, sogar die lateinischen. Besonders die Letzteren wirkten augenblicklich standeserhebend. Der Schwager Doktor trug durch Umgang und Unterweisung das seinige dazu bei, den sozialen Wert dieses nicht ganz zulänglichen Verwandten zu verdoppeln. Später wurde eine homöopathische Apotheke nebst den hierzu gehörigen Gebrauchsanweisungen angeschafft; der Barbier begann zu kurieren, und weil der höchste Preis seiner Arzneien 15 - 20 Pfennige betrug, so gelang es ihm sehr bald, in Kundschaft zu kommen. An seinen Körnchen und Tröpfchen ist kein einziger Mensch gestorben, und da er sich hütete, wirkliche oder gar bedenkliche Krankheiten zu behandeln, hat er nur Ruhm und Ehre geerntet und am Ende seiner langen, segensreichen Tätigkeit ein Vermögen von 230 Mark hinterlassen, welches meiner ersten Frau als seiner einzigen Erbin mit meiner ehemännlichen Genehmigung gegen besondere Quittung voll und ganz ausgezahlt worden ist. Zwar meldeten sich hierauf noch einige weitere uneheliche Kinder resp. Enkel, doch hat meine Frau, als sie mit ihren Forderungen kamen, die Universalerbschaft verteidigt wie eine Löwin ihr Junges und keinen Pfennig davon hergegeben, nicht einmal mir!

Die gloriose Kunst, Zahnschmerz mit *nux vomica* und Mitesser mit *digitalis* heilen zu können, bewirkte bei Herrn

---

[1] Von lat. voluptas = Wollust

Christian Gotthilf Pollmer die Überzeugung, dass er bisher nur ein schöner Mann gewesen, nun aber auch ein bedeutender Mann geworden sei. Er barbierte zwar weiter, ließ sich aber ‚Zahnarzt', ‚Homöopath' oder auch ‚Chirurgus' nennen und spuckte im Übrigen den Leuten auf die Köpfe. Dies ging, so lange es nur einen einzigen Arzt und einen einzigen Barbier im Orte gab; aber es kam nach und nach die Zeit, in welcher drei Ärzte und drei Barbiere nach Kundschaft jagten; da wurden die homöopathischen Einnahmen immer homöopathischer und man musste sich heimlich auf das Äußerste einschränken, um nicht auf den äußeren Stolz verzichten zu müssen. Als ich den alten, sich selbst und seine Enkeltochter vergötternden Mann kennen lernte, brauchten diese beiden wöchentlich drei sechspfündige Schwarzbrote und es gab hierzu nur ein einziges Stückchen Butter im Gewicht von 250 Gramm.

Pollmer hatte einen Sohn und eine Tochter, in denen sich alle körperlichen Vorzüge der Steger und der Pollmer vereinigten. Er war unendlich stolz auf seine schönen Kinder, die aber geistig völlig wertlos waren und seelisch in Egoismus und Vergnügungssucht ertranken. Zu alledem erbten sie seine außerordentliche Kupidität[1], an welcher sie beide zu Grunde gingen. Der Sohn wurde wieder Barbier, weil es geistig und pekuniär zu nichts weiter reichte. Man richtete ihm in Chemnitz einen Friseurladen ein. Die Kundschaft flog ihm zu, seines gewinnenden Äußeren wegen; er aber verjubelte alles mit lüsternen Dirnen und ging, als jeder Rettungsversuch sich als nutzlos erwiesen hatte, als Vagabund zigeunern und ist dann nach langen Betteljahren in der Scheune eines Dorfwirtshauses elend verendet. Die Tochter, ein geradezu wonnig schönes Mädchen, brachte es trotzdem nur zur Verlobung mit einem Schneidergesellen, aber nicht zur Hochzeit. Der Schneider war ein arbeitsamer, ehrlicher Mensch; aber das war ihr nicht genug, er wurde von ihr betrogen. Während der

---

[1] Von Cupido, dem römischen Liebesgott

Brave Tag und Nacht arbeitete, um ihr ein ehrliches Heim bereiten zu können, gab sie sich hinter seinem Rücken mit einem tschechischen Barbiergesellen ab, einem vollständig verwahrlosten, perversen Menschen, der, als sich die Folgen dieser Sinnlichkeit zeigten, sich sofort aus dem Staube machte und nie wieder von sich hören ließ. Der brave Schneider verzichtete natürlich auf den Besitz der Mutter eines fremden, unehelichen Kindes. Sie starb, indem sie gebar. Das Kind dieser verbuhlten Barbierstochter und des verlogenen, leichtfertigen, lüsternen Tschechen aber wurde später – – – meine Frau!

Emma Lina Pollmer, so hieß meine Frau, wurde auf den Namen ihres Großvaters getauft. Dieser war unfähig, vom Schicksal auch nur die geringste Lehre anzunehmen. Um dies zu tun, hätte er sich ändern müssen, doch hierzu war seine Anbetung seines eigenen Ich viel zu groß. Er erzog das kleine Wesen genau ebenso, ja noch viel unrichtiger, als er seine beiden unglücklichen Kinder erzogen hatte. Er ahnte nicht, dass er hierdurch zum Verbrecher an den vitalsten Gesetzen des menschlichen Lebens wurde. Kinder der Liebe, also uneheliche Kinder, pflegen sehr oft die äußeren Vorzüge und inneren Fehler ihrer Erzeuger zu erben. Naturell und Temperament, diese beiden gefährlichsten aller Triebkräfte, treten bei ihnen mehr hervor als bei den in der ruhigen, gleichmäßigen Liebe der Ehe erzeugten Kindern. Natürlich! Wer mitten in Flammen sein Dasein fand, kann auch nur in Flammen leben! So auch hier. Dem kleinen, außerehelichen Enkelkind des alten, homöopathischen Bartscherers war alles angeboren, was äußerlich besticht und äußerlich gewinnt. Im Innern dieser Hülle aber gab es nichts, was Freude machen konnte. Da war alles leer, oder wo etwas war, da faulte es bereits. Unerhörte Eigenliebe, Selbstbewunderung, schärfste Sinnlichkeit, Ungebundenheit, Unempfindlichkeit für fremdes Leid, die bekannte Grausamkeit der Verkommenen, geistige Faulheit, seelische Impotenz und vor allen Dingen das gierige

Trachten nach den nötigen Mitteln, sich im Bodensatz des Lebens baden zu können, so sah der Boden aus, auf dem das Kind sich nur noch als Giftpflanze entwickeln konnte.

Unglücklicherweise starb Pollmers Frau. Als Stegersche Tochter hatte zwar auch sie eine große Portion von Eigendünkel und Eigenwillen besessen, pervers aber war sie nicht. Pollmer ersetzte sie sehr schnell durch eine sogenannte Haushälterin, mit der er aber im innigsten Konkubinat lebte. Sie war ein ganz gewöhnliches, ordinäres Arbeitermädchen, aber äußerst üppig gebaut und mit jenen groben Reizen und der entsprechenden Raffiniertheit versehen, durch welche dergleichen Weibsen selbst braven Männern sehr leicht gefährlich werden können; Pollmer aber hatte sie ja eben grad wegen ihrer Geilheit und Brünstigkeit gemietet. Diese Vettel wurde die Mutter und Erzieherin des Kindes, welches für die Gasse schön herausgeputzt wurde, daheim aber den ausschweifendsten Liebesgenüssen zuzuschauen hatte und seine ganze Kindheit und Backfischzeit in einer Atmosphäre von Wollust und Obszönitäten verlebte, die im höchsten Grad geeignet war, das von den leichtfertigen, liebestollen Eltern vererbte Gift zu entwickeln. Und diese Entwicklung ließ auch gar nicht auf sich warten!

Emma Pollmer kam in die Schule, lernte aber nichts als nur sich putzen. Sie kam aus der Schule und hatte nicht einmal richtig schreiben und lesen gelernt. Das lernte sie später erst bei mir. Seelisch war sie gleich von Anfang an vergiftet, geistig stets eine Null, doch körperlich entwickelte sie sich umso schneller zu einer so reizenden und so üppigen Schönheit, dass der perverse Großvater seine Wonne an ihr hatte und in Beziehung auf ihre Verheiratung nicht nur goldene, sondern sogar diamantene Pläne spann. Sie durfte nichts lernen und nichts machen, sondern sich nur auf ihre Schönheit verlassen. „Meine Tochter[1] braucht nicht zu arbeiten; ich habe sie so erzogen,

---

[1] Pollmer pflegte Emma als seine Tochter zu bezeichnen, May übernahm diese Ausdrucksweise und nannte ihn daher in seinen Erinnerungen des öfteren Emmas Vater.

dass sie das Leben genießen soll!", pflegte er zu sagen. Aber tanzen musste sie gehen und alle Abende in Klatschgevatterschaft oder auf den Jungburschen-Fang, um sich ‚benehmen zu lernen'. Als ich sie zum ersten Mal sah, wurde sie genau von einem halben Dutzend, also sechs Anbetern umschwärmt.

Ich war damals Redakteur bei Münchmeyer gewesen, hatte aber diese Stelle niedergelegt, weil ich absolut die Schwester seiner Frau heiraten sollte, was ich aber ebenso absolut nicht wollte. Ich hatte während dieser Redaktionszeit in eine Welt geschaut, die mich anekelte. Der Mann betrog die Frau und die Frau bestahl den Mann. Er war Zimmergeselle gewesen und dann Kolporteur geworden. Sie war Dienstmädchen und Waschfrau gewesen und wurde in ihrer Heimat nur das ‚Kuhfenster' genannt. Diese beiden Menschen waren nun die Besitzer einer Kolportagefabrik, in der die Ausbeutung der roh-geschlechtlichen Sinnlichkeit auf das Unverschämteste betrieben wurde. Das hatte ich nicht gewusst, sonst wäre es mir nicht eingefallen, die Redakteursstelle anzunehmen. Damals gab Münchmeyer ein Buch heraus, der ‚Venustempel' genannt, mit den scheußlichsten Texten und Abbildungen. Nie in meinem Leben habe ich etwas so schandbar Gemeines gesehen! Aber Münchmeyer las es, seine Frau las es und seine Kinder lasen es und freuten sich über die nackt gemalten Geschlechtsteile und Brüste. Frau Münchmeyer sagte: „Das ist unser bestes Buch; das bringt massenhaftes Geld!" Dass ihre vier jungen Töchter dabei moralisch verkommen mussten, das sah sie nicht ein. Die Folge war, dass der ältesten Tochter des Nachts die Hände gebunden werden mussten, damit sie sich die Onanie abgewöhne. Eine der Töchter ist unheilbar wahnsinnig, zwei haben schon längst keine Männer mehr und die vierte ist geschieden. Wenn Münchmeyer sich mit seiner Frau und seinem Bruder zankte, so schrie er meist: „Ich will auch mal was anderes haben. Wer mich in meiner Liebe stört, den scheiße ich nieder!" Sie rief: „Du kommst mir nicht mehr in mein Bett, du Schwein, du Sau!" Und sein Bruder brüllte: „Die mag doch erst ihren Hebammen die Kinder bezahlen, die sie sich hat abtreiben lassen!" Und von der Schwester der Frau Münchmeyer erzählten sich die Arbeiter und Arbeiterinnen, dass sie sich des Abends vor dem Schlafengehen bei Licht die Filzläuse von den dicken Beinen gelesen habe; man hatte sie von den gegenüberliegenden Fenstern aus beobachtet. Und diese Schwester sollte ich heiraten! Ich wurde des Abends zum Essen geladen. Dann gingen die Alten fort und die Tür zur Kammer mit den Filzläusen wurde geöffnet. Floh ich dann in irgendeine Restauration, so gatterte der Alte mich sicher auf und rief mir vor allen Leuten zu, ich solle doch zu seiner Minna kommen! Das war nicht auszuhalten. Ich gab die Stelle auf und war froh, als ich dieser Welt der abnormen Geschlechtlichkeiten glücklich und heil entronnen war. Münchmeyer war so verständig, mir dies nicht übel zu nehmen; seine Frau, ihre Schwester und ihre Eltern aber haben mich seitdem mit einem Hass und einer Rache verfolgt, unter der ich noch heute, und zwar sehr schwer, zu leiden habe.

Ich hatte auf dem Jagdweg gewohnt und zog von da nach der Pillnitzer Straße zu einer alten, reichen Dame, der Wittfrau Groh. Von hier aus besuchte ich häufig meine Eltern und Geschwister in Hohenstein-Ernstthal. Ich wohnte da stets bei einer Schwester, die mir ein eigenes Zimmer geben konnte. Mein Schwager wurde von Pollmer barbiert. Bei diesen Gelegenheiten ließ auch ich mich von ihm rasieren. Ich zahlte hierfür 20 Pfennige. Pollmer war drei oder höchstens fünf Pfennige gewohnt und posaunte meinen Reichtum und meine hohe Bildung allüberall aus, wohin er kam. Ich wurde infolge dieser 20 Pfennige sein ganz besonderer Liebling und es kam häufig vor, dass er stundenlang bei mir sitzen blieb und mit mir über meine Lebens- und Arbeitspläne sprach. Er hatte meine ‚Geographischen Predigten' gelesen, die damals in 300.000 Exemplaren durch ganz Deutschland gingen, und sagte mir viel Ruhm und Ehre, aber keine Gelderfolge voraus, und das sei jammerschade! Er selbst wisse sehr genau, was heutzutage das Geld zu bedeuten hat. Er habe eine einzige Tochter, ein sehr schönes, sehr gebildetes Mädchen, die nur die Finger auszustrecken brauche; sie sei auch immerfort und viel begehrt, aber es dürfe ihm keiner heran, der nicht das richtige Gewicht für so ein Juwel besitze.

Das machte mich neugierig; aber es war die Neugierde des Schriftstellers, nicht des Menschen. Ich war schon fünfunddreißig Jahre alt und hatte nicht die Absicht, mich an eine Frau zu binden. Meine Pläne erforderten viele, weite Studienreisen, die in solchem Umfang nur dann möglich waren, wenn ich ledig blieb. Aber sehen wollte ich dieses Wunder doch einmal! Sonderbarerweise brauchte ich zur Erfüllung dieses Wunsches gar nicht selbst einen Schritt zu tun. Sie hatte mich gesehen, denn so oft ich ging oder kam, musste ich an ihrem Fenster vorüber. Ihr Vater hatte sie neugierig gemacht. Alle Welt sprach von mir und meinen ‚Geographischen Predigten', die in dem kleinen Nest doch wenigstens in 40 - 50 Exemplaren vorhanden waren. Sie veranlasste ein altes Ehepaar, bei dem sie mit ihren Freundinnen verkehrte, mich für einen bestimmten Abend einzuladen. Das geschah. Ich kam. Ich war der einzige geladene Mann unter lauter jungen Mädchen, aber man amüsierte sich ungeheuer, und als man nach Hause ging, führte ich ‚Fräulein Pollmer' heim, brauchte das aber nie wieder zu tun, denn schon von morgen an kam sie täglich abends zu mir, anstatt ich zu ihr, sobald Pollmer schlafen gegangen war, heimlich, leise, durch meine Hintertür, die für sie offen stand.

Ich war damals dumm genug, stolz darauf zu sein, dass ich alter Kerl die jungen Anbeter alle ausgestochen hatte, und zwar so schnell und gründlich, mit einem einzigen Mal! Und die Heimlichkeit, in welche wir uns dabei hüllten, war mir, dem Romanschriftsteller, außerordentlich sympathisch. Körperliche Vorzüge besitze ich nicht; aber ich war in hohem Grade überzeugt, diesen kostbaren Schatz von Schönheit, Herzensgüte, Edelsinn und Hingebung nur durch meine geistige Überlegenheit erobert zu haben, und ahnte nicht, dass ich keineswegs der Sieger, sondern nur der ebenso listig wie leicht Besiegte war. Eine schlau berechnende, außerordentlich raffinierte Kurtisane hatte mich gefangen! Und noch dazu nicht etwa eine weltstädtische oder eine Kurtisane im hohen oder im Dumas'schen Stil, sondern eine armselig kleinstädtische, die aber nach außerordentlich starken und sicher treffenden Instinkten zu handeln verstand. Aber die eigentliche, tiefere und wirkliche Kraft, der ich unterlag, waren nicht diese Instinkte, war auch nicht die Sinnlichkeit, sondern das war etwas ganz anderes, was ich damals noch nicht kannte, noch nicht sah, noch nicht begriff und nur erst später in schwerem Leid und tiefer Seelenqual erkennen und verstehen lernte. Der Spiritist nennt es die Medialität; andere sprechen vom natürlichen Magnetismus, von Faszination, von der Jettatura[1] und von allerhand andern okkulten Dingen. Ich aber bin ein Gegner des Spiritismus und aller okkulten Lehren; ich liebe das Licht und die Aufklärung, und alles, was ich schreibe, ist gegen den Spiritismus und den Okkultismus gerichtet. Ich bin Christ, ich bleibe Christ und ich halte mich sogar in meiner Psychologie an die Lehre Christi, wie sie in den vier Evangelien niedergelegt worden ist. Es gibt unsichtbare Kräfte, die nur das Böse wollen. Ihr biblischer Sammelname ist ‚Teufel‘. Wer ihnen in sich Wohnung gewährt und sich von ihnen beherrschen lässt, ist ein ‚Besessener‘. Die Befähigung zur Besessenheit ist angeboren, ganz so wie auch viele andere Krankheitsfähigkeiten angeboren sind. Diese Fähigkeit ist eine Folge von den Sünden der Väter und Mütter, ganz so wie bei der Syphilis und ähnlichen schönen Dingen. Diese Besessenheit zeigt sich viel weniger bei Männern als vielmehr

[1] Ital.: der ‚böse Blick‘

bei Frauen und hat stets eine hohe, krankhafte Erregung der Geschlechtsteile als Begleiterscheinung. Der Missbrauch dieser Teile führt zur inneren Fäulnis, weshalb sich diese besessenen Weiber fast stets als ‚unterleibskrank' bezeichnen. In den meisten Fällen sind diese Diabolinnen die Töchter von herabgekommenen, perversen, unkeuschen Eltern. Sie gleichen dem schönen, zarten, rotbäckigen Apfel, in dem der Wurm nagt; sie sind anmutiger, schöner, früher reif und scheinbar auch begabter als ihre Gespielinnen und stellen sie daher in den Schatten. Ihnen allen ist eine stete körperliche Gespanntheit und seelische Erregtheit eigen, die mit den Genitalien in Beziehung steht, aber hinter einer heiteren Sanftmut, einer bescheidenen Schweigsamkeit und einer unendlich geduldigen Fügsamkeit derart versteckt und verborgen wird, dass selbst der Psychologe nichts davon merkt. Nur einem einzigen Sinnesorgan ist es unmöglich, sich an diesem großen Betrug zu beteiligen, nämlich den Augen. Sie können die innere Erregtheit nicht verschweigen. Sie stehen in Glanz, sie strahlen und sie glühen. Im geeigneten Augenblick erscheint zwar ein diabolisches Tränlein, um die verräterische Glut zu löschen, aber dieses liebe Salzwässerlein vermehrt die Glut, anstatt sie zu löschen, und da man an die gut gespielte Sanftmut, Reinheit und Unschuld glaubt, so verfehlt dieser seelenvolle, rührende Augenaufschlag fast niemals seine Wirkung und es kommt sogar vor, dass erfahrene Männer sich von ihm verführen lassen, tief gerührt zu sein und selbst auch eine Träne zu vergießen. Auch mir ist das passiert, bis ich älter und klüger wurde und besser aufpasste. Dann aber, wenn man den Diabolus entdeckt und entlarvt, ist es plötzlich mit der Sanftmut und der Fügsamkeit zu Ende und es erscheint die verborgene Megäre, die so gemein und so rücksichtslos verfährt, dass sie selbst den stärksten Mann zu Boden tritt, wenn es ihm nicht möglich ist, sich ihrem Raffinement und ihrer Wut zu entziehen.

Von alledem wusste ich noch nichts, als ich als alter, vertrauensseliger und unbefangener Junggeselle Emma Pollmer zum ersten Mal sah. Ihr Großvater hatte nicht zu viel gesagt; sie war schön, sogar sehr schön! Dabei so still und schweigsam! Ich hasse belfernde Frauen und ahnte nicht, dass die Mühle nur meinetwegen stand, sonst aber immer während klapperte. Sie war die bescheidenste von allen und sie überlegte jedes Wort, bevor sie es sprach. Das imponierte mir ganz besonders. Und wie klug, wie belesen sie war! Wie genau ihre Gefühle und Ansichten mit den meinigen harmonierten! Ich wusste damals freilich nicht, dass sie meine ‚Geographischen Predigten' vorher eifrig durchgenommen hatte. Daher auch ihr stilles, nachdenkliches, behutsames Wesen. Sie fürchtete, dass ihr Gedächtnis falsche Sprünge machen und sie verraten werde. Kurz und gut, ich war entzückt und kam sehr oft nach Hohenstein, um mich von abends zehn Uhr an von ihr besuchen zu lassen. Die Briefe, welche sie mir nach Dresden schrieb, waren so genau das Echo der meinigen, dass jeder andere angenommen hätte, sie selbst könne gar keine schreiben; ich aber hielt das, was einfach geistige Armut war, für seelische Harmonie und jubelte innerlich weiter. Dass sie inzwischen nach wie vor zum Tanz ging, sich nach Hause führen ließ, mit andern verkehrte und von ihnen Briefe empfing, das wusste ich nicht, das stellte sich erst später heraus. Ich entschloss mich, das herrliche, großartige Geschöpf zu meiner Frau zu machen, und als der alte Pollmer eines Vormittags zu meinem Schwager kam, um mich zum Mittagessen zu sich einzuladen, welche große Ehre er noch niemals einem andern erwiesen hatte, sagte ich ihm ganz offen heraus, dass ich sehr gern kommen werde, wenn er mir erlaube, nicht nur seinetwegen, sondern auch seiner Enkeltochter wegen zu kommen. Der Mann war starr vor Staunen; er verlor zunächst die Sprache, dann aber krachte er umso lauter und drohender los: Er habe mich geliebt und hoch geachtet, weil es ihm als unmöglich erschienen sei, dass ein Mensch, der nur Schriftsteller sei, es wagen könne, das Auge zu seiner Tochter zu erheben. Nun aber, da ich so vermessen sei, dies zu tun, nehme er seine Einladung zurück und verbiete mir, mich jemals wieder vor ihm sehen zu lassen. Seine Tochter habe ich mir aus dem Sinn zu schlagen; das sei eine Traube, die viel zu hoch für Leute hänge, welche sich von weiter nichts als nur von der Feder ernähren!

Dieser alte Mann war ein Tor. Hätte er nicht widersprochen, so wäre es mir nicht eingefallen, meinen Vorsatz, das Mädchen zu heiraten, auszuführen; denn ich hätte bei ihm Gelegenheit gefunden, sie nicht nur heimlich, sondern auch wirklich kennen zu lernen und dabei wäre mir die Lust zu einer solchen Ehe auf alle Fälle vergangen; auch hätte er es als bejahrter und erfahrener Mann vorziehen sollen, einen langsamen, friedlichen Bruch an Stelle eines so plötzlichen und beleidigenden herbeizuführen. Ich aber war noch hundertmal dümmer als er. Ich ließ mich vom Zorn fortreißen, ihm zu sagen, dass ich mir von ihm nicht befehlen lassen könne, wen ich zu heiraten habe und wen nicht. Hier habe nicht er, sondern seine Tochter zu entscheiden; aber das eine wolle ich ihm versprechen, dass ich noch heut wieder nach Dresden reisen und sie nicht eher heiraten werde, als bis er persönlich zu mir komme und mich darum bitte. Damals bildete ich mir auf dieses Ultimatum ein, als Mann und Charakter gehandelt zu haben, heut aber bereue ich es bitter. Ich habe es mit weit über zwanzig Höllenjahren zu bezahlen gehabt!

Ich hielt Wort. Schon am Abend desselben Tages war ich wieder daheim in Dresden. Einige Tage später kam sie mir ganz freiwillig nach. Ich mietete sie bei einer sehr ehrenwerten, alten Pfarrerswitwe ein, damit sie eine anständige Wirtschaft führen lerne. Ich hatte sie auszustatten, ihr Kleider zu kaufen, sogar auch Leibwäsche, Hemden etc. etc., denn sie besaß hiervon nur das äußerst Notwendigste. Ich war zu jedem Opfer bereit. Auch die Frau Pfarrerin gab sich alle Mühe, aber leider vergebens. Nun, da unser Verhältnis kein heimliches mehr war, gelang es ihr nicht mehr, sich mir innerlich zu verbergen. Ich durchschaute sie, zwar nicht sofort, denn sie war eine Meisterin im Verstellen, aber doch nach und nach. Sie griff keine Arbeit an, sie wollte nur zu ihrem Vergnügen leben. Sie gefiel sich in den Manieren einer Phryne[1]. Gleich in den ersten Tagen schon entdeckte ich bei ihr männliche Korrespondenz. Schon nach wenigen Monaten bat mich die Frau Pfarrerin, sie ihr um Gottes willen wieder abzunehmen; sie sei faul, liederlich, vergnügungssüchtig, vor allen Dingen aber auch eigenwillig und herzlos sondergleichen. Ich wurde tief bedauert, dass ich mir eingebildet hatte, aus so einem Mädchen eine gute, brave Hausfrau machen zu können.

Dieser Schlag traf mich schwer, aber ich widerstand ihm doch. Ich glaubte nicht alles. Ich zog mit ihr nach Strießen in ein kleines, nettes, allerliebst ausgestattetes Parterre. Hier wohnten wir nun endlich beisammen und ich brauchte mich nicht mehr auf fremde Augen und Ohren zu verlassen. Ich spreche bildlich und psychologisch, wenn ich sage: Sie stand nun Tag für Tag in ihrer splitternackten Seelenlosigkeit vor mir. Sie sprach mit andern Frauenzimmern über die heimlichsten und persönlichsten Geschlechtsvorkommnisse in einer Weise, deren sich selbst eine gewöhnliche Dirne schämt. Sie gab sich nicht die geringste Mühe, geistig fortzuschreiten. Für meine Zwecke und Ziele zeigte sie nicht das geringste Verständnis, ihre Briefe waren also nur Blendwerk oder nicht von ihr selbst verfasst gewesen. Um das, was ich schrieb, kümmerte sie sich keinen Augenblick. Für den Dichter soll die Seele seiner Frau eine Quelle sein, aus der er täglich neue Gedanken, neue Kraft, neue Begeisterung, neues Glück und neuen Adel schöpft; hier aber war nur Jauche zu schöpfen, weiter nichts, weiter nichts! Dabei entpuppte sie sich als eitle, gedankenlose Schwätzerin.

---

[1] Hetäre, käufliche Geliebte

Durch dieses Geplapper und Geschnatter erfuhr ich, ohne es erfahren zu wollen, die ganze innerliche Fäulnis der Pollmerschen Verhältnisse und Erziehung. Sie war Zeugin der Liebesszenen zwischen ihrem Großvater und der großbusigen Haushälterin gewesen. Sie hatte das, was sie sah und was sie hörte, mit den Augen und Ohren förmlich verschlungen. Sie hatte darüber nachgedacht, es schon als Kind studiert. Sie hatte es sich des Nachts, wenn sie unbeobachtet war, mit Hilfe ihrer regen Fantasie wiederholt. Hierzu kam die unglückselige Veranlagung von Vater und Mutter her. Sie hatte gesehen, dass die Haushälterin ihrem Herrn zwar geschlechtlich jederzeit mit Wonne zu Diensten gestanden, ihn aber dafür beherrscht, regiert, geschimpft, gequält und herzlos ausgebeutet hatte. Und ebenso wenig war es ihr entgangen, dass dieses Frauenzimmer die Erfüllung aller Wünsche umso leichter erreichte, je sinn- und rücksichtsloser sie darauf bestand. Das Schlimmste dabei war, dass die Dirne sich mit teuflischer Berechnung dem Mädchen an- und einschmeichelte, um mit dieser Hilfe bei dem Großvater alles zu erreichen. So wurde Emma Pollmer schon als Schulkind die Verbündete einer Hure. Sie lernte schon in dieser frühen Zeit die Geheimnisse des Frauenkörpers und die Macht der weiblichen Reize kennen. Sie lernte die Männer verachten und verspotten, die für den Anblick zweier Milchdrüsen auf Gesundheit, Geld und Ehre verzichten. Und sie wartete mit Sehnsucht auf die ersten Zeichen der Pubertät, um dann auch selbst in den Stand gesetzt zu sein, das Beispiel der Konkubine zu befolgen und den Männern zu zeigen, was eine Harke ist! Als diese Zeit kam, gab es für sie nur noch die fleischliche Liebe, keine andere; der weibliche Körper galt ihr nur als Mittel zum Zweck und die Burschen und Männer waren ihr nur noch ‚Dummköpfe', ‚Säue' und ‚Schweine', die man mit Sinnenlust füttert, um sie dann abzuschlachten. Diese Ausdrücke ‚Dummkopf, Sau, Schwein' etc. etc haben sich durch ihr ganzes Leben hindurchgezogen und sind bei ihr noch heutigen Tages gang und gäbe! Sie hat ihren Großvater nie geliebt, sondern nur verachtet und ausgebeutet. Sie hat, als sie dann ihre eigenen Reize besaß, die Zuhälterin aus dem Haus getrieben, um nun allein an ihm zu zehren. Sie ist das ganze Jahr hindurch fast keinen Abend daheim geblieben und hat den alternden Mann sich selbst überlassen. Sie ist ihm ohne Scheu und Scham und Gewissensbisse davongelaufen und nach Dresden gekommen, um bei mir genau dieselbe Rolle zu spielen wie die Konkubine bei ihrem Großvater. Nun saß der alte Mann allein daheim. Sie hatte nicht das geringste Mitgefühl für ihn, und wenn ich hiervon sprach, so sagte sie, dass weder er noch sie sich aus dem Spott und der Schande, die nun auf ihn fielen, etwas mache. Das war ihr hervorragendster Charakterzug, die berüchtigte Grausamkeit der Perversen, der ihr von dem tschechischen Vater her angeboren und von der Haushälterin ausgebildet worden war. Sie hat immer jemand nötig gehabt, den sie peinigte. Sie musste Qualen sehen, um sich glücklich zu fühlen. Der Erste, den sie marterte, war ihr Großvater. Er ist daran gestorben, elend am eigenen Geifer erstickt, direkt durch ihre Schuld! Ihre vielen Liebhaber rechne ich hier nicht. Der Zweite, den sie folterte, um sich an seinen Qualen zu weiden, war ich. Das hat sie während und vor unserer 22-jährigen Ehe getan und tut es auch noch heute – – reichlich, sehr reichlich! Das veranlasst mich, jetzt zum zweiten Mal zu fragen: Wie kommt es, dass sie auf alle Menschen, sobald sie nur ernstlich will, so schnellen und so schlimmen Einfluss gewinnt? Wie kommt es, dass sie auch mich so schnell und so nachhaltig gewinnen konnte, dass Jahre dazu gehörten, sie vollständig zu durchschauen und zu entlarven? Die Antwort ist sehr einfach:

Emma Pollmer ist, biblisch ausgedrückt, eine ‚Besessene' und sie hat die Macht aller Besessenen, nämlich sie wirkt, wenn sie will, hypnotisch und sie wirkt, wenn sie will, suggestiv. Diese Macht, die sie besitzt, wird durch eine geradezu verblüffende kindliche Naivität, Sanftmut und Ergebenheit verschleiert und unterstützt. Man glaubt dieser gewinnenden Maske und geht ohne alles Widerstreben, ja sogar mit Vergnügen in die Falle. Man weint sogar, wenn sie will! Es haben Herzöge, Herzoginnen und Prinzen bei mir gespeist; diese Frau ist von Fürsten am Arm zur Tafel geführt worden, natürlich mir zu Ehren; sie hat als meine Frau mit hohen weltlichen und geistlichen Würdenträgern verkehrt; stets hat sie dabei jedes Herz gewonnen; man hat sie oft mehr beachtet als mich selbst – – – aber immer nur für kurze Zeit. Dann fing sie an, sich für meinen guten Engel auszugeben, durch den allein ich geworden sei, was ich bin; dann zog sie wie eine Spinne ihre Fäden, um Fliegen zu fangen, und wurde nun umso leichter durchschaut, als ihr Netz fast stets auf ein Gebiet hinüberlief, welches man auch schon ohnedies mit sehr berechtigtem Misstrauen zu betrachten pflegt, nämlich auf den Spiritismus, das *Buen Retiro*[1] aller besessenen, perversen und sonst wie schädlichen Weiber. Ich komme hierauf noch zurück.

Also in Strießen war es, wo endlich auch mir die Augen aufgingen, wenn auch noch nicht ganz, denn ich war mit meiner Psychologie damals noch nicht bis an die ‚Perversitäten‘ und bis an die ‚Furie im Weib‘ gekommen. Aber auch schon das, was ich nun bereits wusste, genügte vollständig zu dem Entschluss, mich von ihr zu trennen. Freilich stand es fest, dass sie mich freiwillig nicht aufgeben werde; einen Eklat aber wollte ich vermeiden. Ich sann und sann, einen stillen, ruhigen Weg hierfür zu finden, doch vergeblich. Da kam mir die ersehnte Hilfe von dem alten Pollmer selbst. Man hatte ihm seine Albernheit, mich abzuweisen, vielseitig vorgeworfen; auch ist zu denken, dass er sich nach seiner Enkeltochter sehnte. Kurz, er schrieb; er forderte sie auf, zu ihm nach Hohenstein zu kommen, ob für immer oder nur auf Besuch, das solle ihre Sache sein; er fühle sich nicht wohl. Natürlich ergriff ich diese willkommene

---

[1] Span.: ‚gute Zuflucht‘

Gelegenheit sogleich mit beiden Händen; aber allein wollte sie nicht hin, ich musste mit und so reisten wir ohne Verweilen ab, auf Besuch, sie zu ihrem Vater in Hohenstein und ich zu meinen Eltern in Ernstthal. Als wir uns am dortigen Bahnhof trennten, sagte ich ihr, sie solle ihren Großvater an mein Ultimatum erinnern; ich werde sie nicht eher bei ihm besuchen, als bis er persönlich zu mir und meinen Eltern gekommen sei, um mich zu bitten, seine Enkeltochter zu heiraten. Ihre dämonische Macht bewährte sich leider auch hier. Er ließ sich von ihr bereden. Er kam, er bat. Ich hielt das für einen Sieg, aber es war in Wirklichkeit eine Niederlage für mich, denn wenn er nicht gekommen wäre, hätte ich mich als frei betrachten dürfen. Doch antwortete ich ihm, dass ich ihn zwar besuchen werde, seine Tochter aber noch zu prüfen habe, ob sie sich eigne, meine Frau zu sein.

Ich verkehrte also bei ihm, doch nicht täglich. Ich arbeitete fleißig und unternahm dazwischen hinein Studienreisen. Damals war es, dass ich mich an Pollmer mit dem Vorschlag wandte, dass seine Tochter, die ja gar nichts zu tun habe, kleine Abschriften für mich fertigen möge. Sie könne dadurch zeigen, ob sie fähig sei oder nicht, eine Schriftstellersfrau zu werden. Bei einer leichten Arbeit von vier bis fünf Stunden könne sie täglich drei bis fünf Mark verdienen. Da wurde er grob; seine Tochter sei erzogen, das Leben zu genießen, nicht aber, Schreiberei zu treiben. Ich brachte es durch sehr viele gute Worte zu einem Versuch, dann hörte es wieder auf. Umso ernstlicher aber war man darauf bedacht, das Leben zu genießen. Was ich ihr da bot, genügte ihr nicht: stille, ruhige Spaziergänge des Tages oder des Abends eine Unterhaltung bei ihrem Großvater oder bei meinen Eltern. Sie verlangte mehr. Sie fuhr nach Chemnitz zum Tanz, sogar auf die Dörfer bei Chemnitz und hatte dort zwei Geliebte zu gleicher Zeit, einen Bahnbeamten und einen Viehhändler. Hierzu kam ein dritter, ein Kaufmann in Hohenstein, mit dem sie des Abends spazieren und dann nach seiner Junggesellenwohnung ging. Er speiste im Gasthof. Eines Mittags zeigte er beim Essen für die andern Gäste ein Busentuch von Fräulein Pollmer herum, welches sie heute Nacht in seinem Zimmer liegen gelassen habe. Ich sah das Tuch, ich kannte es, es gehörte ihr. Sie leugnete. Es zu einer Konfrontation zu treiben, dazu gab ich mich nicht her, aber ich verzichtete!

Hiermit bin ich bei dem Hauptpunkt dieser mehr als sonderbaren Angelegenheit angelangt. Ich hatte verzichtet, aber das Schicksal oder vielmehr der Dämon Pollmer wollte es anders. Zurückgekehrt von einer längeren Studienreise stieg ich in Hohenstein-Ernstthal aus, um mich zu meinen Eltern zu begeben; da kam ein Bahnassistent, ein Cousin von mir, auf mich zugesprungen und sagte: „Du kommst grad recht von deiner Reise zurück. Der alte Pollmer ist heut Nacht gestorben und die Emma rennt nun verzweifelt nach dir herum und weiß sich nicht zu helfen!" Das packte mich bei der Pflicht und beim Herzen. Zu sterben, ist keine Kleinigkeit, und der Tod hebt alles auf. Ich wollte mit Pollmer und seiner Tochter nichts mehr zu tun haben, aber sie ‚rannte verzweifelt nach mir herum'; dieser Exaltation[1] musste schleunigst entgegengetreten werden und so ging ich sofort nach ihrer Wohnung und gar nicht erst zu den Eltern. Ich war überaus erstaunt, sie nicht bei der Leiche des Verstorbenen, sondern beim Geldzählen und beim Durchwühlen der kleinen, unbedeutenden Hinterlassenschaft zu finden. Sie hatte viel mehr erwartet und war in hohem Grade enttäuscht. Als sie mich erblickte, erfolgte eine Szene, die ich hier nicht beschreiben will; dann führte sie mich in die Stube, wo er lag. Er war nicht tot, er lebte noch. Der Schlag hatte ihn gerührt. Die eine Seite war vollständig, die andere halb gelähmt. Dunkler Geifer floss ihm aus dem Mund. Er konnte nicht mehr sprechen, aber er hörte alles und verfolgte das, was wir taten und sprachen, mit angsterfüllten Augen. Das Ge-

---

[1] Überspanntheit

rücht von seinem Tod war falsch gewesen. Er lebte noch! Und bei diesem Zustand des alten Mannes, von dem sie nur Liebe, nichts als Liebe erhalten hatte, klapperte sie bereits mit den paar Mark, die er vor ihren Argusaugen behütet hatte, und suchte in den alten Lumpen nach noch weiterem verstecktem Geld! Das war herzlos, das war gemein, das war empörend! Aber zu dieser Empörung hatte ich jetzt keine Zeit; sie erwachte erst später, als alles vorüber war und ich das Nähere über den Schlaganfall erfuhr. Für jetzt sah ich weiter nichts als nur den rinnenden Angstschweiß und die fürchterlich qualvollen Augen des dem Tode Geweihten, der, ohne sich dagegen wehren zu können, nun zusehen musste, dass sein Abgott sich nicht um ihn, sondern um die elenden paar Groschen kümmerte und mühte! Ich schickte nach dem Arzt. Er kam, untersuchte den Kranken und sagte, dass er verloren sei; jetzt sei es zu spät! Was dieses „Jetzt ist es zu spät!" zu bedeuten hatte, erfuhr ich leider auch viel zu spät. Als der Arzt gegangen war, spielte sie erst die Verzweifelte, dann die Reumütige, dann die Bittende. Sie beschwor mich bei Gott, beim Himmel, bei meiner eigenen Seligkeit, bei ihrer tiefen Reue und bei den brechenden Augen ihres sterbenden Vaters, ihr alles zu verzeihen und sie wieder bei mir an- und aufzunehmen. Es gab einen schweren, wühlenden Kampf in mir. Solche Minuten wiegen gleich Ewigkeiten! Sie hatte viel, sehr viel gegen mich gesündigt; aber als gerecht denkender Mann warf ich mir vor, sie in Dresden bei mir aufgenommen und damit, wenn auch nicht die wirkliche Ehre, so aber doch ihre Ehre vor den Menschen geschädigt zu haben. Ich war verpflichtet, das wieder gut zu machen. Dazu kam der unbeschreibliche, jetzt starr auf mich gerichtete und wie ein Gesetz auf mich wirkende Blick ihres Vaters, an dessen Sterbebett die Szene vor sich ging. Es lag eine Macht darin, die ich erst später begreifen konnte, als ich dieselbe Macht auch an der Tochter spürte. Dieser hypnotische Blick überwand alle meine Bedenken. Ich versprach, sie zu heiraten, und zwar sofort, trotz der Trauerzeit, um mit allen bisherigen Qualen schnellen Abschluss zu machen. Da fiel sie mir stürmisch um den Hals und versprach mir, mich auf den Händen zu tragen und lieber das schwerste Leid und Unglück zu tragen, als mir dies jemals zu vergessen. Der Kranke machte befriedigt die Augen zu. Er starb einen oder einige Tage darauf, lebte aber in seiner Tochter weiter. Sie war schon vorher besessen, nun aber auch von ihm!

Kurze Zeit, nachdem er begraben worden war, heirateten wir. Ich mietete das beste Logis, welches zu haben war, eine ganze erste Etage, am Markt liegend, und den Hintergarten dazu, um durch Blumenzucht auf meine Frau zu wirken. Aber schon sehr bald stellte sich heraus, dass die Pollmerschen Dämonen mit eingezogen waren. Ich wurde heimlich bestohlen, und zwar auf äußerst raffinierte Weise. Die Diebin verfolgte den Kniff, mir immer ein Zwanzigmarkstück zu nehmen und dafür ein Zehnmarkstück anzulegen. Nie aber gestand sie etwas ein. Diese Lügenhaftigkeit war ebenso frech wie empörend! Es gab für mich kein anderes Mittel, als das Geld mit zu Bett zu nehmen. Ich versteckte es unter meine beiden Kopfkissen. Aber auch da wurde das Werk der Diebin eifrig fortgesetzt, und zwar so schlau, dass ich sie nie ertappte. Wahrscheinlich geschah es in denjenigen Augenblicken, von denen man nicht spricht! Um sie aber doch einmal in flagranti zu erwischen, stellte ich mich berauscht und tat, als ob ich sehr fest schliefe. Da griff die Geldgierige zu, ich aber auch. Ich packte die Hand, in der sie das Portemonnaie hielt. Da hielt sie es fest und stellte sich tief schlafend. Als ich sie aufrüttelte, sagte sie erstaunt, sie wisse von nichts, sie habe es höchstens nur im Traum getan. Die Folge hiervon war, dass ich ihr niemals sagen konnte, wie viel ich eigentlich verdiente. Ich war gezwungen, ihr mein Einkommen auf höchstens zweitausend Mark anzugeben. Ich musste den Geldbriefträger, welcher Schäffly hieß, in das Vertrauen ziehen. Der gab mir, wenn er Geld für mich hatte, ein Zeichen; dann ging ich fort und ließ es mir an anderer Stelle von ihm geben. Diese Prozedur mit dem Postboten hat sich durch meine ganze 22-jährige Ehe hingezogen und der Geldbriefträger Damm in Radebeul hat bis zu meiner Scheidung von dieser fürchterlichen Frau sich ehrlich bemüht, mich nur unter vier Augen zu treffen. Ein solches Gift in der Ehe wirkt wie Schwefelsäure, es frisst alles Glück und alles Vertrauen tot und nagt sogar am Leben!

Aber noch schlimmer als das war eine andere Wirkung des Pollmerschen Dämons. Ich erfuhr nämlich, leider erst nach der Hochzeit, was es mit dem „Jetzt ist es zu spät!" des Arztes an Pollmers Sterbebett für eine Bewandtnis gehabt hatte. Dieses „Jetzt ist es zu spät!" sagte nämlich nicht nur er, sondern es erklang durch die ganze Stadt. Alle Welt wusste, dass meine Frau, als ihren Vater der Schlag traf, gar nicht daheim gewesen war, sondern die ganze Nacht in einem andern Bett als dem ihrigen verbracht hatte, und zwar nicht etwa allein! Man hatte sie des Abends fortgehen und am Morgen wiederkommen sehen. Sie hatte die Wohnung aufgeschlossen und dann, als sie hineintrat, um Hilfe gerufen. Man eilte herbei. Der Schlaganfall war schon am Abend erfolgt. Er hatte den Alten gelähmt und in die Stube geworfen. Der Unglückliche war bemüht gewesen, sich auf das Kanapee hinaufzuarbeiten, aber infolge der Lähmung hatte diese seine Todesangst in der Diagonalen gewirkt und ihn vollständig unter das Kanapee hinuntergetrieben. Dieses Kanapee war sehr niedrig und schwer, er aber ein stark gebauter, wohlbeleibter Mann. Ich war von viel schwächerer Figur, hätte aber nicht vermocht, unter das alte Möbel zu kriechen, so niedrig war es. Wie groß und wie fürchterlich musste die Angst gewesen sein, die ihn da hinuntergetrieben hatte! Und wie entsetzlich die Qual, da unten während der ganzen Nacht bis zum Vormittag stecken und mit dem Tode des Erstickens ringen zu müssen! Am schandbarsten aber war hierbei, dass sie, um sich zu rechtfertigen, das Gerücht verbreitet hatte, sie habe bei mir geschlafen und ich sei schon an jenem Abend von meiner Reise zurückgekehrt gewesen!

Als ich das erfuhr, war sie erst seit einigen Wochen meine Frau. Sollte ich mich scheiden lassen? Konnte ich?! Es waren entsetzliche Tage, in denen ich mit mir hierüber zu Rate ging. Und es wurden Wochen, fürchterliche Wochen daraus. Da griffen die Pollmerschen Dämonen ein, um ihrem Liebling Hilfe zu bringen. Der Spiritismus musste retten! Es wurde ein Medium herbeigeschafft. Man animierte mich in die betreffende Familie und setzte mich an den betreffenden Tisch, zwischen das weibliche Medium und ihren Vater. Natürlich waren beide eingeweiht. Damals war mir der Spiritismus völlig unbekannt; meine Frau aber kannte ihn aus dem Verkehr mit der betreffenden, mit ihr eng befreundeten Familie, deren Glieder ohne Ausnahme alle enragierte Spiritisten waren und seit dem Tod des alten Pollmers auf seinen ‚Geist' schon warteten. Er kam. Man sah ihn nicht, aber er sprach durch das Medium. Er sagte, er sei ‚im Himmelreich'. Auch sein Sohn kam, der zu Grunde gegangene Vagabund. Meine Frau nannte ihn Onkel Emil. Er sagte, er sei ‚im Himmelreich'. Dann kam die verstorbene Frau des alten Pollmer, die von meiner Frau nicht Großmutter, sondern Mutter genannt wurde. Sie sagte, sie sei ‚im Himmelreich'. Und endlich kam auch die während der Geburt gestorbene, eigentliche Mutter, die von meiner Frau aber Mama genannt wurde. Sie sagte, sie sei ‚im Himmelreich'. So wohnte also die ganze, liebe Familie ‚im Himmelreich' und heut waren diese vier Engel von da droben herabgestiegen, um den verblendeten Mann ihres noch auf der Erde weilenden Kindes in das Gebet zu nehmen und ihm den Kopf zurecht zu setzen. Die vier Geister von Großpapa, Onkel, Mama und Mutter sprachen teils *solo*, teils *tutti* in einer Weise auf mich ein, dass ich innerlich ganz breitgeschlagen und auch äußerlich in jener nervenerschütternden Weise ergriffen wurde, die auf die Kraft des Mediums zurückzuführen ist. Und hier gab es nicht nur ein Medium, sondern zwei, nämlich auch meine Frau. Und grad sie schien das Hauptmedium zu sein, äußerlich scheinbar passiv, in Wahrheit aber die hauptsächlich und dirigierend Wirkende! Sie wurde von den *on dit*-Geistern als Engel hingestellt, ja fast vergöttert. Ich aber, der ich dieses Juwel erst äußerlich errungen hatte, hatte es mir nun auch innerlich zu erringen und mich seiner würdig zu zeigen. Das Ganze war eine außerordentlich plump angelegte psychologisch-pathologische Burleske. Aber grad die Plumpheit machte mich irr; dies Pathologische reizte, wie überhaupt alles Krankhafte reizt, und das primitiv oder kindlich religiöse Gewand, in welches das alles gekleidet wurde, gab der Albernheit eine Art von Weihe, der auch ein besserer Kenner, als ich damals war, nicht hätte widerstehen können. Vor allen Dingen aber war es die gewaltige, hypnotische Willenskraft der Anima meiner Frau, welche derart auf mich wirkte, dass ich, als sich der Kreis der aufgelegten und vereinten Hände löste, wie betrunken nach Hause ging und fast eine ganze Woche lang in diesem schwindel- oder taumelartigen Zustand verharrte. Auch nachher ließ es mich nicht wieder los. Ich fühlte, dass etwas ganz Neues, ganz Eigenartiges, aber nicht Gutes in mein Leben eingegriffen hatte. Meine Frau sorgte durch fortwährendes Hiervon-Sprechen dafür, dass es sich nicht abschwächte. Ich mied zwar jede weitere Sitzung, sie aber besuchte jene spiritistische Familie sehr oft und ganz nach Herzensbedürfnis und brachte mir von diesen Gängen stets einen Verweis, einen Wischer oder sonst etwas Derartiges mit. Es stieg in mir der sehr natürliche Wunsch empor, diese Sache näher kennen zu lernen, und wenn es auch nur aus dem Grunde wäre, persönlich bei der Wissenschaft vor den Pollmerschen Dämonen Schutz zu suchen. Ich kaufte mir also nach und nach die hervorragendsten spiritistischen Werke und studierte sie mit solchem Ernst und solchem Fleiß, dass ich von mir sehr wohl behaupten darf, ein Kenner, nicht aber auch Freund dieser höchst törichten Seitenrichtung unseres Geisteslebens zu sein. Der Hauptgewinn, den ich aus diesem Studium und den begleitenden psychologischen Experimenten zog, war der Scharfblick, den ich für die zwar hochinteressante, aber auch ebenso niederschlagende Erforschung meiner Frau gewann. Sie war ein freundlich leuchtender, jedermann täuschender Sumpf mit schönen Blumen. Ich lernte jede dieser Blumen einzeln kennen und hielt es für meine Pflicht, die Riesen- und Geduldsarbeit zu übernehmen, ihn nach und nach auszutrocknen und in gutes Land zu verwandeln.

Ich übersah die alte Erfahrung, dass Bilsenkraut, Stechapfel und Tollkirsche sich durch keine Gartenkunst jemals in Rosen, Veilchen oder Erdbeeren verwandeln lassen.

Also, ich überwand mich selbst und verzieh der Frau, in der Hoffnung, alles Böse zum Guten führen zu können; ich hatte ja auch meine Fehler, die ich sehr wohl erkannte, aber sie lagen in der Vergangenheit oder waren der Art, dass sie keinem Menschen als nur mir selbst schadeten.

Die größte und hauptsächlichste jener Sumpfblumen war die Grausamkeit. Diese Grausamkeit war wirklich pervers, denn sie brachte ihr Wonne, und zwar die Wonne der geschlechtlichen Erregung. Je weniger ihr Opfer so etwas verdiente, umso größer war ihr Entzücken. Sie besaß keine Spur einer reinen, edlen, wirklichen Liebe. Auch ihre Freundschaft ging stets sinnliche Wege. Es war ihr der größte aller Genüsse, mit einer weiblichen Person im Bett zu liegen. Ehrfurcht war ihr vollständig unbekannt. Mein alter, prachtvoller Vater hat nie ein gutes Wort aus ihrem Mund gehört. Meine stille, arbeitsame, pflichttreue Mutter, von der sie mit Opfern förmlich überschüttet wurde, hat nichts als Undank geerntet. Meinen Geschwistern erging es ebenso, wenn nicht noch schlimmer. Es war mir jede Gabe an sie, sogar auch zu Weihnacht, streng verboten. Aber für ihre Sinnlichkeit konnte sie zur Verschwenderin werden. Es kamen da Dinge vor, die man gar nicht erzählen kann, so z. B. ging sie ohne mich zum Maskenball, die starken, außerordentlich üppigen Beine in dünnsten, eng anliegenden, fleischfarbenen Trikot gekleidet und die übervolle Büste in noch viel größerer Deutlichkeit. Die Schande hatte dann ich, als man erfuhr, wer es gewesen war. Sie hatte sich nämlich eingeschlichen, sie war gar nicht geladen; sie hatte nur bis kurz vor der Demaskierung mitgemacht, um, wie sie sich dann ausdrückte, „die Männer verrückt zu machen, die Schweine, die Säue!" Solche Episoden machten es mir unmöglich, für immer in der kleinen Stadt wohnen zu bleiben. Jedermann kennt da jedermann und jedermann weiß da, was jedermann tut. Zur Erziehung dieser Frau aber gehörte, wenn überhaupt noch etwas erreicht werden konnte, eine strenge Hand und die konnte man da, wo einer dem andern in die Fenster guckt, unmöglich walten lassen. Ich beschloss also, fortzuziehen in eine größere Stadt, ganz gleich in welche! Meine Frau wollte nach Dresden. Ich sah keinen Grund, ihr grad diesen Wunsch abzuschlagen. Wir reisten also hin, um uns dort zu entschließen. Diese Reise sollte mir wichtiger und verhängnisvoller werden, als ich es jemals für möglich gehalten hätte.

Wir wohnten in Dresden im ‚Trompeterschlösschen', damals ein sehr gutes, besonders von meiner Heimat aus viel besuchtes Gasthaus. Ich ging nicht etwa aus Sparsamkeit in kein größeres Hotel. Meine ‚Reiseerzählungen' sicherten mir bereits ein reichliches Einkommen, meine ‚Erzgebirgischen Dorfgeschichten' brachten mir schönes Geld und die französische Übersetzung meiner Erzählungen, die erst in Paris und dann auch anderwärts herauskam, wurde sehr gut bezahlt. Ich war bereits berühmt, blieb aber dem Entschluss treu, meine Frau nicht in den eigentlichen Stand meiner Einnahmen schauen zu lassen. Ich fürchtete ihre Diebesfinger und ihre Perversität. Eines Abends brachte sie mich auf die Idee, Münchmeyers Stammkneipe aufzusuchen. Ich hatte ihr natürlich viel von ihm erzählt und sie war begierig, ihn einmal zu sehen. Aber wohlgemerkt: Sie wollte ihn, den alten, erfahrenen Frauen- und Mädchenjäger kennen lernen, nicht aber ihn, den Verleger und Kolportagebuchhändler. Als solcher konnte er auch mir keinen Nutzen bringen. Ich hatte genug zu tun. Man drängte sich bereits an meine Werke, ich brauchte also keinen Verleger, am allerwenigsten aber einen Münchmeyer, der nach den Erfahrungen, die ich mit ihm gemacht hatte, nie wieder ein Manuskript von meiner Hand bekommen hätte. Wir suchten die Kneipe auf. Es war Rengers Restauration, an der Berg- und Ammonstraße gelegen. Münchmeyer war da. Er saß ganz allein im Garten. Unser Wiedersehen vollzog sich genau so, wie ich es während des Prozesses wiederholt und ausführlich beschrieben habe.

Meine bisherigen Ausführungen über dieses Zusammentreffen sind vollständig wahrheitstreu, aber rein geschäftlich gehalten. Hier, an dieser Stelle, kann ich auch auf das eigentliche bewegende Moment eingehen, nämlich meine Frau. Ich habe hier festzustellen, dass es Münchmeyer keineswegs so leicht geworden ist, wie es den Anschein hat, mich dazu zu bewegen, ihn durch meine Mitarbeit aus seiner damaligen Lage zu heben.

Ich wollte nicht von neuem mit ihm beginnen und hatte es überhaupt, wie bereits gesagt, nicht nötig, derartige neue Engagements zu treffen. Aber die Frau, die Frau! Beide hatten sofort den Narren aneinander gefressen. Der alte Schwerenöter stand sofort in hellen Flammen und bearbeitete sie mit jenen grob sinnlichen Schmeicheleien, die sie so außerordentlich liebte. Er hatte als Kolporteur gar manche Bauersfrau und Stallmagd für seine Kolportageromane gewonnen. Seine kolossal üppig gebaute Frau hatte auf den Dörfern die Männer und Burschen in ganz derselben Weise beschwatzt, ihre Liebesromane zu kaufen. Nun versuchte er dasselbe Experiment auch an meiner Frau und war ganz entzückt, als er sah, dass es gelang. Sie brachte mich so weit, ihm, als wir auseinander gingen, zu versprechen, mir die Sache bis morgen zu überlegen. Im Hotel angekommen, ließ sie alle Töne, die ihr zu Gebote standen, erklingen. Während der Nacht weckte sie mich auf und am Morgen begann sie von neuem. Ich Tor sah nicht ein, dass sie darauf brannte, sich der Frau Münchmeyer und ihrer Schwester, die ich hatte heiraten sollen, zu zeigen und ihnen im Triumph *ad oculos*[1] zu demonstrieren, dass mir ganz andere Chancen zur Verfügung gestanden hatten. Kurz und gut, sie beschwatzte und überredete mich. Besonders wirkte auf mich der Gedanke, dass ich damals durch die Zurückweisung der mir angebotenen Heirat dem Münchmeyerschen Geschäft und der Münchmeyerschen Familie einen Schlag versetzt habe, der mir die moralische Verpflichtung auferlegte, ihn jetzt wieder gut zu machen. Auch Münchmeyer hatte während der Nacht keine Ruhe gehabt. Er kam bereits am frühen Vormittag in den Gasthof, um den schnellen, endgültigen Abschluss zu betreiben. Meine Frau war erst beim Ankleiden und also nicht zugegen, als ich ihn empfing. Er schwärmte von ihr. Er nannte mich den glücklichsten aller Menschen, ein solches Götterweib zu besitzen, und ging auf alle meine Bedingungen ein, nur um hierauf von ihr gelobt zu werden. Jetzt, da er in Not war, nur 35 Mark Honorar pro Heft – – – das Verlagsrecht für 20.000 Abonnenten – – – dann eine feine Gratifikation – – – und den Roman mit allen seinen Rechten dann an mich zurück, um in meinen ‚Gesammelten Werken' zu erscheinen. Das waren die Hauptbedingungen, die vereinbart und später meiner Frau mitgeteilt wurden. In Beziehung auf die seinige aber bat er mich, über diese Abmachung einstweilen noch zu schweigen, bis er ihr bewiesen habe, dass es nicht anders gegangen sei. So war meine Frau also der eigentliche Grund, dass ich wieder mit Münchmeyer anknüpfte und später in geradezu unbeschreiblicher Weise hintergangen und betrogen werden

---

[1] Lat.: vor Augen

konnte. Und so war sie aber auch im Gegenteil der eigentliche Grund, dass er auf meine Bedingungen schneller und fröhlicher einging, als er auf sie eingegangen wäre, wenn ihn nur die geschäftliche Notlage, nicht auch die Sinnlichkeit hierzu getrieben hätte. Nun, da die Vereinbarung getroffen worden war, hatte er es mit dem beabsichtigten Roman so eilig, dass ich schnell nach Hohenstein zurück musste, um mit der Arbeit zu beginnen. Die Übersiedlung nach Dresden konnte ja doch nicht sofort geschehen, weil ich meine Wohnung erst zu kündigen hatte, war nun aber fest beschlossene Sache. Münchmeyer versicherte in seiner übertreibenden Kolportageweise, dass er stolz darauf sei, einen so berühmten Mitarbeiter gewonnen zu haben und später, nach unserm Umzug, in dem Haus einer so schönen Frau verkehren zu dürfen. Ich lachte, sie aber nahm es ernst. Und doch hätte ich es noch ernster nehmen sollen als sie, denn ich hatte, psychologisch betrachtet, für 35 Mark pro Heft nicht nur meinen Roman, sondern auch die Seele von Pollmers Tochter hingegeben. Sie zu retten, war nun für immer unmöglich geworden!

Der erste Roman, den ich für Münchmeyer schrieb, war ‚Das Waldröschen'. Ich hatte kaum mit ihm begonnen und nur erst wenige Hefte fertig, so bat er mich, für einige Tage wieder nach Dresden zu kommen; er habe des weiteren mit mir zu sprechen. Meine Frau wollte mich begleiten, partout, ich gab aber meine Einwilligung nicht. Ich wünschte keine persönliche Intimität zwischen diesen beiden. Als ich zu Münchmeyer kam, wurde ich mit einer Freundlichkeit empfangen, die nahe an Begeisterung grenzte, in diesem Hause eine Sache, die noch niemals da gewesen war. Ich durfte nicht in das Hotel gehen, sondern musste bei ihm wohnen. Als er mir das sagte, glaubte ich es ihm einfach nicht. Ich kannte seine Frau, seine Schwägerin, die ich nicht zur Frau hatte haben wollen, und seine Schwiegereltern. Diese vier Personen hatten mir Rache geschworen; das wusste ich genau.

Er aber zerstreute alle meine Bedenken, mich von ihm zu seiner Frau führen zu lassen, und ich wurde auch wirklich, als wir aus dem Kontor in die Privatwohnung kamen, in höchst geräuschvoller Herzlichkeit von ihr empfangen und aufgefordert, ja nicht woanders, sondern nur bei ihnen zu wohnen. Das ‚Waldröschen' musste geradezu eingeschlagen und einen Bombenerfolg haben, dass dieses Weib ihre Rache ganz vergaß und meinetwegen eine bei ihr so ganz unerhörte Abweichung von ihrer Regel machte. Diese Frau schlief aus Geiz, um Wäsche zu sparen, auf einer alten Chaiselongue. Ihr Mann durfte die Schlafstube nicht betreten. Auch aus der guten Stube schmiss sie ihn hinaus! Wenn die einem Fremden, noch dazu einem, von dem sie sich so tödlich beleidigt wähnte, eine Gaststube mit Bett bei sich gab, so geschah es sicher in ganz schlauer Berechnung und aus höchst egoistischen Gründen! Damals, als ich ihre Schwester heiraten sollte, war mein Vater von ihr eingeladen worden; er hatte volle zwei Wochen bei ihr gewohnt und jeder Wunsch war ihm erfüllt worden, natürlich aber nur zu dem Zweck, die Heirat durchzusetzen. Dass jetzt nun auch ich als lieber, hoch willkommener Gast behandelt wurde, hatte sicher einen ähnlichen sehr guten Grund! Ich betone diese ausgedehnte, wiederholte Gastlichkeit gegen mich und meinen Vater nur deshalb ganz besonders, weil dieses Weib sich im Verlauf des Prozesses wiederholt bereit erklärt hat, zu beschwören, dass zwischen Mays und Münchmeyers niemals etwas derartiges stattgefunden habe!

Die Ursachen ihres gegenwärtigen außerordentlichen Wohlwollens zeigten sich schon am ersten Tage, an dem ich bei ihnen wohnte. Sie wünschten, mich noch länger fest zu haben, als ich mich bisher verpflichtet hatte. Ich sollte das ‚Waldröschen' so schnell wie möglich schreiben und dann sofort einen weiteren Roman beginnen, zu ganz denselben Bedingungen, nur dass man mir 50 Mark anstatt 35 pro Nummer bot. Ich verhielt mich reserviert und versuchte schon nach zwei Tagen, mich der gastlichen Umschlingung zu entreißen. Schon stand ich da zum Abschied bereit und war froh, noch nicht Ja gesagt zu haben, da klingelte es draußen, und wen brachte das Dienstmädchen herein? Meine Frau! Sie sagte, sie sei mir nachgereist, weil sie sich so sehr nach mir gesehnt habe, in Wirklichkeit aber waren es die Vergnügungssucht, der perverse Widerstand gegen meinen Willen und die unwiderstehliche Anziehungskraft von Münchmeyers saftigen Schmeicheleien. Er begrüßte sie mit Entzücken. Seine Frau nahm ihm das nicht etwa übel, sondern sie stimmte sofort mit ein. Fünf Minuten später saßen die beiden Frauen miteinander Hand in Hand auf dem Sofa. Eine Viertelstunde später wurde ein höchst splendider Kaffee getrunken und eine Stunde später erklärten Herr und Frau Münchmeyer, dass sie für heut für niemand mehr als nur für uns zu sprechen seien; meine Frau sei ein ganz entzückendes, liebes, herziges Wesen; heut Abend müsse man sie in das Konzert oder Theater führen; jetzt, noch am Nachmittag, sei ein schöner Spaziergang zu machen, bei dem man sich aussprechen könne, und überhaupt habe ich für alle Fälle auf meine geplante Abreise zu verzichten; man müsse uns ganz unbedingt noch mehrere Tage genießen! Mein Widerstand war vergeblich. Alles, was ich zu erreichen vermochte, war, dass ich mit meiner Frau im Hotel anstatt bei Münchmeyers wohnen durfte.

Während des nun folgenden, mehrtägigen Beisammenseins rang man mir das Versprechen ab, außer dem ‚Waldröschen' auch noch einige andere Romane zu schreiben. Münchmeyer unterließ, weil seine Frau stets bei uns war, alle bei ihm gebräuchlichen erotischen Liebhabereien. Er spielte den Ritterlichen, den Kavalier, natürlich aber nur nach Kolportageart, erzielte aber doch, was er wollte: Er überstrahlte mich, der ich mich still und schweigsam verhielt, ganz bedeutend. Seine Frau nahm die meinige vollständig gefangen, sie liebkoste sie, sie wich nicht von ihrer

Seite, sie umfing und umhüllte sie ganz und gar, wie eine Spinne die Fliege umspinnt, um sie sich für später zum Fraße aufzuheben. Ich war nicht blind, ich sah, was geschah; aber ich war noch zu unbefangen, ich begriff noch nicht, dass dies keine Liebe und kein Wohlwollen, sondern nur Hass und Rache waren. Und wenn ich dann abends mit meiner Frau allein war und mir Mühe gab, ihrem Enthusiasmus für diese Leute entgegenzutreten, so saß sie still da und hörte nicht darauf.

Ich halte stets, was ich versprochen habe, also auch mein an Münchmeyer gegebenes Versprechen: Wir zogen von Hohenstein nach Dresden, und zwar nach Blasewitz, wo ich auf der Sommerstraße die erste Etage einer Villa mietete. Kaum waren wir da eingezogen, so stellte sich Münchmeyer als Hausfreund ein. Er brachte seine Violine mit; er war nämlich früher auch Dorfmusikant gewesen und hatte zum Tanz aufgespielt; nun gich und geigte er bei mir und ich hatte die Ehre, ihn auf dem Piano begleiten zu dürfen. Meiner Frau aber drangen all die süßen Walzer, Rutscher und Hüppelschottischen in das Herz. Sie buk und kochte die besten Leckerbissen, um sich erkenntlich zu zeigen, und das gefiel Herrn Heinrich Münchmeyer so, dass er sich in Blasewitz in unserer Nähe eine Wohnung mietete, um gegen Abend aus der Stadt zu kommen und morgens wieder hineinzufahren. Seine Frau hatte nichts dagegen, denn erstens kannte sie den eigentlichen, tieferen, wohlberechneten Zweck dieser Annäherung, und zweitens durfte er ja sowieso nicht mehr zu ihr, und da war sie nur froh darüber, dass sie ihn nur noch im Geschäft zu sehen bekam. Die meisten Abende brachte er dann bei mir zu, da aß er mit. Des Sonntags kam er schon frühzeitig und ging erst des Abends spät fort. Da brachte er seinen Bruder Fritz mit, einen früheren Schneidergesellen und nachmaligen Kolporteur, denselben, der von Frau Münchmeyer zu sagen pflegte, sie solle den Hebammen doch erst die Kinder bezahlen, die sie sich von ihnen haben abtreiben lassen. Diese beiden, Heinrich und Fritz Münchmeyer, waren als die stärksten Esser gekannt und gefürchtet. Sie haben bei mir einmal an einem Sonntag von früh bis abends einen Schweinskopf, der elf Pfund wog, bis auf die Knochen aufgegessen! Für all dieses lange, stete und für mich sehr kostspielige Mitessen und Mittrinken hat keiner von ihnen jemals auch nur einen einzigen Pfennig bezahlt; sie brachten im Gegenteil noch andere Gäste mit, die es sich ebenso wohlsein ließen. Zum Dank hierfür wurde ich dann noch im Skat und auf dem Billard betrogen, was ich ruhig über mich ergehen ließ, um Gemeinheiten vorzubeugen.

Dieser immer währende, rücksichtslose Verkehr bei mir brachte mich nicht nur um meine kostbare Arbeitszeit, sondern auch um meine Seelenruhe, um das innere Gleichgewicht. Es ist wahrlich kein Spaß, Tag für Tag, Woche für Woche und Monat für Monat nur immer aufpassen zu müssen, dass der liebestolle Hausfreund einem nicht über die Frau gerät! Das ging über meine Kräfte. Ein volles Jahr lang hielt ich es aus, dann aber konnte ich nicht mehr. Ich ergriff die Flucht. Ich zog in die Stadt herein, nach der Prinzenstraße, wo ich ein Parterre mit zwei Gärten mietete. Aber kaum war ich dort eingezogen, so kam Herr Heinrich Münchmeyer mit seiner Geige nach und das Essen und Trinken, Geigen, Liebeln und Hofieren begann von neuem. Das hatte unbedingt aufzuhören! Aber um glatte Ehe behalten zu können, durfte ich meine Frau nichts merken lassen. Ich steckte mich hinter meinen Wirt, den Besitzer des Schlosses Kreischa. Der war ein sehr energischer Herr und hatte mich gern. Er konnte die Münchmeyers nicht ausstehen und tat mir den Gefallen, persönlich mit ihnen zusammenzukrachen und den verliebten, zudringlichen Heinrich hinauszuärgern. Der kam nicht wieder, dafür aber schickte er seine Frau; denn das, was sie mit mir und meinen Werken vorhatten, duldete nicht, dass man uns aus dem Auge und aus den Händen ließ. Vor allen Dingen mussten die Freundschaft und der Verkehr mit meiner Frau energisch festgehalten werden, denn man brauchte für später ihre Hilfe!

Die Frau Münchmeyer hatte uns schon in Blasewitz wiederholt besucht, auch ihre älteste Tochter, die jetzige Wittfrau Jäger mitgebracht, die damals nach Männererfolgen auf der Bühne strebte, dann aber ganz plötzlich einen Münchmeyerschen Kontoristen zu heiraten hatte, der infolge seines Eheglücks in einer Trinkerheilanstalt untergebracht werden musste. Auch zu Weihnacht war Frau Münchmeyer bei uns in Blasewitz. Ich bescherte bei dieser Gelegenheit ihrem Mann Saiten für seine Violine. Das weiß sie genau! Aber den Hauptverkehr mit uns und den Haupteinfluss auf meine Frau besorgte und übte damals ihr Mann. Doch nun, da er von meinem Wirt herausgeekelt worden war und nicht wiederkommen durfte, trat sie an seine Stelle, indem sie uns allein und ohne seine Begleitung besuchte. Ich gab mir Mühe, diesen Verkehr zu verhindern, stieß da aber bei meiner Frau auf einen so erschreckend harten und gehässigen Widerstand, dass ich davon absah, den Bogen in seiner ganzen Schärfe anzuspannen. Ich erreichte nur, dass Frau Münchmeyer des Wirtes wegen unsere Wohnung mied; die Sonntage aber mussten wir ihr widmen. Da gingen wir mit ihr in die Dresdener Heide spazieren, von früh bis abends, in die Heidemühle, nach der Hofewiese, nach Langebrück, Klotsche usw. Zuweilen war auch ihr Mann dabei, zum Beispiel bei dem ganzen Tag in der Heide, den wir zusammen mit Münchmeyers und der Familie des alten Achtundvierzigers Häubner verlebten, mit dessen Sohn eine Tochter Münchmeyers verlobt war. Diese Spaziergänge wurden fast immer vorausbestimmt, wenn meine Frau Manuskript zu Münchmeyers trug. Sie wurde dann von Frau Münchmeyer aus dem Geschäft in ihre Wohnung geführt, wo man Kaffee trank und sich Mühe gab, die Männer, die natürlich alle nichts taugten, abzuschlachten. Während dieser Kaffeestunden in Frau Münchmeyers eigenem, privatem Wohnzimmer befanden sich die zwei Frauen nicht allein, denn bei ihnen saß, wenn auch unsichtbar, die hämische Rache, die unausgesetzt und trotz aller äußeren Freundlichkeit nur darauf sann, dass ich es abgelehnt hatte, Frau Münchmeyers Schwager zu werden. Im höchsten Grade bemerkenswert ist es, dass diese Frau während der Spaziergänge durch die Heide die Rede zuweilen geflissentlich darauf brachte, ob ich die Geschäftsbriefe Münchmeyers an mich weggeworfen oder aufgehoben habe. Ich antwortete der Wahrheit gemäß, dass ich sie natürlich aufgehoben habe, weil sie sich doch auf meine Abmachungen mit ihm bezögen. Diese Erkundigungen geschahen so scheinbar gleichgültig, dass meine Frau gar nicht auf sie achtete. Auch mir fielen sie nicht auf, ich hielt sie für zufällig; später aber, als mir der ganze Zusammenhang von Anfang bis zum Ende in erschreckender Deutlichkeit vor Augen stand, ging mir das Licht auch über diese Fragen auf.

Ich habe weiter oben gesagt, dass ich mir die Riesenaufgabe gestellt hatte, den Kampf mit den Pollmerschen Dämonen aufzunehmen, den Sumpf der Perversität auszutrocknen und in gutes, fruchtbares Land zu verwandeln. Seitdem wir mit Münchmeyers verkehrten, war dies unmöglich geworden, ja, es wurde sogar von Tag zu Tag schlimmer mit meiner Frau. Sie stand ganz und gar unter dem Einfluss dieser beiden durch und durch vergifteten Menschen, die wie Hund und Katze lebten, einander nicht anrührten, einander betrogen und bestahlen, sich gegenseitig hassten und verachteten, aber doch und stets einig waren, wenn es sich darum handelte, irgendjemand auszunützen und auszusaugen, bis es nichts mehr gab. Einst, als man mir zumutete, in die Münchmeyersche Perversität hineinzuheiraten, war ich entflohen. Aber wohin war ich geflohen? In die Pollmersche Perversität. Und jetzt nun hatten sich beide in schandbarster Weise vereint, mich auszunützen und zur Leiche zu machen, wie die Sage vom

Vampir erzählt, dass er den Menschen bis auf den letzten Tropfen Blutes aussauge, sodass er sterbe! Ein geradezu fürchterliches Schicksal! Ich sträubte mich dagegen. Ich tat alles Mögliche, um meine Frau zu veranlassen, auf diesen Umgang zu verzichten. Sie weigerte sich. Sie warf mir vor, sie ja erst mit diesen Leuten bekannt gemacht zu haben. Sie sagte, sie liebe Frau Münchmeyer, und wenn ich ihr verbiete, mit ihr zu verkehren, so werde sie dies heimlich tun. Da beschloss ich, vor allen Dingen den Geschäftsverkehr mit Münchmeyers abzubrechen und nichts mehr für sie zu schreiben. Als meine Frau dies merkte, griff sie zu demselben Mittel, welches sie schon einmal mit gutem Erfolg angewendet hatte, um mich gefügig zu machen, nämlich zum – – Spiritismus.

Eines Tages kam sie vom Spaziergang mit einer fremden Dame heim und sagte, dies sei ihre neue Freundin, die Frau des berühmten Heil-Magnetiseurs und Spiritisten Professor Hofrichter, Dresden, Marienstraße. Ich hatte von diesem allerdings berühmten Mann gehört. Er war Österreicher, besaß eine außerordentliche magnetische Kraft, die sogar in die weiteste Ferne wirkte, und hatte mit seinen Kuren die außerordentlichsten Erfolge. Ein eigentlicher Spiritist war er nicht und das geriet mir zum Heil. Meine Frau hatte sich an die seinige gemacht, um durch ihn in ihrem Sinn auf mich einzuwirken. Es kam aber ganz anders, als sie berechnet hatte. Die beiden Frauen standen zwar im Komplott, Hofrichter aber ging nicht darauf ein. Er war nicht nur ein bedeutender, sondern auch ein ehrlicher Mensch. Er sah scharf. Er war zufälligerweise ein Leser meiner Werke. Er glaubte das nicht, was ihm meine Frau über mich vorschwatzte; aber er freute sich, nun einen Grund zu haben, sich mir vorzustellen. Er kam zu mir. Er zeigte mir durch eine ganze Reihe der verblüffendsten Experimente, wie erstaunlich groß die Kraft war, die er besaß. Er gewann mich lieb. Er lud mich zu sich ein und ich folgte von Herzen gern, denn von ihm konnte ich in Beziehung auf meine Psychologie nur lernen, nur gewinnen und profitieren. Wir wurden Freunde. Ich studierte ihn und er mich und meine Frau. Oft waren Dresdener wissenschaftliche Größen und Vertreter der Presse bei ihm versammelt. Ich fehlte nie. Er experimentierte mit und an uns allen, und zwar stets mit erstaunlichem Erfolg. Ich war in seiner Hand wie Watte. Ich sprach und tat und machte alles, was und wie er wollte, ohne dass ich etwas davon ahnte. „Ein lieber, seelenguter, aufrichtiger Mensch", pflegte er zu sagen, „der überaus leicht zu behandeln ist!" Meine Frau aber brachte er zu nichts. Sie war stärker als er. Sie beeinflusste ihn, anstatt er sie. Er schwitzte große Tropfen, wenn er sie auch nur zwingen wollte, die Augen zu- oder aufzumachen. Das bereitete ihr Spaß. Sie war stolz auf diese ihre Macht. Er aber wurde umso ernster, und zwar um meinetwillen. Er bekam Angst um mich. Es ist mir niemals eingefallen, ihm irgendetwas aus meiner unglücklichen Ehe mitzuteilen; so etwas habe ich überhaupt nie getan, während die Pollmer zu jedem ersten Besten hierüber spricht; aber er war ein scharfer Beobachter und zögerte, als er sie genau genug kennen gelernt hatte, nicht, mir das Resultat seiner Beobachtung und Forschung mitzuteilen. Dieses lautete folgendermaßen:

„Ihre Frau ist eine höchst gefährliche Person. Sie hat von ihren Vorfahren väterlicher- und mütterlicherseits eine ganze Menge der verschiedensten, teils guter, meist aber schlimmer, ja diabolischer Kräfte geerbt, die in solcher Menge und in solchem Maße fast niemals beisammen sind. Für eine solche Anhäufung derartiger Kräfte ist ein einziger, einzelner menschlicher Körper zu wenig. Sie vernichten ihn, außer wenn sie genügend Gelegenheit finden, sich nach außen zu betätigen. Ihre Frau gehört also zu denjenigen Besessenen, die unbedingt andere Leute schädigen, quälen und martern müssen, um sich selbst zu erleichtern und sich selbst zu retten. Sobald Ihrer Frau die Gelegenheit genommen wird, dies zu tun, muss sie an ihrem eigenen Innern, und zwar mit rapider Schnelligkeit, zu Grunde gehen. Sie ist es also sich selbst schuldig, lügnerisch, betrügerisch, hart und grausam bis zum Exzess zu sein. Nur dadurch rettet sie sich selbst. Hüten Sie sich also! Solche Mächte sind zu allem fähig, selbst zum Gattenmord und Vatermord, wenn sie denken, dass es nicht anders geht! Die größte Gefährlichkeit Ihrer Frau aber liegt darin, dass ihre Besessenheit nicht eine offene, sondern eine versteckte, eine außerordentlich gut maskierte ist! Wenn sechs oder zehn Personen mit ihr am Tisch sitzen, wird jeder, der es nicht genau versteht, eher jeden andern für das dirigierende Medium halten als sie. Und doch geht alles nur so, wie sie es will! Mein lieber Freund, ich fürchte, dass wir beide auseinandergehen müssen, nicht etwa meinet- oder Ihretwegen, sondern wegen Ihrer Frau. Dieses scheinbar stille, edle Weib bringt nur Fluch. Seit meine Frau mit ihr verkehrt, gibt es in meiner Ehe andere Luft. Sie zerstört unser gegenseitiges Vertrauen und ich bitte, Ihnen sagen zu dürfen, dass ich mich schützen muss!"

Das war Professor Hofrichters fachmännische und zugleich auch persönliche Meinung und nur wenige Tage, nachdem er mir dies gesagt hatte, behauptete sie in allerfrechster Weise, dass seine Frau mit anderen Männern hure, und als er das erfuhr, warf er sie zur Tür hinaus und sah nur meinetwegen von einer Strafverfolgung ab. Ich aber war wie immer derjenige, der an dem tiefen Schaden schwer zu tragen hatte!

Seit der Zeit, da Münchmeyer von meinem Wirt aus dem Haus getrieben worden war, wurde dieser von meiner Frau gehasst, und zwar in der ihr eigenen Weise, bei der jedes Wort und jede Tat zur schweren Beleidigung wird. Es gab Szenen, die mich veranlassten, dem Vorwurf, undankbar zu sein, dadurch zu entgehen, dass ich auszog. Ich zog nach der Schnorrstraße im so genannten amerikanischen Viertel, wo ich wieder eine erste Etage nahm. Dort musste ich es sofort nach unserer Übersiedlung auspatschen, dass ihr

Experiment mit dem Professor Hofrichter nicht gelungen war. Sie ärgerte sich darüber, und wenn sie sich über etwas ärgerte, so war stets ich derjenige, der ihren Grimm zu tragen hatte. Sie brachte mir die Frau eines Turnlehrers Dittrich ins Haus, mit allen ihren Kindern, zwei Mädchen und drei Buben. Turnlehrer Dittrich war ein braver, pflichttreuer Mann. Was aber seine Frau betraf, so wollte er nichts mehr von ihr wissen.

Er aß und schlief für sich allein und ließ sich nur um seiner fünf Kinder willen nicht von ihr scheiden. Sie brüstete sich damit, die Männer zu hassen, weil sie alle nichts taugen, und hatte die Eigenheit, sich in die Ehen anderer zu drängen, um den guten Engel zu spielen und so lange zu hetzen und zu dozieren, bis es dort ebenso wild aussah wie in ihrer eigenen Ehe. Diese Vertreterin der Kraft- und Faust-Weiberei hatte sich schon in Blasewitz an meine Frau gedrängt, um sie zu sich hinüberzuziehen; ich aber hatte der Letzteren streng verboten, mit ihr zu verkehren. Sie wohnte in der Nähe meiner neuen Wohnung und wurde nun herbeigezogen, um für die Hofrichtersche Abfuhr Rache an mir zu nehmen. Diese Turnlehrerin Dittrich sah, dass sie mir widerwärtig war, doch passte ihr das erst recht in ihre Theorie; sie hetzte nun erst recht. Konnte ich sie die Treppe hinunterwerfen, wenn sie kam, von meiner Frau geladen? Ich musste es mir gefallen lassen, denn ich hatte grad damals keine Zeit für solche Skandale. Ich hatte mich mit dem bekannten Professor Josef Kürschner, dem Herausgeber des Literaturkalenders, auf die Gründung einiger neuer Unternehmungen festgelegt und ich arbeitete mit allem Eifer auf die Trennung von Münchmeyer hin; ich hatte also für andere Dinge keinen Raum und musste es ruhig dulden, dass sich diese Dittrich mit ihrem ganzen Anhang bei mir festsetzte wie eine *Cimex lectualarius*[1], die dann nicht mehr auszutreiben ist. Dieses Weib hat an mir gesaugt viele Jahre lang und ich habe dafür nichts als Un-

---

[1] Wanze

dank gehabt, von nicht eingelösten Ehrenscheinen gar nicht zu reden. Sie hat uns nach der Lössnitz und überall hin verfolgt; aber als sie sich dann auch bei dem ersten Mann meiner jetzigen Frau[1] in gleicher Weise einnisten wollte, drückte ich darauf, sie abzuweisen. Dies geschah. Seitdem hasst sie mich noch glühender als zuvor und meine jetzige Frau dazu. Ich berichte das, weil ich gezwungen bin, sie auch noch fernerhin zu erwähnen.

Als meine Frau sah, dass ich fest entschlossen war, nicht mehr für Münchmeyer zu schreiben, griff sie zu den ihr geläufigen Maßregeln. Zunächst wurde sie krank. Das kostete mich in kurzer Zeit achthundert Mark. Ich blieb aber fest. Da riet ihr der Arzt regelmäßige Morgenspaziergänge im großen Garten. Sie erhob sich morgens drei Uhr, machte Toilette, spazierte einen ganzen Sommer lang nach der Konditorei im großen Garten, kehrte um sieben zurück und legte sich dann wieder nieder, um auszuschlafen. Natürlich forschte ich nach, ob sie diese reine, köstliche Naturfreude ganz allein genieße. O nein! Frau Münchmeyer saß bei ihr. Der ganze, schöne Plan stammte von dieser Frau. Täglich von vier bis sieben Uhr früh im großen Garten! Ganz allein! Hatte meine Frau in der Kunst, die Männer zu bestehlen, zu belügen und zu betrügen, bisher nur Elementar- und Gymnasialunterricht genossen, so war dieser Sommer nun die hohe Schule. Der Erfolg zeigte sich sehr bald! Und zu ganz derselben Zeit sandte Münchmeyer sein Faktotum Walther wiederholt zu mir, um mich zu andern Abmachungen zu verführen und um auf mancherlei gewundenen Wegen zu erfahren, ob ich seine Briefe wirklich aufgehoben habe oder nicht! Diese letzteren Fragen fielen mir jetzt schon mehr auf als vorher, doch leider nicht so sehr, dass ich darüber nachgedacht hätte, was sie bezweckten. Man sieht aber doch, dass Münchmeyer Hand in Hand mit seiner Frau ging, nämlich er in dem Bestreben durch geschäftliche Künste und Kniffe von seinen Ver-

---

[1] Klara May, geb. Plöhn, die Karl May 1903 ehelichte

pflichtungen loszukommen, sie aber in der Bemühung, meine Frau von mir loszureißen und ganz zu sich hinüberzuziehen. Ich meine dieses Losreißen nicht äußerlich, sondern innerlich. Eine äußerliche Trennung zwischen ihr und mir hätte Münchmeyers nichts genützt. Um ihnen als Werkzeug dienen zu können, hatte sie meine Frau zu bleiben; aber ihr perverses Herz, welches die so genannte ‚Freiheit' liebte und alle Pflichten hasste, musste ihnen treu gehören. Die alte, abgefeimte Lügnerin und Seelengiftmischerin erreichte ihren Zweck vollständig. Zu zeigen, wie sie das anfing, würde eine ganze, lange Reihe der vorliegenden Seiten füllen; ich hebe mir das aber für später auf, wo ich mich vielleicht einmal gezwungen fühle, dieses Weib, welches mich in das Zuchthaus bringen will, um sich selbst vor dem Zuchthaus zu retten, zu entlarven. Ich will für heut und hier nur sagen, dass, wenn meine Frau von ihren Morgenübungen mit Frau Münchmeyer zurückkehrte, eine Menge Brocken für mich abfielen, die ich heimlich aufhob und sammelte, und dass dann später, als ich diesem Verkehr der beiden Lesbierinnen ein Ende gemacht hatte, meine Frau in aufgeregten Augenblicken mit Reminiszenzen aus jenen köstlichen Zeiten um sich warf. Mir aber war diese Zeit eine wahre Hölle. Ich stand den Einflüssen dieses Kolportageweibes und dieser Turnlehrerin Dittrich vollständig wehrlos gegenüber, wenn ich nicht zur *ultima ratio,* das heißt, zum Prügel greifen wollte. Es blieb mir nichts anderes mehr übrig, als nicht mehr bloß umzuziehen und hierbei immer wieder aus dem Regen in die Traufe zu kommen, sondern Dresden ganz zu verlassen und einen entfernten Vorort aufzusuchen. Ich zog nach Kötzschenbroda, wo ich gleich eine ganze Villa mietete, um unsere unglückliche Ehe und ihre schlimmen Wirkungen zu isolieren.

Ich habe in jener Zeit des elendesten Innenlebens unendlich fleißig gearbeitet und meinen Lesern nur Glauben und Gottvertrauen, Liebe, Glück und Sonnenschein gegeben. Es gibt einzelne Jahre, in denen ich sechs bis acht neue Bände schrieb. Das hat vorher noch niemand fertig gebracht und auch nachher wird wohl keiner kommen! Es gab Wochen, in denen ich drei und auch vier Nächte durcharbeitete. Solche Anstrengungen und solche Erfolge hatte ich teils meiner eisernen Gesundheit zu verdanken, teils und noch viel mehr aber auch der Willenskraft, meine glückliche, selige Arbeitswelt und die armselig hässliche, traurige Welt der Pollmerschen Dämonen vollständig auseinander zu halten. Die Zeit, die ich nun in der Lössnitz verlebte, hat mir unendlich schöne, heilige Tage und Nächte gebracht, in denen ich mit meinen Idealen am einsamen Schreibtisch saß, um die herrliche Menschheitsseele kennen zu lernen, die Menschheitsfrage zu ergründen und die Millionen meiner Leser den Weg empor zur Edelmenschlichkeit zu führen. Aber diese Zeit hat mich durch tiefes, schweres, geduldig ertragenes Leid auch zu der schmerzlichen Erkenntnis geführt, dass das Weib, an welches ich an jenem Sterbelager mein Leben und mein ganzes Wollen und Streben gekettet hatte, eine für die geistige Menschheit Verlorene sei, die wie die Kanonenkugel des Bagnosträflings an meinen Füßen hing und mich bei jedem Versuch, emporzusteigen, immer wieder auf das Gemeine niederzog. Als ich alle meine Versuche, sie mit zu heben, scheitern sah, gab ich es auf, sie aus dem Schmutz zu ziehen, und ließ sie ihre eigenen Wege gehen. Hiermit meine ich natürlich nur die inneren, nicht auch die äußeren Wege. In Beziehung auf die Letzteren war sie nach wie vor verpflichtet, doch wenigstens alles das zu vermeiden, was im Stande war, ihre äußere Ehre und ihren Ruf zu schädigen. Niemand sollte ahnen, dass Karl May, der Idealist des Erden- und des Lebensglückes, für sich persönlich auf dieses Glück verzichtet hatte.

Diese Resignation war noch nicht vorhanden, als ich nach Kötzschenbroda zog, sie kam erst später, nur nach und nach. Ich hoffte, dass die Trennung vom Münchmeyerschen und

Dittrichschen Sumpf reinigend und läuternd wirken werde. Aber kaum hatten wir das neue Heim in Kötzschenbroda betreten, wer stellte sich da ein? Die Turnlehrersfrau Dittrich, mit ihren fünf Kindern, zwei Mädchen und drei Buben! Die kletterten mir auf den Bäumen herum und verschlangen mein Obst, die hockten auf meinen Erdbeerbeeten, die pflückten mir die Himbeersträucher leer, und während sie das taten und ich dabeistand, um aufzupassen, dass sie nicht auch noch Schlimmeres taten, saß ihre männerhassende, kampfgeübte Mutter mit meiner Frau im trauten Plauderstübchen und gab ihr Unterricht im eheweiblichen Jiu-Jitsu, das heißt, in der Kunst, den Willen des Mannes derart niederzukränken und niederzuärgern, dass es ihm unmöglich ist, wieder aufzukommen. Ihre fünf Kinder sollten alle studieren, auch die Mädchen; das ist kostspielig und so war es kein Wunder, dass sie meine Frau vor allen Dingen veranlasste, sie mit der Verwaltung ihrer so genannten ‚Ersparnisse', die aber in mir abgestohlenem Gelde bestanden, zu betrauen. Sie verpflichtete sich dadurch selbst, mich zu belügen und zu betrügen, und hat dies immerfort getan, bis es mir zu viel wurde und sie nicht mehr bei mir erscheinen durfte. Aber auch dann verzichtete meine Frau noch lange nicht auf sie, verkehrte gegen meinen Willen und heimlich mit ihr, kaufte ihr von meinem Gelde allerlei Geschenke z. B. ganze Gänse zum Braten usw. und weihte sie in die größten Heimlichkeiten unserer Ehe, sogar unseres Ehebettes ein. Diese Frau Dittrich wusste ganz genau, dass ich vor ihr nach der Lössnitz geflohen war, um dort ein stilles, reines, unbeschmutztes Heim zu finden. Sie wusste ebenso gut, dass mich ihr Hass nicht besser treffen und nicht tiefer verwunden könne als durch Entehrung und Besudelung dieses meines schönen, neu gegründeten Heimes. Darum wurde ganz plötzlich ein höchst blamabler Damenbesuch bei mir ins Werk gesetzt, nämlich eine Berliner Kurtisane, die von einem Dresdener ‚Onkel' ausgehalten wurde und nun in meinem Haus einem verliebten und vertrauensseligen Maler aufgeschwatzt werden sollte. Mit diesem Frauenzimmer war, während wir noch in der Stadt wohnten, Freundschaft geschlossen worden; jetzt ließ man sie nach Kötzschenbroda kommen, um sie bei mir für Wochen lang einzunisten, und machte mir dadurch meine neue, mir schnell lieb gewordene Wohnung zum Ekel, zum Tribaden-[1] und Hurenhaus und blamierte mich vor allen, die das sahen. Es entstand ein erbitterter Kampf zwischen mir und meiner Frau, der damit endete, dass ich dem Maler, als er sich bei meinem ‚Gast' einstellte, die Augen öffnete und die Kreatur samt ihren so genannten ‚Onkel' zur Tür hinauswarf. Er hat sie dann selbst heiraten müssen, ist aber schleunigst wieder geschieden worden.

Diese soeben erzählte Kraftprobe ist geradezu typisch für die Art und Weise und für die Wahl der Mittel, mit deren Hilfe sie ihre Zwecke zu erreichen trachtete. Überall, wo ich zur Miete wohnte, und auch dann, als ich mir in Radebeul eine eigene Villa kaufte, war es mein Bestreben, einen stillen, ruhigen, geordneten Hausstand zu besitzen, in dem mir die für meine schweren Studien und Arbeiten erforderliche Stimmung gewährleistet war. Sie aber hasste nichts so sehr als grad diese Ruhe und diesen Frieden. Es ekelte ihr vor geistiger Arbeit. Ihr Ideal war ein immer während offenes Haus, ein Starenkasten für schwatzhafte Meisen und lockere Vögel allerlei Art, besonders aber jener Gattung, die weder arbeiten noch spinnen, und euer himmlischer Vater, nämlich ich, ernährt sie doch! Schauspieler, Sänger, lustige Künstler, allerlei fahrendes Volk sollte bei mir verkehren. Da wollte sie herrschen, da wollte sie als Königin gelten, da wollte sie geliebt sein und wieder lieben, gleichviel ob männlich oder weiblich, denn sie fand sich in beiden Sätteln zurecht. Ich aber sollte die rasenden Summen aufbringen, die zu so einem leiblichen, geistigen und seelischen Hurenleben gehörten, und um

---

[1] Griech.: Lesbierin

dies zu können, sollte ich mir ein kleines Häuschen hinüber in den hintersten Gartenwinkel bauen, wo mich niemand in meiner Arbeit stören könne; sie aber wollte allein in der Villa wohnen und die ganze, schwere Sorge eines so anstrengenden Hausstandes auf sich nehmen, wofür ich ihr aber heilig und teuer versprechen müsse, dass sie dann hier hüben ebenso frei und ungestört sei wie ich da drüben!

Indem ich beide einander gegenüberstellte, mein einfaches, bescheidenes, sittlich reines und arbeitsames Ideal und ihr üppiges, wahnsinniges, perverses Luftschloss, habe ich gekennzeichnet, welch ein erbitterter, nie endender, sondern an jedem Morgen neu erwachender Kampf zwischen ihr und mir sich bis zum Scheidungstag durch meine ganze Ehe zog. Es war eine nervenmordende, entsetzliche, teuflische Zeit! Sie faulenzte, sie pflegte sich, sie konnte es aushalten. Ich aber arbeitete Tag und Nacht und es ist ein wirkliches Wunder, dass ich nicht verrückt geworden bin, den fürchterlichen Schlag gar nicht gerechnet, den die Münchmeyerei dann später auf mich niederschmetterte! Dass ich meiner Frau ein Leben, wie sie es sich wünschte, versagte, dafür hasste sie mich. Geradezu empört aber war sie darüber, dass ich von ihr verlangte, sich geistig fortzubilden und meine Bücher zu studieren, damit sie mir auf meinen Wegen folgen könne. Das versetzte sie stets so in Wut, dass sie die Fäuste ballte und mit den Füßen stampfte. In solchen Augenblicken, wo ich Schönes, Edles und Großes von ihr forderte, trat der Pollmersche Dämon in aller seiner Monstrosität und Scheußlichkeit hervor und dann war sie auch körperlich von einer Hässlichkeit, die schlimmer als bloß abstoßend auf mich wirkte. Ich vermied dergleichen Bitten und Aufregungen mehr und mehr und war schließlich auch hiervon ganz still geworden. Ich ließ sie im Schmutz da unten weiterlaufen und begehrte höchstens nur dann einmal dagegen auf, wenn der Staub so hoch aufwirbelte, dass er die Augen der Leute auf sich zog. Es ist gewiss fürchterlich, aber es ist auch ebenso gewisslich wahr, dass von ihr aus oder um ihretwillen niemals ein anständiger Mensch in meinem Haus verkehrt hat. Zu mir, dem Autor, kam alle Welt, vom gewöhnlichen Mann an bis hinauf zur hohen Aristokratie der Geburt, des Geistes und Besitzes. Und wer da kam, der brachte Liebe, Dank und Anerkennung mit. Sie aber hat mir nur alte, geifernde Weiber, alte, giftige Jungfern und liebestolle Personen dritten Geschlechts in das Haus gezogen. Alle diese minderwertigen oder gar gefährlichen Menschen kamen nur, um meine Geduld und Langmut ebenso wie meine Kasse auszunützen und mir dann, wenn ich es mir nicht mehr gefallen ließ, einen Fußtritt zu versetzen. Hierher gehört die schon erwähnte Dittrich. Hierher gehört besonders auch die jetzige Frau Häusler in Berlin, eine Phryne sondergleichen. Ich kannte ihren ersten Mann, einen Baumeister, der, schon hoch bei Jahren, die Dummheit beging, diese üppige und viel verlangende Weißwarenmamsell zu heiraten. Er gab ihr wegen der Ausgeprägtheit ihres Begattungstriebes den Kosenamen Kaninchen. Er nannte sie schließlich gar nicht anders. Er gebrauchte diesen Kosenamen sogar öffentlich und sie bildete sich viel darauf ein, anstatt darüber zu erröten. Er starb vor Liebe, war aber noch lange nicht tot, so verkehrte sie hinter seinem Rücken schon mit andern. Dann heiratete sie wieder. Auch der zweite Mann starb vor Liebe. Der dritte, den sie jetzt hat, kann nicht an dieser Ursache zu Grunde gehen, weil sie inzwischen arg verfettet ist und also dem bekannten Karnickel nicht mehr gleicht. Ich hatte viele, viele Monate lang die Verpflichtung, sie des Abends aus der Kneipe nach Hause zu führen, denn sie kam allein. Auf diesen stillen Wegen öffnete ihr der Alkohol den Mund. Ich aber tat, als hörte ich es nicht und als fühlte ich die lebertranigen Reize nicht, die sich mir in die Arme drängten. Ich habe sie nie berührt, obgleich sie später offen, sogar schriftlich gestand: „Ich liebte meinen Karl glühend und habe gegen diese Liebe wie eine Löwin gekämpft!" Ich schildere das sehr ehrlich in dieser nicht ganz trockenen Weise, um deutlich zu zeigen, was für Frauenzimmer sich als Freundinnen meiner einstigen Frau gebärdeten und noch heute gebärden und wie im höchsten Grade gleichgültig dieser meiner Frau meine eheliche Treue war. Pervers allüberall, vom Scheitel bis zur Sohle! Und dieses liebestolle, verfettete Karnickel, welches mit den üppigen Beinen unter dem Tisch mit andern Männern Poussade trieb, sogar in der öffentlichen Kneipe, hat mich bei der Staatsanwaltschaft denunziert! Dass ich mich von meinem dämonischen Weibe scheiden ließ, dagegen hat sie wohl nichts. Aber dass ich die Witwe Plöhn geheiratet habe, sie aber damals, als ich mich ihretwegen hätte scheiden lassen können, nicht mit der Fingerspitze berührte, das ist unverschämt, das muss man rächen, dafür muss May nebst Frau ins Zuchthaus gehen! Ganz genau wie Münchmeyers, die mich in das Zuchthaus bringen wollen, es aber selbst mehr als reichlich verdienen!

Es muss hervorgehoben werden, dass sich aus den Zusammenkünften all der Frauenzimmer, die mir in das Haus gebracht wurden, eine geradezu niederträchtige, ja verbrecherische Klatschsucht entwickelte. Putz, Dienstboten, Ehesünden und der Kampf gegen die Männer, das waren die ständigen Gegenstände der Gespräche. Hauptthema aber waren und blieben die Männer. Da wusste eine jede ihre Erfahrungen mitzuteilen und neue, ganz besondere Mittel und Wege für die Frauen, sich die Herrschaft zu sichern. Dabei war die eine immer gefühl- und gewissenloser als die andere. Als Münchmeyer von seiner letzten Krankheit befallen wurde, schickte seine Frau ihn fort, damit er nicht bei ihr, sondern in der Fremde sterbe. Als ihr Schwiegersohn vom nahenden Tod ergriffen wurde, pflegte man ihn nicht etwa daheim, sondern ließ ihn nach dem Spital schaffen, wo er mit ganz gewöhnlichen Arbeitern zusammenlag. Als der arme, brave Turnlehrer Dittrich sein langes, einsames, grausames Martyrium beendet hatte und einsam gestorben war, sagte die, die ihm dieses Martyrium bereitet hatte, mit wonnestrahlenden Augen: „Der Todestag meines Mannes war mir ein Freudentag." Und meine eigene Frau wartete gar nicht erst, bis ich starb, sondern sie gab mir schon zu Lebzeiten wiederholt und mit sichtbarer Freude zu verstehen, dass es ihr gar nicht einfallen werde, auf den Kirchhof zu kommen, wenn ich gestorben sei. Als mein Freund Plöhn starb, der erste Mann meiner jetzigen Frau, tröstete sie die Witwe mit den Worten: „Ich wollte, er lebte noch und meiner wäre dafür gestorben!" Und als Frau Plöhn diesen ihren verstorbenen Mann so heilig hielt, dass sie dann aus Liebe zu ihm einen ihm bei seinem Tod sehr nahe gelegenen Gegenstand ununterbrochen auf dem Herzen trug, rief meine Furie höhnisch lachend aus: „Die ist verrückt! Die hat einen Klaps! So einen alten, ekelhaften, dicken, fetten Kerl noch so im Tode anzubeten! Aber diesen Wahnsinn treibe ich ihr aus!" Sie ruhte auch wirklich nicht eher und machte Frau Plöhn so lange lächerlich, bis diese das Andenken beseitigte.

Es ist hier nicht der Ort, alle die alten Schachteln aufzuzählen, mit denen sie verkehrte, um sie im Kampf gegen mich aufmarschieren zu lassen. Von männlichen Personen will ich nur drei Stück erwähnen. Der Erste ist ein junger, unverheirateter Schulmann, den sie wöchentlich mehrere Male, wenn ich des Abends arbeitend zu Hause saß, besuchte, um sich dann um Mitternacht von ihm nach Hause begleiten zu lassen. „Dem kann keine widerstehen! Was der verlangt, tut jede!", charakterisierte sie ihn. Sie war zu jener Zeit so liebesaufgeregt, dass ich sie eingeschlossen resp. mit Gewalt am Ausgehen verhindert habe. Der Zweite ist der Theologieprofessor Szekréyi, ein schöner, geistreicher Magyar, der meine Werke in das Ungarische übersetzte. Er besuchte mich wiederholt und lebte in überaus glücklicher Ehe mit einer sehr schönen und geistig hochstehenden Frau. In diesen war die meinige so sinnlos verschossen, dass er mich bat, wenn er wiederkomme, seine

Frau mitbringen zu dürfen. Er brauchte, um bei mir wohnen zu können, Schutz gegen meine Phryne! Der Dritte ist ein jetziger Regierungsbaumeister, der als junger Leser zu mir kam und für mich schwärmte. Meine Frau nahm sich seiner sehr weiblich an. Es gehört ja zur Perversität alter, unterleibskranker Frauen, sich an jungen, männlichen Tollpatschereien an- und aufzuregen. Sie verkehrte viel mit ihm und erzog ihn so, dass er mir seine Schwärmerei entzog, um sie ihr hinüberzutragen. Er himmelte sie an. Es war ihm eine Wonne, von ihr gequält und zu den niedrigsten Handreichungen verwendet zu werden. Ich duldete es, weil ich dadurch entlastet wurde und Ruhe bekam. Aber sie trieb es zu arg. Wenn ich mit ihr in die Stadt fuhr, stand dieser Mensch am Bahnhof, um ihr eine Blume zu überreichen. Ich hatte ihn dann einzuladen und freizuhalten. Wenn ich in der Stadt mit ihr essen wollte, saß er, während wir die Restauration betraten, schon da, uns zu erwarten. Natürlich aß er mit! Das wurde immer auffälliger. Offenbar benachrichtigte sie ihn hinter meinem Rücken, denn er wusste nur dann, dass wir kamen, wenn ich es ihr so zeitig gesagt hatte, dass die Zeit reichte, ihm einen Wink zu geben. Mir aber erklärte sie diese regelmäßige, auffällige Allwissenheit des jungen Menschen durch die Behauptung, dass er ein sehr empfindliches spiritistisches Medium sei und uns von seinen Geistern zugeführt werde; die wissen ja, dass wir in die Stadt kommen, und sagen es ihm! Sie trieb nämlich Spiritismus mit ihm und umspann ihn hierdurch so, dass er selbst heut noch nicht wieder losgekommen ist. Wenn dann etwas geschah, was sie nicht berechnet hatte, so besaß sie die geradezu unverschämte Frechheit, sich selbst als das Opfer des Spiritismus hinzustellen, während sie doch die Schöpferin resp. Unternehmerin des ganzen Schwindels war. Der junge Mann geriet ganz in ihre Fesseln. Wenn er von ihr nach Hause kam, sah er Geister auf der finstern Treppe, und wenn er an sie dachte, erklangen die lieblichsten Töne um ihn her. Während meiner Reisen ging er mit ihr in das Theater oder besuchte sie ganze Abende lang und ging auch des Nachts nicht nach Hause. Da ist es gar nicht zu verwundern, dass er auch mit in die Damenläden ging und beim Korsettanprobieren assistierte. Es kam mit der Zeit zu einer sehr lebhaften, heimlichen Korrespondenz, die nur dadurch möglich wurde, dass meine Frau sich falsche Schlüssel zu meinen Briefkasten verschaffte, die mir jahrelang verheimlicht worden sind.

In meinen Werken kommt der Name einer jungen, schönen Indianerin vor, Nscho-Nschi[1] geheißen. Dieser Name ist zum Sinnbild der heimlichen, verbotenen, aber unwiderstehlichen, glühenden Liebe geworden. Der junge Mensch stand schließlich so zu meiner Frau, dass er sie unter vier Augen bei diesem Namen nannte und dass sie es sogar wagte, in ihren Zuschriften an ihn als Nscho-Nschi, also als willfährige Geliebte, zu unterschreiben. Man denke, welch ein Wagnis für eine verheiratete Frau! Und man denke, zu welcher Geschlechtsinnigkeit es zwischen ihnen schon gekommen sein musste, um sich liebesblind in eine solche Gefahr zu stürzen! Die Unvorsichtigkeit und vaginelle Kurzsichtigkeit wurde schließlich so groß, dass mir ein Brief in die Hände fiel, in dem er sich zu der Äußerung verstieg: „Das Strohmännle darf aber nichts wissen!" Also, ich war nur noch das Strohmännle, welches nur hier oder da einmal während einer Pause zugelassen wird; der echte, richtige, wirkliche Mann aber war er! Die große Dummheit, Skandal hierüber zu machen, lag mir fern. Der Mensch dauerte mich. Er war das Opfer der Pollmerschen Dämonen, grad so wie ich. Er hatte sich in das spiritistische Netz meiner Kreuzspinne verwickelt und besaß nicht mehr die Eigenkraft, sich dagegen zu wehren, von der okkulten, hypnotischen und suggerierenden Schwindlerin geschlechtlich und moralisch entmannt und aufgefressen zu werden. Sein Vater war ein Ehrenmann gewesen, seine

---

[1] Die falsche Schreibweise des Namens Nscho-tschi illustriert Mays Aufgewühltheit beim Verfassen der Studie.

Mutter lebte noch; es widerstrebte mir, seine Karriere zu vernichten; ich versuchte ihn zu warnen, um Weiteres zu verhindern, er hat mich aber leider nicht eher verstanden, als bis ich gezwungen war, mit der Tür ins Haus zu fallen.

Die spiritistische Veralberung dieses jetzigen Regierungsbaumeisters führt mich nun geraden Wegs zur interessantesten Seite der vorliegenden psychologischen Studie, nämlich zu der Untersuchung der Rolle, welche der Spiritismus, wie meine frühere Frau behauptet, bei unserer Scheidung gespielt haben soll. Vorher aber muss ich unbedingt erst der Frau Pauline Münchmeyer gedenken, damit es nicht etwa den Anschein habe, als ob diese raffinierte Lehrerin des ehelichen Vampirismus die gelehrigste aller ihrer Schülerinnen vergessen hätte. Ganz im Gegenteil! Das fiel ihr gar nicht ein! Bei den Plänen, die sich im Münchmeyerschen Schundgeschäft in Beziehung auf meine Romane herausgebildet hatten, war es unbedingt geboten, mit meiner Frau in möglichst freundschaftlicher Beziehung zu bleiben. Es handelte sich hierbei um die alten Briefe, Karten und Notizen Münchmeyers, die ich mir so heilig aufhob, um, falls ich ja beschwindelt werden sollte, durch diese vollgültigen Beweise einem langen, zweifelhaften Prozess vorbeugen zu können. Die Sache wurde mir bedenklich, sie dauerte mir zu lange! Das ‚Waldröschen' war doch gleich von allem Anfang an so gut gegangen, dass schon das erste Jahr die vereinbarten 20.000 Abonnenten gebracht haben musste! Mit den anderen Romanen stand es ebenso. Und doch kam weder die erwartete Benachrichtigung noch die hierauf zu folgende ‚feine Gratifikation'! Ich hatte da allerdings dem Umstand Rechnung zu tragen, dass unredliche Kolportagebuchhändler zu behaupten pflegen, dass es in der Kolportage unmöglich sei, den Erfolg eines Romans vor Verlauf von acht bis zehn Jahren zu berechnen. Das ist aber Schwindel! Sobald in der Weise Buch geführt wird, wie das Gesetz verlangt, ist die Klarheit ebenso schnell da wie bei jedem andern ehrlichen Geschäft. Aber um betrügen zu können, führt man eben anders Buch, und zwar in einer solchen Weise, dass es jedem nicht Eingeweihten unmöglich ist, einen schnellen Überblick zu gewinnen. Münchmeyers Buchführung aber hat, wie erweislich ist, den gesetzlichen Vorschriften überhaupt niemals entsprochen. Dennoch zog ich auch alle diese angeblichen Schwierigkeiten in Betracht, kam aber trotzdem zu dem Resultat, dass die von mir gewünschte Klarheit schon längst vorhanden sein müsse und mir absichtlich verheimlicht werde. Alle meine Anfragen waren vergeblich. Das erweckte und befestigte in mir die Überzeugung, dass man den Entschluss gefasst habe, mir meine Werke, meine Rechte und meine Gratifikationen zu unterschlagen und mich um alle Früchte meiner Arbeit zu betrügen. Dadurch gewannen die Münchmeyerschen Zuschriften den Wert hochwichtigster Dokumente für mich, die ich sorgfältig sammelte und in einem besondern Kasten meines Schreibtischs verwahrte. Nicht zehn-, nein hundertmal sprach ich mit meiner Frau über dieses unwiderlegliche Beweismaterial und verbot ihr streng, es jemals anzutasten. Sie kam da stets in Zorn. „Von einer Klage kann keine Rede sein!", fuhr sie mich dann immer an. „Ich kenne Münchmeyer besser als du und seine Frau ist meine Freundin. Sie hat mir nichts als Liebe erwiesen, und dafür willst du sie verklagen? Schäme dich! Sie brauchen das Geld wahrscheinlich selbst und deine Rechte sind dir ja unbenommen. Sie werden sicher zahlen, sobald sie sich herausgearbeitet haben. Ich verlange also, dass du wartest! Wir haben das Geld ja nicht zum Brot nötig!"

In dieser Weise antwortete sie, wenn sie in guter Stimmung war, in schlechter aber drückte sie sich ganz anders aus. Da gab es Loblieder für ihre Freundin Münchmeyer, für mich hingegen Beleidigungen und Drohungen, zu deren Ausführung sie sehr wohl fähig war. Ich ließ die Sache also, um meine Furie nicht zu erregen, einstweilen laufen, wie sie lief, und behielt mir das Weitere im Stillen für später vor. Da starb Münchmeyer. Ich wollte den Übergang des Geschäfts an die Erben schleunigst zur Herbeiführung einer Rechnungslegung benutzen, stieß da aber bei meiner Frau erst recht auf Widerstand. Sie warf mir Herzlosigkeit und Gefühlsrohheit vor, einen Todesfall geschäftlich auszunutzen.

Ich verzichtete also auf das beabsichtigte Vorgehen, zumal ich zu meiner ganz besondern Beruhigung erfuhr, der verstorbene Münchmeyer habe in seinem Testament bestimmt, dass das Geschäft nicht verkauft werden dürfe. Dass sich dies wirklich so verhalte, wurde von Walther, dem Buchhalter Mai, später auch von Fischer selbst bestätigt und sogar durch gerichtliche Vorlegung des Testaments erwiesen. Ich hatte also nicht zu befürchten, durch einen unvermuteten Besitzwechsel in meinen Forderungen gehemmt und beeinträchtigt zu werden; das veranlasste mich, noch länger zu warten. Auf vorsichtige Nachfragen erfuhr ich, dass Münchmeyer seine Frau bis zu seinem Tod in dem Glauben erhalten habe, er stehe sich gut, dies sei aber nicht wahr. Ich hielt mich trotzdem für sicher und gedeckt, weil ich nur an kleine Überschreitungen der 20.000 dachte und nicht die geringste Ahnung von der außerordentlichen Höhe hatte, zu welcher die Auflagen meiner Romane emporgetrieben worden waren.

Da kam eines schönen Tages Walther, der ganz besondere Vertrauensmann der Frau Münchmeyer, zu mir und teilte mir mit, dass seine Prinzipalin einen neuen Roman von mir wünsche. Ich antwortete ihm, wer etwas von mir wolle, sei es mir schuldig, selbst zu kommen, mit ihm habe ich nichts zu tun. Er ging, über diese Hintansetzung seiner Persönlichkeit wütend, fort. Aber schon nach kurzer Zeit meldete sich Frau Münchmeyer brieflich bei mir an. Ich antwortete ihr, dass sie kommen könne, und legte ihren Brief zu den Zuschriften ihres Mannes. Sie kam. Man sah sofort, vor mir hatte sie Angst und Sorge. Es war ein schwerer Schritt für sie. Dass sie ihn tat, gab mir den sicherston Beweis, dass es bei Münchmeyers nicht so gut stand, wie man gegen andere glauben machen wollte. Von meiner Frau wurde sie umso freundlicher empfangen. Die strahlte wie eine Geliebte und gab sich alle mögliche Mühe, ihr den schweren Schritt so leicht wie möglich zu machen. Ich blieb ernst. Ich sagte, es könne doch nicht sehr gut mit ihrer Verlagshandlung stehen, dass sie nach all den Dingen, die geschehen seien, jetzt zu mir komme, um wieder einen Roman von mir bringen zu können. Sie gab kleinlaut bei und klagte über die Spekulationen und Unzuverlässigkeiten ihres Mannes, die erst jetzt, nach seinem Tode, zu Tage getreten seien und das ganze bisherige Bild verändert hätten. Man müsse unbedingt wieder einen Roman von Karl May haben. Sie sei bereit, gleich zehntausend Mark bar zu zahlen, noch ehe ich zur Feder greife. Und als ich hierzu nicht ganz unverächtlich den Kopf schüttelte, fügte Sie hinzu: „Sogar zwanzigtausend, und wenn ich es mir woanders borgen sollte!" Das öffnete mir mit einem Mal die Augen über den außerordentlichen Erfolg meiner bisherigen Romane. Ich fragte: „So haben Sie wohl das, was Sie mit meinen fünf Romanen verdient haben, mit den Sudeleien Ihrer andern Schriftsteller zugeschustert?" Sie gab das zu. „Wie viel sind denn eigentlich von diesen meinen fünf Werken gedruckt worden?", forschte ich weiter. Das war die Hauptfrage für mich und sie. Das war ihr wohl bewusst, darum antwortete sie ausweichend. Da erklärte ich ihr kurz und bündig: Falls ich mich ja bestimmen ließe, ihr einen neuen Roman zu schreiben, so würde ich dies doch keinesfalls eher tun, als bis ich erfahren habe, dass bei den bisherigen fünf Romanen die zwanzigtausend erreicht worden seien. Sie antwortete mir hierauf, dass sie nachrechnen lassen wolle. Das war das Ergebnis dieses ihres ersten Besuchs. Ich meine da das geschäftliche Ergebnis, denn das persönliche stellte sich auf Seiten meiner Frau als höchst günstig heraus. Diese war überglücklich, ihre alte, liebe Freundin wieder bei sich zu haben, und lud sie ein, so bald wie möglich wieder zu kommen; ich aber blieb kalt. Die Münchmeyer kam auch wirklich baldigst wieder, sogar mehrere Male. Einmal war sie magenkrank und konnte zu Mittag nur trockene Semmeln genießen. Es wurde spazieren gegangen, nach dem Lössnitzgrund und auch anderswo; aber etwas Klares über den Stand meiner Konten erfuhr ich dabei nicht. Ich wurde während dieser Besuche von der Münchmeyer und auch in den Zwischenzeiten von meiner Frau unablässig bearbeitet, doch den gewünschten Roman zu schreiben, und zwar so, dass ich die Geduld verlor und der Letzteren bestimmt erklärte, dass es bei meiner bisherigen Bestimmung zu bleiben habe: Erst Klarheit über meine früheren Romane und erst dann die Antwort, ob ich weiterschreiben werde oder nicht. Es scheine, als ob sich ein neuer Verkehr mit Münchmeyerschen Spaziergängen und Perversitäten entwickeln solle, das aber werde ich mir verbitten, und zwar unbedingt.

Das wirkte! Frau Münchmeyer bekam Angst, dass ich ihr den Roman abschlagen würde. Sie sendete eine schriftliche Einladung für mich und meine Frau zum Mittagessen bei ihr. Den Brief, der sie enthielt, legte ich zu den Münchmeyerbriefen, und dies ist der Punkt, an dem ich zu erwähnen habe, dass sie während eines der erwähnten neuen Spaziergänge mich dummschlau haranguierte[1], ich habe ihren Mann doch auch sehr lieb gehabt und mir seine Briefe darum ganz gewiss als heilige Andenken aufgehoben: Sind die noch immer da? Das Mittagessen fand ganz genau so statt, wie es von mir und meiner geschiedenen Frau beschrieben worden ist. Die Münchmeyer gestand, die 20.000 seien erreicht, doch noch nicht komplett geliefert und bezahlt; das dauere bekanntlich jahrelang; auch müsse sie erst noch einmal „genauer nachrechnen lassen". Inzwischen aber liefere sie mir meine Manuskripte zurück, welche nun wieder mir gehörten. Leider seien die geschriebenen Ori-

---

[1] haranguieren = überreden, das große Wort führen

ginale verbrannt worden, sie könne mir die Originale also nur gedruckt zurückerstatten und werde sie extra gut in Leder für mich binden lassen. Ich antwortete ihr, sie möge das schnellstens tun und ihre ‚genauen Nachrechnungen‘ ebenso beschleunigen. Sobald dies geschehen sei, lasse sich über den neuen Roman dann reden. Während des Mittagessens waren wir zunächst allein mit ihr; dann stellte sich Eichler ein, der mir hierzu ganz besonders bestellt zu sein schien, um meine Worte und Ausdrücke zu fangen. Nach einiger Zeit, vielleicht zwei Wochen, erschienen die Manuskripte in gebundenen Büchern, die ‚genauen Nachrechnungen‘ aber blieben aus. Die konnte und durfte sie mir ja gar nicht geben, weil da gleich der ganze Betrug mit seinen großen, erstaunlichen Unterschlagungen an den Tag gekommen wäre! Lieber verzichtete sie auf den so warm ersehnten Roman und auch auf den so schön wieder neubegonnenen Verkehr, der nun infolge der mir gemachten Geständnisse sehr leicht für sie gefährlich werden konnte. Münchmeyer hatte zwar testamentarisch bestimmt, dass das Geschäft nicht verkauft werden solle, aber nun sie mir die 20.000 zugegeben hatte und ich die Manuskripte wieder besaß, gab es nur einen einzigen Weg, sich vor dem Zuchthaus zu retten, nämlich alles wieder zu leugnen, auch das Essen selbst, das Geschäft an einen Mann, der auf die Umstände einzugehen verstand, zu verkaufen und die alten Münchmeyerschen Briefe, deren Inhalt alles zu meinen Gunsten bewies, wo möglich von meiner Frau zu – – – – !

Ich unterbreche diesen Satz, um der Zeit nicht vorzugreifen. Auch gehe ich an dieser Stelle nicht auf den Brief ein, den mir die Münchmeyer durch Walther am 27. November 1894 schreiben ließ. Er hat vor dem Schwurgericht seine Pflicht zu tun, eher keinesfalls. Ich konstatiere nur, dass ich mit meiner Frau einen langen, sehr langen und sehr schweren Kampf zu kämpfen hatte. Ich wollte die Münchmeyer wegen Betrug und Unterschlagung staatsanwaltlich belangen lassen; meine Frau stellte sich aber in einer derartigen Weise dagegen, dass ich wieder und immer wieder verzichtete, bis die Tatsachen stärker wurden als ich und sie: Die Münchmeyer verkaufte! Doch hier zunächst eine Pause und zu dem bereits angemeldeten Spiritismus zurück!

Wir bewohnten auf der hiesigen Nizzastraße eine Villa, als mich ein sehr lieber, ferner Freund, ein Arzt aus Amerika, besuchte und mit seiner Frau einige Wochen als mein Gast bei mir wohnte. Er brauchte da drüben jahraus, jahrein zwei Kutschwagen, um seine äußerst umfangreiche Praxis zu bewältigen, und behauptete, dass er dies und alle seine ärztlichen Erfolge nur dem Spiritismus zu verdanken habe. Das war Wasser auf die Mühle meiner Frau. Es wurden sofort spiritistische Sitzungen veranstaltet, und zwar nahmen sechs Personen daran Teil, nämlich der Amerikaner und seine Frau, Herr Plöhn und seine Frau und ich und meine Frau. Herr Plöhn, ein wissenschaftlich hochgebildeter, scharfblickender und kühl erwägender Kopf, war Gründer und alleiniger Besitzer der weltbekannten Radebeuler Verbandstofffabrik und stellte sich dem Spiritismus gleich von vorn herein als Zweifler gegenüber und ist das auch geblieben, bis er starb. Er verbot seiner Frau zwar nicht, an den Sitzungen teilzunehmen, lachte sie aber aus und bewirkte dadurch, dass sie sich dieser so genannten ‚Wissenschaft' nicht blind ergab, sondern reiflich prüfte. Sie stammte aus Dessau, hatte eine höhere Bildung genossen, dirigierte außer dem Haushalt auch noch die ganze bedeutende Fabrik, während ihr Mann die kaufmännische und wissenschaftliche Führung hatte, war arbeitsam im allerhöchsten Grade und eine außerordentlich pflichttreue, menschenfreundliche und wohltätige Frau. Im Übrigen hielt ich sie für ein Gänschen, nicht ganz so groß wie meine eigene Gans, doch geistig unbedeutend. Jetzt freilich, da sie mir als Frau zur Seite steht und mir in der schwersten Zeit meines Lebens ein wahrer Engel gewesen ist, habe ich diese Meinung korrigiert. Der Amerikaner und seine Frau waren als Spiritisten gläubig im höchsten Grade, da drüben sind die Ansichten über diesen Punkt ja ganz andere als bei uns. Was mich betrifft, so kennt man meine Hohensteiner schlimmen Erfahrungen, auch die Hofrichterschen Warnungen, und so brauche ich wohl nicht besonders zu beteuern, dass ich an diesen Sitzungen nur probeweise und als ‚Mann der Feder', als Psychologe teilnahm. Unsereiner hat über solche Dinge zu schreiben und muss sie also kennen lernen, das war für mich der Grund. Bei meiner Frau lag alles grad entgegengesetzt. Als sie hörte, dass die Amerikaner enragierte Spiritisten seien, war ihr Jubel groß. Sie warf sich ihnen schleunigst in die Arme und ich darf wohl sagen, dass der Spiritismus ihre größte Abgötterei und zugleich die einzige Spur von Religiosität in ihr geblieben ist.

Auch hier zeigte sich ihre übermächtige dämonische Veranlagung auf der Stelle. Sie war es, deren ‚Geister' sogleich erschienen und mit Hilfe der Tischbeine zu sprechen begannen, ihr Großpapa, ihr Onkel Emil, ihre Mama und ihre Mutter! Und die waren auch jetzt noch alle im Himmelreich und kamen jetzt zu uns, um uns zum Himmelreich zu führen. Als ich sehr gute Worte gab, kam auch für mich ein Geist. Der war mein Vater, wohnte in der Hölle und sagte, er könne nur durch uns gebessert werden. Für Herrn Plöhn kam niemand, weil der lachte, und für Frau Plöhn kam ein gewisser Gottlieb oder Gottfried, der mit dem Tisch die tollsten Sprünge machte und ein wahrer Harlekin von Pollmers Gnaden war. Das gab einen Jux, der allen wohlgefiel, sogar dem ernsten Herrn Plöhn, der nicht mit am Tisch saß und nur von weitem zuschaute. Darum wurden die gespaßigen Sitzungen wiederholt, solange die Amerikaner bei uns waren. Ich musste ihnen versprechen, die Sache durch und durch zu prüfen, und ich hielt Wort. Sie schickten mir, um mir Gelegenheit hierzu zu geben, zwei weibliche Medien von drüben herüber, die aber meine Prüfung so schlecht bestanden, dass ich ihnen die Wiederkehr verbot. Auch das bekannte Medium Anna Rothe habe ich einige Male bei mir gehabt und sie wiederholt entlarvt. Ihr Entreprimeur[1] hat sich dann ganz besonders dafür an mir gerächt. An diesen Entlarvungen haben sich Herr und Frau Plöhn in hervorragender Weise beteiligt, während aber meine erste Frau im Hokuspokus stecken geblieben ist bis, wie ich bereits sagte, auf den heutigen Tag.

Das Wort Hokuspokus ist hier nur äußerlich gemeint. Eigentlich und innerlich ist die Sache viel, viel ernster, als man denkt. Sie kann für tiefer empfängliche Leute sogar verhängnisvoll werden, in dem man sie für medial hält, während das wirkliche Medium, sich ins Fäustchen lachend, im Verborgenen bleibt. Auch bei Frau Rothe war nicht sie, sondern der betrügerische, bucklige Unternehmer, der sie dirigierte, das eigentliche Medium; sie aber war sein Opfer! Ihn hat man laufen lassen, sie aber wurde bestraft und ist daran gestorben! Das ist die jetzt so viel und öffentlich besprochene ‚Weltfremdheit‘ der Kriminalisten, welche glauben, über Dinge aburteilen zu können, die ihrer juridischen Atmosphäre noch fremder sind als der Sirius dem Mond! So lange der Amerikaner und seine Frau, die sich beide für sehr kräftige Medien hielten, mit meiner damaligen Frau spiritisiert haben, ist es ihnen nicht ein einziges Mal gelungen, einen amerikanischen Geist auf das Tapet zu bringen; sie waren von allen ihren bekannten Geistern verlassen, dafür aber erschienen alle bekannten und unbekannten Pollmerschen Dämonen und Vexanten[2] und die beiden lieben Menschen wurden von ihnen derart eingenommen und besessen, dass sie sie bis jetzt noch nicht wieder losgeworden sind.

Frau Plöhn hatte und hat eine Mutter, eine jetzt 70 Jahre alte, sich gern an ihre Jugendzeit und ihre Verwandtschaft erinnernde Dame, die jetzt meine Schwiegermutter ist und mich, obgleich ich auch schon fast 66 Jahre zähle,

[1] Gemeint ist ‚Entrepreneur‘: Veranstalter, Agent
[2] Von latein. Vexation: Quälerei, Neckerei; gemeint sind also ‚Quälgeister‘

gern „Mein Junge" nennt. Als diese hörte, dass man mit Hilfe des Spiritismus mit den verstorbenen Eltern und Geschwistern reden könne, bat sie, ihr das doch zu zeigen. Meine damalige Frau war sofort bereit dazu. Frau Plöhn musste die Dritte machen, und so setzten sich die drei Frauen des Abends zuweilen hin, um Tote erscheinen zu lassen. Die wurden zwar nicht sichtbar, aber sie wackelten mit dem Tisch und das erschien nicht nur genügend, sondern sogar überzeugend. Das Wackeln wurde in Buchstaben, Laute und Worte verwandelt und so entstand ‚die Sprache mit den Geistern'. Meist waren Pollmersche da, oft auch der schon bekannte Gottlieb oder Gottfried; aber weil Frau Plöhn und ihre Mutter aus Dessau stammten und ich sehr viel über den ‚alten Dessauer' geschrieben hatte, was meine Frau sehr wohl wusste, weil ihr die Gelder dafür zugegangen waren, so trat unter ihrem Einfluss plötzlich der angebliche ‚alte Dessauer' auf und warf den Tisch in der Stube herum, dass es nur so krachte. Er befahl auch, dass man schreiben solle, und weil meine Frau sich als Medium wohl stark, im Schreiben aber schwächlich fühlte, so erhielt Frau Plöhn den Befehl, den Bleistift zu ergreifen. Was da herauskam, waren erst nur Striche, dann Silben – – Worte – – und endlich Sätze, aber lauter unsinniges Zeug. Später, nach langem Bemühen, kam Sinn hinein und da stellte sich denn ganz eigentümlicherweise heraus, dass die Herren Geister am Liebsten über mich und meine vielen Fehler sprachen und dass ich mich zu ändern und zu bessern hätte. Es kam nach und nach zu einem förmlichen Sport mit dieser meiner Besserung. Die Sitzungen wurden regelmäßig abgehalten, ich aber war nie dabei. Vor der Sitzung sprach man von meinen Fehlern und ob ich seit der letzten Sitzung wieder neue gemacht oder mich gebessert habe. Das wurde dann den Herren Geistern vorgetragen; die gaben ihre Antworten darauf, die stets in Ermahnungen, Verweisen und Verhaltensmaßregeln für mich ausliefen, und schließlich kam meine Frau hierauf in mein Arbeitszimmer, und zwar erst meist nach Mitternacht, weil sie wusste, dass sie mich da am meisten störe und mir die ganze Nachtarbeit verderbe, und berichtete mir in behaglicher Selbstzufriedenheit, dass allgemeine Freude herrsche, aber nur mit mir seien die ‚Lieben', nämlich die ‚Geister', schon wieder höchst unzufrieden gewesen, weil ich das und das und das und das begangen habe; es sei nun aber wirklich Zeit, dass ich beginne, ihnen Freude zu machen! Wenn ich hierauf die Ermahnungen, die ich bekommen hatte, genau betrachtete, so enthielten sie stets nur schlau verborgene Wünsche, die ich meiner Frau entweder schon abgeschlagen hatte oder von denen sie bestimmt wusste, dass ich sie ihr abschlagen würde; die sollten nun mit Hilfe der Herren Geister durchgesetzt werden! Das geschah in der Weise, dass Frau Plöhn und ihre Mutter vor diesen Sitzungen von meiner Frau stundenlang bearbeitet und vorbereitet wurden. Sie erzählte ihnen, was sie wollte; sie machte es ihnen plausibel und überredete sie, bis man das, was sie sagte, für wahr und richtig hielt. Dann begann die Sitzung, in der das vorher Besprochene vorgebracht wurde, und es verstand sich also ganz von selbst, dass die Anweisungen und Entscheidungen der ‚Geister' ganz genau so ausfielen, wie meine Frau berechnet hatte. Sie war die Haupt- und Animiergans, die beiden andern Gänse schnatterten nur mit!

Ich will noch einmal betonen, was sich eigentlich ganz von selbst versteht: Meine Frau ist mir, obgleich wir kirchlich und bürgerlich getraut waren, niemals wirklich Frau, sondern nur Haushälterin gewesen, ganz genau wie jene Konkubine ihres Großvaters, die ihn mit ihren körperlichen Reizen gefangen nahm, nur um ihn auszubeuten. Geist hat sie nie gehabt, ihre Seele habe ich nie besessen und schließlich verzichtete ich auch noch auf ihren Körper, um mich von ihrem verhängnisvollen Einfluss frei zu machen und weil ich ja wusste, dass ich ihn überhaupt nicht mehr allein besaß. Sie war für mich nur noch ein hässlicher, widerlicher Schemen, ein höchst gefährlicher Dämon, den ich unausgesetzt unter Aufsicht halten musste, damit er mich und andere nicht durch seine suggestive Kraft noch mehr herunterziehe, als es bereits geschehen war. Um ein Beispiel von der Art und Weise dieses Herabziehens zu bringen, sei gesagt, dass sie sich in ihrer lüsternen Fantasie die raffiniertesten Beischlafstellungen schuf und ihre Weiber dadurch in die beabsichtigte erotische Aufregung versetzte, dass sie ihnen haarklein und ausführlich schilderte, in welcher Weise diese Stellungen von mir an ihr ausgeführt würden. Bald erzählte sie, dass ich die Vertiefung zwischen ihren Brüsten als Mutterscheide behandelt habe, und bald, dass sie der Mann und ich die Frau gewesen sei. Ich habe nie im Leben an so etwas scheußlich Unnatürliches gedacht und noch viel weniger es ausgeführt und konnte mir also erst dann, als ich von diesen geilen Lügen erfuhr, die sonderbaren Augen erklären, mit denen mich diese Weiber betrachteten, wenn ich einmal gezwungen war, mich unter ihnen zu zeigen. Auf einem andern Gebiet, aber in ganz derselben lügenhaften Weise behauptet sie noch heute, ich sei bestraft gewesen und ihr Großvater habe mir aus diesem Grund sein Jawort verweigert. Das ist niederträchtige Erfindung. Er hat es niemals gewagt, diesen Gegenstand auch nur mit einem einzigen Wort zu erwähnen, und hatte hierfür seine guten, sehr triftigen Gründe. Erstens habe ich bei dem Tod seines vagabundierenden Sohnes eine gerichtliche Blamage, die nur auf ihn zu fallen hatte, ganz allein auf mich genommen, und er war mir großen Dank für dieses schwere Opfer schuldig, welches ich nur unter dem Einfluss der Pollmerschen Dämonen auf meine Schultern lud. Und zweitens habe ich ihn selbst und noch vielmehr auch seine Enkeltochter vor dem Zuchthaus bewahrt, als ich in der berüchtigten Schneiderschen Unterschlagungssache sie beide zwang, alle die gestohlenen Sachen, die Schneiders bei ihnen versteckt hatten, sofort herauszugeben. Der eine Hehler bekam, glaube ich, vier Jahre Zuchthaus; die beiden Pollmers hätte ganz unbedingt das gleiche Schicksal getroffen. Hierauf noch ein ganz besonderer Zug ihrer Dämonalität. Pollmers wohnten in der ersten Etage, ihre Wirtsleute, brave, gute Menschen, die ihren Mietern nur Liebe erwiesen, im Parterre, vor dem ein kleines Vorgärtchen lag, in welchem Rosen und Blumen standen, an denen die Familie des Wirts ihre Freude hatte. Eines Tages hatte die Wirtin irgendetwas gesagt, was dem alten Pollmer nicht gefiel. Anstatt dies ehrlich zu sagen, nahm er eine heimliche und ganz unglaublich niederträchtige Rache. Er, der wegen seines schlimmen Asthma alle zwanzig Schritte stehen bleiben musste, um Atem zu holen, stieg den höchsten dortigen Berg hinan, um in einer Schachtel Raupen zu holen. Die ließ er daheim ganz heimlich aus seinem Fenster auf die Rosen und Blumen herunterfallen und war mit seiner Enkeltochter, die dabei zusah, ganz entzückt über diese bequeme Art der Rache. Als ich kam, wurde es mir erzählt und weder er noch sie konnten die Entrüstung begreifen, mit der ich diese Mitteilung entgegennahm. Das ist nur ein kleiner, unbedeutender Zug, aber er charakterisiert sie auch im Großen. Ganz heimlich, heimlich verheerende Raupen in das Leben anderer zu werfen, das ist es, was diesen Dämonen am meisten behagt. Wie groß die Macht dieser Dämonen und wie stark ihr Wille ist, davon ein eklatantes Beispiel hier: Meine erste Frau sah in der Bahn eine Dame, die sehr lebhaft mit einer andern sprach und ihr derart gefiel, dass sie, nach Hause gekommen, sie ausführlich beschrieb und mir sagte: „Die muss meine Freundin werden! Ganz unbedingt!" Zwei Tage später gingen wir in ein Konzert. Ich hatte für fünf Personen einen ganzen Tisch belegt. Es gab nur sechs Stühle, auf dem sechsten lag Garderobe. Kein Mensch hatte also weiter Platz, der nächste Tisch aber war nur erst halb besetzt. Das Konzert hatte schon begonnen, da sagte meine Frau, nach der Tür deutend:

„Dort kommt die Dame, die ich haben will! Die muss hierher; pass auf!" Die Dame war verheiratet. Sie schaute sich mit ihrem Mann nach zwei leeren Plätzen um. Ihre Blicke fielen auf den Nebentisch, wo solche Plätze waren. Sie gingen auf ihn zu und grüßten die daran sitzenden Personen und fragten, ob es erlaubt sei, sich niederzulassen. Der Mann griff dabei nach zwei Stühlen und wollte sich schon niedersetzen, da aber drehte sich die Dame langsam und wie gezwungen nach uns um, kam ebenso langsam und gezwungen auf uns zu und sah meine Frau mit großen Augen an, ohne ein Wort zu sagen. Diese stand auf und machte den sechsten Stuhl von der Garderobe frei; ein siebenter wurde geholt und die beiden ließen sich bei uns nieder, obwohl ihre Plätze höchst unbequem waren – mit dem Rücken nach dem Saal und vor den Augen nur die ganz nahe Wand – und die Plätze am Nachbartisch weit bequemer und besser gewesen wären. „Das ist toll!", flüsterte mir mein Nachbar, der Hofrat P., zu. „Da drüben gibt es die schönsten Sitze und hier, wo es keine gibt, drängen sie sich herein! So fremde Menschen! Das begreife ich nicht!" Wenn er gewusst hätte, was für eine Macht der Wille meiner Frau besaß, so hätte er es begriffen. Diese Dame war – – – Frau Plöhn! In dieser Weise lernte sie ihre Dämonin kennen; sie war die Hypnotisierte und das ist sie stets und immer gewesen, so lange sie mit ihr verkehrte!

In dieser Dämonin waren die stärksten spiritistischen, hypnotischen und suggestiven Kräfte zu einer Persönlichkeit vereinigt, von der ich mich innerlich und äußerlich zurückzuziehen hatte, wenn ich das grausame Schicksal vermeiden wollte, in die dunkle Tiefe vergangener Zeiten zurückzufallen. Ich durfte sie nur noch rein objektiv betrachten, als schriftstellerisches Sujet, als hochinteressantes, aber unendlich abstoßendes psychologisches Problem, dessen stilles, unbeobachtetes Studium mich befähigen sollte, dem Klopfgeisterspiritismus und ähnlichem Schwindel auf den Leib zu rücken. Das habe ich redlich getan, es aber teuer, sehr teuer bezahlen müssen. Es ist dabei viel, sehr viel von meinem intellektuellen, aber auch rein pekuniären Vermögen draufgegangen und, was noch viel schwerer wiegt, ich gewann durch dieses Stillsein und niemals aufgeregte Lauschen nicht nur bei meiner Frau und ihren Hetären, sondern auch bei andern Leuten den Anschein eines schwachen Charakters, mit dem sie machen könne, was ihr beliebe, und wurde von ihr und dem jüngsten ihrer Bewunderer in Wirklichkeit für jenes ‚Strohmännle‘ gehalten, als welches er mich in seinem Brief bezeichnete. Obgleich ich den spiritistischen Sitzungen, denen sie die suggestive Leitung gab, niemals beiwohnte, erfuhr ich doch jedes Wort, was da gesprochen wurde. Sie selbst erzählte mir alles, wenigstens alles, was mich betraf. Ich hatte infolgedessen eine niemals abreißende Reihe von psychologischen Merkwürdigkeiten und Seltenheiten zu vergleichen, zu bestimmen, festzuhalten, auszuscheiden, zu probieren und zu definieren, dass mir während dieser Beschäftigung mit den Schatten und Phantomen der Blick für das Konkrete und Reale fast entging. Das war eine Unterlassungssünde, auf welche ich erst durch die Warnungen meiner Freunde aufmerksam wurde. Wir waren damals in Wien fünf Wochen lang die Gäste hocharistokratischer Häuser. Sie pflegte sich da zunächst sehr vorsichtig zu betragen, dann aber schnell in die Gepflogenheiten der Turnlehrerin Dittrich und des Karnickels Häusler zu verfallen. So erzählte sie im Salon einer alten, lieben Gräfin in Gegenwart anderer, noch höherer Damen, dass sie jetzt im Hotel ganze Nächte lang am Fenster stehe, um das Leben und Treiben eines gegenüberliegenden Bordells resp. Hurenhauses zu beobachten. Was das für einen Eindruck machte, kann man sich denken. Auch daheim kamen sehr oft derartige Dinge vor. So meldete sich die Herzogin von X eines schönen Tages mit einigen Herren vom Hof bei mir zum Kaffee an. Ich war starr vor Schreck, als meine Frau dabei in einer Toilette erschien, durch welche die Herzogin veranlasst wurde, sich nur mit mir allein zu beschäftigen. Auch von den Herren wurde sie wohl verdientermaßen vollständig übersehen. Trotzdem aber erzählt sie noch heute einem jeden, der Vergnügen daran findet, dass deren Augen nur immer entzückt und lüstern an ihrem schönen, vollen Busen gehangen hätten. „Die Männer sind eben alle nur Dummköpfe, Säue, Schweine und Esel!", sagte sie. Es war also die höchste Zeit für mich, diesem *laisser-aller*[1] ein Ende zu machen und ganz besonders gegen den spiritistischen Humbug vorzugehen, zu welcher sie alle ihre so genannten Freundinnen verleitete, die gar nicht merkten, dass sie das nur tat, um ihre dämonische Kraft zur Geltung zu bringen. Es gibt wohl keine einzige Bekannte von ihr, die nicht verführt worden ist, mit ihr spiritistisch zu sitzen. Auch jetzt, wo sie von mir geschieden ist und in Weimar wohnt, hat sie sich dort schleunigst an eine möglichst dicke, fette Künstlerin gekrallt, für die sie unter dem ihr verbotenen Namen ‚Frau Doktor May' teure Lorbeerkränze kauft und, *honny soit qui mal y pense*[2], die Anstands- und auch Ehrendame macht. Solche Anstandssitzungen pflegen bei ihr auf dem offenen Nachtstuhl zu beginnen, vor dem offenen Spiegel, um sich entzückt betrachten zu können, und mit der warmen Milchtasse in der Hand. Dann folgt das Miteinander-in-der-Wanne-baden, woran sich nachher das Miteinander-nackt-zu-Bette-gehen schließt. Ob sie es bei dieser Künstlerin auch schon so weit gebracht hat, weiß ich nicht; aber meine dortigen Bekannten wissen ganz genau, dass sie ihren heiß geliebten Spiritismus treibt und sich von ihren Herren Geistern weismachen lässt, dass ich sie noch immer glühend liebe und nur darauf warte, dass sie komme und mich von meiner jetzigen Frau erlöse! Das erzählt sie so, dass ich es unbedingt erfahren muss und also in der süßen Hoffnung leben kann, von ihr gerettet zu werden! Das alte, niederträchtige Teufelsspiel! Meine jetzige Frau wird als das Medium hingestellt, welches mich

---

[1] Franz.: ‚gehen lassen', im Sinne von: ‚den Dingen ihren Lauf lassen'
[2] Franz.: Ein Schuft, wer Arges dabei denkt.

betört, ich aber als der grauenhafte Waschlappen, der von zwei Weibern ganz nach Belieben hin- und hergerungen wird, bis er auch den letzten Tropfen nicht mehr halten kann; sie aber, die Teufelin, ist das schneeglöckchenreine, unschuldige Opfer, dessen sich der Himmel doch erbarmen möge!

Es galt also, wie gesagt, gegen die Klopfgeister und ihren Anhang vorzugehen. Aber solchen Künsten und solchen Lüsten ist niemals auf geradem Wege beizukommen, denn sobald man diesen Fehler begeht, zieht sich das Laster und die Niedertracht nur noch tiefer in die Heimlichkeit zurück und treibt es da ärger als zuvor. Ich hütete mich daher, die spiritistischen Sitzungen direkt zu untersagen, aber ich hing ihnen einen Mantel um, unter dem ich sie nach und nach verschwinden lassen konnte. Nach diesem Mantel brauchte ich gar nicht besonders und gar nicht lange zu suchen. Er bot sich mir ganz unauffällig und auch ganz von selbst, und zwar während meiner letzten, zweijährigen Reise in Afrika und Asien. Diese Reise war schon lange geplant, doch wurde ich mit ihren Vorbereitungen erst Ende 1898 fertig. Um diese Zeit, noch vor meiner Abreise, erfuhr ich, dass Frau Münchmeyer ihr Geschäft verkaufen wolle. Ich konnte das kaum glauben, denn ihr Mann hatte in seinem letzten Willen ja das Gegenteil angeordnet. Dennoch tat ich meine Pflicht, indem ich ihr einen sehr ausführlichen Brief schrieb, sie zu warnen. Auch packte ich die Briefe ihres Mannes und auch die paar ihrigen noch ganz besonders ein, verwahrte sie in dem schon erwähnten Schreibtischkasten und übergab sie und ihn der ganz besondern Obhut meiner Frau, indem ich ihr die Wichtigkeit dieser Skripturen so ernst und dringend wie möglich an das Herz legte. Ich war überzeugt, hiermit alles getan zu haben, um einer etwaigen Münchmeyerschen Büberei mit Nachdruck entgegentreten zu können. Ich muss hierbei noch ganz besonders erwähnen, dass sich unter den Münchmeyerschen Briefen der so genannte ‚Schutzengel' befand, ein Brief, für den meine Frau sich ganz besonders interessierte, weil Münchmeyer sie in demselben als seinen guten, schützenden Engel bezeichnet hatte.

Ich reiste nach Ägypten ab und wurde von meiner Frau sowie auch von Herrn Plöhn und seiner Frau bis nach Genua begleitet. Von da reisten diese drei über Südfrankreich nach Paris und von da nach Deidesheim, wo meine Frau bei einem Freund von mir, dem Kommerzienrat Seyler, mehrere Wochen lang Gast war; Plöhns aber fuhren heim. Meine Frau hat später, um Plöhns Ehre zu schädigen, behauptet, dass sie die ganze Reise aus ihrer Tasche bezahlt habe. Das ist eine infame Lüge, durch welche sich ihre Dämonalität auf das Treffendste charakterisiert! Herr Plöhn war stolz und ein Gentleman durch und durch. Niemals hätte er sich von einer Frau auch nur einen Pfennig schenken lassen, am allerwenigsten von dieser, die er nicht ausstehen konnte, die er nur meinetwegen bei sich duldete und von der er stets behauptete, dass es gefährlich und erniedrigend sei, mit ihr zu verkehren. Wir beiden Familien lebten zusammen, als ob es nur eine einzige sei. Wir sagten du und du. Wir nannten uns Bruder und Schwester. Andere Leute wussten es gar nicht anders, als dass die beiden Frauen wirkliche Schwestern seien. Wir teilten Freud und Leid und waren stets darauf bedacht, einander die gegenseitigen Pflichten zu erleichtern. Aber in dieser Harmonie gab es einen Ton, einen einzigen, der nicht mit stimmte, und das war der, dass Herr Plöhn niemals und durch keine Bitte dazu zu bringen war, sich mit meiner Frau zu duzen. Er verachtete sie, oder vielmehr, es graute ihm vor ihr. Er verkehrte mit ihr, wie seine Frau es wünschte, aber nahe kommen durfte sie ihm nicht, weder innerlich noch äußerlich! Hierbei mag es sich bewenden!

Ich habe von meiner damaligen Orientreise und von den damaligen Beziehungen zu Münchmeyers hier in dieser psychologischen Studie nur das zu erzählen, was sich auf den Gegenstand dieser Studie, also auf meine Frau, bezieht. Ich hatte sie in Genua gebeten, direkt heimzukehren und mir ihre Ankunft sofort nach Kairo mitzuteilen. Anstatt dies zu tun, kam sie erst nach sieben Wochen dazu, mir das zu schreiben, was ich wissen musste, um von Kairo fort zu können. Dort kostete mich jeder Tag 40 - 60 Mark. So erging es mir während der ganzen Reise. Fast niemals war die erbetene Post vorhanden, wenn ich den betreffenden Ort erreichte. So hatte ich einmal in Jerusalem über drei Wochen, in Colombo ebenso lang und auf Sumatra noch länger auf Nachricht zu warten. Das erforderte von Padang aus mehrere Depeschen, für deren erste ich 364 Mark zu bezahlen hatte. Diese Gewissenlosigkeit und Faulheit meiner Frau hat mich, die Zeitverschwendung gar nicht gerechnet, Tausende gekostet, und es hätte ganz unmöglich zu der fürchterlichen, zehn Jahre langen, öffentlichen Karl May-Hetze kommen können, wenn meine Frau auch nur ein einziges Mal ihre Pflicht getan und die Postzeit innegehalten hätte. Dass ich überhaupt zuweilen ein Lebenszeichen aus der Heimat bekam, hatte ich nur Frau Plöhn zu verdanken, die ihr, wenn es allzu lange gedauert hatte, in das Gewissen sprach und aber auch dann noch den Brief meist selbst schreiben musste. Und was die Versäumnis meiner kostbaren Zeit betrifft, so war ihr das im höchsten Grade gleichgültig. Sie wünschte, dass ich überhaupt nicht wiederkommen möge, und hat sich dann später die größte Mühe gegeben, mich mitten in der Pest- und Fieberzeit in die Wüste und nach Bagdad zu treiben, ein ebenso wahnsinniger wie mörderischer Gedanke, dessen Ausführung ganz unbedingt mein Leben gekostet hätte. Doch hiervon später! Wenn sie ja einmal mit eigener Hand an mich schrieb, so geschah es in der perversen, Pollmerschen Weise. So erhielt ich auf mehrere sehr ernste Briefe und Depeschen eines Tages den so genannten ‚Krabbelbrief‘, in dem sie mir mitteilte, dass der Geist Münchmeyers alltäglich des Nachts zu ihr in das Bett komme, um sie an den Geschlechtsteilen zu ‚krabbeln‘ und dann Begattung mit ihr zu treiben. Mündlich fügte sie dann später hinzu, dass sie von den vielen Ergüssen ganz schwach und matt geworden sei. Das war der Dämon, der echt Pollmersche! In dieser Weise pflegte sie mir grad in den schönsten und reinsten Augenblicken meiner Arbeiten zu kommen! Mich ärgern, mich eifersüchtig machen und sich dann über die Wirkung heimlich freuen! So ließ sie sich in Hohenstein als meine Frau von einem Kontoristen Liebesbriefe fälschen, die angeblich aus Chemnitz kamen und beweisen sollten, dass sie mit dortigen Männern Verhältnisse habe. Über die Händel, die daraus entstehen sollten, wollte sie sich mit ihren Freundinnen ergötzen. Ich aber ging nicht auf den Leim. Ich entdeckte den Fälscher und bestrafte die Schwindlerin mit der ersten Ohrfeige, die sie je von mir erhalten hat – – – es ist aber auch die letzte gewesen. Auch Frau Plöhn und ihre Mutter wurden von ihr wiederholt aufgefordert, derartige Liebesbriefe zu fälschen, um mich in Wut und Glut zu bringen; sie lehnten aber ab!

Nach der endlichen Heimkehr meiner Frau von Genua hat sie sich zu Hause betragen, als ob ich überhaupt bereits gestorben sei. Vor allen Dingen wurde der Verkehr mit dem jetzigen Regierungsbaumeister inniger gestaltet. Er war der Verführte, der ihrer Kraft gehorchen musste. Sie trieben Spiritismus miteinander. Ich habe ihm verziehen und wünsche nicht, dass ihm ein Leid geschehe. Ich glaube, er betet seine ‚Nscho-Nschi' noch heute heimlich an! Dann wurde Frau Häusler, das Kaninchen, eingeladen und blieb wochenlang bei ihr, um Spiritismus, Liebesbrunst und andere Dinge zu treiben. Auch die mannhafte, schlagfertige Frau Dittrich wurde herbeigezogen. Sie zeigte sich der durch meine Abwesenheit geschaffenen Situation augenblicklich gewachsen, indem sie sofort für ihren ältesten Sohn, der sich wie immer in Geldnot befand, 300 oder gar 500 Mark verlangte. Meine Frau wollte es sogleich geben, da aber trat Frau Plöhn dagegen auf. Sie sagte, dass sie nicht zugeben dürfe, dass dieser Frau, die mich durch ihre Kinder schon genug ausgebeutet habe, auch noch ohne mein Wissen Geld gegeben werde. Sie ahnte nicht, wie viel dieses Weib resp. ihre Jungens schon ohne mein Wissen erhalten hatten! Von jetzt an wurde das nun auch ohne Wissen der Frau Plöhn gemacht. Die Dittrich aber, von der sie bis dahin gedrückt, umarmt, geküsst und lobgehudelt wurde, spricht seit dieser Zeit nur negativ von ihr.

Es würde zu weit führen, wenn ich es unternähme, das Treiben, welches während meiner Abwesenheit in meinem Hause herrschte, zu schildern. Ich gehe für jetzt darüber hinweg und hebe nur zwei Ereignisse hervor, aus denen die Perversität und Halunkenhaftigkeit meiner Frau in einer Weise hervorgehen, für die das richtige Wort wohl kaum zu finden ist. Nämlich eines Tages kommt sie ganz freudestrahlend zu Plöhns und sagt: „Heut habe ich mir aber eine Güte getan! Ich habe unsern Trauschein in den Ofen gesteckt!" Frau Plöhn und ihre Mutter sind ganz sprachlos gewesen, sie aber hat sich lachend die Hände gerieben. Ich muss erwähnen, dass ich nicht daheim war und dieser Furie also nicht die geringste Ursache zu dieser Vernichtung gegeben habe. Mehr brauche ich nicht zu sagen, die Tat spricht für sich selbst oder vielmehr gegen sich selbst. Aber kein Mensch, der auch nur den geringsten Begriff von Mannesehre, Seelenharmonie und Pflicht und Gewissen hat, wird mir zumuten, mit dieser Messalina auch nur eine einzige Stunde länger verheiratet zu bleiben, als durchaus nötig ist!

Aber es kommt noch schlimmer! Eines Tages erscheint sie wieder bei Plöhns und zeigt sich entzückt darüber, dass sie nun endlich einmal droben in meinem Schreibtisch Ordnung geschafft habe. Sie habe die Kästen leer gemacht und alles verbrannt, auch die Münchmeyerbriefe, und nun könne man doch wieder etwas Neueres und Besseres hineinlegen. Es sei den alten Briefen recht geschehen, über die sie sich doch immer so geärgert habe. Man kann sich denken, was für ein Entsetzen diese ihre mit lächelndem Mund vorgebrachte Enthüllung hervorrief. Man wusste ja, dass diese Briefe für mich einen schnell und glatt und unbedingt gewonnenen Prozess bedeuteten! Auch ich war vor Schreck starr, als ich nach meiner Rückkehr von der Reise die Briefe brauchte und aus dem Mund der Missetäterin hörte, dass sie sie verbrannt habe, dazu einen zweiten Kasten voll Aufzeichnungen, die sich zwar nicht direkt auf meine Münchmeyer-Romane bezogen, aber für einen eventuellen Prozess gegen diese Firma von unschätzbarem Wert waren. Es zuckte mir in den Händen, dieses niederträchtige Weib zu erwürgen oder zu erschlagen, aber ich raffte mich zusammen, sagte kein Wort, griff zum Hut und ging fort, hinaus in den Wald, um mich zur Ruhe zu sammeln. Damals glaubte auch ich an die Verbrennung, denn eine solche Tat war ihrer dämonischen Natur vollständig konform. Später aber versprach sie sich wiederholt und es gab während des Prozesses gewisse teils immer wiederkehrende, teils sich ergänzende Redewendungen, die in mir den Verdacht erweckten und bestätigten, dass die Briefe nicht verbrannt, sondern an Frau Münchmeyer ausgeliefert worden seien. Hierzu stimmten auch verschiedene Äußerungen Adalbert Fischers, welche dahin lauteten, man könne alte Briefe nicht gut genug aufheben oder man solle wichtige Briefe nicht Weibern anvertrauen. Den besten Beweis aber liefert das Auftreten und Gebaren des Münchmeyerschen Anwalts Gerlach, welches unmöglich wäre, wenn er nicht ganz genau wüsste, dass ich in Beziehung auf schriftliche Beweise vollständig ausgebeutet bin und dass die einzige Zeugin meiner mündlichen Abmachungen mit Münchmeyer, nämlich meine erste Frau, sechsundzwanzig Jahre lang mehr an meiner Prozessgegnerin als an mir selbst gehangen hat und nun durch die wohlverdiente Scheidung zu einer Rache erbittert ist, der ich alles zutraue, was den Erfolg haben kann, diese Rache zu kühlen. Ich habe grad diesen Gedanken weiter unten noch zu berühren und einstweilen nur folgende Stelle zu unterstreichen: Meine Frau beraubte mich dieser beweiskräftigen Briefe genau zu derselben Zeit, in welcher die öffentlichen Angriffe der Presse gegen mich begannen und es also sicher war, dass ich die Firma Münchmeyer ganz unbedingt verklagen würde! Und Fischer, der Inhaber dieser Firma, brach mit seiner entsetzlichen, mich literarisch und moralisch vernichtenden Schundreklame erst dann hervor, als es diese meine Briefe nicht mehr gab! Und andere Briefe, die sie angeblich mit verbrannt haben wollte, waren nicht verbrannt, sondern ich fand sie in Gegenwart von Frau Plöhn zwei volle Jahre später sehr wohl verwahrt in einem alten Vertiko, bei alten Strümpfen, Wischlappen usw. liegen! Sie hat nur einen einzigen von allen diesen Briefen zurückbehalten und heilig aufbewahrt. Das ist der bereits erwähnte, so genannte ‚Schutzengel‘, den sie brauchte, um einem jeden, der es lesen wollte, zu beweisen, dass sie ein guter Engel sei. Er befindet sich jetzt mit bei den Akten.

Hier ist es Zeit, daran zu erinnern, dass ich meine Frau für meinen Todesfall als Universalerbin eingesetzt hatte. Sie wusste das. Sie hat das Testament nicht nur gelesen, sondern auch mit hinterlegt. Mein ganzer Erwerb, der, wenn ich nicht von Münchmeyers so fürchterlich betrogen worden wäre, jetzt mehrere Millionen Kapital betragen würde, aber auch ohnedies von Jahr zu Jahr zur Höhe wächst, ist einer wohltätigen Stiftung gewidmet. Meine Frau sollte hiervon nach meinem Tode bis zu dem ihrigen den vollen Betrag der Zinsen genießen. Es wäre also mehr als ausreichend für sie gesorgt gewesen und es gab nicht den geringsten Grund für sie, bei Lebzeiten überhaupt zu sparen oder gar mich fortgesetzt und heimlich zu bestehlen, um Geld auf die Seite zu schaffen. Sie tat dies aber doch, und zwar in so kolossalem Maße, dass sie in verschiedenen Fällen drei-, sechs- und zwölftausend Mark auf einmal unterschlug. Um den Argwohn, der in mir aufstieg, von sich abzulenken, ließ sie den Verdacht des Betrugs auf meinen Verlagsbuchhändler gleiten und griff dabei zu der gewiss mehr als abgefeimten Gaunerei, den zwischen ihm und mir maßgebenden Verlagskontrakt mir aus dem betreffenden Kasten zu stehlen und verschwinden zu lassen. So beugte sie der augenblicklichen, wenn auch nicht späteren und schließlichen Entdeckung vor; das war ihr aber genug. Ihre Gründe, mich überhaupt und nun gar in dieser Weise zu betrügen, obgleich ihre Zukunft beinahe fürstlich gesichert war, sind sowohl im Ganzen als auch im Besonderen nur in dem ‚Weib als Bestie' zu suchen. Sehr wahrscheinlich kam hierbei auch der Wunsch in Betracht, auch schon vor meinem Tode über Beträge verfügen zu können, deren Besitz ihr gestattete, sich hinter meinem Rücken den mir verhassten Lüsten hinzugeben.

Es war in Hinterindien, wo ich von daheim die Nachricht bekam, dass Freund Plöhn erkrankt sei. Sein Leiden gehörte zu der Art der Erkrankungen, bei denen ein längerer Aufenthalt im Süden geboten erscheint. Ich machte ihm also den brieflichen Vorschlag, mit unseren beiden Frauen nach Ägypten zu kommen; ich wolle von den Sunda-Inseln aus direkt nach Port Saïd dampfen und ihn im dortigen Hafen vom Norddeutschen Lloyd-Steamer abholen. Dieser Vorschlag wurde angenommen und der Dampfer, der sie bringen sollte, festgesetzt. Ich fuhr mit der Rotterdamer ‚Koen' von da hinten ab und kam zur rechten Zeit in Port Saïd an. Aber als das Lloydschiff dann eintraf, waren die drei Erwarteten nicht zu sehen. Sie befanden sich überhaupt nicht unter den Passagieren. Ich telegrafierte nach Hause, ich schrieb, bekam aber keine Antwort. Dieses entsetzliche Warten und Schweben in peinigender Ungewissheit verschlang abermals bedeutendes Geld. Ich tat alles Mögliche, um zu erfahren, wo die drei Personen steckten. Endlich wurde mir der Name eines italienischen Ortes an der Riviera genannt, der aber so unbedeutend war, dass niemand ihn kannte. Es blieb mir nichts anderes übrig, als hinüberzufahren und ihn mir zu suchen. Ich nahm mit Sejjid Omar, meinem arabischen Diener, Passage auf einem englischen Schiff, welches nach Marseille ging. Wir hatten wütenden Sturm, kamen aber glücklich an. Ich war schwer krank, fast ein Skelett, infolge der Anstrengungen und Entbehrungen der Reise. Von Marseille aus ließ ich den Telegrafen spielen. Es gelang mir, zu erfahren, wo meine Frau sich mit Herrn und Frau Plöhn befand. Ich telegrafierte ihr, dass ich in Marseille sei, und zwar schwer leidend; dennoch aber werde ich die Fahrt unternehmen, sie solle mir nach Nizza entgegenkommen und mich dort im ‚Hotel Métropol' treffen. Ich kam dort an, sie war nicht da. Ich wartete, sie kam nicht und schrieb auch nicht! Da fuhr ich weiter und telegrafierte ihr den Zug, mit dem ich eintreffen werde. Des Abends kam ich an. Sie stand auf dem Bahnhof. Wir stiegen aus. Ich aus der ersten und mein Araber aus der zweiten Klasse. Wir waren die einzigen Passagiere, die den Perron[1] betraten, und fielen also auf. Sejjid Omar war ein hoch und stark gewachsener, junger Fellahi und nahm sich in seiner arabischen Tracht höchst stattlich aus. Meine Frau sah mit dem ersten Blick, dass er zu mir gehörte, denn er besorgte mein Gepäck. Das genügte, ihr ganzes Interesse sofort nur auf ihn zu lenken. Der Empfang, den ich fand, war keines Wiedersehens wert, und das einzige Interesse, welches sie für die beiden Neuangekommenen besaß, richtete sich anstatt auf mich, auf das hochinteressante arabische Spielzeug, als welches sie den Diener betrachtete, der aber in seiner unendlichen Treue für mich und seinem schönen orientalischen Stolz diesem Weib nicht die geringste Spur der gewünschten Beachtung schenkte. Er konnte sie nicht ausstehen, denn er war ein unverdorbenes, unangekränkeltes Naturkind und stand als solches außerhalb des Einflusses einer sinnlichen, europäischen Frau.

Ich habe nicht nur überhaupt, sondern vor allen Dingen auch hier in dieser Studie wahr zu sein und muss da-

---

[1] Bahnsteig

her zu meiner Beschämung gestehen, dass der Wunsch, Herr Plöhn möge mit den Frauen nach Ägypten kommen, mir nicht nur von meiner Freundschaft für ihn eingegeben war, sondern auch noch einen anderen Grund hatte, der sich auf meine Frau bezog. Es ist wahr, dass Plöhns einander treu und innig liebten, dass sie außerordentlich glücklich miteinander lebten und dass besonders die Frau in einer so ganz und gar aufgehenden Weise an ihrem Mann hing, dass, falls ihr Mann zu sterben hatte, gewiss auch ihr baldiger Tod zu befürchten stand. Darum wünschte ich, er möge nach dem Orient kommen und unter der Pflege seiner aufopferungsvollen Frau recht bald gesunden. Aber ich bezweckte zu gleicher Zeit damit auch eine seelische resp. moralische Gesundung und Erhebung meiner Frau. Dieser zweite Grund war mir natürlich noch wichtiger als der erste. Ich erhoffte von der Luft und dem Licht des Orients, von seinen Bauwerken und all seinen tausend andern Wundern einen so tiefen und so nachhaltigen Einfluss auf sie, dass es Gott möglich würde, dann auch an ihr ein Wunder zu tun. Ich freute mich darauf, dieses Wunder still und heimlich zu beobachten und nach besten Kräften zu unterstützen. Blieb sie aber auch dann noch der Dämon, der sie bisher gewesen war; wies sie auch dann noch alles Hohe, Edle, Reine und Schöne in der Weise von sich ab, wie sie es bis dahin abgewiesen hatte, so musste ich sie für immer verloren geben und es war schade um jeden Augenblick und jeden Pfennig, den ich auf ihre Umkehr noch verwendete! So hatte ich gedacht, so hatte ich gehofft, und als ich mich jetzt bei ihr befand, fing es mir vor ihr zu grauen an, noch ehe sie den Fuß auf ägyptische Erde setzte. Warum war sie nicht mit dem Lloyd nach Port Saïd gekommen? Warum hatte sie mich ohne alle Nachricht gelassen? Mir nicht den kleinsten Wink gegeben? Sich geradezu versteckt und mir so große Kosten gemacht? Eine einfache Postkarte nach Port Saïd hätte nur zehn Pfennige gekostet, mir aber viel verlorene Zeit und auch viel Geld erspart. Dieser letztere Verlust betrug gewiss mehr als 3.000 Mark! Warum das alles? Um dies herauszubekommen, beobachtete ich sie doppelt scharf und gab ihr, ohne dass es ihr auffiel, so oft wie möglich Gelegenheit, sich hierüber auszusprechen. Auf diese Weise erfuhr ich, dass sie nur mit größtem Widerstreben in diese Reise gewilligt hatte. Sie war allein daheim. Sie lebte wie eine freie Frau, die sich nichts zu versagen hatte. Alle Lüste und Vergnügungen standen ihr offen. „Frei will ich sein, vollständig frei von diesem Mann!", hatte sie zu ihren Freundinnen gesagt. Nun war sie frei! Nun genoss sie alles in vollen Zügen! Und da kam ich mit meinem albernen, verrückten Vorschlag an Herrn Plöhn und riss sie mitten aus dieser Freiheit und aus all diesem Glück heraus, um sie nach Ägypten schleppen zu lassen und mit meinen grässlichen Veredelungsbestrebungen von neuem zu peinigen! Das brachte sie in Aufruhr. Aber sie musste sich bezwingen. Sie durfte ihrem Grimm nicht Luft machen. Es handelte sich um Herrn Plöhns Gesundheit, da galt es, Mitgefühl zu zeigen. Aber je mehr sie das, was sie eigentlich dachte, zu verschweigen hatte, umso tiefer trieb ihr Hass gegen mich seine Wurzel und umso mehr war sie zu jeder Tat oder Unterlassung bereit, welche im Stande war, mir zu schaden, mich zu ärgern und sie also heimlich zu belustigen. Man reiste also von daheim ab, um in Genua zu Schiff zu gehen. Dort angekommen, wurde Herr Plöhn von einem Unwohlsein ergriffen, welches ihr außerordentlich gelegen kam. Sie wusste, was für einen großen Einfluss sie auf Plöhns Frau besaß, und setzte ihn sofort derartig in Bewegung, dass der Letzteren himmelangst um das Wohl und um das Leben ihres Mannes wurde. Man beschloss, erst Besserung abzuwarten und sich bis dahin an einem hübschen Punkt der Riviera festzusetzen. Dass man mich hiervon zu benachrichtigen hatte, verstand sich ganz von selbst. Ebenso selbstverständlich war es, dass nicht Herr oder Frau Plöhn, sondern meine Frau dies tat. Sie tat es aber nicht, sie unterließ es mit heimlicher Wonne und so kam es, dass sie mich vollständig unterrichtet wähnten, während ich wochenlang in vollster Ungewissheit im schmutzigen, aber teuren Port Saïd saß und dann im Seesturm über das mittelländische Meer hinüberfuhr, ohne zu wissen, wo das Weib steckte, dem ich alle diese großen, fast beispiellosen Opfer brachte. Und als es mir mit Aufbietung von sehr viel Zeit und Geld endlich gelungen war, ihren Aufenthalt zu entdecken und ich ihr telegrafierte, kam sie mir nicht einmal die anderthalbe Stunde Fahrt bis Nizza entgegen, obwohl sie wusste, dass ich schwer krank war, ihr aber gar nichts fehlte! Das war der Anfang ihrer Rache dafür, dass ich es gewagt hatte, sie von der Seite des Karnickels, der Dittrich und aller andern maskulin und feminin Geliebten zu reißen!

Fast schäme ich mich, zu gestehen, dass ich dennoch den Mut nicht verlor. Den ‚Dämon im Weibe' und die ‚Furie im Weibe', die hatte ich wohl kennen gelernt, aber noch nicht die ‚Bestie im Weibe'. Diese entsetzliche Bekanntschaft hatte ich erst noch zu machen, sie wurde mir nicht erlassen. Zunächst war ich krank. Ich konnte nicht weiter. Ich hatte mich erst zu erholen. Die strengste Schonung war geboten. Ich fand sie bei Plöhns, bei meinem rührend treuen Araber, bei diesem Weib aber nicht! Es ist nicht meine Absicht, ganze Reihen von Eheszenen zu schildern, um nachzuweisen, wie man es anzufangen hat, einen kranken, fast widerstandslosen Mann zu Tode zu quälen, ohne dass andere Leute etwas davon merken. Ich rettete mich täglich einmal auf einen hochgelegenen Punkt der dortigen Alpen. Ich nannte ihn, weil er einsam lag und einem Tempel glich, ‚Mein Himmelreich'. Da schrieb und dichtete ich. Da entstanden die Grundlagen meiner ‚Himmelsgedanken', deren erster Band bereits im Druck erschienen ist.[1] Da oben in der reinen Höhenluft, in welche kein hässlicher Laut des niedrigen Lebens aufsteigen konnte, dachte ich

---

[1] Heute in: Karl Mays Gesammelte Werke Bd. 49, „Lichte Höhen". Ein von May hier angedeuteter zweiter Band ist nie erschienen.

auch von neuem über den Spiritismus nach, mit dem meine Frau hier derart zu manipulieren begann, dass ich auf ganz besondere Abwehr denken musste. Sie zwang Frau Plöhn, mit ihr zu sitzen. Man schrieb dabei. Was mir dann vorgelesen wurde, enthielt die tollsten, aber echt weiblichen Fantastereien und Widersprüche und lief mit tödlicher Sicherheit stets darauf hinaus, Herrn und Frau Plöhn ganz unbemerkt zu entzweien und ihnen den Geschmack an der Orientreise zu nehmen. Dass ich wieder hinüber musste, stand fest. Falls Plöhns nicht mitgingen, konnte auch sie verzichten und wurde wieder frei für alles, was sie wünschte. Ich durchschaute das, kannte aber nicht die Gründe. Um diese kennen zu lernen, musste ich schweigen. In diesem Schweigen dachte ich über eine ebenso stille wie wirksame Gegenwehr nach und fand sie einzig und allein in dem taktischen Bestreben, dieses gefährliche Weib spiritistisch zu isolieren und dadurch ihre Gifte zu neutralisieren, ohne dass sie fühlte und bemerkte, dass ihre suggestive und hypnotische Macht dadurch gebrochen werde. Ich rechnete dabei auf ihre außerordentliche Schreibfaulheit und auf ihren unüberwindlichen Widerwillen gegen alles, was mit einer rein geistigen Anstrengung verbunden ist. Um keinen Preis durften die Sitzungen aufhören; sie mussten fortgesetzt werden, aber in anderer Weise, nämlich ein jeder vom andern getrennt, um ganz unabhängig auf sich selbst und auf sein eigenes Inneres gestellt zu sein. Dann war zugleich auch der lächerlichen Klopfgeisterei Einhalt getan, der sich bewegende Tisch kam ganz außer Spiel. Herr Plöhn, den ich ins Vertrauen zog, freute sich hierüber. Er war der Meinung, dass sich dabei aus dem spiritistischen Schwindel reine Denkübungen und Selbstbetrachtungen entwickeln würden, aus denen die beiden Frauen nur Nutzen schöpfen könnten.

Diese Letzteren gingen auf die Neuerung viel bereitwilliger ein, als ich gedacht hatte. Frau Plöhn war es überhaupt gewöhnt, keinen eigenen Willen zu haben; sie sagte sofort ja. Und was meine Frau betrifft, so war auch sie auffällig schnell einverstanden, als sie hörte, dass auch ich mich mit beteiligen werde. Ich hatte mich stets von den Sitzungen fern gehalten; nun aber war sie überzeugt, wieder Einfluss, nämlich spiritistischen, auf mich zu gewinnen und mich derart zu beherrschen, wie sie Frau Plöhn beherrschte. Der Verkehr mit den angeblichen ‚Geistern' gestaltete sich nun also folgendermaßen: Die Fragen, welche sie beantworten sollten, wurden gemeinschaftlich aufgestellt. Das ergab eine sehr nützliche Gedankenkonzentration, man musste, was man wollte. Dann ging ein jedes mit Papier und Blei an einen einsamen Ort, um über die Fragen nachzudenken und die Antworten aufzuschreiben. Wer da glaubte, dass ihm diese Antworten von Geistern gegeben seien, der wurde in dieser Annahme nicht gestört. Wir beiden Männer aber wussten sehr wohl, dass es nur die Gedanken des eigenen Innern waren, doch fiel es uns gar nicht ein, dies zu sagen, weil dies die vortrefflichste Gelegenheit war, in dieses Innere zu schauen, ohne dass die Frauen es bemerkten. Was geschrieben worden war, wurde dann entweder im Plenum vorgelesen oder es ging von Hand zu Hand, wobei ich im Stillen dafür sorgte, dass eine Art von Wettstreit entstand, der sich auf die Frage richtete, wer von uns die hochsinnigsten und edelsten Geister habe. Infolgedessen gaben die Frauen sich alle Mühe, so musterhaft wie möglich zu schreiben. Das ging wie ganz von selbst auch auf das, was man sprach und tat, mit über und so entwickelte sich das, was ich beabsichtigte, nämlich eine Art von Veredelungsverkehr unter uns, der nicht ohne Segen blieb. Meine Frau begann, auf den guten Ruf und die hohe Sittlichkeit ihrer Pollmerschen Geister eifersüchtig zu werden und wachte über sie, das heißt natürlich, über ihr eigenes Denken und Tun. Die Reise durch den Orient wurde jetzt mit andern Augen betrachtet, man hielt sie für sehr nötig. Es sind damals von den beiden Frauen, besonders aber von Frau Plöhn, eine Menge sehr guter Gedanken zu Tage gefördert worden und es geschah sogar das große, fast himmelblaue Wunder, dass meine Frau sich ein Buch anlegte, um sie niederzuschreiben und sich aufzubewahren. Es ist sogar wohl möglich, dass sie es noch besitzt. Frau Plöhn ist dieser Veredelung der eigenen Gedanken treu geblieben bis auf den heutigen Tag, selbst als sie zu der Erkenntnis kam, dass es sich hierbei keineswegs um spiritistische Geister, sondern nur um die Äußerungen ihrer eigenen Seele handelte. Wir stellen uns noch heutigen Tages all sonnabends die Fragen der vergangenen Woche auf, die ich noch abends beantworte, während sie dies dann am nächsten Morgen tut. Da werden die Antworten miteinander verglichen, die Irrtümer ausgeschieden, das, was gut ist, aber festgehalten und also für die vergangene Woche ein klarer Abschluss, für die neue aber ein ebenso klares, ehrliches, freudiges Wollen erzielt. Der Pollmersche Geisterspuk ist verschwunden, nur unsere Seelen sind geblieben, unsere eigenen. Wir verkehren mit ihnen, indem wir sie uns in Gedanken personifizieren, obwohl wir recht gut wissen, dass wir selbst es sind, an den oder die wir schreiben. Es handelt sich hierbei also um weiter nichts als um die bekannte Fiktion griechischer und arabischer Philosophen, welche auf ganz dieselbe Art und Weise mit ihrer eigenen Psyche zu sprechen versuchten, um sich selbst kennen zu lernen.

Viel weniger nachhaltig hat es bei meiner Frau gewirkt. Sobald sie erfuhr, dass es sich hier um einen Verkehr mit der eigenen Gedankenwelt, nicht aber mit spiritistischen Geistern handle, warf sie alles wieder von sich und kehrte zu ihren Dämonen und klopfenden Tischen zurück. Ich hatte inzwischen aber doch erreicht, dass die Reise endlich begonnen und so ausgeführt wurde, wie es die Umstände gestatteten. Ihre Wirkung auf Herrn Plöhns Gesundheit war vortrefflich; seine Frau fühlte sich unendlich glücklich darüber und beschäftigte sich mit sorgenfreierem Gemüt mit den Schätzen, die der Orient vor ihrem staunenden Auge entfaltete. Sie war in künstlerischen Anschauungen erzogen und hatte einen sehr guten, offenen Blick für alles, was sich Köstliches ihr bot. Ich begann, zu erkennen, dass sie doch vielleicht nicht das ‚Gänschen' sei, für das ich sie bisher gehalten hatte. Meine Frau aber sah von all diesen Herrlichkeiten nichts. Sie hatte keinen Sinn hierfür. Sie sah nur Steine, nur Sand, nur Dattelpalmen, nur Pferde und Esel und Menschen und weiter nichts. Und sie sah die Hotelrechnungen! Da waren sofort die vielen Tausende vergessen, die ich ihretwegen unnütz hatte vergeuden müssen, und sie begann mir jeden Pfennig und jeden Para, den ich ausgab, nachzuzählen. Damals ahnte ich es nicht, heut aber weiß ich es. Sie dachte an nichts weiter als nur daran, wie leicht sie mir dieses viele Geld daheim unterschlagen und wegstibitzen könnte. Sie geriet in einen täglich immer höher wachsenden Grimm darüber, dass ihr dies nicht mehr möglich sei. Sie war geradezu blind für den Gedanken, dass ich diese Ausgaben als Reiseschriftsteller zu machen hatte und dass sie sich mir später mit hundert und tausend Prozent verzinsten. Die alte Pollmersche Geldgier trat wie ein Gespenst zu Tage. Sie begann nachzurechnen, zu zählen, zu feilschen, zu handeln, zu schimpfen, zu räsonieren. Sie blamierte uns täglich, oft sogar fast stündlich. Sie drohte, mir dies alles daheim wieder abzusparen. Die verschwundenen Dämonen stellten sich alle wieder ein, einer nach dem andern. Sie verletzte Herrn Plöhn, der außerordentlich feinfühlig war, so oft und so tief, dass in Folge des immer währenden Ärgers seine Krankheit sich wieder verschlimmerte. Den wiederholt gefassten Gedanken, sich mit seiner Frau von uns zu trennen und direkt nach Hause zu reisen, führte er nur aus Rücksicht für mich nicht aus. Darum eilte ich nun mit der Reise, um so bald wie möglich heimzukommen. Diese Eile war mir auch aus andern Gründen geboten. Frau Münchmeyer hatte an Adalbert Fischer verkauft und dieser betrieb mit meinen Romanen einen derartigen Schund-

und Posaunenlärm, dass die ganze Presse gegen mich in Aufruhr geriet. Hierüber Aufschluss zu erhalten, war auch mit einer der Gründe gewesen, die mich bestimmt hatten, meine Frau mit Plöhns nach Ägypten kommen zu lassen. Anstatt sich zu beeilen, weil es sich um meinen Ruf handelte, hatte sie sich Monate lang an der Riviera festgesetzt und mir dann den Stand der Dinge nur so weit mitgeteilt, wie sich mit ihrer Sicherheit vertrug.

Meine erste Frage, als ich mit ihr zusammentraf, war, ob sie die Münchmeyerbriefe heilig aufgehoben habe. Sie antwortete bejahend, und als ich die Frage ihrer Wichtigkeit wegen wiederholte, wurde sie grob. Und doch hatte sie sie verbrannt, ganz absichtlich verbrannt oder, was noch wahrscheinlicher ist, der Frau Münchmeyer ausgeliefert! Sie wusste, wenn ich das erfuhr, würde ich sofort nach Hause reisen. Sie stellte also die Lage so ungefährlich wie möglich dar und verbarg die Angst, die sie selbst empfand, wenn sie an die Folgen ihrer Tat dachte. Sie hatte das, was sie tat, nur der Frau Münchmeyer zu Liebe getan und geriet in die größte Sorge, als sie die Fischerschen Ungeheuerlichkeiten sah, die so groß und öffentlich aus dieser ihrer Tat erwuchsen. Es galt ihr vor allen Dingen, zunächst nur Zeit zu gewinnen und mich um Gottes willen jetzt nur nicht heim zu lassen. Darum hatte sie sich, um die Sache möglichst zu verlängern, so lange an der Riviera festgesetzt, um die Reise möglichst auszudehnen. Um dieser Verlängerung willen weigerte sie sich zuerst, die Riviera zu verlassen. Und aus ganz demselben Grund brach sie dann ohne ferneren Widerstand mit auf, sobald sie eingesehen hatte, dass ich nicht zu bewegen sei, sie nach Hause zu schicken und die Reise ohne sie fortzusetzen. Später dann, als Hiobspost auf Hiobspost aus der Heimat kam und ich mich infolgedessen mit der Reise beeilte, wurde sie von ihrer Angst getrieben, diese Eile so viel wie möglich zu hemmen. Nur so spät wie möglich heim, denn dann kommt die Katastrophe! Das war der Gedanke, der sie nun leitete. Und darum geriet sie, ihren Geiz ganz abgerechnet, bei jeder größeren Ausgabe, die ich machen musste, aus Furcht in Wut, denn je eher das Reisegeld zu Ende ging, desto eher mussten wir heim!

Ich merkte sehr wohl, welche Mühe sie sich gab, verzögernd zu wirken. Ich konnte mir diesen Umstand, der mit ihrer Geldliebe nicht in Einklang zu bringen war, nicht erklären und schrieb ihn nur ihrer stets perversen Handlungsweise zu. Da aber geschah während unseres Aufenthalts in Damaskus etwas, was mir doch nach den Augen griff, um sie mir wenigstens halb und halb zu öffnen. Dort sprach man nämlich von der Gefährlichkeit des Karawanenweges, der von Damaskus durch die Wüste Scham nach Bagdad führt. Die in dieser Wüste streifenden Araber standen im Kampf miteinander. Jeder Europäer, der sich jetzt hingewagt hätte, wäre verloren gewesen! Dazu die jetzige heiße Jahreszeit, die jeden Halm zerstört und neben der Leichenpest den Hungertod und die mörderischste asiatische Dysenterie[1] erscheinen lässt! Der unbedingt sichere Tod für einen jeden, der so wahnsinnig ist, diese Tour um die jetzige Zeit zu unternehmen! Man sprach hiervon während des Mittagsessens bei Basrani, der diesen Namen führt, weil er aus Bassora stammt. Er kannte die geschilderten Gefahren also sehr genau. Ich war mit meinem Tischnachbarn, einem türkischen Oberst, so tief in ein Gespräch über osmanische Zustände verwickelt, dass meine Frau glaubte, ich habe nicht auf diese Reden geachtet. Ich hatte sie aber doch gehört und bin über die Verhältnisse der Wüste Scham derart unterrichtet, dass ich auch ohnedies gewusst hätte, was dort zu erwarten war. Wie erstaunte ich, als meine Frau mich nach dem Essen frug, wann ich denn eigentlich meine Reise nach Bagdad antreten würde. Ich müsse doch unbedingt hin, weil auf der dortigen Post sehr viele Briefe für mich lägen; sie wisse das genau. Ich traute meinen Ohren nicht. Ich sagte ihr,

---

[1] Medizinischer Fachausdruck für Ruhr

dass Europäer jetzt nur auf dem Tigrisschiff von Süden her nach Bagdad gehen dürften, auf dem Wege von Damaskus her aber der Tod in allen Gestalten auf sie lauere. Sie brachte alle möglichen Einwürfe, sogar die allerdümmsten. Ich hörte und sah, dass sie mich absolut in diese Gefahr senden wollte, und erklärte ihr schließlich mit aller Bestimmtheit, dass ich erstens für eine solche vierzigtägige Reise durch die brennende Wüste schon viel zu abgeschwächt und angegriffen sei und dass ich überhaupt nicht mehr nach Bagdad könne, sondern nach Hause müsse, weil mein Reisegeld nur noch in 5.000 Mark bestehe, die zu einem solchen Unternehmen viel zu wenig seien. Da brachen bei ihr die Angst vor meiner Heimkehr und die Wut durch. Sie brüllte mich an, dass daran meine bisherigen Ausgaben schuld seien. Wenn ich besser gewirtschaftet hätte, so würde ich jetzt Geld genug haben und nicht wie ein dummer Junge dastehen, der sich vor einem bisschen Sand und Wärme fürchtet und wegen der albernen, ganz unschädlichen Ruhr in ein Angstgeheul ausbricht. Mein arabischer Diener stand dabei und machte ganz große, entsetzte Augen. Er fühlte, dass mich dieses Weib geradezu in den Tod schicken wollte. Wenn ich an jene Tage in Damaskus und an die darauf folgenden in Beirut denke, fällt mir der Ausspruch eines mir sehr befreundeten Arztes ein, der sie seit Jahren kennt und von ihr und ihresgleichen sagte: „Solche Bestien sollte man einsperren, um sie unschädlich zu machen, anstatt sie auf die Menschheit loszulassen!"

Mir begann ein Licht aufzugehen. Ich fragte sie, ob die Münchmeyerbriefe wirklich noch da seien, denn sofort nach meiner Heimkehr werde der Prozess beginnen. „Die alten Wische?", antwortete sie. „Es fällt mir gar nicht ein, die anzugreifen! Überhaupt, solche Fragen verbitte ich mir!" Das beruhigte mich nur halb. Ich beschleunigte die Abreise von Damaskus. In Beirut musste ich noch einmal länger verweilen, weil ich mich da von meinem Diener trennte, den ich per Schiff in seine Heimat sandte. Während dieser Tage gab es einen bittern, eigentlich herzbrechenden Kampf zwischen mir und ihr. Sie wusste, dass es in Beirut die letzte Möglichkeit gab, mich los zu werden. Ging es von hier fort, so war alles zu spät. Darum wurde auch alles versucht. Sie fürchtete sogar die größte Unvorsichtigkeit nicht und auch nicht die Gefahr, nun völlig durchschaut zu werden. Mir wurde um mein Leben himmelangst. Es gab eine Angst und eine Wut in ihr, die zu allem fähig war. Ich getraute mich nicht, mit ihr zusammen zu wohnen. Sie bekam im Hotel ein besonderes Zimmer, zwar das schönste, was es gab, doch von dem meinen vollständig abgelegen. Und während der ganzen Heimreise durch Kleinasien, Griechenland und Italien habe ich von ihrer Hand keinen Bissen mehr gegessen, außer wenn sie selbst auch davon aß oder wenn ich ganz genau wusste, dass sie nichts dazu hatte tun oder daran machen können. Als wir dann nach Hause kamen, stellte sich zu meinem Entsetzen heraus, dass die Münchmeyerbriefe und auch die andern Prozessunterlagen verschwunden waren. Sie leugnete erst, war aber den Tatsachen gegenüber denn doch gezwungen, die Sache einzugestehen. Ein anderer hätte sie totgeschlagen, ich habe sie nicht angerührt. Ich konnte mir diese Tat gar nicht erklären, auch nicht durch ihre Perversität. Erst später, als sich herausstellte, wie sehr und wie hoch ich von ihr bestohlen worden war, trat der *nexus rerum*[1] auch in dieser Beziehung für mich an das Tageslicht. Aber diese Erkenntnis konnte den ungeheuren Schlag nicht mildern, der mich getroffen hatte. Ich habe ihn heut noch nicht überwunden und werde ihn niemals überwinden können. Hätte ich die Briefe gehabt, so wäre der Münchmeyerprozess in einem einzigen kurzen Schlag entschieden gewesen, so aber hat er mich meine Ehre, meine Gesundheit, eine Reihe von Lebensjahren und, das muss auch gesagt werden, Geldsummen gekostet, die mir niemand zu ersetzen vermag!

[1] Lat.: der Zusammenhang der Dinge

Das Leben, welches nun daheim für mich begann, ist nicht zu beschreiben. Es war eine Hölle! Ich hatte mich öffentlich gegen die Angriffe der ganzen Zeitungswelt, in dem Prozess gegen die Verlogenheit und Niederträchtigkeit der Münchmeyerei und im eigenen Haus gegen die Perversitäten eines Weibes zu wehren, von dem ich immer mehr und mehr die Überzeugung gewann, dass es auf meinen Tod hinarbeite und nur aus Furcht vor der Entdeckung davon absehe, eine direkte, gegen mein Leben gerichtete Tat zu begehen. Ich hörte, wie sie es während meiner Abwesenheit daheim getrieben hatte. Überall stieß ich auf Erinnerungen daran. Das so genannte ‚nackte Zimmer' strotzte hiervon. Sie selbst hatte der Stube diesen Namen gegeben, weil sie da morgens und abends vollständig entkleidet auf dem Nachtstuhl vor dem Spiegel saß, um in perversester Weise ihre Notdurft zu verrichten und dabei ihren nackten Körper nach allen Richtungen hin zu bewundern und anzubeten. Dort fand ich die Spuren des Verkehrs, den sie während meiner Abwesenheit gepflegt hatte, und dort war auch der Nachschlüssel zu meiner Bibliothek und meinen übrigen Räumen versteckt, den sie sich heimlich hatte anfertigen lassen, um mich während meiner Reisen, Spaziergänge usw. auszurauben. Es war nachgerade nicht nur schlimm, sondern lebensgefährlich und ekelhaft geworden. Ich schlief nicht mehr in demselben Zimmer mit ihr, sondern droben in einer kleinen, niedrigen Bodenkammer, die nicht einmal mehr rein gehalten wurde, wenn ich nicht selbst dafür sorgte, dass es geschah. Dabei hatte die Bestie gar keine Sorge, von mir hinausgeworfen zu werden. Wenn ich einmal eine hierauf bezügliche Andeutung machte, da lachte sie und sagte: „Euch Männern braucht man ja nur die Finger hinzuhalten, da klebt Ihr wieder dran!" Oder sie drohte mir: „Wage es doch! Da wende ich mich öffentlich in den Zeitungen an deine Leser; da wirst du wohl sehen, was dann geschieht! Ich sage alles! Ganz genauso wie Münchmeyers!" Man wird mich wohl begreifen, wenn ich das entsetzliche Joch lieber weiter trug, als dass ich zu allen Vorwürfen, mit denen man mich überhäufte, auch noch den gesellte, dass ich „meine gute, brave, edle Frau" dem Elend und dem Hunger preisgegeben habe! Und ebenso wird man begreifen, dass ich nicht die geringste Lust hatte, dieses höchst gefährliche Frauenzimmer mit in den Prozess zu ziehen, etwa als Zeugin gar, der gegen ihre geliebte Lehrerin und Freundin gerichtet war. Die allerkleinste ihrer vielen perversen Launen war da im Stande, mich zu verderben. Ich habe stets gewünscht, dass die Münchmeyer den Eid bekomme, denn ich wusste, dass mir im andern Fall die Anzeige wegen Meineid drohe. Und ich habe mich sehr lange Zeit dagegen gewehrt, meine erste Frau als Zeugin anzugeben, weil ich sehr wohl wusste, dass ihr die Münchmeyer höher und näher stand als ich selbst. Zwischen perversen Weibern herrscht ganz unbedingt eine gewisse Art seelischer Freimaurerei. Sie erkennen einander an den stets erregten Nasenflügeln und an dem geilen Lächeln, welches niemals schwindet. Und sie halten fest zusammen, selbst wenn sie keinen sichtbaren Nutzen davon haben. Gegen ihre Gemeinheiten kommt selbst der edelste, reinste Mann nicht auf, weil sie ihn erst herunterziehen und beschmutzen, bevor sie sich auf ihn stürzen!

Also, der Münchmeyerprozess hatte begonnen, doch ganz anders, als von mir geplant worden war. Ich hatte Schlag auf Schlag und Hieb auf Hieb auf die Gegner führen wollen, aber mein eigenes Weib hatte mich der hierzu gehörigen, jahrelang sorgfältig bewahrten Waffen beraubt! Und nicht genug hiermit; sie wirkte auch noch in anderer Weise teils offen und teils heimlich gegen mich, um der Münchmeyer beizustehen. Sobald es mir gelungen war, einen Einblick in die Münchmeyerschen Unterschlagungen und in den Münchmeyerschen Feldzugsplan zu gewinnen, und sobald ich einzusehen begann, dass der Geschäftskauf zwischen Frau Münchmeyer und Adalbert Fischer weiter nichts als eine Faxe sei, allerdings eine für mich sehr ernste, stand es bei mir fest, dass diese Angelegenheit nicht vor das Zivil-, sondern vor den Staatsanwalt und vor das Strafgericht gehöre. Ich war entschlossen, diesen andern, richtigen Weg zu beschreiten, stieß aber da bei meiner Frau auf einen derartigen Widerstand, dass ich mich darüber entsetzte. Sie geiferte förmlich Gift. Sie drohte mir für den Fall, dass ich diesen Plan ausführe, mit allem Möglichen. Sie hatte Angst, wegen der Münchmeyerbriefe mit in das Kriminalverfahren gezogen und dafür bestraft zu werden. Sie fürchtete die sich hieraus ergebende Ehescheidung und sagte, dass sie hiergegen wie eine Löwin kämpfen und einen so großen Zeitungsskandal hervorrufen werde, dass ich ganz unbedingt verloren sei. Sobald es sich um eine Scheidung handle, sei ihr alles gleich, ob gut oder schlecht, ob lebendig oder tot! Ich sah und hörte, dass nicht etwa nur die augenblickliche Aufregung aus ihr sprach, sondern dass es der entsetzlichste, perverseste Ernst war, der mir drohte, und dass sie gegebenenfalls keinen Augenblick zögern werde, diese Drohung wahr zu machen, sogar auch diejenige, die in den Worten lag ‚lebendig oder tot!' Die Sorge für meine Ehre und für mein Leben riet mir also, den Rückzug anzutreten, und ich tat dies unter dem Vorbehalt, dass es auf meinen Rechtsanwalt ankommen werde, ob ich auf dem Zivilweg bleiben oder den kriminellen einschlagen werde. Von diesem Augenblick an hing sie sich an diesen meinen Anwalt und an dessen Frau, die beide von der suggestiven Macht dieses Weibes nichts ahnten, von einer solchen Macht überhaupt noch keine Vorstellung hatten und darum sehr bald derartig unter ihrem suggestiven Einfluss standen, dass der Anwalt mir nur erst immer nach langen Erklärungen und Debatten zeigen konnte, dass er jetzt rein bei der Sache sei und mich nun verstanden habe. Er kam, um die Schriftsätze vorzubereiten, sehr oft zu mir nach Radebeul heraus, wobei sie jede Gelegenheit benutzte, ihn zu verwirren. Sie gab sich alle

Mühe, seine Freundschaft und sein Vertrauen zu gewinnen. Sie hat beides nie besessen. Aber als sie glaubte, dies erreicht zu haben, wusste sie ihn, wenn ich nicht anwesend war oder mich einmal entfernt hatte, mit schlau berechneten Einwürfen und irreführenden Fingerzeigen derart zu beeinflussen, dass er schließlich zu dem Resultat kam, mir den Kriminalweg als nicht angängig zu bezeichnen. Als sie das erreicht hatte, versuchte sie, den Anwalt auch im Zivilverfahren derart zu bearbeiten, dass mir davor angst und bange wurde, sie als Zeugin gegen ihre Freundin Münchmeyer anzugeben. Ich bat den Anwalt, dies zu unterlassen; ich wolle den Schwur ja Frau Münchmeyer lassen und würde den Prozess gewiss auch gewinnen, ohne meine perverse Frau mit hineinzuziehen. Ich glaube, er hat infolgedessen davon abgesehen, dem Gericht ihre Adresse mit anzugeben, falls er sie schon kannte, und bei ihrer Vernehmung in Weimar am eigenen Leib erfahren, wie Recht ich hatte, als ich ihn vor dieser Kanaille warnte. Sie hat sich da, um sich für die Scheidung an ihm zu rächen, ganz gegen seinen Willen wie eine Klette an ihn gehängt, um durch ihr lautes, auffälliges Gebaren den Anschein zu erwecken, als ob er sich vertraulich zu ihr stelle. Das war so ihre diabolische Art! Dass sie später doch noch als Zeugin vernommen wurde, war mir gar nicht lieb, und es ist ein wirkliches Wunder, dass sie trotz ihrer perversen Affekte für die Münchmeyer und trotz ihres glühenden Verlangens, an mir und meiner jetzigen Frau Vergeltung zu üben, der Wahrheit schließlich doch die Ehre gegeben hat!

Der gegnerische Rechtsanwalt Gerlach hat nach meiner Scheidung von diesem Weib in seiner allbekannten Art und Weise die Behauptung aufgestellt, ich habe mich nur deshalb von ihr scheiden lassen, um eine vollgültige Zeugin für mich zu gewinnen. Dies ist zwar weiter nichts als eine wohl ausgedachte, advokatorische Finte, welche den Zweck hat, die Münchmeyer und meine geschiedene Frau von gewissen Verdachtsmomenten zu entlasten, mich aber umso tiefer hineinzulegen, denn in Wahrheit spielen diese beiden Frauen einander sehr auffällig in die Hände; er weiß aber ebenso genau wie ich, wahrscheinlich sogar noch genauer, dass sie mir grad durch diese Scheidung zu einer ebenso grimmigen wie rücksichtslosen, verschlagenen und unerbittlichen Feindin geworden ist, die weder Gewalt noch List und Verstellung scheut, ihre Rache an mir, vor allen Dingen aber an meiner jetzigen Frau zu nehmen.

Diese Frau, nämlich meine jetzige, ist mir – ich sage es offen und der Wahrheit gemäß – geradezu zur Lebensretterin geworden. Ohne sie wäre ich längst tot und die Münchmeyer hätte das Ziel erreicht, nach dem sie mit allen ihren Kräften und allen möglichen Mitteln strebt, nämlich mich „kaputt zu machen!" Dass dies von je ihr Ziel gewesen ist, hat Adalbert Fischer in eigener Person vor Gericht als Zeuge verraten. Meine geschiedene Frau hat auf dasselbe Ziel hingearbeitet, und zwar nicht etwa nur aus eigenem Antrieb und auf eigene Faust. Sie hat das Beispiel und die Lehren der Frau Münchmeyer befolgt. Sie hat, ohne sich dessen bewusst zu sein, die Rache in die Hand genommen, die Frau Münchmeyer mir schwor, als ich es wagte, die Hand ihrer Schwester auszuschlagen. Die Rache dieser Frau hat es also so weit gebracht, dass das Mädchen, welches ich dieser Schwester vorzog, jetzt schon halb vernichtet und längst von mir geschieden ist. Sie wird es höchstwahrscheinlich auch noch so weit bringen, dass sich die Bestie den eigenen Ast, auf dem sie sitzt, absägt und dann vollends und ganz zu Grunde geht, zur völlig kongruenten Strafe dafür, dass sie sich jahrelang die größte Mühe gegeben hat, mich straflos auszulöschen, wie man eine Lampe auslöscht, deren Docht man heimlich immer tiefer schraubt. Das hat sie wirklich getan! Und zwar mit voller Absicht! Mit beispiellosem Raffinement! Und mit einer Ausdauer, die keine Pause des Erbarmens kannte! Ich bin jahrelang ein langsam Sterbender gewesen. Ich war dem Schicksal ausgesetzt, körperlich und seelisch verhungern und verkümmern zu müssen. Dass dies nur bis zu einem gewissen Grade, nicht aber ganz geschah, das habe ich meiner überaus kräftigen, widerstandsfähigen Konstitution und meiner jetzigen Frau zu verdanken, die sich im letzten Augenblick meiner erbarmte und mit unendlicher Geduld und Aufopferung meine schon fast abgestorbenen Verdauungswerkzeuge zwang, wieder lebendig und tätig zu werden. Sie hat sich meiner schweren Erkrankung wie eine Pflegerin von Beruf, wie eine barmherzige Schwester angenommen, und der erste und eigentliche Grund, dass wir die Ehe schlossen, war nur der, dass, wenn mir das Leben erhalten bleiben sollte, die Pflege eine so unausgesetzte und so aufopfernde sein musste, wie sie eben nur in der Ehe möglich ist, außerhalb der Ehe aber den Klatsch und Tratsch der lieben Nächsten hervorzurufen pflegt. Also ist es wieder nur meine erste Frau allein gewesen, die mich direkt zur Scheidung und hierauf indirekt zur zweiten Ehe getrieben hat.

Es war ein großes Glück, dass dieses Weib nach und nach immer kühner, frecher und unvorsichtiger wurde, sodass ich blind und taub hätte sein müssen, um nicht durch Wort und Tat gewarnt zu werden. Ich nenne absichtlich Wort und Tat. Was das Erstere, das Wort betrifft, also die Reden, die sie führte, so gehe ich an ihrem niederträchtig gemeinen Wortschatz vorüber, den sie sich von den Weibern, mit denen sie verkehrte, zusammengetragen hatte. Es würde mich schamrot machen, auch nur ein halbes Dutzend solcher Ausdrücke hier vorzuführen. Sondern ich beschränke mich auf gewisse Redensarten, die derart klangen, dass sie mir zur Warnung dienten. Sie brauchten mir von keinem Menschen zugetragen zu werden, sondern ich bekam sie selbst zu hören, und zwar so häufig, dass sie mir im Gedächtnis hängen bleiben mussten. Entweder warf sie sie mir selbst in das Gesicht oder ich hörte sie, wenn ihre Weiber bei ihr waren. Entweder wenn ich still im offenen Nebenzimmer saß und sie das nicht wussten. Meist aber dann, wenn sie mit diesen Frauenzimmern stundenlang in der Veranda Klatsch und Verleumdung trieb und ich grad oben darüber auf den Balkon war und jedes Wort sehr deutlich hörte. Die Erfahrungen, die ich da machte, trieben mich schließlich zur List. Ich tat, als ob ich ausgehe, ging aber nicht, sondern blieb daheim. Später tat ich dann, als ob ich wiederkäme. Was ich da hörte, war mehr als genug. Sie bedauerte nicht etwa, mich geheiratet zu haben, o nein, sie war ganz im Gegenteil sehr stolz darauf; aber es ergrimmte sie, dass dies nicht hatte geschehen können, ohne dass sie ihre ‚Mädchen-Freiheit' dabei eingebüßt hatte. Sie verstand hierunter den ungestörten und unbeschränkten Genuss all dessen, was ihr gefiel, besonders den geschlechtlichen, den sexuellen Verkehr mit allen seinen besonderen Finessen und Delikatessen. Es empörte sie, dass ich genauso wie bei Tisch auch in dieser Beziehung nur für die einfache, gesunde Hausmannskost zu haben war und alle Farcen, Saucen, Ragouts und ähnliche Dinge hasste. Leider aber wurde jeder, der solche Natürlichkeit und Anspruchslosigkeit übte, von diesen Weibern, besonders aber von der lieben Meinigen, sehr einfach als ‚Scheißkerl' bezeichnet. Ausrufe wie: „Wenn ich den nur loswerden könnte!", waren mehr als oft zu hören. „Ich will den Saukerl nicht mehr sehen!" – „Er ist mir zum Ekel, er muss fort!" – „Ich schmeiß' ihn noch hinaus, aber bald!" – „Und der verlangt, dass ich ihm das Fressen kochen soll!" – „Es ist mir geradezu eine Wonne, ihn totzuärgern!" – „Der treibt mich mit seiner albernen ‚Menschenveredelung' noch zum Äußersten! Das dulde ich nicht! Um keinen Preis!" – „Ob der frisst oder nicht, ist mir ganz gleich; ich brauche ihn nicht!" – „Andere sterben, der aber nicht, der ist zäh!" – „Den mach' ich noch so klein, dass man ihn gar nicht mehr sieht!" – „Die Frau Münchmeyer war gescheiter als ich! Die mauste ihrem Mann das Geld gleich tausend-Mark-weise und noch mehr! Die ließ ihn nicht in die Küche, nicht in die Kammer und nicht ins Bett! Die hatte das Heft in den Händen! Sie hatte die ganze Villa; ihn aber steckte sie hinüber ins Seitengebäude, in eine leere Stube. Da spielte er Violine und fraß Kuchen dazu. Nun ist sie ihn los und das ganze Vermögen gehört ihr! Unsereinem wird es nicht so wohl, man ist zu dumm und zu gut dazu!" – "Erst lief der Kerl, wenn ich ihn ärgerte, in die Kneipe! Jetzt aber bleibt er daheim, sagt nichts und schließt sich ein! Er spielt den Heiligen, das passt mir schlecht!" – "Er räsoniert übers Futter. Für den ist's gut genug!" – "Ich fress' nicht mit ihm, ich mach' mir stets was anderes." – "Das ewige Kochen für den Kerl! Er mag sich's wärmen lassen!" – "Er frisst fast gar nichts mehr. Das macht mir Spaß!" – "Er schläft nur noch in der Bodenkammer. Damit will er mich kriegen, ich lach' ihn aber aus!"

Das ist so eine Blütenlese der Reden, die sie führte. Ich könnte sie verlängern, sehe aber davon ab; es sind der Worte genug. Und was die Taten betrifft, so ist festzustellen, dass sie fast jeden Abend abwesend war und erst spät nach Hause kam. Da hatte sie regelmäßig Kampfeslaune und kam zu mir, um sie an mir auszulassen. Dann ging sie in ihre ‚nackte Stube', zog sich aus, setzte sich vor dem Spiegel auf den Nachtstuhl und betastete und bewunderte sich stundenlang, bis der Schlaf sie endlich zwang, sich niederzulegen. Es war nach einer so späten Heimkehr, als sie zu mir in das Arbeitszimmer trat, sich an den warmen Ofen lehnte, mich abkanzelte wie gewöhnlich und dann plötzlich anfing, von Säuren, Giften und ähnlichen Dingen zu sprechen, und zwar mit einem Interesse, welches mich erschrecken ließ. Sie war bei Plöhns gewesen. Herr Plöhn hatte als Besitzer der ‚Sächsischen Verbandstofffabrik' stets auch mit Giften zu tun. Er besaß einen bedeutenden Vorrat davon und hatte den Frauen heut Abend ein sehr ausführliches Privatissimum über diese gefährlichen Stoffe und ihre Wirkungen gehalten. Er ahnte nicht, was so etwas bei meiner perversen Frau zu bedeuten hatte. Sie war ganz Feuer und Flamme. Der Gegenstand interessierte sie so außerordentlich, dass sie ihn auffällig oft berührte, bis sie merkte, wie erstaunt ich darüber war. Sie sprach davon, wie leicht es bei Plöhns sei, als Freundin, die überall hin könne, über diese Gifte zu geraten. Sie holte die ärztlichen Bücher und die alten Hausapotheken ihres Großvaters hervor und studierte an den Medikamenten herum, die diese Gifte glücklicherweise nur in homöopathischer Verdünnung enthielten. In ihrer ‚nackten Stube' mehrten sich die Flaschen und Fläschchen so, dass sie ganz unmöglich alle nur Bauch- und Brusteinreibungen und andere kosmetische Mittel enthalten konnten. Mir wurde angst um mein Leben. Ich warnte Herrn Plöhn und bin überzeugt, dass meine damalige Frau es nur dieser Warnung zu verdanken hat, dass die Gedanken, in die sie sich damals verrannte, nicht zur Ausführung gekommen sind. Das ist nicht etwa nur ein Verdacht, den ich hege, sondern ich bin dessen gewiss, weil die Gesamtheit ihrer damaligen Fragen und Erkundigungen, deren sie sich höchst wahrscheinlich jetzt selbst nicht mehr erinnert, ganz entschieden darauf hinwies, was sie wollte. Ich war ihr im Wege, sie wollte frei sein und sie ist eine perverse, gewissenlose Frau; das genügt für beide, für den Psychologen und für den Psychiater! Ganz eigenartig berührt hierzu eine Warnung, die mein Rechtsanwalt aussprach, als er zu ihrer Vernehmung in Weimar gewesen war und wieder nach Hause kam. Er hatte längere Zeit alle ihre gewalttätigen Vorwürfe und Drohungen über sich ergehen lassen und sagte kurz nach seiner Rückkehr zu meiner jetzigen Frau: „Nimm dich in Acht vor ihr! Die ist auf dich so wütend, dass sie dir vielleicht eine Flasche Schwefelsäure in das Gesicht gießt!" Und diese Warnung meinte er ernst, im höchsten Grade ernst!

Ich sah mich von nun an gezwungen, beim Essen die größte Vorsicht anzuwenden. Ich konnte überhaupt schon fast gar nichts mehr essen und lebte nur noch von ein bisschen Milch und Obst. Die Folgen blieben nicht aus; der Verfall trat ein und nahm so rapid überhand, dass es nur noch einen einzigen Gedanken für mich gab: Entweder los von dieser Bestie oder ich sterbe entweder an Gift oder verhungere bei lebendigem Leib! Aber selbst jetzt noch musste ich an das Sterbelager des alten Pollmer denken und an das Versprechen, welches ich da gegeben hatte. Mein Erbarmen trat vor mich hin und bat mich, noch eine Zeit zu warten. Da starb Herr Plöhn. Ich hoffte, dass dieser Todesfall ihr zu Herzen gehen werde. Ich irrte mich. Sie hatte keine Spur von Mitleid, ja, sie lachte. Als wir vom Grab nach Hause kamen, sagte sie: „Wie man nur heulen kann, wenn so ein alter, dicker Ekel stirbt! Nun ist sie ihn doch los!" Frau Plöhn aber nahm sich den Tod ihres Mannes tief zu Herzen. Sie aß nicht, sie trank nicht, sie wollte auch sterben, so sehr hatte sie ihn geliebt. Ich sann auf ein Mittel, sie von dem schweren Verlust abzulenken. Ich bat sie, die Schriftgewandte, meine Korrespondenz zu übernehmen, die mir über den Kopf gewachsen war und ganz unmöglich mehr von mir besorgt werden konnte. Ich brauchte einen Sekretär und trug ihr diese Stelle an. Das war Wasser auf die Mühle meiner Frau. Sie stimmte sofort ein. Sie nahm sie mit in ihre ‚nackte Stube', die an meine Bibliothek stieß. Dort saß ich still beim Lesen, sie aber glaubten mich im Arbeitszimmer. Darum sprachen sie laut und ich hörte alles. „Mausel, nimm die Stelle an!", riet meine Frau. „Zwei gegen ihn sind besser als ich nur allein! Ich mag keinen Schreiber im Haus, dich aber kann ich brauchen. Ich setze es durch, dass du 2.000 Mark Gehalt bekommst, vielleicht auch 3.000; wie ich und du uns stehen, ist das jedoch alles gleich!" Ich ging leise fort, es war genug für mich!

Frau Plöhn wurde angestellt, mit 3.000 Mark Gehalt. Ich zahlte 1.500 Mark pränumerando. Ich tat dies, weil ich sie zwar immer noch unterschätzte, sie aber doch für unendlich ehrlicher hielt als meine eigene Frau und sie als, sozusagen, Puffer zwischen dieser und mir verwenden konnte. Ich aß von jetzt an nur das, was ich von ihrer Hand bekam, nicht aber von meiner Frau. Diese Letztere drang darauf, dass die Korrespondenz, die ich nicht direkt besorgte, in ihrem Namen geschah. Sie wollte an meinem Ruhm teilnehmen, und so wurden alle Briefe, die ich nicht selbst verfasste, mit „Frau Emma May" unterzeichnet; die Verfasserin aber war Frau Plöhn. Ich gab das bereitwilligst zu, weil ich nur Gutes davon erhoffen konnte und dabei doch nicht das geringste meiner Rechte aus den Händen gab, denn alles, was geschrieben wurde und die Unterschrift „Frau Emma May" bekam, blieb doch meine eigene Angelegenheit und alle die Antworten, welche man hierauf von außen her in Folge dessen an meine Frau richtete, waren an mich gemeint, nicht aber an sie; ich allein hatte das Recht, diese Korrespondenz zu öffnen und zu lesen. Ich beobachtete Frau Plöhn ganz selbstverständlich sehr scharf und bemerkte, dass sie ungemein ehrlich war. Das freute mich. Meine Frau aber brachte dies in Zorn. Sie hatte es anders erwartet, nämlich grad das Gegenteil. Es sollte unterschlagen werden, Briefe, Gelder und wer weiß sonst noch alles. Das gab Frau Plöhn partout nicht zu. Meine Frau hatte also in ihr nicht eine Mithelferin, sondern eine Gegnerin aller Untreue und aller Unterschleife angestellt. Darüber geriet sie in ihre bekannte perverse Wut. Es kam zu sehr scharfen, von ihrer Seite höchst giftigen Konflikten, die ich im Stillen beobachtete. Frau Plöhn ertrug das mit ungewöhnlicher Selbstbeherrschung. Nicht etwa wegen des Gehalts, das sie bekam, sondern um mich nicht noch mehr leiden zu lassen, als ich so schon litt. Meine Bestie aber richtete all ihren Ärger schließlich doch immer nur auf mich und versäumte keine Gelegenheit, die sich ihr bot, mich zu kränken und zu verletzen. Das wurde mir denn doch zu arg! Ich kam so herab, dass ich kaum noch gehen konnte. Es war die höchste Zeit, mich zu retten! Du lieber Gott! Was hatte ich noch alles zu ertragen, ehe ich mich als gerettet betrachten konnte! Und was ertrage ich sogar noch heut!

Wir waren auf unserer Heimkehr aus dem Orient über den Mendelpass bei Bozen gekommen. Da steht auf stolzer, waldiger Höhe das große, herrliche, palastähnliche ‚Hotel Penegal'. Wir hatten nur einen Tag lang dort rasten dürfen, uns aber vorgenommen, die nächste Erholungszeit ganz unbedingt hier oben zu verbringen. Diese Zeit war jetzt gekommen. Vor mir stand der Tod. Ich musste fort von daheim, um mir neues Leben zu holen. Schon konnte ich auch nicht mehr arbeiten. Ich musste eilen, sonst war es zu spät. Meine Bestie hatte große Lust, daheim zu bleiben und das schöne, freie Leben aufzufrischen. Ich duldete das nicht. Sie musste mit. Das ‚Strohmännle'-Spielen hatte aufgehört. Sie sollte nun endlich Farbe bekennen. Sie sollte mit hinauf nach dem ‚Penegal' und in der dortigen, heiligen Einsamkeit zeigen, ob sie noch länger mein Weib bleiben könne oder nicht. Diese Reise sollte entscheiden. Doch sagte ich hiervon kein Wort, auch nicht zu Frau Plöhn, ich behielt es für mich allein. Meine Frau geriet darüber, dass sie nicht wieder daheim bleiben und ihren Perversitäten frönen durfte, in eine so boshafte Aufgebrachtheit, dass es hierfür keine andere Bezeichnung gibt, als nur das Wort Berserkerwut. Dadurch, dass sie diese Wut in sich verschließen musste, wirkte sie eruptiv. Die einzelnen Ausbrüche waren umso verwüstender, je mehr sie sich in der Zwischenzeit hatte beherrschen müssen. Ich überwand meinen Abscheu dennoch. Ich zeigte ihr alle Liebe und Geduld, die unter solchen Umständen möglich war. Am Tag vor der Abreise gab ich ihr aus diesem Grund einen Tausendmarkschein und sagte: „Hier hast du tausend Mark; die sind dein, damit du mich nicht bei jeder Kleinigkeit um Geld zu bitten brauchst; ich weiß, das liebst du nicht!" Und wie aber dankte sie mir für diese Güte? Sie stahl mir schnell noch sechstausend Mark und trug sie zur Mutter von Frau Plöhn, meiner jetzigen Schwiegermutter, die sie ihr verstecken sollte. Und zwei oder drei Tage später stahl sie mir in meiner und Frau Plöhns Gegenwart einen Hundertmarkschein, den sie Frau Plöhn mit den Worten entgegenhielt: „Siehst du, Mausel, so muss man es machen! Nur immer so viel Geld nehmen wie möglich! Es ist besser, wir haben's!" Dieser Hundertmarkschein gehörte zu einer größeren Summe Papiergeldes, welches ich in einem ledernen Portefeuille aufbewahrte. Um dieses Portefeuille war ein starkes, breites Gummiband geschlungen. Es steckte außerdem in einem starken Wertbrief-Kuvert. Und dieses Kuvert steckte wieder in der geheimen Innentasche meiner Weste, die mit einem Extraknopf verschlossen war. Diese Weste hatte meine Frau abzubürsten, eine Arbeit von zirka zwei Minuten. Dass sie es in dieser kurzen Zeit und in unserer Gegenwart fertig brachte, diesen Hundertmarkschein aus den vielen Umhüllungen herauszubringen, zeugt von einer Fingerfertigkeit und Raffiniertheit, die sehr lange Jahre geübt sein muss, ehe sie einen solchen hohen Grad erreicht! Sie machte in Berlin die unsinnigsten Ausgaben. Kaufte seidene Blusen, die man nur drei-, viermal tragen konnte, zu außerordentlichen Preisen. Verwendete Hunderte auf höchst auffallende Promenadenmäntel, die nur von Straßendirnen getragen werden, um die Blicke der Lüsternen auf sich zu ziehen. Das Schlimmste war, dass sie die gute, bescheidene und sehr schamhafte Frau Plöhn zwang, einen dito Mantel zu tragen, und mir, als ich in meinem einfachen Anzug hinter ihnen herging, vor allen Passanten zurief: „Du siehst aus wie unser Louis!" Mit diesem einen Wort, dem auf der ganzen Erde kein anderes gleicht, war für mich die Scheidung ausgesprochen und ich könnte nun wortlos über alles andere und folgende hinweggehen, wenn nicht einiges dabei wäre, was unbedingt erwähnt werden muss, weil es zur Charakteristik gehört.

Direkt nach der Mendel zu reisen, war nicht möglich gewesen. Ich hatte in Berlin und Hamburg zu tun und erst von da aus konnte es über Leipzig nach dem Süden gehen. Berlin bekam mir gut. Daheim hatte ich nichts zu essen bekommen. Der Magen war verschmachtet, er versagte den Dienst. In meinem Berliner Hotel gab es Kleinigkeiten, die ich genießen konnte, und einen guten, reinen, stärkenden Wein dazu. Ich lebte langsam wieder auf. Frau Plöhn freute sich darüber. Aber als meine Frau diese glückliche Wandlung bemerkte, verbot sie es uns, im Hotel zu essen. Sie wollte uns nur Aschingers Bierhalle erlauben, wo es nur Speisen gab, die mich vollends hingerichtet hätten. Natürlich wehrte ich mich gegen diese Teufelei und Frau Plöhn gab mir Recht. Hierauf gab es die gewöhnliche, entsetzliche Szene, bei der es sie gar nicht genierte, dass wir viele Zuhörer um uns hatten. Ich, dem sie soeben erst 6.000 Mark und dann noch einen Hundertmarkschein gestohlen hatte, wagte es einmal, für 30 Pfennige Himbeeren zu kaufen, und hatte da einen Skandal und Widerstand zu überwinden, der nicht mehr menschlich, sondern tierisch war! Diese Furie weigerte sich fortan, mit uns zu essen, sie ging allein kneipen; sie konnte es nicht ansehen, dass mir etwas schmeckte, dass mir eine Speise bekam. Es wurde immer klarer und offenbarer, dass sie wünschte, es möge mit mir alle werden. Sie tat alles Mögliche, was sie hierzu beizutragen vermochte, und es wäre ihr wohl auch gelungen, wenn nicht Frau Plöhn über mich gewacht hätte wie eine Tochter über ihren Vater, der ermordet werden soll. Sie hatte eingesehen, um was es sich handelte, und begann, ihre Freundin als das, was sie war, zu erkennen – – – als Bestie! Von nun an erschien es mir nicht mehr geraten, mein Hotelzimmer neben das meiner Frau zu legen. Es war mir zu gefährlich. Je mehr und je sorgfältiger und objektiver ich mir ihre Reden, Drohungen und ihr Verhalten vergegenwärtigte und addierte, desto kategorischer kam die Summe heraus, dass sie, und zwar nicht nur in der Aufregung, sondern ebenso auch bei kaltem Blut, zu allem fähig war, was sie von meiner Gegenwart befreien konnte. Wir fuhren, um reine Luft zu atmen, per Wagen im Grunewald spazieren. Auch hiervon schloss sie sich aus, weil sie es nicht ertragen konnte, dass ich mich da wohl befand, und ihr mein frohes, genesungsfreudiges Gesicht zuwider war.

In Hamburg wiederholte sich genau dasselbe Spiel. Sie kaufte sich sofort noch mehrere schandbar teure Blusen. Sie saß nicht mit im Hotel, um nicht sehen zu müssen, dass ich einen Willen hatte und das bekam, was ich wollte. Sie ging allein in den teuren Ratskeller speisen und spie dann in den Zwischenzeiten die angesammelte Galle über uns aus. Frau Plöhn begann wohl zu ahnen, dass dies zum Schluss führen müsse. Sie gab gute Worte, sie bat für die Bestie. Ich war still dazu. Bei diesem Schweigen wurde ihr bange. Sie bat mich, ihre Mutter nach Leipzig kommen lassen zu dürfen; vielleicht gelinge es der alten, guten Frau, das drohende Unheil abzuwenden. Ich erfüllte diesen Wunsch. Die Mutter kam. Sie wohnte bei uns im Hotel. Sie sprach in herzlicher, aufrichtiger, ehrlicher Liebe auf das unglückselige Frauenzimmer ein. Sie versuchte, unsere Hände ineinander zu legen – – – vergeblich! Und als auch Frau Plöhn das Wort ergriff, um sie zur Abbitte zu bewegen, rief sie zornig aus: „Ich mag ihn nicht! Nimm doch du ihn, wenn er dir so gefällt! Ich werfe ihn dir hin. Gib ihm einen Kuss und hebe ihn auf!" Dann ging sie hin und kaufte sich noch einige luxuriöse Blusen! Die Mutter von Frau Plöhn reiste unverrichteter Sache heim. Sie wollte ihre Tochter mitnehmen; diese aber sah, dass es mit meiner Gesundheit nicht besser, sondern schlimmer wurde. Das Wohlerbefinden in Berlin war nur ein Aufflackern gewesen, welches der Pollmersche Dämon sofort wieder niedergetreten hatte. Übrigens war sie ja meine Sekretärin. Die Korrespondenzen, Manuskripte, Korrekturen usw. wurden mir wöchentlich zwei-, dreimal nachgeschickt und bei meiner jetzigen Schwäche war es ganz ausgeschlossen, dass ich das selbst erledigen konnte. Sie fuhr also mit uns weiter, und zwar zunächst nach München. Von Leipzig an stand es so schlimm mit mir, dass ich nur leise und langsam reden konnte. Das Herz begann zu krampfen und die Lunge versagte den Dienst. Frau Plöhn sah ein, dass sie mich unmöglich verlassen dürfe. Sie begann bereits, mich wie einen Sterbenden zu behandeln. Ich sah sie heimlich weinen. Ich konnte ihr die Briefe, die sie für mich zu schreiben hatte, nur mit Unterbrechungen diktieren. Ich war wie ein Licht, welches im letzten Flackern ist. Dieses Weib, dieses Scheusal aber tat nichts dergleichen. Sie spazierte fröhlich in der Stadt herum, und wenn sie dann in das Hotel kam, führte sie Szenen auf, die mehr als widerlich waren. Sie verlangte, als ich mich einmal mit einer Frage in ihr Zimmer verirrte, von mir geküsst zu werden. Ich verwies ihr solche Scherze. Da ging sie zu Frau Plöhn und erzählte ihr, dass es soeben ein Liebesabenteuer zwischen ihr und mir gegeben habe, mit Küssen und so weiter. Dass sie Lügen gestraft wurde, beschämte sie nicht im Geringsten. Aber sie nahm Rache dafür, indem sie die freche Behauptung aufstellte, dass wir miteinander Ehebruch trieben. Wir beide! Ich, der ich so nahe am Tode stand, dass ich schon nicht mehr laut reden konnte, sondern nur noch halb hörbar hauchte! Und die arme Frau Plöhn, die von all den Verrücktheiten, Vorwürfen, Kämpfen und Sorgen, die sie in dieser Zeit ertragen hatte, so angegriffen und niedergedrückt war, fast am Verzweifeln stand! Und Ehebruch! Das war so fürchterlich schlecht, so kolossal undankbar und so unbeschreiblich gemein, dass die ebenso empörte wie schwer beleidigte Frau nun endlich die Fesseln zerriss, mit denen sie in jahrelanger Hypnose an diesem dämonischen Ungeheuer gehangen hatte, und mich mit tränendem Auge bat, ihre Beichte anzuhören; dann wolle sie gehen, nach Hause, zu ihrer Mutter, denn dann sei es ja doch mit ihr als meiner Sekretärin aus. Sie erzählte mir von den 36.000 Mark. Sie ahnte nicht, wie licht es dadurch plötzlich in mir wurde und welche Ungeheuerlichkeiten sich mir in diesem Licht nun offenbarten. Welch ein verlorenes Leben! Welche Hoffnungen! Welche Liebe,

Geduld und Güte! Welche arbeitsschweren Tage und fleißig durchwachten Nächte! Und das alles umsonst, umsonst! Für einen Dämon, eine Furie, eine Bestie, in deren Körper, Seele und Geist nicht eine einzige Spur von Besserungsmöglichkeit sitzt! Und hier die arme, gute, brave, von dieser Bestie hypnotisch beherrschte und tyrannisierte Frau, die ohne diese unglückselige Suggestion gewiss lieber zehnmal gestorben wäre, als dass sie in die Unterschlagung meines Geldes gewilligt hätte! In diesem Augenblick sah ich nicht die Höhe der mir genannten Summe, sondern nur die Größe der Niedertracht und Verworfenheit meines Weibes, die mir, seitdem ich sie kannte, nichts weiter als ein saugender Vampir oder vielmehr ein ekelhafter, ewig spulender und fressender Wurm im Darm gewesen war, für den es keine Rücksicht und keine weitere Frist mehr geben konnte. Erbarmen musste hier zur Sünde und Mitleid nur zur eigenen Schande werden! Auch schon um Frau Plöhns, ihres spiritistischen Opfers, willen galt es, hier Schluss zu machen, aber ja in vorsichtiger Weise, denn dieses Weib war aller Ränke voll und aller Taten fähig!

Ich nahm sie vor. Die Wirkung war echt Pollmerisch. Anstatt Schreck und Reue zu zeigen, nahm sie die Sache mit lächelnder Frechheit hin. Sie sagte, ich wisse ja, dass sie mich Frau Plöhn vor die Füße geworfen habe, die möge mich aufheben und heiraten; sie habe nichts dagegen, denn da sei sie mich endlich los. Aber kosten werde es mich viel! Ich könne mit Frau Plöhn in Radebeul wohnen bleiben, sie aber werde nach Dresden ziehen, um nach ihrem eigenen Gefallen zu leben. Sie werde mir nichts in den Weg legen. Sie wolle hinauf nach der Mendel, nach dem herrlichen ‚Hotel Penegal'. Dort werde sie sich so still und ruhig verhalten, dass die Scheidung glatt, leicht und schnell vor sich gehe; aber Geld müsse ich geben, so viel sie wolle, und alle Möbel und alle Wäsche dazu, die es bei uns gibt, denn das alles brauche ich nicht mehr, weil mir Frau Plöhn bei der Heirat doch ihre Möbel und ihre Wäsche mitbringen werde! – – – Als ich das alles hörte, fragte ich mich, ob ich wache oder träume! Frau Plöhn und ich! Uns heiraten! So oft ich an eine Scheidung gedacht hatte, war es stets mein erster und mein Hauptgedanke gewesen, nie wieder eine Frau, niemals! Am allerwenigsten die Witwe eines andern! Und nun grad diese Frau und Witwe, die ein volles Jahrzehnt lang die willenlose Schwester und Gehilfin meiner Bestie gewesen war! Der Gedanke kam mir so ungeheuerlich vor, dass ich nur staunte und staunte und ihn kaum zu fassen vermochte! Und den gab sie mir selbst, sie selbst! Ich hielt es nicht für nötig, über ihn auch nur ein einziges Wort zu verlieren. Und was das Übrige betraf, so ging ich darauf ein, sie nach der Mendel zu schaffen, verhehlte aber nicht, dass es mir unendlich Leid tue, den Ort, an dem ich Genesung suchte, dann schnell wieder verlassen zu müssen, denn wir beide an ein und demselben Ort wohnen, das sei von jetzt an unmöglich. Ich halte sie bei dem gegebenen Wort, sich während des Scheidungsprozesses still und ruhig zu verhalten, glaube aber nicht daran, da ich sie sehr wohl kenne. So lange sie auf der Mendel sei, solle sie alles reichlich haben, was sie brauche; aber über das Spätere lasse ich mir jetzt keine Vorschriften machen, denn das werde ganz ihrem Verhalten angemessen sein. Vor allen Dingen habe sie die Mendel nicht zu verlassen, ohne mich hiervon zu benachrichtigen. Denn erstens müsse ich schon der gerichtlichen Zustellungen wegen immer genau wissen, wo sie sei, und zweitens sei es auch um der Korrespondenz willen, die sich unter ihrem Namen dort zusammenfinden werde, ihr aber nicht gehöre; sie habe sich an diesen Briefen und Postsachen ja nicht etwa zu vergreifen, sondern sie mir ungeöffnet und ungelesen nach Hause zu senden! Sie antwortete, es falle ihr gar nicht ein, diese ‚Wische' zu berühren!

Es ging also von München direkt nach Bozen. Dort angekommen, beschloss ich, die Stadt gar nicht zu berühren, sondern direkt per Geschirr hinauf nach der Mendel zu fahren. Ich war zum Sterben schwach, nahm aber dennoch diese Anstrengung auf mich, weil ich fühlte, dass es mit mir nur schlimmer anstatt besser werden könne, so lange dieser auch jetzt noch unaufhörlich saugende Vampir in meiner Nähe sei. Ich nahm zwei Wagen, da ein einzelner die Personen und Koffer unmöglich fassen konnte. Dennoch machte sie mir da wegen angeblicher Geldverschwendung vor allen Leuten eine so unbeschreibliche, über den ganzen Bahnhof hinweg zu beobachtende Szene, dass ich vor lauter Scham von dannen lief. Die Wagen waren nur zweisitzig, wir mussten uns also teilen. Trotz allem, wie es stand und was geschehen war, und trotz des soeben gemachten, wütenden Skandals verlangte sie, mit mir in meinem Wagen zu sitzen. Ich weigerte mich. Sie hätte die ganze, lange Fahrt nur allein dazu benutzt, mir das letzte bisschen Atem abzustehlen. Frau Plöhn wollte sich aufopfern und sich zu ihr setzen; ich gab dies aber nicht zu, weil ich die Krallen meiner Bestie kannte. Trotz dieser meiner Vorsicht gab es auf halbem Wege, wo wir die Pferde ausruhen zu lassen hatten, schon wieder einen wütenden Skandal, der womöglich noch größer und schlimmer als der vorige war und mich derart aufrieb, dass ich den letzten Rest von Lebenskraft zusammenraffen musste, als wir das ‚Hotel Penegal' erreichten.

Dieses Weib wusste, dass sie noch immer meine Universalerbin war und, falls ich jetzt hier oben verlöschte, nur heimzukehren brauchte, um das Erbe anzutreten. Sie nahm während der kurzen Zeit, die ich mich dort befand, ihr ganzes Gift für mich und ihre ganze hypnotische Macht für Frau Plöhn zusammen. Die Hölle goss sich noch einmal über uns aus, bis auf den allerletzten Qual- und Feuertropfen. Ich konnte trotz meiner tödlichen Schwäche nicht schlafen. Ich hatte es unentkleidet versucht, stand aber wieder auf und saß während der ganzen Nacht draußen auf dem Balkon. Das Fenster von Frau Plöhns Zimmer stand auf. Ich hörte die ganze Nacht hindurch ihr von Zeit zu Zeit hervorbrechendes, bitterliches Weinen. Am Morgen sah ich dann, dass auch sie im vollen Anzug gewesen war, auf einem Stuhl sitzend. Die Bestie aber schien vorzüglich geschlafen zu haben. Doch ohne eine perverse, lüsterne Teufelei und Schweinerei konnte sie uns ganz unmöglich scheiden lassen. Sie behauptete, sie wisse, dass wir miteinander geschlafen hätten, denn sie habe gehört, dass ich mit einem lauten „Hurra!" zu Frau Plöhn in das Bett gesprungen sei. Um Gottes willen! Das war ja gar nicht auszuhalten, wie das nach seelischem Mist und moralischer Jauche stank! Ich ließ mir nur noch einige Zeilen unterschreiben, dass es mit unserer Liebe aus sei und dass sie in die Scheidung willige. Das geschah nicht etwa des Scheidungsprozesses, sondern meiner Seelenruhe wegen. Diese Zeilen waren für meinen innern Richter, auf den ich mehr als andere Leute gebe. Dann reisten wir ab, und zwar direkt nach Radebeul, nach Hause. Ganz selbstverständlich traf ich vorher da oben die Anordnungen, die mir als nötig erschienen. Es waren mir alle an mich resp. an „Frau Emma May" etc. etc. adressierten Postsachen nach Hause zu schicken. Frau Schrott, die Besitzerin des ‚Hotel Penegal', eine hochgebildete, feine Dame aus altem, berühmtem Patriziergeschlecht, ist eine Leserin meiner Werke. Meine Denk- und Handlungsweise ist ihr also nicht unbekannt. Ich vertraute mich ihr an, sagte ihr aber nur, so viel sie wissen musste, um den guten Ruf ihres berühmten Etablissements nicht etwa durch die Perversitäten meines Weibes geschädigt zu sehen. Das war ich der Dame unbedingt schuldig! Ich bat sie, sich dieser Frau im Stillen anzunehmen und garstiges Benehmen ebenso wie alles unüberlegte, schädliche Gebaren möglichst zu verhüten. Besonders bat ich sie, mich sofort zu benachrichtigen, falls meine Frau ‚Hotel Penegal' verlassen sollte, ohne mir Nachricht davon zu geben. Leider konnte ich dieser Dame meine eigentlichen Gründe für diese Bitten nicht mitteilen. Es war doch ganz unmöglich, ihr zu sagen, dass ich das

Weib grad während des Scheidungsprozesses doppelt scharf im Auge behalten und weit von Dresden entfernt wünschen musste, weil ich Gift und Schwefelsäure und andere ähnliche Dinge fürchtete! Denn, wenn sie vor der Scheidung nach Dresden kam, da geschah so etwas, dessen war ich gewiss! Und da rechnete ich das Klatschen und Verdrehen, das Lügen und Trügen, das perverse Verleumden und Vernichten gar nicht mit! Ich konnte nicht wünschen, dass sie sich bei der Turnlehrerin Dittrich, dem Karnickel Häusler und ähnlichen Frauenzimmern die gewöhnlichen, schamlosen Instruktionen holte, und vor allen Dingen hatte ich, sogar zu ihrem eigenen Besten, zu verhüten, dass sie sich von dem jungen Menschen, der mich als das ‚Strohmännle' bezeichnete, zu noch schlimmeren Torheiten, als die bisherigen waren, verleiten ließ.

Wie richtig ich in dieser letzteren Beziehung fühlte, ergab sich alsobald! Man denke: Als sie mir die schon erwähnten Zeilen unterschrieben hatte und ich nun gehen wollte, fiel sie vor mir auf die Knie nieder und bat mich, ihr zum Abschied doch die Hand und einen Kuss zu geben. Sie werde den Gang der Scheidung nicht im Geringsten stören und überhaupt zu keinem einzigen Menschen von dieser Sache sprechen! Und zwei Stunden, nachdem ich abgereist war, telegrafierte sie bereits an ihren lieben Strohmännlemenschen und sandte ihm eine Karte und sogar auch noch einen Brief hinterdrein, in dem sie ihm alles berichtete, auch das von den unterschriebenen Zeilen, und um Auskunft und Verhaltensmaßregeln anging, ob sie sich das gefallen lassen müsse! Das war die umgehende, postwendende Rache für den verweigerten Kuss! Weiter nichts! Und das nannte sie ‚zu keinem einzigen Menschen von dieser Sache sprechen'! Ich war überzeugt, dass sie mich von nun an mit dem mir wohl bekannten, scheußlichen Gemisch von brünstiger Liebe und mittenmang Hass und Rache überschütten werde, und das hat sie denn auch mehr als reichlich getan.

Ich kam beinahe als Leiche heim. Anstatt mich erholen zu können, war ich bis auf das Äußerste abgekerkert worden und hatte nun in diesem erbarmungswürdigen Zustand die Scheidung zu betreiben. Wie ich da trotz meines vollständig entkräfteten und siechen Körpers durchgekommen bin, ohne zusammenzubrechen, das wird mir stets ein Rätsel bleiben. Ich durchsuchte zunächst das ganze Haus, jeden Kasten und jeden Winkel, und sah da ganz erstaunliche Dinge erscheinen. Dreckereien, Schweinereien, Schurkereien und Gewissenlosigkeiten, die ich nie für möglich gehalten hätte, traten da zu Tage. Als Illustration hierzu entnehme ich meinem Scheidungsantrag folgende Alinea[1]:

„So fand ich gestern in einem Schrank für Dienstmädchensachen tief versteckt den allerwichtigsten Verlagsvertrag, den ich jemals abgeschlossen habe. Auf diesen schriftlichen Kontrakt mit meinem Verlagsbuchhändler Fehsenfeld in Freiburg, Baden, basiert sich mein regelmäßiges Jahreseinkommen aus meinen ‚Gesammelten Werken' bis dreißig Jahre nach meinem Tode. Ich habe mit diesem Herrn fortwährende Gelddifferenzen gehabt, ihm aber nie etwas beweisen können. Das Dokument fehlte mir dazu. Ich schrieb ihm im November 1895 eine sieben Seiten lange Klarlegung meiner Forderungen. Diesen Brief las ich meiner Frau vor. Sie hat dem Dienstmädchen verboten, ihn, wie ich befohlen hatte, auf die Post zu tragen, und ihn unterschlagen. Ich habe ihn, mit dem Kontrakt zusammenliegend, gestern vorgefunden, an einem Ort, von dem sie wusste, dass es mir niemals einfallen werde, dort nachzusuchen. Warum hat sie mir beides gestohlen?"

Auch unterschlagene Briefe fand ich eine ganze Menge. Sie gehörten zu denen, die sie verbrannt haben wollte. Da sie aber noch existierten, so bin ich überzeugt, dass auch die Münchmeyerbriefe nicht verbrannt wurden, sondern noch existieren, wenn sie nicht inzwischen aus Vorsicht vernichtet worden sind.

---

[1] (Druck-)Zeilen, Absatz

Dieses Weib hat später behauptet, dass sie von mir mit Gewalt da oben in Tirol festgehalten worden sei. Ich aber kann nachweisen, dass sie kaum eine einzige Woche nach meiner Trennung von ihr sich schon in dem Hotel ‚Rheinischer Hof' in München anmeldete und den Strohmännlemenschen in Dresden aufforderte, seine Zuschriften dorthin zu richten, falls er nicht persönlich erscheinen könne. Und kaum einen Monat darauf ist sie aus ‚Hotel Penegal' verschwunden, ohne dort zu sagen, wohin, und auch ohne mir eine Nachricht zu geben. Es hat mich eine Extrareise nach Südtirol, also sehr viel Geld und lange Nachforschung gekostet, ihren Aufenthalt zu entdecken. Und den musste ich unbedingt wissen, um mich meines Lebens sicher fühlen zu können! Ich entdeckte sie schließlich in einem Bozener Hotel, wo sie unter einem falschen Namen, aber doch als ‚Frau Doktor', wohnte, in innigem Verkehr mit einem Berliner Buchhändler, durch den sie sich mit einem Berliner Justizrat in Verbindung setzte, der ihr den Rat erteilte, aus der Scheidung so viel wie möglich Geld zu ziehen. Ich ging selbst zu ihr. Sie spielte die alte Komödie, ganz wie auf der Mendel. Sie sank vor mir nieder, hob die gefalteten Hände zu mir empor und flehte um einen Kuss. Geradezu armselig widerlich! Sie schwor wieder, dass sie der Scheidung nicht das Geringste in den Weg legen werde. Nur verstoßen solle ich sie nicht. Ich könne mich in Gottes Namen mit Frau Plöhn trauen lassen, denn es sei ihr sehr gleich, wer vor der Welt als meine Frau gelte, diese oder ich. Aber sie wolle auch mit dabei sein. Sie wolle als Köchin bei uns wohnen, sie wolle wieder für mich kochen, um mir zu zeigen, wie groß ihre neu erwachte Liebe für mich sei! Aber als ich ihr, anstatt ihr den verlangten Kuss zu geben, zornig auseinandersetzte, was für ein ehrloses Weib sie doch sei, mir jetzt eine Heirat zuzumuten und sich von der neuen Frau als Köchin des geschiedenen Mannes engagieren zu lassen, da sprang sie wieder auf und warf mir Drohungen in das Gesicht, von denen ich nur eine einzige, die letzte, hier festhalten will. Sie lautete: „Gut, wenn ich einmal so ein ehrloses Weib bin, so soll die Plöhn, die alles verraten hat, auch nichts anderes sein! Ich bin niemals deine wahre, wirkliche Frau, sondern immer nur deine Haushälterin, deine Hure gewesen; so mache ich nun auch die Plöhn zur Hure! Lach nicht, ich kann's! Ich brauche nur zu schwören!" Ich entgegnete entsetzt: „Das kannst du nicht, denn es ist kein Wort, keine Silbe davon wahr!" Da hob sie die Schwurfinger in die Höhe und sprach: „Aber ich beschwör's!" Da ging ich fort.

In ,Hotel Penegal' äußerte sie sich über Frau Plöhn und mich: „Menschen, die keinen Wurm zertreten und keine Fliege töten und hohe, edle Menschen sind. Ich bin nichts gegen diese beiden!" Als ich sie dann infolge der Drohung, Frau Plöhn zur Hure machen zu wollen, und weil wir sie überhaupt jedes Attentats für fähig hielten, davon abhalten wollte, zu uns nach Dresden zu kommen, schrieb sie mir am 19.10.1902 aus Bozen:

„Deine Drohungen schrecken mich nicht. Es ist gar nicht daran zu denken, dass ich eine passive Rolle spiele." Und als sie dann in Dresden war und im Hospiz wohnte, schrieb sie: „Denn Karls wütende Briefe haben mich nicht auf der Mendel zurückgehalten. Dazu habe ich gelacht. Seine ganzen Drohungen waren dummes Geschwätz!" Die Behauptung, dass ich sie da oben festgehalten habe, wird also von ihr selbst widerlegt. Zudem: Bei einer so perversen, eigenwilligen und hypnotischen Person sind ganz andere Maßstäbe nötig als bei andern, normalen Menschen. Was bei den Letzteren beleidigend oder bedrohend wirkt, darüber wird von der Anomalie und Abnormität nur gespottet und gelacht, und wenn in unsern Briefen an diese Frau Pollmer einige starke Buchstaben vorgekommen sind, so haben sie bei dieser Dämonin höchstens grad entgegengesetzt, nicht aber einschüchternd gewirkt. Sie hatte in Bozen keine Not. Sie wurde dort so üppig, von mir das Geld zu Wagen- und Spazierfahrten zu verlangen, die ihrer Gesundheit nötig seien. Ich gewährte es ihr. Sie verkehrte mit Herren und ging mit Damen zu Bett, ganz in ihrer gewohnten Art und Weise. Wenn sie sich dennoch von dort fortsehnte, so doch ganz gewiss nicht, um die Scheidung hintertreiben zu können, sondern eben aus Perversität und weil sie sich nach dem gewohnten Klatsch und Tratsch und nach ihren alten, lieben treuen Weibern sehnte. So lange still und fern zu sitzen, ohne irgendeine Teufelei oder Moritat zu begehen, das ging ihr gegen den Strich, und nun sie jetzt sogar nicht nur für einige Zeit, sondern für immer zu verzichten hat, ihr Gift und ihren Geifer über uns auszuspritzen, so sammelt sie den ganzen Vorrat, den sie von beiden besitzt, tut noch alle übrig gebliebene Galle dazu und schüttet das alles nun mit einem Mal über die beiden Personen aus, die für sie die „edelsten Menschen" sind – „Ich bin nichts gegen diese beiden!" Und dabei schrieb sie mir von Bozen aus: „Eben finde ich eine Aphorisme, die für dich passt: Lob allein schafft keine Größe, die Verleumdung muss dazu kommen!" Ebenso lügt sie auch, wenn sie sagt, dass sie während des Scheidungsprozesses ohne Rat und Tat gewesen sei. Sie hat bei jeder Gelegenheit von dieser Scheidung gesprochen und alle Welt um guten Rat und Hilfe gebeten. Sie hat Rechtsanwälte in Österreich, Norddeutschland und Süddeutschland konsultiert oder konsultieren lassen. Sie hat stets genug Geld in den Händen gehabt, die Ratschläge dieser Herren zu befolgen. Und wenn ihr diese Mittel gefehlt hätten, so kannte sie mich gut genug, um zu wissen, dass ich sie ihr grad aus dem Grunde, dass sie nicht für mich, sondern gegen mich verwendet werden sollten, niemals verweigert hätte! Diese Eigenheit meines Charakters kennt sie seit lange her genauer als jede andere! Die Wirtin von ‚Hotel Penegal', Frau Schrott, schrieb mir einmal, es scheine, meine Frau könne nicht leben, ohne dass sie jemand habe, den sie peinigen und martern dürfe. Diese Dame hatte damit den Mittelpunkt der ganzen Pollmerschen Dämonalität und Perversität getroffen. Die Freude am Schmerz, die Wonne über die Qualen anderer; das ist es! Gequält und gepeinigt muss sein, ganz unbedingt und auf jeden Fall! Und wenn es keinen andern Menschen gibt, der hierzu still hält, so quält man sich eben selbst; es bleibt ja nichts anderes übrig. Das ist die einfache, aber ebenso strenge wie unüberwindliche Logik der ethischen Unterwertigkeit. Mist verzehrt sich eben selbst, wenn er zu scharf und zu giftig ist, um in Dünger verwandelt werden zu können. Grad ebenso verzehrt sich dieses perverse Weib nach innen ganz von selbst, wenn sie nicht stinken und nicht treiben und martern kann. Sie muss, um dieser Selbstvernichtung zu entgehen, den Überschuss ihrer dämonischen Kräfte gegen andere richten, und da sie nun doch wohl zu alt ist, um nach neuen anderen zu suchen und Einfluss über sie zu gewinnen, so kehrt sie immer wieder zu den lieben, beiden Alten, nämlich zu mir und zu Frau Plöhn, zurück, an denen sich ihre hypnotische und spiritistische Geschicklichkeit so lange Jahre bewährte und wohl auch noch weiter bewähren wird. So wenigstens denkt sie es sich!

Die Scheidung wurde vollzogen. Die Geschiedene lebt in Weimar. Sie trägt meinen Namen, obwohl ihr das verboten worden ist. Sie isst und trinkt und wohnt von der Gnade meiner jetzigen Frau und schämt sich aber nicht, alles Mögliche zu tun, um diese ihre Wohltäterin zu vernichten. Sie hypnotisiert alte Weiber und alte Mädchen, mit denen sie spiritistische Sitzungen veranstaltet und sich über die blamabelste Art und Weise berät, die Gnadenrente, die sie genießt, in eine bedeutend höhere und gerichtlich erzwungene zu verwandeln. Dabei untergräbt sie in Weimar meinen Ruf, kommt nach Dresden, um da genau dasselbe zu tun, und reist sogar nach meinem Heimatort, um mich und meine Frau bei meinen Verwandten anzuschwärzen. Sie lügt den Leuten dort vor, dass meine jetzige Ehe eine unglückliche sei und dass meine alte, dort lebende Schwester die Unterstützung, die ich ihr zahle, nur ihrem Einfluss, nicht aber meiner zweiten Frau zu verdanken habe. Sie besucht hier in Dresden alte Kartenschlägerinnen, lässt sich von ihnen weissagen, dass ich sie noch immer glühend liebe, und stellt sie an, als angebliche Vermieterinnen nach Radebeul zu gehen, um uns zu bespionieren. Und allen Leuten macht sie weis, dass das viele Geld, um welches sie mich betrogen hat, nicht etwa gestohlen, sondern ehrlich erspart worden sei. Sie liebte es, ihre Weiber damit zu ärgern, dass sie große Weihnachts- und Geburtstagsgeschenke fingierte, die sie aber, wenn es vorüber war, wieder herzugeben hatte. Ich weiß von dreimal tausend Mark, zweimal in Papier und einmal in Gold an einem kleinen Bäumchen. Selbst wenn sie das hätte behalten dürfen, was aber nicht der Fall ist, ergäbe das doch auch nicht im Entferntesten die Riesensummen, um die ich von ihr bestohlen worden bin. Dafür hat sie mir die Bittschriften meiner blutarmen Verwandten und Jugendbekannten fast regelmäßig unterschlagen, und ein Schwager von mir, ein äußerst braver Gatte und Vater, der Mann grad meiner Lieblingsschwester, hat in seinen drei letzten Lebenswochen mit seiner ganzen Familie mit sechs Mark auskommen, das heißt, hungern müssen, ohne dass ich ein Wort davon erfuhr, weil diese Bestie die Nachrichten mit Hilfe ihres Doppelschlüssels unterschlug. Dann war er tot! Und jetzt macht sie seiner Witwe weis, dass sie meine Unterstützung nur ihr allein zu verdanken habe! In ganz ähnlicher Weise verfuhr sie gegen einen armen Schriftsteller Namens Lilie, den ich einige Jahre lang unterstützte, ohne dass ich andere Leute etwas davon merken ließ. Da kam die Zeit, wo er fest darauf gerechnet hatte und es höchst notwendig brauchte. Es handelte sich um seine Ehre. Aber grad da war sie gegen alle weiteren Gaben und griff derart in die Kasse ein, dass es mir unmöglich war, Lilies Erwartungen zu entsprechen. Es kam zwischen ihm und ihr zu einer höchst aufgeregten Szene, deren Folgen dann nur ich zu tragen hatte. Lilie rächte sich in genau derselben

Weise, wie er beleidigt worden war, das heißt, gemein, und war dann derjenige, der Herrn Adalbert Fischer verführte, meine Werke von Pauline Münchmeyer zu kaufen und mich in der Weise, wie es geschah, dann auszubeuten. So wurde dieser Pollmersche Dämon zum Alpha und zum Omega des unglückseligen Münchmeyer-May-Prozesses! Wie Münchmeyers und Fischers glaubten, mich wegen vergangenen Dingen vollständig in der Hand zu haben, sodass es nur einer Zeitungsnotiz bedurfte, um mich „kaputt zu machen", so glaubt meine geschiedene Frau ganz dasselbe auch. Das ist die einzige, traurige Force[1], welche sie besitzt, aber auf ihre Wirkung rechnet sie bestimmt.

*

Notizen

Die Zeilen, welche sie mir vor meiner Abreise von der Mendel bereitwillig, nicht etwa gezwungen, unterschrieb, sind folgende:
„Ich Endesunterzeichnete erkläre hiermit, dass ich wegen gegenseitiger, unüberwindlicher Abneigung ein weiteres Zusammenleben mit meinem bisherigen Ehemann, dem Schriftsteller Herrn Karl May in Radebeul, für vollständig unmöglich halte und ihm darum meine unwiderrufliche Zustimmung zur Scheidung unserer Ehe gegeben habe. In Beziehung auf alle etwa hiermit zusammenhängenden pekuniären Angelegenheiten werde ich mich einzig und allein auf sein Gerechtigkeitsgefühl verlassen und erkläre also, mich aller Ansprüche hierauf zu enthalten.
Hotel Penegal,
Mendelpass, Tirol,   Emma May
den 29ten August 1902.   geb. Pollmer.

---

[1] Kraft, Macht; besondere Bedeutung im Sächsischen: Trumpf im Kartenspiel

Ihre Wirtin, Frau Kößler in Bozen, schrieb über sie:
„Ich sage es Ihnen ganz offen: Komödie, nichts als Komödie. Sie will nicht vernünftig sein. Sie hat hier einmal eine solche aufgeführt. Von da an durchschaute ich sie."
„Bei der Frau Doktor muss es wohl schon in der Erziehung gefehlt haben."
„Die Absicht, bei Ihnen als Köchin zu sein, hatte sie ja schon in Bozen. Ruhe wird sie nicht geben und das Schwätzen auch nicht lassen."

*

Frau Schrott, Hotel Penegal, schreibt:
„Meine Ansicht ist heute folgende: Ihre Frau bedauert, ihr Wohlleben und die soziale Stellung zu verlieren, mehr, als Ihre Persönlichkeit, ihren Gatten verloren zu haben. Das wird Ihnen, hoch geschätzter Herr, den Schritt erleichtern."
„Ich habe den Charakter Ihrer Frau ganz kennen gelernt und ich glaube Ihnen von Herzen gern, dass Sie sich von diesen so schwer drückenden, unerträglichen Fesseln befreien wollen."
„Dass unter solchen Umständen ein Mann wie Sie es nicht mehr aushalten konnte, gemeinsam mit einem solchen Wesen weiter zu leben, glaube ich gern, und ich wünsche Ihnen von ganzem Herzen baldige Erlösung."

*

Am 11. März 1903 kam Frau Pollmer von Bozen nach Dresden. Sie schrieb mir, dass sie ohne Geld sei und in Bozen noch 300 Kronen für Kost und Logis schulde. Ich hatte sie überreichlich mit Geld versehen. Dennoch ist sie da oben sogar den Arzt schuldig geblieben. Ihre Wirtin aber schreibt mir am 14., dass Frau Pollmer vor der Abreise zwei Hundertmarkscheine und auch noch vier größere Scheine besaß. Und am 19. schrieb sie an die Mutter von Frau Plöhn und verlangte 5.000 Mark des mir gestohlenen Geldes. Also Habsucht, Geldschneiderei! Weiter nichts!

In einem Expressbrief aus Bozen stellte sie ihre Forderungen, als Preis dafür, dass sie sich die Scheidung gefallen lassen wolle. Da war alles aufgezählt, was sie verlangte. Es trat da in gemeinster Hässlichkeit zu Tage, dass es ihr nicht um mich und um die Ehe, sondern nur um den Mammon und um das lüsterne Leben war. Sobald sie hierauf aufmerksam gemacht wurde und was ihr dieser Brief gerichtlich schaden könne, sandte sie mir folgendes Telegramm: „Schicke sofort den Expressbrief zurück, sonst bin ich am 29. im Termin! Bin beeinflusst worden, zu schreiben, will lieber deinen Willen tun. Antworte bis zum 24. früh." Also sie droht mir, nämlich mit dem Termin, nicht aber ich ihr. Diese Depesche enthält Geständnisse, die gar nicht deutlicher sein können.

*

Zu meinem Geburtstag 1904 sandte mir Frau Pollmer eine Depesche mit einer gereimten Liebeserklärung, die nicht aus ihrer eigenen Feder stammt. Am nächsten Tag schrieb ich ihrem Anwalt in Weimar folgenden Brief:

Geehrter Herr Rechtsanwalt!
Die geschiedene Frau Pollmer, Weimar, Lassenstraße 3, scheint nun auch den letzten Rest von Einsicht, Scham und Schicklichkeitsgefühl von sich geworfen zu haben. Sie belästigt mich in neuerer Zeit mit einer Anbetung, für welche das Wort ‚widerwärtig' der gelindeste aller Ausdrücke ist.
An Neujahr schickte sie mir eine Karte mit Priesterinnen, welche auf dem Altar der Liebe opfern; sie flog natürlich sofort in das Feuer. Dann kam im Januar ein neun Seiten langer Liebesbrief, von dem ich nur sagen kann: Es lösten sich in ihm alle Bande frommer Scheu. Ich erfuhr da, dass sie mein Bild täglich mit frischen Blumen schmücke und einen wahren Götzendienst mit ihm treibe. Und ich hatte doch so streng darauf gesehen, dass sie kein Bild von

mir behalte! Ich verbrannte auch diesen Brief sofort! Und gestern an meinem Geburtstag erhielt ich gar eine Depesche von ihr, in der sie mich abermals ihrer ewigen Liebe versichert. Die verbrenne ich nicht, sondern ich schicke sie Ihnen!

Herr Rechtsanwalt, Sie haben einmal gefragt, ob es wohl eine Ehre sei, meinen Namen zu tragen. Diese Frage sagte mir deutlicher als alles andere, was für ein toller Unsinn Ihnen vorgeschwatzt und vorgewimmert worden war und wie diese Frau Pollmer sich alle mögliche Mühe gegeben hat, das gegenseitige Soll und Haben zu verdrehen. Sie setzt diesen Namen noch heut hoch über den ihrigen und hält ihn krampfhaft fest, obgleich es ihr verboten ist, ihn zu tragen. Sie weiß, in welche große Gefahr sie sich begibt, wenn sie uns nicht in Ruhe lässt, und wagt doch immer und immer wieder alles, nur um mir zu zeigen, wie hoch sie in Wahrheit den verehrt, den sie in Lüge vor Ihnen so tief erniedrigt hat.

Bitte, Herr Rechtsanwalt, geben Sie diesem Weib ihre Depesche zurück und sagen Sie ihr, dass mir ihr Verhalten so unendlich verächtlich ist, wie ich durch Worte gar nicht auszudrücken vermag. Und bitte, warnen Sie sie! Sie hat sich gegen einen Freund von mir über mich und meine jetzige Frau in einer Weise ausgesprochen, welche die Letztere nach dem getroffenen Abkommen berechtigt, ihr ihre Unterstützung sofort und für immer zu entziehen. Die Gute will aber noch einmal Nachsicht walten lassen; beim nächsten Fall aber werde ich selbst dafür sorgen, dass diese missbrauchte Güte nicht länger mehr mit Füßen getreten werde!

Hochachtungsvoll
Karl May

Deutlicher konnte ich doch wohl unmöglich sein! Aber wo keine Scham und keine Ehre vorhanden ist, da haftet sogar so große Aufrichtigkeit nicht. Zu meinem nächsten Geburtstag schickte sie mir eine Menge Blumen und – – –

eine Kiste Birnen, die ich sogleich, um sie nur loszuwerden, dem hiesigen Kinderhort aushändigen ließ. Zurücksenden konnte ich sie ihr nämlich nicht, weil sie sie in Leipzig aufgegeben hatte und so raffiniert gewesen war, den Coupon nicht zu unterschreiben!

*

Die vorliegende Monografie ist nur für mich allein geschrieben, für keinen andern Menschen. Sie soll, wie alle ähnlichen psychologischen Charakterstudien von meiner Hand, später für meine Selbstbiografie verwendet werden, wo sie, mit Weglassung alles Beschreibenden, zu einer gedrängten, sprechend ähnlichen Figur zusammenzuschmelzen ist. Sollte ich plötzlich sterben, ohne die Hand an dieses Werk gelegt zu haben, so wird es allerdings nicht von mir, sondern von meinem Biografen zu vollenden sein, und ich bitte in diesem Falle um diejenige Objektivität der Auffassung und Charakterisierung, welche den Zwecken der Literaturgeschichte gerecht zu werden weiß, ohne die Hässlichkeit der subjektiven Züge in den Vordergrund treten zu lassen. Gerecht und wahr, doch rein literarisch sein – das wünsche ich von meinem Biografen!

Die vorliegenden Aufzeichnungen sind nicht etwa beendet, ich führe sie fort; denn so lange meine ‚Bestie' lebt, wird sie mich wohl nie in Ruhe lassen.[1]

*

Ich wiederhole:
Der gegnerische Rechtsanwalt Gerlach hat die Behauptung verbreitet, dass ich mich von dieser Frau nur deshalb habe scheiden lassen, um an ihr eine vollgültige Zeugin für

---

[1] Karl Mays Aufzählung echter oder vermeintlicher Beweise für Emma Mays eheliche Untreue wurde hier ausgelassen. Der interessierte Leser findet diese nebst Faksimile der Handschrift sowie der Beweismittel mit zahlreichen weiteren Anmerkungen zu Inhalt und Entstehung des Textes in: Karl May. „Prozess-Schriften Band 1. Frau Pollmer, eine psychologische Studie", Bamberg 1982

mich zu gewinnen. Wie niedrig denkend muss ein Mensch sein, der so etwas überhaupt für möglich hält! Wie oberflächlich, leichtsinnig und frivol müssen die Spioniereien betrieben worden sein, die ihn zu einem so lügnerischen Resultat führten! Oder, falls er gar nicht erst geforscht, sondern nur so darauf los behauptet hat, wie muss es da im Innern und auch um die äußere Atmosphäre eines Mannes aussehen, der zwar der Spezialfreund des Staatsanwaltes Seyfert ist, zugleich aber auch der juridische Schutzengel des Münchmeyerschen Schundverlages und wegen heimlicher, verbotener Beschleichung und Durchstöberung landgerichtlicher Zimmer und ähnlicher Heldentaten in aller ehrlicher Leute Mund ist!

Er hat mich und meine Zeugen bei der Staatsanwaltschaft – sage und schreibe: natürlich bei diesem seinem Freunde – wegen Meineids und Verleitung hierzu denunziert. Staatsanwalt Seyfert hat die Verfolgung dieser Denunziation übernommen. Es ist ihm dies vielseitig verdacht worden, eben wegen seiner innigen Beziehungen zum Denunzianten. Ich aber meine, ob er fair oder unfair gehandelt hat und auch noch weiter handeln wird, das hat sich erst zu zeigen. Was mich betrifft, so habe ich nicht die geringste Sorge wegen mir und meinen Zeugen; wir wissen uns gerecht. Was aber ihn, den Staatsanwalt betrifft, so muss und wird er sicherlich zu der schließlichen Erkenntnis kommen, dass man ihn nur verführen will, den blinden Henkersknecht im Dienste des Kolportageschundes und der um mein Geld besorgten Münchmeyerei zu machen! Ich schließe hier nur für einstweilen ab. Sobald sich Neues ereignet, folgt Weiteres.

Soeben kommt mir ein Brief in die Hand, in dem auch Frau Kößler schreibt, dass der Pollmer während ihres Aufenthalts in Bozen weiter nichts gefehlt hat, als ein Mensch, den sie mit perverser Wollust quälen kann.

*

Gestern geschah mit Klärchen etwas, was die ungeheure Macht der Pollmerschen Hypnose illustriert. Wir waren im Symphoniekonzert, Altstädter Hoftheater, auf unsern Fauteuilplätzen G und H, Reihe Eins. Während der Brucknerschen Sinfonie fing Klärchen plötzlich an zu zittern und zu weinen, je länger, umso bitterlicher. Sie sagte, sie wisse nicht weshalb, aber es sei ihr himmelangst, als ob wir beide sterben müssten. Ich sah sofort, dass das Hypnose war, und zwar die bekannte Pollmersche. Aber die Pollmer befand sich doch in Weimar! Sie durfte nicht näher als 100 Kilometer an Dresden heran. Das hatten wir aus Angst vor einem Attentat zur Bedingung gemacht! War sie etwa trotzdem hier? Wir hatten vor uns nur noch den tiefer liegenden Orchesterplatz. Ich suchte ihn mit den Augen ab. Richtig! Sie war da! Sie saß ganz links da drüben und hielt die Augen starr und hasserfüllt auf Klara gerichtet. Mich konnte ihr Blick nicht treffen, weil mehrere Köpfe anderer Leute dazwischen waren. Klärchen hatte keine Ahnung von ihr. Sie hatte sie gar nicht gesehen, weil sie kurzsichtig ist und die Brille nicht trug. Welch eine Macht dieser Bestie! Unter diesem Einfluss wollte Klärchen nach dem Konzert unbedingt zu ihr hin, um mit ihr zu sprechen. Man sah, dass die Pollmer ihr das mit den Augen suggerierte. Ich litt das aber nicht. Ich dirigierte das ‚Herzle' schnell zur Tür hinaus und verbot das Sprechen auch dann, als die Pollmer uns dann draußen auf der Straße folgte und absichtlich überholte. Was will sie hier? Die alte Angst vor Schwefelsäure, Salzsäure, Gift usw. taucht natürlich sofort von neuem auf! Wahrscheinlich wohnt sie wieder bei Meyers, meinen erbitterten Feinden von Hohenstein-Ernstthal her? Also der alte Klatsch beginnt von neuem! Da sind wir denn doch gezwungen, nachzuschauen!

„ICH LEGE DIE SONDE AN DIE GROSSEN WUNDEN DER GEGENWART"

KARL MAY ANTWORTET AUF DIE ANGRIFFE DER ‚FRANKFURTER ZEITUNG'

Während Karl May auf seiner ersten und einzigen Orientreise gerade Ägypten besuchte, bereitete sich in der Heimat der große Pressesturm vor, der seine letzten Lebensjahrzehnte überschatten sollte. Den Anfang machte ein als liberal bekanntes großes deutsches Blatt, die Frankfurter Zeitung *(ausgerechnet dort wird Ernst Bloch dann etwa dreißig Jahre später energisch für Karl May eintreten). Feuilletonredakteur der* Frankfurter Zeitung *war seit 1889 der gebürtige Breslauer Fedor Mamroth (1851-1907). Mamroth hatte in seiner Heimatstadt Philosophie und ‚schöne Künste' studiert und über den mittelalterlichen englischen Dichter Geoffrey Chaucer und seine* Canterbury Tales *sowie seine Beziehung zu Boccaccios* Decamerone *promoviert. Er war also wohl weder prüde noch heikel, denn Chaucers Texte lassen an erotischer Deutlichkeit und Drastik der Sprache noch weniger zu deuten übrig als die Boccaccios. Vor allem widmete sich Mamroth in seinem Frankfurter Feuilleton der Bühne; seine Schauspielrezensionen wurden gerühmt, seine Vorliebe für Shakespeare war bekannt. Er schrieb nebenher auch selbst Bühnenstücke, deren Ruhm aber ihren Autor keinesfalls überdauerte. Heute kann man ohne Umschweife sagen, dass der Name Fedor Mamroth praktisch nur noch im Zusammenhang mit Karl May weiterlebt – welche Ironie des Schicksals! Mamroth gehörte dabei kaum zu Mays erbittertsten Feinden; seine publizistische Tätigkeit in Sachen May beschränkte sich auf eine Artikelserie, die zwischen dem 3. Juni und dem 7. Juli 1899 im* Morgenblatt *der* Frankfurter Zeitung *publiziert wurde. May erfuhr von der Kampagne der* Frankfurter *erst im Juli 1899; von Palästina aus bestätigte er am 7. August 1899 den Eingang der Glossen, die stets mit ‚m', dem üblichen Kürzel Mamroths, gezeichnet waren. Schon vorher, am 11. Juni 1899, hatte sich Richard Plöhn mit einem Einschreibebrief von Radebeul aus an das Feuilleton der* Frankfurter Zeitung *gewandt.*

Plöhn trat als Freund „des wieder in Ägypten weilenden Autors auf", machte seine Sache aber derart ungeschickt, dass Mamroth diesen Protest „so grob" fand, „wie man ihn billigerweise irgend verlangen kann, und wenn unsere Leser ihn nur halb so amüsant finden wie wir, wird Herr Richard Plöhn seinen Brief nicht vergebens geschrieben haben." So berichtet der Frankfurter Feuilletonredakteur in der Ausgabe vom 17. Juni 1899 seinen Lesern, nicht ohne Plöhns Brief in voller Länge zum Abdruck zu bringen.

Nachdem es dem Freund nicht gelungen war, Mamroth verstummen zu lassen, entwarf May eine eigene Verteidigungsschrift, die er von Jerusalem aus an Plöhn schickte und die dann in drei Folgen am 27., 28. und 29. Dezember 1899 in der Dortmunder Zeitschrift Tremonia *unter dem Namen Richard Plöhn abgedruckt wurde. Diese erste größere Abwehrschrift Mays gegen seine literarischen Gegner weist alle Züge der Aufregung und übertriebener Argumentation auf. May stilisiert sich selbst (freilich unter dem Decknamen des Freundes) zum „frömmsten, gläubigsten Christen" und vergleicht seine Leiden durch die Angriffe Mamroths mit dem Kreuz Christi. Im dritten Teil seiner* Tremonia-*Replik spricht er vom „Schandpfahl", an den er sich geschlagen sieht; auch vom „Marterpfahl" ist die Rede, eine Metapher, die in Mays Verteidigungs- und Streitschriften oft wiederkehrt. Hier findet sich auch der Versuch, seine Werke als ‚Predigten' der Menschen- und Nächstenliebe zu deuten; später wird May darauf bestehen, von Anfang an ‚symbolisch' und belehrend geschrieben zu haben. Zweifellos hat er es in seinem Bemühen übertrieben, den Kritiker Mamroth, der ihm „Unwahrheit" und „unmoralisches" Schreiben vorwarf, zu widerlegen. Wenn er von sich selber schreibt, „ich lege die Sonde an die großen Wunden der Gegenwart; das schmerzt", so wird man allerdings anerkennen müssen, dass auch Mamroth in seiner überspitzten Polemik oft den Finger genau auf Mays Wunden legte.*

Dabei begann die Auseinandersetzung am 3. Juni 1899 eher harmlos mit dem Hinweis auf eine Mitteilung des Bayerischen Courier, *wonach die Schriften Mays aus den Mittelschulen in Bayern verbannt worden seien. In diesem ersten Artikel erkannte Fedor Mamroth durchaus an, dass „Karl May ein Mann von Begabung" sei, nahm aber Anstoß an seinem „bigottem Christentum", was nicht verwundern kann, denn Mamroth war, wenn auch vielleicht kein Atheist, doch ein Freigeist, der mit den christlichen Tönen der Mayschen Schriften nichts anfangen konnte. Weiter warf er May vor, die Länder, über die er schrieb, nicht wirklich betreten zu haben; und besonders kritisiert er die scheinbar autobiografische Skizze* Freuden und Leiden eines Vielgelesenen[1], *über die er zu berichten wusste: „Wir lasen und lachten dann, dass man es drei Gassen weit hörte." Allerdings hatte Mamroth keinerlei Sinn für die verborgene Selbstironie, ja Ausgelassenheit dieses interessanten Textes, der für ihn nur das Dokument einer lügnerischüberspannten Fantasie war. Mamroth warf May vor, einen „Kultus der Unwahrheit" zu betreiben und damit der deutschen Jugend ein schlechtes Beispiel zu geben. Damit übertrieb er zwar, dennoch ist die Old-Shatterhand-Legende, die May besonders in den 1890er-Jahren eifrig propagierte und mit zahllosen bizarren Auftritten vor Publikum untermalte, von psychopathologischen Zügen nicht ganz frei. Mamroth hatte, bei allem Hochmut, der aus seinen Schriften spricht, zweifelsohne einige von den Gefährdungen erkannt, die Mays Schriftstellertum bedrohten.*

Auf der anderen Seite enthalten seine Texte auch vielerlei ungeprüften Unfug. So hatte Mamroth ‚herausgefunden', dass May einer Mitteilung der Pfälzischen Presse *zufolge im Hotel ‚Bürgerbräu' in Tölz als Gast abgestiegen sei (*Frankfurter Zeitung *vom 1. Juli 1899,* Abendblatt). *Da war er einer offensichtlichen Mystifikation, einer Fälschung aufgesessen, was May in seiner zweiten* Tremonia-*Antwort weidlich zu seinen Gunsten ausschlachtete. Auch Mamroths Behauptung, der*

---

[1] Heute in Karl Mays Gesammelte Werke Bd. 79, „Old Shatterhand in der Heimat"

Colorado sei nicht schiffbar und May behaupte in seinen Schriften leider das Gegenteil, ist falsch, zumal der Journalist lediglich einen ungenannten Leser aus Koblenz als Gewährsmann anführen konnte. May replizierte darauf durchaus korrekt in seiner Tremonia-Antwort, Nr. 2. Dennoch wird deutlich, dass er zwar gegen seinen Gegner Mamroth gute Argumente hatte, aber in seiner Unerfahrenheit mit Presseangriffen diesen Kalibers weit über das Ziel hinausschoss und seinem Gegner neue Angriffsflächen bot.

Obwohl Mamroth nach dieser Artikelserie nie wieder gegen May schrieb und bereits 1907 verstarb, als längst neue Gegner wie Rudolf Lebius dem Schriftsteller noch mehr zusetzten, blieb er doch in Mays Erinnerung als einer seiner grimmigsten Feinde. Aus dem kleinen ‚m' des Frankfurter Feuilletons wurde in Band 28 der Gesammelten Reiseerzählungen (Im Reiche des Silbernen Löwen III) *der Fürst der Finsternis, Ahriman Mirza, der ewige Widersacher des Lichtgottes Ormuzd, gleichzeitig auch alle Züge des Luzifer tragend, des gefallenen Engels. Allerdings hatte sich Mays Fantasie hier bereits weit von ihrem Anreger gelöst, denn Ahriman Mirza wird als ein Mann von großer Schönheit beschrieben, der waffenstarrend auftritt. Porträts des realen Fedor Mamroth zeigen dagegen einen mittelgroßen Intellektuellen, dem nichts Furchteinflößendes innewohnt. Eines allerdings hat Mays Fürst Ahriman mit Mamroth gemeinsam: den geistigen Hochmut, die Überheblichkeit, die aus seinen Glossen gegen May deutlich spricht und gegen die jener in der* Tremonia *tapfer und wenigstens mit einigem Erfolg anschrieb.*

KARL MAY UND SEINE GEGNER
ANTWORT AN DIE ‚FRANKFURTER ZEITUNG'
IN DER ‚TREMONIA', DORTMUND
(1899)

Radebeul b. Dresden, Villa Plöhn, d. 20. August 1899.

Hochverehrter Herr Redakteur!
Da ich weiß, dass das von Ihnen geleitete Blatt nicht zu denjenigen gehört, welche die mehr als bloß gehässigen Angriffe nachgedruckt haben, die jetzt während und vielleicht auch wegen der Abwesenheit des Reiseschriftstellers Karl May von sich dazu berufen wähnenden ‚Helden der Feder' gegen den jetzt Verteidigungslosen gerichtet werden, so gestatte ich mir die ganz ergebene Bitte, meine gegenwärtige Zuschrift gütigst in Ihre Spalten aufzunehmen. Herr Karl May weiß zwar nichts davon, dass ich mich an Sie wende, aber ich glaube in seinem Sinne zu handeln und fühle mich als sein persönlicher Freund und als der mit seiner umfassenden Korrespondenz Beauftragte innerlich verpflichtet, mich wenigstens mit der einstweiligen Abwehr zu befassen, bis er unterrichtet und dann im Stande ist, selbst einzugreifen, falls er die Waffen, mit denen man auf ihn loshaut und -sticht, für einer Gegenwehr würdig hält.

„Die Redaktionen sollen die Thronsäle der ‚Königin Presse', die Hochburgen des edlen Journalismus, die Wohnstätten wahrhaft nobler Gesinnung, die Lehrzimmer vornehmer Schreib- und Handlungsweise sein. Sind sie das, lieber Herr?"

Diese Frage richtete May einst in meiner Gegenwart an einen ihn besuchenden Redakteur. Die Antwort klang genau so, wie diejenige des geneigten Lesers am Schluss dieser Darstellung klingen wird!

Es war im Jahre 1891, kurz nachdem Karl May den Verlagsvertrag mit F. E. Fehsenfeld unterzeichnet hatte, als ich ihn fragte, ob er glaube, mit diesen seinen Büchern gute Geschäfte zu machen. Er antwortete:

„Nicht nur gute, sondern ganz außerordentliche. Fehsenfeld hat eine glückliche Nummer gezogen. Das glaube ich nicht nur, sondern ich bin überzeugt davon, denn ich weiß, was und warum ich schreibe, und ich kenne meine Leser. Man gibt mir die Ehre, mich einen Jugendschriftsteller zu nennen; ich bin es nicht und ich bin es doch. Ich schreibe nicht für die Schul-, sondern für die geistige Jugend, für die Herzen, welche nie alt werden, für die Gemüter, welche sich ihre Ideale nicht stehlen lassen, für die frohgemuten Konstitutionen, durch deren Adern ein gesundes Blut von einem kräftigen Puls getrieben wird. An solcher Jugend ist mein liebes Deutschland reich und wird es immer bleiben. Das sichert mir die Zukunft meiner Werke, von denen, wie du ja weißt, der junge westfälische Graf mir kürzlich schrieb: ‚Solange es gesunde Deutsche gibt, wird May gelesen werden.'

Und ich schreibe für die an Liebe Armen und Bedürftigen, für die, welche sich nach innerem Frieden sehnen, für alle die, welche anklopfen, aber keiner tut ihnen auf. Das sind ungezählte Tausende, welche mich jetzt und nach meinem Tode lesen werden. Das klingt freilich, als ob ich eingebildet auf meine Werke sei, als ob ich nach nichtigem Ruhm, nach literarischer Größe strebe. Aber ich bitte dich, dies ja nicht zu denken, lieber Freund. Auf solchen Ruhm und solche Größe verzichte ich ein für alle Mal, und zwar ganz gründlich gern. Warum? Ich will es dir sagen:

Ich hatte eine Großmutter, die konnte so lieb, so lieb von ihrem Herrgott, vom Himmel, von den Engeln, vom Glauben, von der Liebe und der Seligkeit dort über den Sternen sprechen. Ich war ihr Lieblingsenkel und ich habe das von ihr geerbt. Sie ist jetzt droben bei dem, an den sie glaubte, ich aber spreche an ihrer Stelle weiter. Und ich hatte einen Paten, welcher als Wanderbursche weit in der Welt herumgekommen war. Der nahm mich in der Dämmerstunde und an Feiertagen, wenn er nicht arbeitete, gern zwischen seine Knie, um mir und den rundum sitzenden Knaben von seinen Fahrten und Erlebnissen zu berichten. Er war ein kleines, schwächliches Männlein mit weißen Locken, aber in unseren Augen ein gar gewaltiger Erzähler voll übersprudelnder, mit in das Alter hinüber geretteter Jugendlust und Menschenliebe.

Alles, was er berichtete, lebte und wirkte fort in uns; er besaß ein ganz eigenes Geschick, seine Gestalten gerade das sagen zu lassen, was uns gut und heilsam war, und in seine Erlebnisse Szenen zu verflechten, welche so unwiderstehlich belehrend, aneifernd oder warnend auf uns wirkten. Wir lauschten atemlos, und was kein strenger Lehrer, kein strafender Vater bei uns erreichte, das erreichte er so spielend leicht durch die Erzählungen von seiner Wanderschaft. Er hat seine letzte Wanderung schon längst vollendet, ich aber erzähle an seiner Stelle weiter. Nun kennst du meine Absicht, ich will kein Schriftsteller, kein Romancier, kein Novellist, kein Gelehrter, kein Geograf, kein Ethnologe sein, sondern ich will meinen Lesern das sein, was meine Großmutter und mein Pate mir gewesen sind, und wenn es mir gelingt, ihnen dies zu werden, so bin ich mehr als zufrieden, denn ich habe das große Ideal meines Lebens erreicht: Ich gebe ihnen spielend und in Liebe das, was sie sich sonst im Kampf mit der Härte des Lebens mühsam zu erringen hätten.

Ich habe in meinen *Geographischen Predigten* diesen nun endlich erscheinenden Bänden eine erklärende Einleitung vorausgeschickt. Sie enthalten fünf Kapitel: ‚Himmel und Erde‘, ‚Erde und Meer‘, ‚Strom und Straße‘, ‚Stadt und Land‘, ‚Haus und Hof‘, das letzte Kapitel ausklingend in ‚Gotteshaus und Kirchhof‘, von wo aus die Seele zur Heimat zurückkehrt, der sie im ersten Kapitel ‚Himmel und

Erde' entstiegen ist. Diese *Geographischen Predigten* enthalten die ganze vollständig festgestellte Disposition meiner Werke, nach welcher ich ganz genau gearbeitet habe und auch weiter arbeiten werde. Sie enthalten ferner eine ausführliche Erklärung der Gründe, warum ich meine ‚Predigten' in das Gewand der Reiseerzählungen kleide und darum gezwungen bin, auch wirklich Reisen zu unternehmen, und zwar nicht in gewöhnlich touristischer, sondern in einer solchen Weise, dass ich möglichst viel erlebe. Sie geben sodann an, warum ich mich dessen, was die Herren Schriftsteller ‚Stil' nennen, nicht im Mindesten befleißigen werde. Was verstehst du überhaupt unter Stil, lieber Freund? Kannst du mir es sagen? Nein, kein Mensch kann es! Unter Stil versteht man die Scheuleder und Aufsatzzügel des Autorenschimmels. Stil ist die Allerweltssauce, welche man in gewissen Speisehäusern zu allen Fleisch- und Gemüsearten, ebenso zu Rindsfilet und Rebhuhn wie auch zu Kalbsbraten und Ente bekommt.

Stil ist die literarische Schnurrbartbinde, die sorgfältig und mit vieler Mühe eingeplättete Kavalierfalte an der Schriftstellerhose. Es gibt Schriftsteller, welche weder Geist noch Kenntnisse noch sonst etwas haben als nur den Stil. Man besitzt stilvolle Zimmer, wohnt aber nicht darin. Ein Kommis rühmt sich seines guten Stiles, wenn er sich um eine Stelle bewirbt. Ich mag diesen Ruhm nicht, und wenn ein Kritiker oder Redakteur meinen Stil tadelt, so lässt mich das vollständig kalt, weil ich mich ja nie um eine Anstellung bei ihm bewerben werde. Und wagt es etwa jemand, auch nur eine Zeile meines Manuskriptes zu ändern oder gar so genannte Verbesserungen anzubringen, so bekommt er keinen einzigen Buchstaben mehr von mir. Du weißt ja, wie streng sich meine Verleger an diese meine stets allererste Bedingung zu halten haben. Es ist genug, dass ich ihnen die neue, noch gar nicht reife Orthografie gestattete, Korrekturen aber auf keinen Fall; denn jedes meiner Worte ist mein unangreifbares geistiges Eigentum. Andere mögen sich von den Redaktionen um- und ausflicken lassen, ich nicht!

Wie mich mein Pate zwischen seine Knie nahm und ohne Stil und Zaudern zu mir sprach, so will ich es auch mit meinen Lesern halten. Man wird meine Erfolge vielleicht dem Umstand zuschreiben, dass ich in der ersten Person erzähle. Ich schreibe in der dritten wenigstens ebenso erfolgreich. Der Grund ist nur der: Ich schreibe hundert, zweihundert, wenn es drängt, auch dreihundert Seiten ohne alle Pause, ohne zu schlafen und zu essen. Das weißt du ja. Wie es aus dem Herzen kommt, so fliegt es aufs Papier und geht von da wieder zum Herzen. Es ist das eine direkte Sprache von Gemüt zu Gemüt, durch keinen Stil um ihre Ursprünglichkeit, Unmittelbarkeit und Herzlichkeit gebracht. Ich lese keine Manuskripte noch einmal durch; ich ändere kein Wort; ich schicke es fort, wie es aus der Feder kam, und ganz genau so muss es gedruckt werden. Jede redaktionelle Änderung zerschneidet den Faden zwischen mir und dem Leser, und wenn der hochweise Herr ihn auch wieder zusammenknüpft, es entsteht ein Knoten, den ich nicht dulden kann, weil er die direkte Wirkung hemmt und stört. Hierin, aber auch ganz allein hierin, liegt das Geheimnis meiner bisherigen und wahrscheinlich auch späteren Erfolge. Ich künstele und feile nicht, mein Stil ist Natur. Darum wird mich jeder natürlich fühlende und natürlich denkende Leser lieb gewinnen, während die Angehörigen des alternden Federtums und alle anderen sonstigen Pedanten mich zu ihren Antipoden verweisen werden, wohin ich allerdings auch gehöre. Ich weiß, ja ich habe es sogar auch beabsichtigt, dass meine Erzählweise ein ganz neues Literaturgenre bildet.

Auch hierzu ist die Erklärung in meinen *Geographischen Predigten* zu lesen. Man hat mich ob dieser Weise mit Verne verglichen; aber jener süddeutsche Kritiker hat sehr Recht, welcher sagt: ‚May mit Verne zu vergleichen, ist barer Unsinn; sie stehen einander ferner als je zwei andere beliebige Autoren.' Man wird noch ganz andern und noch viel größeren Unsinn über mich schreiben und auch drucken; das weiß ich schon jetzt, denn wer die *Geographischen Predigten* nicht gelesen hat, ist vollständig unfähig, meine Voraussetzungen und Ziele zu kennen, meine Art und Weise zu begreifen, mein Denken und Wollen zu verstehen und ein gerechtes Urteil über meine Werke zu fällen; die Herren von der Kritik haben aber, wie es scheint, nicht die mindeste Notiz von ihnen genommen. May war ein ihnen unbekannter Mann und so befürchte ich, dass ihnen, wenn sie nun Notiz von mir zu nehmen beginnen, alles ebenso unbekannt geblieben sein wird, was sie wissen und kennen müssten, um über den Wert oder Unwert meiner Werke entscheiden zu können. Ich hasse die Kritik keineswegs, nein, ich liebe sie, ich will sie haben, auch über meine Werke, sogar streng, aber gerecht. Ich fordere aber, dass der, welcher mich kritisiert, mich nicht nur gelesen, sondern studiert hat, und zwar von der ersten bis zur letzten meiner Arbeiten, die so organisch zusammenhängen, dass sie nur im Ganzen zu beurteilen sind.

Und da, lieber Freund, weiß ich schon jetzt, was geschehen wird. Ich lege die Sonde an die großen Wunden der Gegenwart; das schmerzt. Ich zeige die Heilung auf dem Wege des Glaubens, der Liebe und des Friedens. Es gibt aber Unzählige, welche diesen Glauben, diese Liebe und diesen Frieden nicht wollen; sie werden über mich herfallen. Das ist die Reaktion, auf welche ich mich freue, auf welche ich mit Sehnsucht hoffe; denn tritt sie nicht ein, so habe ich in die Luft geschrieben und der Wert meiner Werke ist gleich null. Tritt sie aber ein, wenn auch in noch so feindlich gegen mich gerichteter, aber natürlicher und ehrlicher Weise, so werde ich diesen Gegnern mit Freuden Stand halten, denn ich weiß, sie selbst zwar versagen mir ihre Zustimmung, aber ihre Kinder und Enkel werden umso eifriger über meinen Büchern sitzen und dann an ihnen finden, was die Väter nicht gefunden haben, weil sie es absolut nicht finden wollten. Das ist die Reaktion, auf welche ich mich freue, denn sie kommt mir von braven, ehrlichen, gesinnungstüchtigen Gegnern. Leider aber sind noch andere Strömungen zu erwarten, trübe, unlautere Wasser, die aus sumpfigem Boden fließen. Es wird eine Kritik geben, welche meine Werke verurteilt, obgleich und weil sie meine *Geographischen Predigten* nicht kennt. Diese Einleitungsschrift ist zwar vielerorts, auch im Kürschner, ganz deutlich angegeben, aber was kümmert das einen Kritiker, der sich nun einmal fest vorgenommen hat, einen ihm unsympathischen oder unbequem gewordenen Autor an den Marterpfahl zu binden und bei lebendigem Leib abzuschlachten. Ich kenne solche Herren. Diese Art der Kritik überspringt sogar die alleräußerste Schranke literarischen Anstands, indem sie persönlich wird, und wenn sie sich dem Werk ohnmächtig gegenüber sieht, in den Privatverhältnissen des Verfassers nach Wunden sucht, um ihn dann öffentlich verbluten zu lassen. Das ist aber vorzugsweise italienische und französische Gepflogenheit. In den Journalen Seine-Babels[1] kann man solche Kafillerszenen[2] öfter vor sich gehen sehen. Es sind das Scheußlichkeiten, deren unsre deutsche Presse denn doch nicht fähig ist.

Auf diese Art der Kritik, welche meine Werke verurteilt, ohne die Hauptsache für den Kritiker, nämlich ihre Vorbedingungen zu kennen, freue ich mich zwar nicht, aber ich habe auch nicht den mindesten Grund, mich vor ihr zu fürchten. Wo der Grund und Boden fehlt, fällt der Bau von selbst zusammen. Da es ihr unmöglich ist, den Inhalt zu erfassen, wird sie sich höchst wichtig mit den Nebendingen, den Äußerlichkeiten befassen, sie wird den Stil tadeln. Na, diesen Genuss gönne ich ihr sehr gern, wenn sie nur auch selber Stil im Tadel hat. Da sie meine Einleitung nicht kennt, wird sie nicht wissen, in welches Fach und da wieder in welche Büchse die Werke Mays gehören,

[1] Spottname für Paris   [2] Kafiller = Abdecker

Im großen literarischen Krämerladen muss doch Ordnung herrschen, damit, wenn der Bauer Tabak oder der Backfisch Bonbons verlangt, die Kritik in ihrer ‚Bücherschau' nur nach den betreffenden Kästen zu zeigen braucht. Wo nun da hin mit mir? Natürlich ‚Jugendschriftsteller', ‚Indianergeschichten'! Wie falsch, wie grundfalsch! Sie wird ferner tadeln, dass ich mich so oft wiederhole. Ja, wenn ich z. B. einen Menschen täglich sehe und nicht Geist genug besitze, mich mit seinem inneren Leben zu beschäftigen, so werde ich seiner überdrüssig und mag schließlich nichts mehr von ihm wissen. So auch mit meinen Erzählungen, von denen ich so frei bin zu behaupten, dass eine Seele in ihnen wohnt, welche man nur dann lieb gewinnt, wenn man sich Mühe gibt, sie zu beobachten. Ich führe den Leser vorzugsweise in die Prärie, die Savanne, in die Steppe, die Wüste. Es ahnt wohl kaum ein Leser, wie sehr ich mir meine Aufgabe dadurch selbst erschwert habe. Glaube, Liebe, Friede – bei solcher Szenerie, solcher Staffage! Aber grad diese Schwierigkeit hat mir die Arbeit lieb gemacht. Es ist nichts Großes, in der Kirche vom Glauben, im Hospiz von der Nächstenliebe und beim Busenfreund während der Nachmittagszigarre vom Frieden zu sprechen; aber diese Lehre grad da wirken zu lassen, wo ihr der größte Widerstand entgegentritt, das ist gar nicht so leicht, wie man denkt. Man lese meine Nachahmer oder gar die, welche ihre Indianer- und sonstigen Geschichten unter meinem Namen schreiben! Man bedenke auch, was die Prärie, die Steppe, die Wüste in Beziehung auf Tier- und Pflanzenleben bietet. Entweder fast nichts, wie z. B. die Sahel, oder wenig Arten bei allerdings vielen Individuen. Dementsprechend zeigt sich, wie überall, das Menschenleben in seinen Beziehungen und Äußerungen. Sucht der Erzähler da nach Stoff, so findet auch er sehr wenige Arten, aber unzählige Wiederholungen. Man frage tausend Indianer, tausend Beduinen, sie sollen auch verschiedener Stämme sein, nach erzählenswerten Ereignissen aus ihrem Leben; man wird immer wieder dieselben oder doch ganz ähnliche Szenen hören. Soll ich nun etwa einer oberflächlichen Kritik wegen ein Land oder ein Volk ganz anders schildern, als es in Wirklichkeit ist? Soll ich Lebensbeziehungen finden und dorthin tragen, wo sie unmöglich sind? Mit einem anderen Wort: Soll ich unwahr schreiben, weil irgendjemand am Redaktionspult besser und angenehmer unterhalten sein will als ich selbst, wenn ich mich in der Öde oder im Duar befinde? Die Kritik soll mich nicht tadeln, sondern es mir danken, dass ich nicht unwahr schildere, sondern es verschmähe, in der Weise wie meine Nachahmer, welche die Früchte meiner Bäume ernten, Szenen in die Ganz- oder Halbwildnis zu verlegen, welche in eine Dorf- oder gar Salongeschichte gehören! Dabei ist zu bedenken, dass ich aus sehr ernsten Gründen für mich das für andere so außerordentlich ergiebige Motiv der Geschlechtsliebe vollständig ausgeschlossen habe. Nichtkenner faseln zwar davon, dass das Familienleben der Indianer und Beduinen kein inniges sei. Ich sage: wenigstens ebenso innig wie bei uns, tritt aber nicht so an die Öffentlichkeit. Ich habe da freiwillig auf einen wahren Reichtum an Sujets verzichtet, teils aus religiösen, teils aus ethischen Gründen, doch aber auch, wie ich aufrichtig gestehe, um den allerdings höchst schwierigen Beweis zu führen, dass man ein viel und gern gelesener Verfasser werden kann, auch ohne die Untreue, den Ehebruch oder das Thema: sie wollten sich zwar, sollten sich aber nicht kriegen und kriegen sich endlich doch, immer wieder zu variieren. Dieser Beweis ist mir gelungen; der Tadel berührt mich nicht, zumal er der Unkenntnis und der Oberflächlichkeit entspringt. Wenn ich nämlich zugebe, dass die von mir erzählten Begebenheiten rein äußerlich oft Ähnlichkeit miteinander besitzen, ein Mangel an Abwechslung, den man aber nicht mir, sondern dem dortigen Leben anzurechnen hat, wird jeder wohlmeinende und nicht absichtlich übel wollende Leser finden, dass dieser äußere

Mangel durch liebevolles Eingehen auf das innere Leben und dessen Reichhaltigkeit mehr als vollständig ausgeglichen wird. Wer allerdings mit dem Vorsatz, mich literarisch anzurempeln, nur so obenüberhin nach Kampf und Mord und Blut sucht, der wird davon nichts merken, sondern eben anrempeln.

Ferner wird die sonderbare Frage erhoben werden, ob ich das, was ich erzähle, auch wirklich alles und zwar bis zu dem Tüpfelchen auf dem i erlebt habe. Man sollte es zwar nicht für möglich halten, aber es wird doch wohl geschehen, wenn auch gewiss nicht von einem Einzigen von denen, welche meine *Geographischen Predigten* gelesen haben.

Der verständige Leser wird das als eine geistige Pfennigfuchserei bezeichnen, die, wenn man ihr einen ganzen Sack voll verschiedener Geldstücke schenkt, des Goldes und des Silbers gar nicht achtet, aber die Heller und die Paras, 40 auf den Piaster zu 16 Pfennigen, mit peinlicher Genauigkeit nachzählt. Diese guten, so sehr besorgten Seelen verweise ich auf meine Biografie, welche genau zur rechten Zeit bei Fehsenfeld erscheinen wird, der das alleinige Recht des Verlages besitzt.

Diese und wahrscheinlich noch manche andere rein äußere Frage, die ich nicht vorher wissen kann, wird man sozusagen an die Umschläge, die Einbände meiner Bücher richten, die Seele aber, welche ihnen innewohnt, das in ihnen lebende, treibende und entwickelnde Prinzip, welches von dem Leser erkannt und aufgenommen werden soll, um nun auch in ihm zu wirken, danach wird wohl niemand fragen, höchstens wird man sagen, dass es sich für einen Verfasser von Reisebeschreibungen nicht gut schickte, den frommen Mann zu spielen, weil religiöse Bemerkungen an so ungeeigneter Stelle gar nicht passend seien."

II.

In Artikel I habe ich ziemlich genau wiedergegeben, was May damals sagte. Es interessierte mich so, dass ich es möglichst wortgetreu aus dem Gedächtnis niederschrieb, um später zu wissen, ob es in der Weise, wie er gemeint hatte, eingetroffen sei. Jetzt nun hat sich alles erfüllt; die gesunde, ehrliche Reaktion ist da, denn die Gegner des positiven Glaubens gehen sehr kräftig gegen die May-Bände vor; auch die ‚trüben Strömungen' sind da und nur in einem hat er sich leider, leider sehr geirrt, nämlich darin, dass die ‚Kafillerszenen' nur im Seine-Babel zu beobachten seien.

Es war ein Irrtum von ihm, zu meinen, dass die deutsche Presse einer solchen Abschlachtung nicht fähig sei. Und zwar ist er es selbst, den man ‚an den Marterpfahl gebunden' hat. Man höre, wie von den weißen, christlichen und anderen Indsmen verfahren worden ist! May reiste im vorigen Jahre nach Wien, eingeladen vom Grafen J. Beider Geburtstagsfest fällt auf den selben Tag und sollte in dem gräflichen Haus gefeiert werden. Dieser Aufenthalt war nur auf einige Tage berechnet, dehnte sich aber auf fünf Wochen aus. Warum? Seine Leser hielten ihn dort fest, aber leider war dies nicht allein der Fall, sondern eine Krankheit hielt ihn fest, ein in seiner Familie erbliches Hämoridalleiden, kompliziert mit einem Aufbruch einer alten, schlecht vernarbten Wunde. Er kam dem Tode nahe und nur seine Riesennatur, die ihn selbst bei fünf auf einmal genommenen Schlafpulvern wach erhielt, rettete ihn. Der Arzt, ein Jude, hatte noch nie einen solchen Patienten gehabt, der trotz der sichtlich außerordentlichen Schmerzen stets so heiter scherzte und sich nicht von ihm verbinden ließ. May kennt seine Konstitution am besten und lässt keinen Arzt an sich heran; außerdem hatte dieser Herr eine schwere Hand.

Hier nun bot sich ein willkommener Griff zum Packen.

Warum darf der Arzt ihn nicht verbinden? Ah...! Oh...! Hm...! Es wurde das Gerücht verbreitet, May leide an einer schlechten Krankheit. Man denke! Aber das genügte noch nicht. Zwar, er war hoffentlich nun gesellschaftlich tot; aber man musste auch seine Frau umbringen. Darum wurde auch das Nötige gegen seine Frau hinzugefügt. Die Feder sträubt sich, dies zu schreiben, aber zur Kennzeichnung der Mittel, zu denen die Gegner griffen, muss und muss es dennoch geschrieben werden. Hoffte man, beide gesellschaftlich umgebracht zu haben, so genügte das auch noch nicht, denn er schrieb ja fröhlich weiter. Man musste ihn auch geistig umbringen. Dies war ja auch so leicht.

May übte sich damals in der an Schnalzlauten so reichen Namaqua-Sprache und hatte in Gesellschaft einen ihm dabei vorgekommenen heitern Passus zum Besten gegeben. Da es keinen Namaqua gab, mit dem er sprechen konnte, war er gezwungen, mit sich selbst zu sprechen, und zwar laut. Ein bei ihm neu eingezogener Dienstbote vom Lande geht an der Tür der Studierstube vorbei, hört drinnen die so fremd klingenden, mit Zungenschnalzen untermischten Laute, läuft schleunigst zur Herrin und meldet: „Der Herr schreit oben wie verrückt; kommen Sie schnell herauf!" Dieses von ihm selbst herzlich belachte Intermezzo wurde so herumgedreht, dass es folgende Fassung bekam: Die Herrin kommt plötzlich voller Angst in die Küche gerannt und ruft: „Mein Mann schreit oben in seinem Zimmer herum, er ist verrückt geworden!" Hierauf war in den Zeitungen schwarz auf weiß zu lesen, dass May wahnsinnig sei. – Ein Blatt druckte es vom andern ab, ohne es für der Mühe wert zu halten, sich vorher an der einzig richtigen Stelle zu erkundigen. Hunderte von besorgten brieflichen Anfragen seiner Leser gingen bei May ein; er ließ sie lächelnd in den Papierkorb gleiten und sagte nur: „Man soll bald lesen, ob ich verrückt geworden bin!"

Er schrieb gerade an seinem wunderbaren Band *Am Jenseits*, der einen beispiellosen Absatz fand und den seit langer Zeit kräftigsten Schlag in das Gesicht des Unglaubens bedeutet.

Hierauf gab die schon seit Jahren gegen ihn so rührige *Frankfurter Zeitung* die erste Antwort. Schon Weihnachten 1897 hatte sie im Gefühl ihrer Autorität bestimmt, dass ‚Karl May auf den Index gehöre'. Seine Leser lachten damals recht herzlich über den Demokraten, der sich gebärdete, als ob er selbst so fest auf dem heiligen Index sitze, dass nur ihm allein das Recht zustehe, zu bestimmen, wer neben ihm Platz zu nehmen habe. Jetzt nun ereignete sich etwas, was man für eine gegen die *Frankfurter Zeitung* schlecht erfundene Anekdote halten würde, wenn es nicht in ihren eigenen Spalten gestanden hätte. Sie führte nämlich gegen den Verfasser von *Am Jenseits* ein Davidlein ins Feld, dessen Schleuder folgendes Geschoss enthielt: May kann nicht in Amerika gewesen sein, weil er in seinem *Winnetou* behauptet, ein texanischer Fluss, ich weiß nicht, welcher, sei schiffbar, während es doch in Texas keinen schiffbaren Fluss gibt. Auch behauptet er, von einem Ort zum anderen in kürzerer Zeit geritten zu sein, als der Bahnzug braucht, diese Strecke zurückzulegen. Dieses entsetzliche Geschoss wurde also wirklich geschleudert.

Bisher weiß aber niemand, wen es getroffen hat. Ich will verraten, dass ich es aufgefangen habe und jetzt mitleidig wegwerfe. Nämlich wer ist dieser David? Die in Anonymen gegen May so überreiche *Frankfurter Zeitung* nannte ihn ‚ein mehrjähriger Texaner auf dem Hunsrück'. Alle Art von Hochachtung, aber wenn dieser kleine ‚Mehrjährige' keine Erfindung ist, sondern wirklich ganz echt texanisch auf dem Rücken des Hunnen herumkrabbelt, so mag er sich doch beeilen, baldigst sechs Jahre alt zu werden, damit er in die Schule kommt. Dort kann er erfahren, dass es in Texas sogar mehrere schiffbare Flüsse gibt, nicht nur den einen, dessen Topografie May so genau gibt, dass dem unschiffbaren Mehrjährigen nur die einzige Ausrede übrig bleibt, er habe nicht von Texas gesprochen, sondern nur behauptet, dass der Hunsrück nicht schiffbar sei. Er lasse doch einmal nachzählen, wie viele amerikanische Fahrzeuge z. B. während des mexikanischen Krieges in den Rio Grande gekommen sind! Und höchst lustiger Weise kennt er den Namen des Flusses nicht, den er meint! Ebenso wenig gibt er bei seiner Behauptung die Namen der Orte an! Heraus mit ihnen! Aber bitte, ja keine Verwechslung, mein ‚I a in Geografie'! In den Vereinigten Staaten und auch in Texas gibt es bekanntlich eine Menge gleich lautender Ortsnamen. Ein deutscher ‚Einjähriger' würde sich da wohl leicht zurechtfinden, ob aber wohl auch ein texanischer ‚Mehrjähriger', das ist bei seinen bisherigen Leistungen sehr zweifelhaft! Übrigens, da ich in Sachsen wohne, liegt mir ein erklärendes Beispiel aus diesem Lande nahe. Nämlich, wenn ich von Meißen nach Tharandt reite, komme ich dort eher an, als wenn ich die Eisenbahn benutze.

Jetzt bin ich mit dem Hunsrück in Texas fertig und habe nur noch zu fragen: Wer bringt Unwahrheiten, May oder die *Frankfurter Zeitung*? Warum hat der Redakteur das Gewäsch aufgenommen, ohne vorher, wie es seine Pflicht war, im Lexikon nachzuschlagen? Oder hätte er doch nachgeschlagen? Hm! Warum spielt er einen namenlosen Unwissenden gegen einen namhaften deutschen Schriftsteller aus? Was aber sonderbarer als das alles ist: Drei Dutzend Zeitungen drucken ganz wörtlich nach, ohne sich vorher darüber zu unterrichten, ob der Vorwurf begründet ist oder nicht. May soll und muss sich derartigen Waffen aussetzen, der Mehrjährige darf sich hinter seine notorische Unsichtbarkeit verkriechen!

Wen bringt die *Frankfurter Zeitung* dann? Wieder einen Unbekannten! Sie bezeichnet ihn als einen im Rheinland lebenden Sachsen. Ich will anständig gegen diesen Herrn sein und ihm verraten, dass die Redaktion vorläufig seinen Namen nicht nennt, vielleicht auch nicht nennen kann, jedenfalls sage ich der Redaktion, dass eine Buchkritik nicht das Mindeste mit den Privatverhältnissen und gar der Frau des Verfassers zu tun hat, dass die Herabwürdigung seines Schriftstellerrufs einem Autor ganz bedeutenden pekuniären Schaden bereiten kann und dass es in dieser Beziehung Schadenersatzklagen gibt. Dies nur nebenbei zur anderweitigen Warnung. Mein Freund ist nämlich gar nicht der May, welcher für Dittrich und der Ihren kühnen Wildschütz Karl Stülpner geschrieben hat. Wer solche unwahren Behauptungen verbreitet, muss sich die Folgen gefallen lassen.

Wer kommt nun? Ein Berliner Schriftsteller in Lausanne, natürlich auch ungenannt. Man möchte diese Leute doch gar zu gern entdecken, doch geht das nicht, weil sie alle so schlau gewesen sind, nicht daheim zu bleiben. Der Texaner auf dem Hunsrück, der Sachse im Rheinland und der Berliner gar in der Schweiz. Das ist doch höchst beklagenswert! Der letztere Herr flößt mir unendlichen Respekt ein: Er ist ein Mann von ungeheurer geistiger Kürze. Er tut einen Autor, der zirka 40 Bücher geschrieben hat, mit sechseinhalb Zeilen ins Irrenhaus. Bestehen seine schriftstellerischen Leistungen vielleicht aus ebenso vielen Zeilen? Er scheint dabei gern nachzuschreiben, denn sein ‚Psychiater' erinnert allzu sehr an den ‚Wahnsinn' in München und Wien, an welchem nur May nicht litt. So eine Hinrichtung in zweieinhalb Sekunden bringt die *Frankfurter Zeitung* und wird leider von anderen Zeitungen nachgedruckt.

Weiter! Ein Lehrer aus Karlsruhe. Dieser Mann gefällt mir, denn er ist doch wenigstens zu Hause geblieben, von seiner Einsendung ist freilich sehr zu wünschen, dass sie ihm dort treu geblieben wäre. Oder ist auch er in der Fremde? Das Wörtchen ‚aus' lässt das vermuten. Man sieht, wie unbequem für den ehrlichen Mann, der seinen Namen nennt, solche Ano- und Pseudonyme sind. Das, was sie vorbringen, hat ja nicht den mindesten Wert. Keine Käsefrau hätte etwas hineingewickelt; die *Frankfurter Zei-*

tung bringt aber nicht nur das Papier, sondern auch den Käse, aber nur die Namen nicht, und wieder druckt man nach! Und May ist der Überzeugung gewesen, dass die deutsche Presse solcher Kafillerei nicht fähig sei!

Aber noch bin ich nicht fertig, es kommt noch das Ende und das ist unbedingt die Krone des Ganzen.

Trotz all der bisherigen Angriffe lebt May noch, sogar in voller Rüstigkeit. Dieser Mann ist nicht umzubringen! Jetzt ist er gar wieder unterwegs nach Afrika und Asien. Höchst wahrscheinlich bringt er von da eine Fülle von Sujets für neue Bände mit! Diese Fortschreiberei des Verhassten muss unterbleiben! Kein weiteres Werk darf Absatz finden! Aber wie das anfangen? Was da tun? – Wie, wenn er Deutschland gar nicht verlassen hätte, sondern irgendwo steckte? Wenn diese Reise fingiert wäre? Einer solchen Entdeckung wäre ja der großartigste Erfolg sicher.

Man merke wohl: Ich schiebe diesen Gedankengang keinem Menschen unter, ich verdächtige niemand. Ich staune nur darüber, dass das alles so schön zusammenhängt, wie bei einem organisch aufgebauten Bühnenstück, und füge meine eigenen teuflischen Einflüsterungen hinzu: Die Hinrichtung in Wien hatte damals keinen Erfolg, sie werde wiederholt! Er hat seine Reise gar nicht unternommen. Beweis: Er trug sich, während er vorgab, in Afrika zu sein, an einem deutschen Ort in das Fremdenbuch ein. Was für ein Ort? Kommt man auf seine ‚schlechte' Wiener Krankheit zurück, so ist ein Jodbad, wo mit dergleichen deprimierenden Übeln behaftete Personen Heilung suchen, hierfür der geeignete Ort. Die Gegner Mays sind ja an dem, was nun geschieht, vollständig unschuldig, ganz und gar unschuldig. Jedoch wie ähnlich meine Gedanken den Gedanken anderer Leute sind, mögen nachfolgende Ausdrücke zeigen.

„Ich kann Ihnen sagen, dass es in Tölz kühler ist als in Afrika und dass jetzt kein Mensch dorthin geht. Was den Brief aus Nubien betrifft, so hat Frau May ihn einfach in die betreffende Zeitung lanciert. Erst kamen kleine Artikel, dass die Gattin Mays bei einem Kommerzienrat weile; dies waren die Vorbereitungen und dann wurde der Brief eingeschoben..."

Plötzlich berichtete eine Leserin, natürlich auch ungenannt, aus dem Jodbad Tölz, dass Karl May, der nach seinen eigenen Angaben gegenwärtig ‚vom Sudan zu dem ihm befreundeten Araberstamm der Haddedihn reitet', der letzten Kurliste zufolge im Hotel ‚Bürgerbräu' als Kurgast abgestiegen sei. Die liebenswürdige, pflichteifrige *Frankfurter Zeitung* telegrafiert natürlich sofort nach Tölz und erhält folgende Drahtantwort: „Karl May, Fremdenbuch eingetragen, persönlich unbekannt." Sie veröffentlicht das natürlich sofort und fügt in wirklich beneidenswerter breiter Behaglichkeit hinzu: „Sollte der Araberstamm der Haddedihn, mit welchem Karl May befreundet ist, am Ende gar in Oberbayern hausen?"

Ich gestatte mir zu sagen: Die fadenscheinige Dürftigkeit dieses neuen Manövers ist wirklich zum Erbarmen. May gibt vor, in Afrika zu sein, steckt aber in Tölz. Er, der das Einkommen eines Millionärs bezieht, welches er allerdings größtenteils zu wohltätigen Zwecken verwendet, wofür er jetzt mit Wonne abgeschlachtet wird, er kommt nur bis Tölz, er kann nicht einmal über die Grenze, um sich jenseits zu verstecken. Jedenfalls fehlt ihm das Geld dazu. Höchst sonderbar! Er hat doch am 26. März, als er von daheim abreiste, 25.000 Mark Reisegeld mitgenommen, und zwar in *Circular Letters of Credit*, die in jedem größeren Orte Afrikas und Asiens und in Deutschland überall honoriert werden! Wo ist die Summe hin? Es kann ja doch nur die Geldnot sein, die ihn in Tölz angenagelt hat. Ah, Jodbad! Und dieser May, der Verfasser von zirka 40 Büchern, schreibt in Tölz seinen Namen in ein Fremdenbuch, während er alles in Bewegung gesetzt hat, die Welt glauben zu machen, dass er sich in Afrika befinde. Wer ist da wahnsinnig? May, der das tut? Oder, da er

165

es nicht getan hat, der Redakteur, der es in seiner Zeitung bringt? Und da ich nicht der Mann bin, mir einen wahnsinnigen Redakteur denken zu können, so frage ich billig: Wie hat dieser Redakteur und wie haben alle ihn kritiklos nachdruckenden Redakteure gehandelt, als sie über ganz Deutschland und Österreich und so weit die deutsche Zunge klingt, ohne alle vorherige Prüfung verkündeten, dass der gelesenste Schriftsteller der Gegenwart den ungeheuren Schwindel begangen habe, in Tölz zu stecken, während er überall, sogar an Fürstenhöfen, glauben machte, er sei nach dem Sudan gegangen? Es ist das so über alle Maßen beispiellos, dass ich getrost behaupten kann: So lange die Erde steht, hat noch nie die Presse irgendeines Landes in dieser haarsträubenden Weise an einem Schriftsteller gehandelt!

III.

Und dieser so öffentlich an das Kreuz, nein, an den Schandpfahl geschlagene Mann ist der frömmste, gläubigste Christ, der edelste, beste Mensch, den es nur geben kann, der durch seinen edlen, wohltätigen Sinn bekannteste Bürger seines Wohnorts und ein so begeisterter Patriot, dass er mit der größten Überzeugung sagen konnte: „Nein, solcher Kafillereien ist unsere deutsche Presse denn doch nicht fähig!" Die einzige, aber auch allereinzige Erklärung liegt in dem Geständnis des Redakteurs eines gewissen demokratischen Blattes: „Wir beschlossen, ihn auszumerzen!" Nein, mein Herr, ein Karl May wird weder von Ihnen, noch von Ihren Helfershelfern ‚ausgemerzt'. Mag auch die *Frankfurter Zeitung* die Unwahrheiten, welche man gegen ihn veröffentlicht, aus Texas, vom Hunsrück, aus Tölz oder sonst woher zusammenklauben, sie mag ihn vor wie nach in der Mistgabelmanier angreifen, sie mag die Angriffe und ungeheuerlichen Beleidigungen in noch so vielen Dutzenden von Blättern nachdrucken lassen, so wird sie doch nur dies Eine erreichen: Sie handelt, wie noch nie an einem Schriftsteller gehandelt worden ist, aber sie macht auch für ihn eine Reklame, wie er sie sich erfolgreicher gar nicht wünschen könnte! –

Sollte jemand glauben, dass der Streich mit dem Fremdenbuch eine Originalerfindung sei, so ist das ein Irrtum. Es kommt vor, dass May so ganz *en passant* erfährt, dass er in irgendeinem Pfarrhaus, einem Kloster übernachtet habe. So machte z. B. ein gewisser Otto den ganzen Strich von Breslau bis nach Hof in Bayern unter dem Namen ‚Karl May, Schriftsteller' unsicher. Er hatte sich als Buchdruckergehilfe in den Besitz eines abgesetzten Manuskripts gebracht, welches auch ganz unglaublicherweise von allen Buchdruckern und Schriftstellern, die er aufsuchte, als Legitimation anerkannt wurde. Also originell ist diese Tölzer Idee keineswegs, dafür aber ihre Ausführung umso interessanter. Ich will hier zeigen, warum. Es ist dazu nicht die ganze betreffende Seite des Fremdenbuchs nötig; ich gebe also nur die beiden Namen wieder, zwischen denen derjenige meines Freundes steht:

Name	Wohnort	Stand	Datum
Michael Gruber	München	Privatier	23.06.99
Karl May, alias ‚Old Shatterhand'	Oberlößnitz b.Dresden	Allbekannt	31.03.99
v. Heuß-Blößt	München		
Irma v. Heuß-Blößt	München		24.06.99

Ich gestehe, dass die Schrift keine Ähnlichkeit besitzt, dass aber aus ihrem Charakter das Bemühen, sie nachzuahmen, hervorgeht. Die Fälschung ist unbedingt vorher eingeübt worden; es handelt sich also um keinen dummen

Scherz, sondern um ernste Gründe. Es existieren viele Tausende von Briefen und Karten, mit denen mein Freund die an ihn gerichteten beantwortet hat. Es war also für den Betreffenden gar nicht schwer, sich in den Besitz einer Namensunterschrift zu bringen. Aber schon das ‚alias' beweist die Fälschung; May würde sich dieses Wortes nie bedienen. Dann der Wohnort. May wohnt seit vier Jahren nicht mehr in Oberlößnitz, sondern in Radebeul, einem Dresdner Villenvorort. Das hat der Fälscher nicht gewusst; er hat vielleicht das Oberlößnitz einem alten Bande von Kürschers Schriftsteller-Lexikon entnommen, ist vielleicht Fachmann, Journalist.

Ich möchte fast glauben, dass ein Schriftsteller oder Journalist sich den Namen Karl May in die Feder übte, um ihn in Tölz in das Fremdenbuch einzutragen. Beim vorstehenden Namen ist der 23., beim nachstehenden der 24. Juni verzeichnet. Der dazwischen stehende Fälscher hat den 31. März geschrieben, also eine Lüge. Warum? Die Antwort halte ich hier zurück, denn diese ganze Angelegenheit wird Sache des Staatsanwalts werden. Man will doch nicht nur den Täter, sondern auch den intellektuellen Urheber kennen lernen! Es gibt für solche Herren Freibäder, wenn es auch nicht gerade in Jod und Tölz sein muss.

Was nun die angegebenen Daten betrifft, so habe ich Folgendes zu erklären: May reiste in Begleitung seiner und meiner Frau, welche innige Freundinnen sind, über Luzern nach Genua, wo ich über Ala kommend zu ihnen stieß. Wir brachten ihn auf das Schiff, von welchem ich, als er aus dem Hafen dampfte, eine fotografische Aufnahme machte. May hat am Sonntag, den 26. März, früh acht Uhr Dresden verlassen und ist abends acht Uhr in Frankfurt am Main, Hotel ‚Continental', abgestiegen. Mittwoch früh 9.45 Uhr Weiterfahrt nach Freiburg im Breisgau, um seinen Verleger, Herrn Fehsenfeld, aufzusuchen und mit ihm die neuen Auflagen während einer wahrscheinlich mehr als einjährigen Abwesenheit zu besprechen. Freitag, den 31., ab nach Lugano. Da der Fälscher diesen Tag in Tölz eingetragen hat, vermute ich, dass er schon am 30. dort eingetroffen ist, an welchem Tag der Verleger Fehsenfeld dem Schriftsteller May oberhalb Freiburg im Schwarzwald das Areal zeigte, auf dem das Jagdschlösschen stehen wird, welches Herr Fehsenfeld seinem Autor schenkt. Sollte aus diesem Schlösschen ein Schloss werden, so würde das nur der feindlichen Reklame zu verdanken sein. Falls man nach *Frankfurter Zeitungs*-Art diese wahrheitsgemäßen Angaben als Lügen bezeichnen sollte, stehen mir dafür, dass May am 31. nicht in Tölz gewesen, sondern von Freiburg nach Lugano gefahren ist, mehr als genug Zeugen zur Verfügung. Er traf am 2. April in Genua ein, ist am 4. April mit der ‚Preußen' nach Port Said in Ägypten gefahren und am 9. dort angekommen.

Was nun die anderen Daten, nämlich den 23. und 24. Juni betrifft, so ist es mir auch da sehr leicht nachzuweisen, dass mein Freund sich in Afrika und keineswegs in Tölz befunden hat. Übrigens wurde er von zahlreichen Lesern vor seiner Abreise um Ansichtskarten aus Ägypten gebeten. Er hat diese Wünsche mehr als reichlich erfüllt. Es existieren mehr als tausend Karten, welche er bis jetzt an deutsche Leser sandte. Die Besitzer derselben sind natürlich über die Anschuldigungen, welche man gegen ihn schleudert, empört. Und wenn man die Vermutung äußert, wie es tatsächlich geschehen, der Brief Mays aus Nubien sei von der Gattin desselben in die *Pfälzer Zeitung* lanciert, so muss wohl der dies Sagende der Unwahrheit beschuldigt werden, aber nicht May. Möchte sich doch die *Frankfurter Zeitung* genauer informieren über Dinge, die sie veröffentlicht. Die *Frankfurter Zeitung* beschuldigt May des Kultus der Unwahrheit und gebärdet sich außerordentlich besorgt um die Wahrheitsliebe der deutschen Jugend, die durch die Lektüre Mayscher Werke geschädigt werde; was aber sagt und wie handelt sie?

Es ist eine geradezu phänomenale Dreistigkeit, mit welcher die *Frankfurter Zeitung* May Lügen straft. Wie reißt sie ihn in ihrem „Karl May im Urteil der Zeitgenossen" herunter, ohne sich nur die allergeringste Mühe, die Wahrheit festzustellen, gegeben zu haben! Sie selbst, eine Feindin der Wahrheit, wagt es, Karl May eine Lüge nach der andern ins Gesicht zu schleudern. Dabei weiß der Redakteur nicht einmal, was eine Biografie ist, denn er bezeichnet den betreffenden *Hausschatz*-Artikel als solche. May schrieb seine *Freuden und Leiden eines Vielgelesenen* auf mehrmalige Aufforderung des Verlegers und vielseitiges Bitten seiner Leser. Wenn er sich da einen Vielgelesenen nennt, so ist das vollständig richtig, denn auf je einen Leser der *Frankfurter Zeitung* kommen mehr als zweihundert Leser von ihm. Was bildet sich denn eigentlich dieser Herr ein? Er lässt einen ungenannten ‚Mehrjährigen', einen Sachsen am Rhein, auch ungenannt, einen Berliner in der Schweiz und einen Lehrer in Karlsruhe, auch namenlos, ihren Geifer ausspucken, gibt dann seine eigenen unbewiesenen Behauptungen zu ihren Wildschützen und unschiffbaren Flüssen, und man höre und staune – die Summe dieses Blödsinns und seiner böswilligen Behauptungen bezeichnet er, der geistige ‚Riese', als ‚das Urteil der Zeitgenossen'! Es ist ein wahres Glück, dass es außer diesen fünf Koryphäen in Deutschland noch ein halbes Hundert Millionen anderer Zeitgenossen gibt.

Ich sage Ihnen, Herr Redaktions-Generalissimus, dass jedes Wort der *Freuden und Leiden eines Vielgelesenen* die reinste Wahrheit enthält, die allerdings Ihnen unglaublich erscheinen mag.

Warum wiederholen Sie so oft und höhnisch den Ausdruck ‚von Sudan nach Arabien reiten'? Das hat Fehsenfeld geschrieben, nicht May. Warum reiben Sie es dem Unschuldigen immer in den Bart? Wie nennt man das? Und denken Sie etwa, Sie haben ein Recht, über diesen Ausdruck zu lachen? Wenn ich von Hamburg nach der

Schweiz reite und mich an irgendeiner Stelle über die Weser und den Rhein setzen lasse, so bin ich eben von Hamburg nach der Schweiz geritten. Die Stunde auf dem Wasser ändert nichts. Und wenn May von Alt Dougula nach Berber und von da nach Suakin reitet, sich von dort nach Kunfuda über das rote Meer setzen lässt, wie er es sich vorgenommen hat, längs des Dauasir nach Hasa reitet, so ist er eben geritten, verstehen Sie das? Falls Sie aber denken, er kann nicht reiten, so steht ein Brief aus Minieh zur Verfügung, in welchem englische Offiziere sich nach seiner Ankunft freuen und ihm Zelte und Kamele zur Verfügung stellen. Dieser Brief ist echt, wie alle angeführten Briefe echt sind, nicht etwa gefälscht wie die Tölzer Eintragung.

Und dieser Mann, den englische Offiziere einladen und willkommen heißen, wird hier in Deutschland von jemand, der jedenfalls nur seinen Redaktionsschemel reiten kann, so öffentlich verspottet und verlacht! Was hat Ihnen May denn eigentlich getan? Nichts! Mit welchem Recht maßen Sie sich ein Urteil über ihn an? Sind Sie etwa gescheiter, weiser, besser als er? Nein! Tausendmal nein, ich glaube es nicht! Oder etwa, weil Sie Redakteur Ihrer Zeitung sind? Hören Sie, darauf bilden Sie sich ja nichts ein! Eine Zeitung, deren sämtliche Zeitgenossen aus einem ‚Mehrjährigen', einem Sachsen, einem Preußen, einem Karlsruher und Ihnen bestehen, die hat kein Urteil über May und merzt ihn auch nicht aus! Aus was soll er denn eigentlich gemerzt werden? Aus Ihrer Zeitung? Die braucht er nicht und hat sie nie gebraucht. Aus der Schriftstellerei? Er will ja gar kein Schriftsteller sein! Nicht einmal ein Journalist, wie Sie! Dann hören Sie nur noch diese kurzen Worte:

Sie verschmähen es nicht, mit den geografischen Fehlern eines ‚Mehrjährigen' gegen May vorzugehen. Sie werfen ihm den Wildschützen Stülpner an den Kopf, sie schicken ganz und gar ungeprüft und mit sehr bemerkbarer Wonne die Tölzer Fälschung in die Welt hinaus. Sie sagen von dem Artikel meines Freundes, in welchem nicht ein Körnchen Unwahrheit zu finden ist: „Wir lasen und lachten dann, dass man es drei Gassen weit hörte!" Etwa Sie und Ihr ‚Mehrjähriger'? Bitte, wo haben Sie dieses hochanständige Lachen her? Sie machen Karl May in Ihrem Blatt lächerlich, so oft es Ihnen ohne allen Grund beliebt. Sie nennen ihn unwahr; Sie warnen die Jungen und die Alten vor seinen Werken, ja, Sie setzen ihn gar auf den Index, dann versuchen Sie ihn schließlich noch ganz auszumerzen. Und wenn Sie das alles getan haben, so ist er doch noch da und lächelt über Sie, hören Sie, nur Lächeln, kein Gelächter, drei Gassen weit zu hören!

Sie hassen einen Mann, der Ihnen nie etwas getan hat, weil Ihre atheistische Richtung die zu Gott führende Richtung seiner Werke fürchtet. Darum soll er unmöglich gemacht werden, um jeden Preis, selbst um den Preis der Wahrheit und der eigenen Ehre. In dieser Weise wird von Ihnen ohne alles Bedenken die Ehre Ihrer Mitmenschen umgebracht. Darf so ein Mann die hochverantwortliche Stellung eines Redakteurs bekleiden?

Wie war das, was er von den Redaktionen sagte? Wissen Sie es noch? Ist die Ihrige ein Thronsaal der Königin Presse? Eine Hochburg des edlen Journalismus? Eine Wohnstätte wahrhaft nobler Gesinnung? Ein Lehrzimmer vornehmer Schreib- und Handlungsweise??? Und was Ihre Ehre betrifft, so frage ich Sie: Ist es ehrenhaft, die Person eines Schriftstellers seiner Werke wegen abzuwürgen? Ist es ehrenhaft, alles, was er unbefangen und wahrheitsgetreu von seinem Heim, seinem Privatleben, seinen Besuchen, seinen Korrespondenzen erzählt, an den Pranger zu nageln, ohne vorher auch nur einen einzigen Blick in dieses sein Heim getan zu haben? Ist es ehrenhaft, die Ehe eines Autors mit in die Kritik zu ziehen und ihn in den Augen seiner Leser dadurch heruntersetzen zu wollen, dass man sich der Veröffentlichung bedient, er habe eine Handwerkerstochter geheiratet? Notabene, das bezog sich freilich auf den Verfasser des ‚Wildschützen Stülpner‘, ist aber von ganz derselben Beweiskraft für Ihre Handlungsweise. Es gibt sechs Schriftsteller, welche May heißen, und noch mehr, welche unter ‚Karl May‘ schreiben, ohne es zu sein. Mein May aber würde sogar die zerlumpteste Bettlerin heiraten, ohne Sie zu fragen, und alsdann stolz auf das Glück seiner Ehe sein. Ist es ehrenhaft, mit giftigen Spionenblicken dem Privatleben und privaten Handeln eines Menschen nur deshalb nachzuspüren, weil man beschlossen hat, ihn dadurch als Lügner hinzustellen, dass man selbst die Unwahrheit spricht?

Ist es ehrenhaft, einen so kenntnisreichen Geografen (denn dass May das ist, werden selbst seine Feinde zugeben) mit Hilfe der Schuljungenirrtümer ungenannter Personen als Schwindler öffentlich hinzustellen? Ist es ehrenhaft, sobald sich irgendwo nur ein Stäublein gegen ihn zeigt, mit wahrhaft heißhungriger Wollust darüber herzufallen und, ohne zu prüfen, dieses Stäublein zu einer mit Unwahrheiten gefüllten Bombe aufzublasen, die man dann öffentlich platzen lässt? Ist es ehrenhaft…? Doch wozu noch mehr solcher Fragen; es genügt ja eine einzige von ihnen vollständig! Man will ihn ausmerzen, ihn verderben! Man sei ja sehr vorsichtig dabei! Mit dem Besitzer der Villa ‚Shatterhand‘ anzubinden, ist nicht ganz so sehr kinderleicht, wie man sich das denkt, selbst wenn er abwesend ist; er kommt ja zurück! Und ich will ganz im Vertrauen mitteilen: Ich halte noch einige andere Überraschungen bereit. Für dieses Mal aber habe ich die Ehre, Sie so, wie ich Sie jetzt vor mir sehe, in all Ihrer Herrlichkeit und Größe stehen zu lassen!

Diese kleine Auseinandersetzung hatte ich mit dem Redakteur der *Frankfurter Zeitung*, Mamroth, zu pflegen; wenn er sie liest, wird er nicht sehr erbaut sein, und wenn er dennoch ein Gelächter anstimmen sollte, drei Gassen weit zu hören, dann werde ich ihm, im geeigneten Moment, mit einem neuen, aber prompt wirkenden Reduktionsmittel dienen.

Was nun soll ich all den Herren sagen, welche seine Angriffe abgedruckt und veröffentlicht haben, ohne auch nur eine einzige Frage nach der Wahrheit auszusprechen? Man hat sogar das Gute weggelassen und geflissentlich nur das Schlimme gebracht. Wäre ich Redakteur, ich würde niemals in meinem Blatt einen Menschen angreifen, ohne ihn vorher davon benachrichtigt und seine Antwort abgewartet zu haben. Das ist eine so einfache, so selbstverständliche Forderung der Gerechtigkeit. Das hat keiner dieser Herren getan; ich hege aber die Zuversicht, dass nun auch keiner von ihnen unterlässt, im Sinne dieser Gerechtigkeit den Angriffen nun auch hier diese meine Entgegnung folgen zu lassen.

Sie ist leider aus einer nicht mit den schriftstellerischen Verhältnissen vertrauten Feder geflossen und wird manchen Mangel und manche Lücke zeigen. Die Vervollständigung muss ich meinem Freund überlassen, der, sobald er das rote Meer erreicht, all diese Zeitungen vorfinden wird.

*

Und nun zurück zu Ihnen, dem Redakteur, an den ich mich am Beginn dieser Zuschrift gewendet habe. Sie ist beträchtlich länger geworden, als ich beabsichtigte; sie würde aber um das Zehnfache wachsen, wenn ich alles sagen wollte, was ich gegen diese ebenso ungerechten wie rücksichtslosen Angriffe zu sagen habe. Es versteht sich ganz von selbst, dass ich die Verantwortung für jedes meiner Worte ganz allein auf mich nehme; ich habe mich nicht im Geringsten zu fürchten, ganz ebenso wie auch May keinen einzigen seiner Gegner fürchtet.

Bitte, bringen Sie auch diese an Sie gerichteten Zeilen zum Abdruck. Ich wünsche, dass kein Wort weggelassen werde.

Auf solche Schandartikel, wie sie der Redakteur der *Frank-*

furter Zeitung gegen Karl May nur zu dem Zweck veröffentlicht, diesem für die höchsten Güter des Lebens eintretenden Schriftsteller die Eingeweide einzeln aus dem Leib zu reißen (ein starkes Bild, aber ganz bezeichnend), gehört eine kräftige Antwort. Ich denke vielmehr, dass mein ‚Stil' noch viel zu höflich ist; hier passt eigentlich nur ein anderer ‚Stiel'. Empfangen Sie, geehrter Herr, im Voraus meinen verbindlichsten Dank für die Veröffentlichung dieser Zeilen und genehmigen Sie den Ausdruck meiner vorzüglichen Hochachtung.

Richard Plöhn.

„ICH GEHE MEINEN EIGENEN WEG, EINEN WEG, DEN NOCH NIEMAND VOR MIR BESCHRITTEN HAT." KARL MAYS OFFENE BRIEFE AN DEN ‚DRESDNER ANZEIGER'

Im September 1904 erschien Karl Mays Buch Und Friede auf Erden! *bei seinem Verleger Friedrich Ernst Fehsenfeld in Buchform, nachdem ein Großteil des Romans bereits 1901 in dem von Joseph Kürschner herausgegebenen Sammelwerk* China *publiziert worden war. Kürschner wollte ein patriotisches Werk zur Verherrlichung des europäischen Kolonialismus in China. Immerhin hatten deutsche Soldaten in den chinesischen Boxeraufstand im Jahre 1900 eingegriffen. May dagegen lieferte eine nachdenkliche und vielschichtige Erzählung über den Völkerfrieden, was dem Herausgeber gar nicht passte. Er wurde genötigt, den Roman rasch abzuschließen, und erst für die Freiburger Buchausgabe konnte er seine Friedensvision vollenden.*

Die Pressebesprechungen des Jahres 1904 waren höchst unterschiedlich: durchaus positiv, wenn auch mit kritischen Untertönen, im Neuen Wiener Tagblatt *vom 9. Oktober; eher verständnislos in der* Augsburger Postzeitung *vom 18. November, wo besonders an Mays überkonfessioneller Christlichkeit und seiner Toleranz gegenüber allen Weltreligionen Kritik geübt wurde. Völlig abwegig aber war die Besprechung im* Dresdner Anzeiger *Nr. 302 vom 30. Oktober. Die Redaktion hatte die Jugendschriftstellerin Fräulein Marie Elise Silling, Verfasserin so bedeutsamer Werke wie* Lotte *oder* Sie lebt, *gebeten, das Maysche Buch zu rezensieren, weil sie „die bei uns eingehenden Jugendschriften auf ihren Lebenswert hin prüft und bespricht", wie die Redaktion (Prof. Dr. Paul Schumann) später bekannt gab. In der Tat fand Frl. Silling an Mays Friedensbotschaft keinen Gefallen, sie bemängelte den Realitätsgehalt der Landschaftsschilderungen Mays, die „ungebräuchliche Verwendung malaiischer Worte und englischer Personalpronomen" (ohne dass sie eigene Kenntnisse dieser Sprachen nachweisen konnte) und berief sich auf ei-*

nen Freund, der die in Und Friede auf Erden! *geschilderten Länder angeblich genau kannte. Alles war sehr durchsichtig: Dem Redakteur für Kunst und Wissenschaft am* Dresdner Anzeiger, *eben jenem Prof. Dr. Schumann, einem national-konservativen Protestanten, passte Mays gegen den militaristischen Zeitgeist gerichtete Apotheose des Friedens, die ganze Tendenz des Romans nicht, und so kam ihm Sillings an der Sache vorbeigehende Rezension ganz recht.*

Karl May reagierte auf die Silling-Besprechung mit einem offenen Brief vom 5. November 1904, der gleich lautend im Anzeigenteil des Dresdner Journals *sowie in anderen Zeitungen gedruckt wurde. Der* Dresdner Anzeiger *konterte seinerseits mit dem Angriff eines Gymnasiallehrers, der May am 9. November wieder einmal vorwarf, die Jugend, insbesondere die Quartaner, zu verderben. Daraufhin legte May am 12. des Monats einen weiteren, zwar polemischen, aber sachlich und sprachlich geschickt ausgearbeiteten offenen Brief nach. Nun trat wiederum Redakteur Paul Schumann auf den Plan, allerdings nicht sachbezogen, sondern mit einem Großangriff, der genüsslich alles ausbreitete, was die gegnerische Presse unter der Ägide Dr. Hermann Cardauns', des Chefredakteurs der* Kölnischen Volkszeitung, *über May ‚herausgefunden' hatte oder zu wissen glaubte: dass May den Doktortitel zu Unrecht führte, sich in seiner für* Kürschners Literaturkalender *selbst verfassten Vita als katholisch bezeichnet hatte, seine angeblichen universalen Sprachkenntnisse, die Weltreisen. Das alles wurde von Schumann in zwei großen Artikeln des* Dresdner Anzeigers *am 13. und 27. November in ausgesprochen hasserfüllter Weise (wodurch sich seine Attacken von denen Mamroths und auch denen Cardauns deutlich unterscheiden) dargestellt. Auf den ersten Schumann-Beitrag, der sich vor allem gegen die Broschüre wandte, die Max Dittrich, ein früherer Kolportageschriftsteller und späterer Autor von militärhistorischen Werken, zur Verteidigung Mays verfasst hatte* [1], *antwortete Letzterer mit einem dritten offenen Brief vom 18.*

---

[1] Max Dittrich: „Karl May und seine Schriften". Dresden 1904

November in den Dresdner Neuesten Nachrichten *Nr. 317. Nach der zweiten Schumann-Polemik schwieg May, vielleicht um die Auseinandersetzung nicht weiter anzuheizen.*

Mays Briefe in Sachen Silling / Schumann zeigen, dass der Autor inzwischen gelernt hatte, mit Presseanwürfen übelster Art gelassener umzugehen, als das noch bei Mamroth der Fall war. Schumanns Ausfälle gegen May hatten durchaus kulturpolitischen Hintergrund; nachdem die liberale Frankfurter Zeitung *und die der Zentrumspartei nahe stehende* Kölnische Volkszeitung *für die katholische Presse die Jagd auf May eröffnet hatten, wollte der nationalgesinnte Protestant Schumann nicht nachstehen, zumal die Silling-Rezension von* Und Friede auf Erden! *ganz offenkundig sachlich und vom Argumentationsniveau her daneben lag. May hatte denn auch leichtes Spiel, die Behauptungen Sillings in seinem ersten offenen Brief zu widerlegen, zumal er ja wirklich im Oktober 1899 in Point de Galle gewesen war und seine Landschaftsbeschreibungen, was Ägypten und Ceylon anging, auf eigenem Erleben beruhten. In seinem Brief an Schumann ging der angegriffene Schriftsteller nun freilich zu weit, wenn er diesem unterstellte, zusammen mit Cardauns und dem Verlag Münchmeyer-Fischer einen Bund gegen ihn eingegangen zu sein. Freilich waren es die Neuausgaben der Münchmeyer-Romane durch Adalbert Fischer – seit 1900 neuer Besitzer der Münchmeyerschen Verlagsbuchhandlung –, die May in schwere Verlegenheit brachten und Cardauns erst veranlassten, an der moralischen Integrität des Autors öffentlich zu zweifeln, weil er in seinen Augen in den 1880er-Jahren „zweigleisig" geschrieben hatte, „einwandfrei sittlich" in den Reiseerzählungen für den katholischen* Deutschen Hausschatz, *„unsittlich" in den Kolportageromanen. Die überspitzten Angriffe Cardauns veranlassten May, nunmehr in jedem Gegner einen Verbündeten der ‚Schundfabrik' Münchmeyer zu erblicken; daher der gereizte, teilweise übertriebene Ton des dritten offenen Briefs. Mays Antworten an den* Dresdner Anzeiger *belegen aber auch, dass er sich zunehmend verein-*

samt und verlassen fühlte: „Ich gehe meinen eigenen Weg, einen Weg, den noch niemand vor mir beschritten hat. Er ist einsam, und ich mute keinem Menschen zu, mir zu folgen".

Im Verlauf der weiteren Auseinandersetzungen mit der Presse und literarischen wie persönlichen Gegnern sollte dieses Gefühl der Verlassenheit noch zunehmen.

AN DEN ‚DRESDNER ANZEIGER'
(1904)

Man rühmt sich von gewisser Seite, die so genannte ‚May-Frage' wieder in Fluss gebracht zu haben. Ich freue mich, dass dem so ist, und werde mich wohl hüten, mich dieser Bewegung hindernd in den Weg zu stellen. Sie ist im höchsten Grade berechtigt und wird, wenn nicht ich selbst sie störe, ganz unbedingt zum guten Ende führen.

Wer gegen mich und meine Werke schreibt, kann ziemlich sicher sein, dass ich ihm nicht antworten werde. Ich beanspruche nämlich wie jeder andere das Recht, mir unter meinen Gegnern denjenigen wählen zu dürfen, den ich für meiner Sache würdig halte, und bis der kommt, scheint es noch gute Wege zu haben. Am allerwenigsten aber werde ich mich mit Personen herumbalgen, welche mir, wie ich jedermann und jederzeit nachweisen kann, für 3.000, 6.000 respektive 10.000 Mark die ‚Unterstützung' ihrer Zeitungen anbieten und sodann, nachdem sie von mir abgewiesen worden sind, ihrem Ärger in ganz denselben Zeitungen alle Zügel schießen lassen.

Etwas anderes ist es, wenn ein Blatt vom Ruf des *Dresdner Anzeigers* mir die Ehre erweist, mich in seinen Spalten besprechen zu lassen, denn da darf ich wohl hoffen, auf einen Kritiker, wie ich ihn mir wünsche, zu treffen, einen gerechten, gesunden, offenen und ehrlichen Mann, der keine Schonung gibt, aber dann von meiner Seite auch keine Schonung erwartet. Auf einen solchen Gegner freute ich mich, als ich gestern Abend, von einer Reise heimkehrend, erfuhr, dass am vergangenen Sonntag der *Anzeiger*, einen ziemlich langen, aber nicht freundlichen Aufsatz über mich gebracht habe. Ich las ihn sofort durch – – – wie schade! Ich sah dann nach dem Namen – – – ja, richtig: eine Dame! Sie spricht zwar von einem Freund, der die von mir „bereisten Länder genau zu kennen glaubt", hat aber leider nicht die Güte, den Namen dieser ihrer männlichen Quelle zu veröffentlichen. Ich gestehe aufrichtig, dass ich enttäuscht war, sehr enttäuscht! M. Silling ist ein rund sechzig Jahre altes, unverheiratetes Fräulein aus Stettin, und so bin ich, anstatt mich mit einem geistig muskulösen widerstandsfähigen Opponenten messen zu können, gezwungen, mich anständigerweise genau nach Wilhelm Busch zu verhalten, nämlich: „Im Gesichte Seelenruhe, an den Füßen milde Schuhe!" Höchst wahrscheinlich ist es schon zu viel, wenn ich mir folgende Kleinigkeiten erlaube:

Mein Buch wurde mit der Broschüre Max Dittrichs zusammen gegeben, weil die Letztere sagt, wie man das Erstere zu lesen hat, wenn es richtig verstanden werden soll. Indem Fräulein Silling diese Broschüre nur mit den Worten „Dankbarkeit verpflichtet" abtut, hat sie einfach darauf verzichtet, zur Beurteilung meines Buches berechtigt zu sein. Und sie schreibt auch wirklich nur ganz gewöhnliches Blech; es ist kein einziger Buchstabe von besserem Metall dabei. In einer über 160 Zeilen langen ‚Kritik' (!) nichts weiter als nur Tadel, kein einziges unfeindliches Wort, das ist so echt weiblich, so ganz und gar unvorsichtig, die gebundene Marschroute verratend. Es ist psychologisch geradezu köstlich, dass diese unbesonnene, gedankenlose Weiblichkeit glaubt, mir ihren unverstandenen Goethe um die Ohren schlagen zu können, und dabei gar nicht ahnt, dass sie hierdurch ihren Tadel in Lob verwandelt hat. Mit falschen Zitaten zu geistreicheln, um geistreich zu erscheinen, kann leicht blamabel werden.

Ebenso ungeschickt ist das ganz verkehrte Suchen nach der Zeit, die ich auf Seite 658 in korrektester Weise angebe: „Meine Brüder, es gibt – – – Krieg!" Fräulein Silling aber muss sich von meinem arabischen Diener etwas vorschwimmen lassen, um zu erfahren, wie viel die Glocke geschlagen hat. Dann wird nach alt gewordener Backfischart ganz skrupellos drauflos gefälscht, gefräuleint, die Reede von Point de Galle sei verödet. Ich aber habe von dem

Hafen gesprochen, in welchem jährlich ca. 500 große Dampfer verkehren, die allen seefahrenden Nationen angehören. Auch wird den Lesern des *Anzeigers* weisgemacht, dass ich einen Dysenteriekranken „aus der niedern Gegend des Crag-Hotels in das Gebirge" geschickt habe; ich aber sage auf Seite 210 ganz deutlich, dass er nicht dort, sondern in meinem Hotel an der Küste gewohnt hatte. Und wenn Fräulein Silling sich für malayisch so hochgebildet hält, dass sie sich erlauben darf, mir sprachliche Schnitzer vorzuwerfen, so möchte sie damit doch warten, bis einmal ein Malaye aus Schreck über diese ihre Kenntnisse Feuer schreit. Bei den Bewohnern des Barissangebirges, um die es sich hier handelt, bedeutet ‚Panas' nicht etwa nur warm, sondern auch heiß, Hitze, Brand, Glut, Feuerglut usw., wie der ‚Freund', wenn er wirklich dort gewesen ist und diese Sprache kennt, doch sicherlich wissen muss.

In dieser Weise wird weiter fortgewurstelt. Der ‚Freund' ist mir in allem über. Meine Gestalten sind erlogen, meine Sittenschilderungen falsch. Ich weiß nicht einmal, zu welcher Tageszeit die weiße Jacke zur schwarzen Hose passt, ganz unerhört! Und nun gar mein Englisch! Da bin ich doch der reine Botokude[1]! Aber auch diese Seite 270 klingt in meinem Buch ganz anders, als von Fräulein Silling angegeben wird, und wenn ich an anderer Stelle das ‚thou' dem ‚you' einmal gegenübersetze, so geschieht es in einer höchst wichtigen, psychologischen Absicht, für welche Fräulein Silling kein Verständnis besitzen kann. Psychologische Rätsel durch verbotene persönliche Fürwörter zu beleuchten, das sind ja böhmische Dörfer! Wenn ich in meinen Erzählungen, um das Verhältnis zwischen Geist und Seele deutlich zu machen, das Innere des Menschen in mehrere befreundete oder gar verwandte Personen spalte, so habe ich allein, nicht aber diese Dame, die Anrede zu bestimmen, welche diesem Vergleich angemessen ist.

Und hier bin ich bei dem Punkt angelangt, bei welchem

---

[1] Brasilianischer Indianer, hier negativ im Sinne von ‚Wilder' gemeint

gewissen Leuten der Verstand stehen zu bleiben pflegt. Dass dies auch bei Fräulein Silling geschehen ist, kann mich nicht wundern, nachdem ich gelesen habe, mit welcher majestätischen Handbewegung sie die plebejische Broschüre Max Dittrichs von sich abgewiesen hat. In diesem Büchlein steht sehr deutlich zu lesen, dass man in meinen Büchern auf jene Stelle zu achten habe, von welcher an nur noch „innere Ereignisse Geltung haben". Da aber diese Dame während ihres ganzen Aufsatzes nur auf Äußerlichkeiten trumpft und von der ‚Seele' eines Buches nicht die geringste Ahnung zu haben scheint, so wird es am besten sein, hierüber wohl zu schweigen. Sie ahnt ja nicht einmal, was heute jeder Schulknabe weiß, nämlich, dass ich mit meinem so viel angefeindeten ‚Ich' etwas ganz anderes meine, als man von gewisser Seite den Lesern glauben machen will. Ihr scheint es vollständig unbekannt zu sein, wie sehr ich in diesen Büchern grad mich und meine persönlichen Fehler aufrichtig bekenne und geißele und dass sie sich selbst geradezu als Ignorantin schildert, wenn sie von meiner Ruhmsucht usw. fantasiert! Ein jeder, der da weiß, wen ich in meinen Büchern mit Karl May, mit Old Shatterhand, mit Kara Ben Nemsi, mit Hadschi Halef Omar usw. eigentlich meine, ist überzeugt, dass mir meine sogenannte ‚Berühmtheit' nur Qual bereitet und dass ich den mir angedichteten ‚Heiligenschein' der fantasievollen Dichterin von Herzen gern überlasse; mir gehört er nicht!

Auf die Behauptung, dass ich alle gegen mich erhobenen Anschuldigungen durch Freunde, die mir verpflichtet sind, scheinbar widerlegen lasse, würde ich ganz anders antworten, wenn sie nicht aus weiblichem Mund käme. Diese Dame beweise mir einen einzigen Fall! Es ist bisher nur zweimal von freundlicher Seite über mich geschrieben worden und beide Male hat es erst monatelangen Kampf gegeben, bevor ich mich dem ganz überflüssigen Wunsch, mir helfen zu wollen, fügte. Meine Feinde sind keineswegs solche Riesen und Giganten, wie sie denken; ich werde schon allein mit ihnen fertig, selbst wenn sie sich als anonyme ‚Freunde' hinter alte Fräuleins stecken.

Darum heraus mit ihnen! Ich fordere Fräulein Marie Silling hiermit öffentlich auf, binnen heute und einer Woche zu mir heraus nach Radebeul zu kommen und ihren ‚Freund' mitzubringen. Da werde ich ihnen Rede und Antwort stehen, so weit und viel sie wollen. Ich werde beweisen, dass alles, was diese Dame über mich behauptet hat, der Wahrheit ganz entbehrt. Aber ich werde auch von ihnen beiden die Beweise fordern, dass sie in jeder Beziehung so hoch über mir stehen, wie ich von Leuten verlangen kann und verlangen muss, die sich für berechtigt halten, mich öffentlich zu vernichten! Ich betone, dass ich persönliche Aussprache fordere, und werde das Resultat derselben sofort an dieser Stelle hier veröffentlichen. Kommen sie nicht zu mir, so bin ich mit ihnen fertig. Auf weitere gedruckte Anzapfungen würde ich nur schweigen!

Und die Herren vom *Dresdner Anzeiger* bitte ich, Folgendes zu bedenken:

Sie sind berechtigt, über meine Werke zu kritisieren, ja; aber wenn es geschieht, dann unbedingt von einer Kraft, welche dieser Arbeit vollständig gewachsen ist und den hierzu nötigen Ernst besitzt. Sie nehmen eine geachtete, eine hohe Stelle in der Presse Sachsens, in der Presse Deutschlands ein. Ist es dieser Stellung und dieser Achtung entsprechend, wenn sie einen Autor, den einige Millionen Deutsche lesen, in der Weise behandeln lassen, wie es am Sonntag in Ihrem Blatt geschah? Verfahren Sie gegen meine Werke so streng, als es Ihnen beliebt, aber Persönlichkeiten und altjüngferliche Bliemchenkaffeewitze muss ich mir verbitten. Übrigens wohne ich nicht auf dem Mond, und wenn eine anständige Dresdner Zeitung die Absicht hat, über einen Radebeuler Schriftsteller zu schreiben, so sind nur einige Kilometer zu überwinden, um ein Verständnis zu erzielen, welches der Redaktion mehr Anerkennung bringt als die Behandlung aus der zwar wohl bequemeren, aber höchst verdächtigen Ferne.

Ich möchte nicht glauben, dass Sie nicht begreifen, was ich schreibe. Sollte ich mich aber hierin irren – Hunderttausende haben mich längst begriffen –, so bin ich jederzeit und sehr gern bereit, Ihnen die zwar vorhandenen, aber nur scheinbaren Rätsel zu lösen.

Ich gehe meinen eigenen Weg, einen Weg, den noch niemand vor mir beschritten hat. Er ist einsam und ich mute keinem Menschen zu, mir zu folgen. So verlange man auch nicht von mir, hinter anderen herzulaufen. Ich störe und beleidige keinen; man lasse auch mich in Ruhe! – – –

Radebeul, den 5. November 1904.

May.

*

Noch einmal: an den *Anzeiger*.

Um mein Wort zu halten, habe ich heute und hier zu konstatieren, dass Fräulein Marie Silling und ihr geheimnisvoller ‚Freund' es vorgezogen haben, sich weder persönlich noch brieflich bei mir einzustellen, um zu beweisen, dass sie berechtigt und befähigt sind, sich eine Kritik meines Buches *Und Friede auf Erden* zuzutrauen. Damit ist meine Entgegnung als wohlbegründet und richtig anerkannt.

Ich wäre mit dieser Angelegenheit nun also eigentlich fertig, zumal ich erklärt habe, dass ich auf weitere Anzapfungen nur schweigen würde; aber der *Dresdner Anzeiger* bringt einen weiteren Artikel, über den er meinen Namen setzt, und da es sich hierbei nicht um eine ‚neue Anzapfung', sondern um einen ‚alten, stehen gebliebenen Bierrest' handelt, so gestatte ich mir, diesen Bodensatz endlich einmal dahin zu schütten, wohin er gehört – – – in die Gosse.

Die Überschrift lautet: „Karl May. (Was unsere Quartaner lesen.) Von einem Gymnasiallehrer." Warum verschweigt auch dieser Herr seinen Namen? Ist dieser etwa so sehr berühmt oder so wenig berühmt, dass man ihn ganz besonders in Acht zu nehmen hat? Als Namenloser kann man nicht einmal wegen Beleidigung verklagen, wenn irgendeiner kommt und irrtümlich liest: „Karl May. (Was unsere anonymen Gymnasiallehrer lesen.) Von einem Quartaner!" Am Schluss des Artikels wird gesagt, dass er aus Otto Lyons Zeitschrift für den deutschen Unterricht abgedruckt worden sei.

Es wäre interessant, zu wissen, ob er dort auch die Überschrift „Karl May" gehabt hat. Wenn nicht, so hätte ich anzunehmen, dass es dem Anzeiger jetzt wieder nicht um ernste Sachlichkeit zu tun sei, sondern nur darum, mich abermals persönlich zu blamieren. Für diesen Fall behalte ich mir weiteres vor. Ich habe bisher dem Volumen nach ca. 50 Bände geschrieben. Durch alle diese Bände ziehen sich, um nur das hierher Gehörige zu erwähnen, unzählige Beispiele, durch welche ich zu beweisen suche, dass der Mensch auf keinem anderen Weg vorwärts kommen und glücklich werden könne als durch Gehorsam gegen Eltern und Lehrer, Achtung vor dem Gesetz und der Obrigkeit, strenge Erfüllung aller seiner Pflichten und hilfsbereite Liebe für jeden, der ihrer bedarf. Das haben Hunderttausende gelesen, sie lesen es noch heute und werden es noch weiter lesen. Wie käme ich dazu, hierfür in der Weise behandelt zu werden, wie es das Amtsblatt derjenigen königlichen und städtischen Behörden tut, die ganz gewiss nicht anstehen werden, mich in diesem meinem wohl gemeinten Streben zu unterstützen? Aber sehen wir uns diese Blamage einmal näher an; vielleicht habe ich mich geirrt.

Der Herr „Gymnasiallehrer" behauptet, dass die Kritik mich bereits gerichtet und mir jedes künstlerische Können und Wollen abgesprochen habe! Sonderbar! Man versichert mir oft das Gegenteil, nämlich, dass die Kritik nur sich selbst gerichtet habe, indem erwiesen sei, dass ihr sogar das künstlerische Verständnis für mein *Und Friede auf Erden* fehlt. Und was ganz im Besonderen die Kunsterhabenheit des anonymen Herrn „Gymnasiallehrers" betrifft, so empört er sich über die „Vollkommenheit und Makellosigkeit" meiner Helden, die überhaupt „keine Menschen mehr sind". Er kennt somit nicht einmal den ersten und einfachsten Lehrsatz aller Kunst, nämlich, dass der Künstler das ungeschmälerte Recht besitzt, nur diejenigen Eigenschaften seines Helden darzustellen, durch welche er den ihm vorschwebenden Zweck erreicht. Die ‚Kunst' dieses Herrn geht also darauf aus, die Ideale, an denen die Jugend sich erfreuen und erheben soll, ihrer erziehlichen Vorzüge zu entkleiden und sie in ganz gewöhnliche, fehlerhafte Geschöpfe zu verwandeln, vor denen man sich seiner Gebrechen ganz und gar nicht zu schämen, sie also auch nicht abzulegen braucht! Wenn es so weit mit uns gekommen ist, dass ein deutscher Lehrer und Erzieher es wagen darf, sich öffentlich zu so einer schmutzigen Kunst zu bekennen, und gar noch sich für berechtigt hält, der Jugend ihre Lektüre vorzuschreiben, dann wehe unserm Volk und unserm Vaterland, denn alles, was uns begeistert und beglückt, steht in Gefahr, in dieser Afterkunst mit Gewalt erstickt zu werden, sogar die Religion!

Von dem Augenblick, an welchem sich dieser Herr Anonymus durch sein Kunstbekenntnis selbst entlarvte, gehört er wenigstens in meinen Augen nicht mehr zu denen, die über das Thema Jugend- und Volkserziehung anzuhören sind, zumal er in seinem Urteil so weit geht, den alten abgestandenen Bierrest, den ich auszuschütten habe, als einen „prächtigen Essay" zu bezeichnen. Dass er durch seine Ausdrucksweise erraten zu lassen sucht, ich sei extra nach München gereist, um durch eine Annonce meine „Bewunderer" zusammenzutrommeln, ist ein sehr beliebter Kniff meiner Herren Gegner. Wenn wirklich etwas

Derartiges veröffentlicht wurde, so geschah es ohne mein Wissen und ganz unbedingt gegen meinen Willen.

Wer den Titel „Karl May" von E. Weber (Zur Jugendschriftenfrage) liest, der denkt gewiss an einen alten erfahrenen Erzieher, der während eines langen Lebens und Wirkens für die Jugend genug Objektivität und Selbstbeherrschung gesammelt hat, sich über diesen so wichtigen Stoff in gerechter, unparteiischer Weise zu äußern. Aber wem hierauf gleich zugemutet wird, mir und einem wirklichen Offizier Leichtfertigkeiten wie die dann erzählten zuzutrauen, der wird sich diesen Herrn E. Weber wohl erst einmal ansehen, ehe er ihm den Gefallen tut, ihn für eine Koryphäe der Glaubwürdigkeit zu halten. Und in der Tat, wenn ich sage, dass dieser Herr soeben erst Student in Jena ist und das erzählte Gespräch vor zirka sieben bis acht Jahren stattgefunden haben soll, so brauche ich wohl nicht in Abrede zu stellen, dass er sich die damalige üble Behandlung meinerseits, die er mir heute noch nachzutragen scheint, nur allein durch seine große geistige Reife und wunderbare Urteilsschärfe zugezogen hat.

Diesen Gründen ist es wohl auch zuzuschreiben, dass er einem damals, allerdings aber doch in ganz anderer Weise stattgehabten Gespräch dann später eine Bearbeitung gegeben hat, die seinen Zwecken entsprechender ist als das Original, welches er um seiner selbst und ebenso auch um des angeblichen Offiziers willen gar nicht erzählen dürfte. Jeder Sachverständige weiß, dass ein so vielschüssiges Gewehr kein Magazingewehr, sondern nur ein Paternosterlader sein kann. Der angebliche Offizier war also in Wirklichkeit kein Offizier, sonst müsste er noch heute über die ihm gewordene Abfuhr erröten, sondern höchstens ein Berichterstatter mit einem Honorar von zehn Pfennigen die Zeile. Und welch ein bedeutender Teil dieser Abfuhr für Herrn Weber selbst bestimmt war, das scheint er sogar heute noch nicht zu wissen. Die Anrempelung des Kaisers: „Majestät, wir wollen einmal miteinander schießen", geht so hoch über jede irdische Möglichkeit hinaus, dass sie am besten gar nicht erfunden worden wäre!

Hierauf erfährt man, dass wieder einmal ein Schüler meinetwegen seinen Eltern entlaufen sei. Donner und Doria, das ist nun wohl schon der fünfhundertste! Nämlich weil bereits gegen fünfhundert Zeitungen ganz dasselbe gebracht haben. In Wirklichkeit aber ist es immer nur dieser eine und der ist nicht etwa meiner Bücher wegen durchgebrannt, sondern der anderen Bücher wegen, die sich die gesunde Jugend z. B. nicht von dem Herrn Studenten Weber oder anonymen Gymnasiallehrern aufzwingen lassen will. Wenn diese Herren gleich in den nächsten Zeilen von einem strammen Jungen die Fähigkeit verlangen, „ein Kunstwerk ruhig zu genießen", so wird wohl jeder verständige Vater und jede vernünftige Mutter nun wissen, was unter solchen Kunstwerken zu verstehen ist: literarische Zwangsjacken, und der ‚Genuss' ist – – – Qual!

Dass ich von den Rektoraten der bayrischen Mittelschulen auf den Index gesetzt worden sei, ist Übertreibung. Ja, einige dieser Herren verlangen von ihren Schülern, nicht Karl May zu lesen, sondern das ‚Gebetbüchlein für fromme Studenten' oder den ‚guten Sepp, der seinen Lehrern immer Freude macht', aber umso fröhlicher treten die anderen für mich ein, und ich könnte wohl manches Hundert bekannter Namen von Pfarrern, Lehrern und Erziehern vorzeigen, die sich in ihren Jugendschriften warm zu meinen Büchern bekennen.

So schreibt mir ein in Dresden wohnender Pastor über mein Buch *Und Friede auf Erden*:

„In unseren Kirchen und Schulen, in unseren Rathäusern und Gerichtssälen, in unseren Vereinen für äußere und innere Mission, in unseren pastoralen und synodalen Konferenzen, in der Familie wie im Volkleben und Volksverkehr, kurz überall, wo, wie der Dichter sagt, ‚der Menschheit Würde in unsere Hand gegeben' ist, überall sollte diese ‚Shen' das Szepter schwingen; dann wäre das

Rätsel der Völkerbeglückung mit einem Schlage gelöst, dann wäre – – – Friede auf Erden!"

Ein anderer Pfarrer schreibt vor zirka zwei Wochen:

„Seien Sie versichert, dass Sie in meinen Augen trotz aller Stürme gegen ‚May und Maykäfer' nichts verloren haben und dass ich die gleiche Hochachtung vor Ihren Werken habe wie vor der Zeit, als man Sie noch ohne Widerspruch achtete und verehrte. Seien Sie auch versichert, dass ich Ihrer täglich im Gebet gedenke, dass Gott Ihre Bemühungen segne! Mehr kann ich Ihnen nicht geben!"

Und ein weit bekannter Leipziger Pfarrer schreibt vor kurzem:

„Ich möchte mich anheischig machen, der beste Kenner Ihrer Schriften zu sein. Sie werden fragen, was der Zauber war? Vor allem der reine fromme Sinn, der mir immer wie ein Blick in eine helle, sonnenbeglänzte Landschaft war oder wie in den klaren Sternenhimmel, wenn das Auge sich müde gesehen hatte an der Verirrung und dem Schmutz der Welt. So etwas Reines hat keiner von denen geschrieben, die so wie Sie in das bewegte Menschenleben hineinführen. Und der andere Grund: das Taten- und Abenteuerreiche Ihrer Bücher, das den Geist in eine bunte Welt führt, woran er sich ergötzt und erfrischt. Grad wenn wir so viel mit der starren, bleiernen Prosa des Lebens zu tun haben, liebe ich es, in einen Feenwagen zu steigen, der doch so viel Wirklichkeit in sich birgt. Kurz, mein Dank ist ein tiefer, weil nicht auf flüchtigem Leserausch beruhender, sondern hervorgegangen aus jahrelangem Lesen Ihrer Bücher in einsamen Nachtstunden nach des Tages Last und Hitze.

Die Schutzschrift von Dittrich war mir in dem Passus, der von den Kolportageromanen handelt, am wichtigsten. Hier liegt meines Erachtens der brennende Punkt, hier der Beruf, den Ihnen Gott gegeben hat. Da hält man überall Reden über die Volksverderbnis durch die Schund- und Schauerromane. Jetzt wieder in Regensburg haben die frommen Zentrums-Herren ihre pathetischen Klagen hören lassen. Aber kein Mensch weiß Rettung. Die einzige Rettung wäre, eben solche Schriften, die das Volk verschlingt, selbst zu schreiben, aber von gutem sittlichen Inhalt. Aber es lebt meines Wissens kein Einziger, der das versteht, als Karl May. Und diesen Einzigen haben sie in den Kot getreten, haben ihn dem Volk verekelt, haben das Anathema[1] über seine Schriften ausgesprochen. Warum? Die Gründe sind mir noch nicht klar. Aber es gibt keine Gründe, dem Volk seinen besten Schriftsteller zu nehmen. Ich halte die Mayhetze für ein Verbrechen an der Seele des deutschen Volkes; das sage ich Ihnen ganz offen!"

Wenn ich diese Stimmen dreier erfahrener, hoch ehrwürdiger, geistlicher Herren bringe, so geschieht das keineswegs um niedriger Reklame, sondern nur um meiner Dresdner Leser willen, denen ich hiermit zeigen möchte, dass ich keineswegs so verlassen bin, wie meine Gegner glauben machen wollen. Wenn irgendein Student sich bemüht, mir durch Verdrehung eines alten Gesprächs eine ihm widerfahrene Abfuhr heimzuzahlen, oder wenn irgendeine Ostseejungfrau glaubt, Karl May aus der Welt schaffen und der deutschen Literatur dann durch ihre Kieler Sprotten und Stettiner Flundern aufhelfen zu können, so sind dies keineswegs so gigantische Kräfte, dass ich mich fürchten und verstecken müsste. Man vergegenwärtige sich doch die fürchterlichen Heerscharen, die gegen mich zum Kampf beordert wurden: Voran die zarte Weiblichkeit, nicht mehr ganz im Flügelkleid, die Blechtrompete blasend. Hinter ihr ein dreiviertel unsichtbarer Malaye, der ganz gewiss wusste, dass ‚Api' Feuer heißt, und dann vollends verschwand. Hierauf Herr Student Weber in Jena, den ich den dortigen lieben Ziegenhainern sehr warm empfehle, und endlich gar eine Anonymität, welche dieses Studenten „Prächtigkeit" bewundert und an trüben Winternachmittagen das Vergnügen hat, sich vertretungsweise mit der Quarta zu beschäftigen! Ist es da ein Wunder, dass mir

---

[1] Kirchenbann

hierüber die Augen aufgehen und dass ich nun endlich begreife, was die Herren vom *Anzeiger* eigentlich wollen?

Ich bin diesen Herren schon gleich anfangs nicht ganz gram gewesen. Nun aber fühle ich mich gerührt und reiche ihnen, vollständig versöhnt, meine beiden Hände. Sie meinten es gut mit mir, unendlich gut. Ich hätte niemals so wie sie der Menschheit zeigen können, von welcher Art die Personen und die Waffen sind, mit Hilfe derer ich vernichtet werden soll. Seit im Jahre 1898 die Parole ausgegeben wurde: „May ist eine Macht; er muss ausgemerzt werden um jeden Preis und mit allen Mitteln", hat sich niemand meiner so erfolgreich angenommen, wie jetzt der *Dresdner Anzeiger*. Alle, die ihn und meine beiden Antworten gelesen haben, wissen nun ganz genau, dass es sich bei allen Angriffen gegen mich nur ganz allein um meine Person, nicht aber um meine Werke handelt. Daher der freundliche Ulk des *Anzeigers*, der mich nun meinen Feinden gegenüber vollständig rehabilitiert.

Und da der Scherz vorüber ist, so darf der Ernst nun folgen. Ich werde von nun an schweigen, mag kommen, was da will, bis ich mein nächstes Werk vollendet habe. Das stelle ich dann der Redaktion des *Dresdner Anzeiger* zur allerstrengsten, doch sachlichen Kritik zu und hierauf wird es sich finden, ob weitere Ulke sich vonnöten machen!

Radebeul, den 12. November 1904.

May.

*

Herrn Professor Dr. Paul Schumann.

Sehr geehrter Herr!
Als ich mein letztes Buch *Und Friede auf Erden* veröffentlicht hatte, gingen mir zahlreiche Besprechungen zu, die sich mehr in menschlich freundlicher als in kritisch

ernster Weise mit ihm beschäftigten. Da ich mich aber bemühe, meine Fehler kennen zu lernen, um sie abzulegen, kam es mir ganz selbstverständlich nur darauf an, die ernste, ungeschminkte Wahrheit zu vernehmen, und da wendete ich mich an Sie.

Warum gerade an Sie! Weil Sie erstens ‚Redakteur für Kunst und Wissenschaft' sind, und zwar eines Amtsblattes hoher königlicher und städtischer Behörden. Weil Sie zweitens Mitbesitzer und Mitbewohner eines Hauses sind, in welchem die Kunst nach ewiger Wahrheit sucht und das, was sie gefunden hat, in alle Welt hinausverkündet. Und weil Sie drittens ganz ebenso wie der Mitgenosse dieses Ihres Hauses, Herr ‚Kunstwart' Avenarius, mein ausgesprochener Gegner sind, von dem ich weder Höflichkeiten noch leere Phrasen zu erwarten hatte, Dass ich mein Buch grad Ihnen, dem Feind, zu Händen stellte, war für Sie eine Ehre, für welche Sie mir nichts anderes als nur Dank zu sagen haben. Und dass ich grad Sie zum Richter hoch über mich setzte, weil ich Sie im Besitz der nötigen Bildung, Selbstbeherrschung und Objektivität vermeinte, das war jedenfalls eine Huldigung, von der ich glauben durfte, dass Sie sie vor mir, dem dreiundsechzig Jahre alten Mann, nicht ganz ohne einige Rührung entgegennehmen würden. Dabei stand es für mich ganz außer allem Zweifel, dass Sie entweder nur sich selbst oder einen Ihrer Herrn Redakteure für berechtigt halten würden, ein Urteil abzugeben, denn ich gehöre doch wohl nicht zu denjenigen literarischen Gestalten, mit denen man sich durch journalistische Bonnen[1] oder Gouvernanten abzufinden pflegt.

Wahrscheinlich wissen Sie, geehrter Herr, was man unter ‚Kritik' zu verstehen hat. Es gibt edle und unedle, vornehme und unvornehme Kritiker. Der Hauptunterschied zwischen beiden ist, dass die gemeine, ordinäre Kritik persönlich wird, die anständige, künstlerisch ernste aber nie.

---

[1] Bonne = Kindermädchen

Bei Ihnen war die Möglichkeit einer unvornehmen, unedlen Kritik vollständig ausgeschlossen, weil Sie erstens ein hochanständiges Blatt redigieren, weil Sie zweitens der wahren, heiligen ‚Kunst', die keine Sünde gegen die Reinheit des Inhalts und die Schönheit der Form duldet, als ‚Wart' zu dienen haben, und weil Sie drittens grad als mein Gegner sich streng nur an das Buch zu halten und jede Abschweifung auf das Persönliche hinüber sorgfältig zu vermeiden hatten. Es stand Ihnen ja frei, die Besprechung von *Friede auf Erden* einfach abzulehnen; hatten Sie aber beschlossen, sich ihr zu unterziehen, so durften Sie das nur in der von mir angedeuteten Weise tun, in keiner anderen!

Ich muss ehrlich sein und gestehen, dass ich mich auf die erwartete Rezension freute. Ich habe das angegebene Buch lieb gewonnen und möchte es gern von den Fehlern befreien, welche die Kritik noch an ihm findet. Was aber kam? Ein Aufsatz von einem gewissen Fräulein Silling – – 180 Zeilen mit nur persönlichen Schmähungen, für das Buch aber kein einziges gutes Wort, keine einzige ruhig und nicht voreingenommen klingende Zeile! Wenn ich sage, ich war enttäuscht, so sage ich viel zu wenig, enthalte mich aber hier jedes schärferen Wortes. Ich beschloss zu schweigen, wie immer; aber beim nochmaligen Durchgehen der Zeilen fielen mir einige gewisse, weiblich unvorsichtige Wendungen auf, welche, wenn sich meine sofortige Vermutung bestätigte, für eine andere, keineswegs hierher gehörende Angelegenheit von größter Wichtigkeit zu werden versprachen. Um mir hierüber klar zu werden, war es nötig, den Herrn Redakteur Paul Schumann zu veranlassen, in eigener Person hervorzutreten und mir durch ganz dieselbe, vielleicht auch größere Unvorsichtigkeit das Geheimnis zu verraten. Das konnte nur durch jenen scharfen Ton geschehen, den Sie, geehrter Herr, zwar als ‚unvornehm' bezeichnen, der aber ganz genau den Erfolg hatte, der mir ihm beabsichtigt worden war. Sie kamen!

Zwar nicht gleich, aber doch! Sie hielten mir erst noch die achtzig Zeilen eines ungenannten Gymnasiallehrers vor, abermals nur Beleidigungen, kein einziges unbefangenes Wort; dann aber erschienen Sie selbst, als höchst gewichtiger Mann, sechzehn volle abgeteilte Zentner auf vierhundertsechzig Zeilen wiegend! Wie froh ich war! Jetzt musste ja der Beweis kommen, dass ich mich nicht geirrt hatte, als ich Ihnen mein Buch sandte, weil ich Sie im Besitz der zur Besprechung nötigen Bildung, Selbstbeherrschung und Objektivität vermeinte! Und es kam auch wirklich ein Beweis; welcher, das beantworten Sie sich wohl selbst, Herr Redakteur!

Also vierhundertsechzig Zeilen, in sechzehn einzelnen Abschnitten! Und der Inhalt? Man lese nach! Persönliche Geringschätzung, spöttische Herabsetzung, der Vorwurf der Unvornehmheit und dann gar der Feigheit, das ist der Anfang! Dann beginnen sofort die Wahrheitswidrigkeiten. Es wird mir die ‚naive Zumutung' unterstellt, die Herren Redakteure des Anzeigers sollten zu mir kommen. Ich habe Fräulein Silling und ihren ‚Freund' gemeint, vielleicht auch irgendeinen Berichterstatter; das Wort Redakteur habe ich nicht gebraucht. Übrigens kenne ich mehr als genug Redakteure, die sich lieber vorher erkundigen, als dass sie sich nachher Lügen strafen lassen, und wenn Sie, Herr Redakteur, irgendjemanden zu mir geschickt hätten, um mich zu sprechen und sich bei mir umzusehen, so hätten Sie sich und Ihrem Blatt mehr erspart, als Sie zu ahnen scheinen! Man interviewt heutzutage doch jedes gestolperte Droschkenpferd, um die Wahrheit über solch interessanten Fall zu ergründen. Hat irgendjemand das Recht, es mit der Wahrheit über den Inhalt und die Entstehung meiner Bücher weniger genau zu nehmen?

Der nächste Abschnitt mokiert sich zunächst über meine Logik, spricht dann von „Stimmungsmache und Lobhudelei" und wiederholt dann meinen Namen achtzehnmal in einem Atem derart hintereinander, dass ich mich ewig schämen müsste, wenn ich Ihnen nicht rund und glatt erklärte: Herr Redakteur, mit Ihnen als Kritikus bin ich schon jetzt, gleich hier am Anfang, fertig. Was ich Ihnen noch sagen werde, das gilt nicht dem Kunstsachverständigen, dem Rezensenten, dem Professor, dem Doktor der Philosophie, dem Redakteur, dem Schriftsteller, sondern nur dem Menschen, der Paul Schumann heißt, und diesen meine ich, wenn ich ‚geehrter Herr‘ zu Ihnen sage.

Ich bin auf das Weitere, was Sie gegen mich vorbringen, zu keiner Antwort verpflichtet. Das Wie und Warum, also Ihre Art und Weise und Ihre Gründe, entbinden mich davon. Wer der ‚Besprechung‘ meines Buches 460 Zeilen widmet und nach einem schier endlosen Schwall persönlicher Kränkungen, Verdächtigungen und Ehrverletzungen am Schluss, sich dieser seiner Pflicht erinnernd, nichts weiter als die Drohung hat, dass er es von einem andern besprechen lassen werde, der hat hiermit alles von ihm Vorgebrachte zur Null gemacht und auf das Recht, beachtet zu werden, vollständig verzichtet. Aber ich bin es sowohl mir selbst als auch der Öffentlichkeit schuldig, wenigstens auf die Hauptpunkte einzugehen, welche ich klargestellt haben möchte.

Es peinigt Sie, geehrter Herr, dass ich im Literaturkalender von Kürschner als Doktor der Philosophie bezeichnet werde. Das Diplom kam vom Ausland, honoris causa, ohne mein persönliches Betreiben, ganz so wie mir einst wegen meines *Krumir*, der kurz vor dem Krumirkrieg erschien, eine französische Dekoration angeboten wurde, die ich aber ablehnte, weil ich überzeugt war, sie nicht verdient zu haben. Ich glaubte, diesen ‚Doktor‘ führen zu dürfen, denn die betreffende auswärtige Vertretung hatte mir dies versichert; ich legte aber trotzdem vor einigen Jahren das Diplom dem Königlichen Ministerium des Kultus und öffentlichen Unterrichts zur Prüfung vor und erhielt den Bescheid, es sei allerdings gültig, überall, nur innerhalb Deutschlands nicht, übrigens habe der Name Karl May einen größeren Wert als jeder derartige Titel. So wurde gesagt und ich hoffte, dass infolge dieser meiner Darstellung der ‚Doktor' aus dem Kürschner verschwindet. Einen hierauf bezüglichen, besonderen Antrag zu stellen, ist mir die Sache denn doch zu gleichgültig gewesen.

Und da wir einmal beim Kürschner sind, wer gibt Ihnen, geehrter Herr, das Recht, der Ortsbezeichnung ‚Hohenburg' meinerseits so schlechte Gründe zu unterlegen? Als die beiden Städtewesen Hohenstein und Ernstthal in eines vereinigt werden sollten, war die Frage, unter welchem Namen. Man sprach von Ernststein, Hohenthal, Hohenburg usw. Ich erfuhr, dass man sich für das Letztere entschlossen habe, und meldete dies an Kürschner zur Berichtigung. So ist die Sache, anders nicht! Auch war mein persönliches Verhältnis zu Professor Kürschner ein derartiges, dass es zwischen uns der von Ihnen erwähnten ‚Zeichen' nie bedurfte. So war auch nicht ich es, sondern er, der das Wort ‚chinesisch' hinzufügte, und zwar mit Recht. Ihre Zeitangabe aber ist unwahr. Schlagen Sie nach! Und so war auch nicht ich es, sondern er, der das Kreuz vor meinen Namen setzte, genau wie bei allen andern, die er in Heinrich Keiters Kalender stehen fand.

Aber nun jetzt: Wie kommen Sie dazu, mir dieses Kreuzes wegen Vorwürfe zu machen? Wann habe ich Ihnen erlaubt, in mein Inneres zu schauen? Wie können Sie es wagen, die unwahre, fürchterliche Behauptung aufzustellen, dass ich mich für einen katholischen Schriftsteller ausgegeben habe, „ganz einfach des Geschäftes wegen"? Ich frage Sie: Graut Ihnen jetzt vor mir oder vor sich selbst? Was habe ich Ihnen getan, dass Sie so entsetzlichen Schimpf, so namenlose Schande auf mich häufen?

Auf welchem Wege kommen Sie ferner zu der Behauptung, dass ich „tiefen Schmerz" darüber empfinde, dass die deutsche Literaturgeschichte keine Notiz von mir nimmt? Wer mit mir verkehrt, der weiß ganz genau, warum ich nicht erwähnt werde, nämlich weil ich jede hierauf bezügliche Aufforderung abweise. Wer das Zerrbild, welches Sie von mir entwerfen, aufnehmen will, der mag es tun. Übrigens, ob ich in eine Literaturgeschichte gehöre oder nicht und an welcher Stelle ich im bejahenden Falle einst stehen werde, darüber hat die Nachwelt zu entscheiden, kein ‚Freund' von Ihnen, und sei er noch so anonym!

Wer gibt Ihnen ferner das Recht, sich über meine Sprachstudien lustig zu machen? Ich trieb schon in frühen Knabenjahren fremde Sprachen; der Herr Pfarrer und der Rektor erteilten mir gratis Unterricht. Später war dann ich der Unterrichtende für andere. Meinen Sie, dass man Sprache nur auf Gymnasien und Universitäten lernt? Sie spotten besonders über die ‚Indianerdialekte'. Ich will gar nicht von den südlichen fünf Mayadialekten reden, aber was die nördlichen Sprachen und Dialekte betrifft: Wenn Sie wirklich keine Ahnung von den ganz vorzüglichen Werken eines Loew, Wheeler, Yarrow, White, Rupprecht, Komas, Shea, Gibbs, Simpson, Marcy. McClellan, Wipple, Ewbank, Schoolcraft usw. haben, so sollten Sie doch nicht so unvorsichtig sein, mich durch einen Spott herauszufordern, den ich mit dem reinen, schönen Bild bezahlen muss, welches ich von Ihren hohen, edlen Eigenschaften hatte. Wenn aber Sie dieses ehrliche, unausgesetzte Ringen nach Erkenntnis, dem ich noch jetzt so manche schlaflose Nacht zum Opfer bringe, zur moralischen Missgestalt verzerren, um mich zum Gespött und zum Gelächter Ihrer Leser zu machen, so denke ich an den Schluss eines meiner Gedichte:

„Ich lasse still die Flammen um mich schlagen,
Denn das Metall wird nur im Feuer rein,
Doch meinen Henkern habe ich zu sagen:
Ich möchte nicht an eurer Stelle sein!"

Und nun noch überhaupt: Wie kommen Sie dazu, mich ganz in ganz als persönliches und literarisches Scheusal hinzustellen? Ich weiß, dieser Ausdruck ist stark, doch ebenso richtig! Sie haben 700 Zeilen über mich gebracht, und von den allerersten bis zur allerletzten starre ich förmlich in Schmutz und Schmant und Schande. Es ist alles, alles falsch und schlecht an mir. Meinen Sie denn wirklich, dass es einen solchen Menschen geben kann? Und meinen Sie wirklich, dass man Ihnen eine solche Monstrosität glaubt? Sie sind Hauptredakteur für Kunst und scheinen nicht einmal zu wissen, dass man grad in der Kunst allüberall Maß zu halten hat, besonders aber im Hässlichen? Müssen Sie erst von mir hierauf aufmerksam gemacht werden, von Karl May, dem Gräuel aller Gräuel? Hätten Sie nur wenigstens ein gutes Wort gesagt, ein einziges, so würde man doch wenigstens nicht lachen. Man würde Ihnen zwar nicht alles glauben, doch aber manches für möglich halten. Da Sie mich aber so beschreiben, als ob an meinem Körper kein einziger Quadratzentimeter gesund sei, sondern alles, alles nur lauter Geschwür und Eiter, so haben Sie auf alle Glaubwürdigkeit verzichtet und nicht nur sich selbst einen schlimmen Dienst erwiesen, sondern auch allen denen, auf die ich jetzt am Schluss noch deuten muss.

Ich sagte Ihnen bereits, dass ich, als ich Sie veranlasste, hervorzutreten, auf Ihre Unvorsichtigkeit rechnete. Es kam so, wie ich dachte: Sie handelten unbehutsam; Sie wogen nicht ab, was Sie sagten. Und so haben Sie, wahrscheinlich ganz gegen Ihren Willen, mir mitgeteilt, was ich von Ihnen wissen wollte. Es ist ungefähr Folgendes:

Indem sie, geehrter Herr, über meinen Prozess gegen die Firma H. G. Münchmeyer sprechen, nehmen Sie sich den sonderbaren Mut, wie über alles, was mich betrifft, so auch über die Beweggründe zu witzeln, die mich veranlassten, gegen die genannte Firma vorzugehen. Ganz selbstverständlich verschmähe ich es, Ihnen in diesem Ton zu antworten, und stelle dafür lieber richtig, dass nicht Sie es sind, sondern dass ich es bin, der zu bestimmen hat, welche Personen und welche Vergehen ich inkriminiere.

Kurze Zeit, nachdem ich diesen Prozess anhängig gemacht hatte, bat der jetzige Besitzer dieser Firma um eine

Vergleichsverhandlung. Ich ging hierauf ein. Wir trafen uns, unter vier Augen, und er benutzte diese Abwesenheit von Zeugen, mich zu dem gewünschten Vergleich durch die Drohung zu zwingen: „Ich hörte, dass Sie sich in Ihrer Jugend gegen das Gesetz vergangen haben; Sie sind kein unbestrafter Mensch. Vergleichen Sie sich mit mir! Denn wenn Sie diesen Prozess gewinnen, so setze ich in alle Zeitungen, dass Sie bestraft sind, und mache sie so in ganz Deutschland kaputt!" Auf meine Frage, was dann aber mit ihm geschehe, antwortete er mir: „Da habe ich mich bei zwei Justizräten erkundigt, der eine ist sogar mein Onkel. Sie sagten, ich solle es nur tun, denn ich bekäme höchstens einige hundert Mark Strafe, Sie aber wären vor der ganzen Welt kaputt für alle Zeit!"

Ganz selbstverständlich nahm ich hierauf Gelegenheit, Herrn Adalbert Fischer hierüber vernehmen zu lassen, und da stellte sich heraus, dass in dem Verlagsgeschäft und in der Druckerei von H. G. Münchmeyer schon seit langer Zeit der sonderbare Grundsatz gegolten hatte: Mit den Mayschen Romanen können wir machen, was wir wollen; der ist in seiner Jugend bestraft worden und darf es nicht wagen, uns zu verklagen. Und wenn er es tut, da brauchen wir bloß ein paar Zeilen zu schreiben, dann haben wir ihn in der Hand; der wird, wenn er überhaupt gegen uns vorgeht, moralisch umgebracht!

Nun wusste ich mit einem Mal, aus welchen Gründen man es gewagt hatte, mit meinen Arbeiten in der Weise umzugehen, wie es fast 20 Jahre lang geschehen war. Ich ging natürlich trotz dieser Drohungen gegen die Firma vor und die Folge war, dass von ihrer Seite die so genannte ‚May-Hetze' in der Weise beigetreten wurde, dass es meines ganzen Gottvertrauens und aller meiner Energie bedurfte, um nicht zum Revolver zu greifen oder einen ähnlichen, verzweifelten Schritt zu tun.

Jetzt ist der Prozess in erster Instanz für mich entschieden. Was ist von gegnerischer Seite die Folge? Die Drohung wird zur Tat. May wird kaputt gemacht! Und welche Zeitung beginnt? Der *Dresdner Anzeiger*! Das Amtsblatt königlicher und städtischer Behörden!

Mein geehrter Herr! Über das, was man meine Bestrafung nennt, habe ich mich hier nicht auszusprechen; aber sie können sich darauf verlassen, dass ich es sicher tun werde, und zwar an der hierfür geeigneten Stelle! Woher sind die Andeutungen, die Sie sich über mich zu machen erlauben? Diese Frage richte einstweilen ich an Sie; aber es wird jemand sein, der sie wiederholt, an einem andern Ort und vor einem andern Areopag[1].

Sie halten es nicht für fair oder opportun, sich bei mir nach der Wahrheit zu erkundigen, bevor Sie über mich schreiben. Ich aber bin nicht ‚unvornehm' genug, Sie ohne Warnung zu lassen. Sie drohen mir mit „Beweisen, dass es sich in der Tat in Mays neuester Erzählung um pure Erfindung, Fantasterei und Abschreiberei aus veralteten Reisebeschreibungen handelt". Ich sage Ihnen: Das Buch ist Original, vom ersten bis zum letzten Wort. Ich war wiederholt an den Orten, die ich beschreibe, und bin wahrscheinlich ein ebenso guter Kenner der dortigen Verhältnisse wie Ihr ‚hiesiger Herr', dessen Namen Sie noch immer nicht nennen. Bemühen Sie sich zu Günther & Rudolf. Man wird Ihnen dort beweisen, dass ich während zweier Jahre in Kairo, Aden, Ceylon, Penang, Sumatra usw. gewesen bin und von dem Kredit dieser Firma an allen diesen Orten Gebrauch gemacht habe. Es steht bei Ihnen, diese Warnung zu beachten oder nicht.

Sie sagten, Sie seien noch nicht mit mir fertig, ich aber bin es mit Ihnen! Ich wollte Ihnen, wie Sie wohl gelesen haben, mein nächstes Buch zur Kritik einsenden. Nachdem Sie dann mit Ihren persönlichen Leistungen hervorgetreten sind, verzichte ich darauf. Sonderbarerweise empfehlen Sie, der protestantische Redakteur, die wüsten ‚May-Hetzereien' Ihres ultramontanen Antipoden Cardauns. Natürlich! May

---

[1] Staatsgerichtshof im antiken Griechenland

soll und muss ja kaputt gemacht werden und da greift man auf die alten, lächerlichen Münchmeyereien zurück. Aber Sie wissen wahrscheinlich noch nicht Folgendes:

Max Dittrich gibt in seiner von Ihnen so verächtlich besprochenen Broschüre den Wortlaut jener Beleidigung an, auf welche ich Strafantrag gestellt habe. Die Schuldigen waren: ein hochberühmter bayerischer Pädagoge, ein hessischer Pfarrer, Religionslehrer und Doktor der Philosophie und ein österreichischer Professor und ordensgeistlicher Herr. Als so genannter Zeuge stand ihnen zur Seite: Ihr Herr Dr. Cardauns von der *Kölnischen Volkszeitung*, der berühmte Hetzer gegen May. Ich reiste hin, um den Gerichtsverhandlungen beizuwohnen, und das hatte man nicht erwartet! Nachdem die drei Herren mich gesehen und gesprochen hatten, waren sie überzeugt, dass ein gutes Wort an mich von größerem Nutzen sei als alle angeblichen ‚Beweise‘ des Herrn Cardauns. Sie widerriefen, bedauerten den Vorfall und unterschrieben alles, was ich von ihnen verlangte. Als ich den einen geistlichen Herrn fragte, wie er doch auf den sonderbaren Gedanken habe kommen können, sich eines Cardauns als Zeugen gegen mich zu bedienen, antwortete er froh, wieder los zu sein: „Ja wissen Sie, was tut man in der Not!"

Man ist nämlich in den dortigen Kreisen endlich klug geworden. Man will nicht länger dulden, dass ein hyperultramontaner Redaktionspapst sich einbildet, der Herr und Meister der ganzen katholischen Priester- und Laienschaft zu sein. Man lacht schon längst über seine verfahrenen Taxiliaden. Man ist empört darüber, dass er z. B. sogar hier in Dresden mit heimlichen Briefen herumspioniert, um einen Bürger gegen den andern auszunützen. Und die alten abgegriffenen und niemals bewiesenen Behauptungen dieses Herrn empfiehlt nun jetzt der Redakteur eines residenzlichen Amtsblattes! Wozu? Um Karl May kaputt zu machen, wie es sich die Firma H. G. Münchmeyer vorgenommen hat!

Ein hyperultramontaner Redakteur, bekannt als größter Hetzer seiner Zeit – – – ein Dresdner, evangelischer Redakteur für Kunst und Wissenschaft, in dem berühmten Kunstwarthaus daheim – – – verbündet miteinander gegen Karl May – – – zum Nutz und Wohl, zum Segen und Frommen einer Kolportageverlagsbuchhandlung, wegen der man mich verachtet und verfolgt – – – ! Fertig!

Radebeul, den 18. November 1904.

May.

„MEINE BÜCHER ENTHIELTEN NICHT EIN EINZIGES LASZIVES WORT"

SECHS FLUGBLÄTTER KARL MAYS AUS DEN JAHREN 1905-1910

Im Laufe der Auseinandersetzung mit seinen Gegnern seit 1899 musste May wieder das Wort ergreifen. Dafür wählte er verschiedene Formen: einmal die des Leserbriefes an Zeitungen, oft unter Benutzung des Namens eines seiner Freunde; dann ‚Richtigstellungen‘, die auf Grund gesetzlicher Bestimmungen von den Journalen gebracht werden mussten; weiter die Darstellung seiner Argumente als ‚Offene Briefe‘, autobiografische Skizzen, die an Journalisten und andere Persönlichkeiten gegeben wurden, um den Verleumdungen entgegenzutreten; und schließlich die Polemiken gegen Mays Feinde, die der Schriftsteller entweder in Zeitungen unterbrachte oder aber als Flugblätter verteilte. Die nachfolgend abgedruckten Texte gehören zu der letzteren Gattung; May hat diese Abrechnungen mit seinen Gegnern Hermann Cardauns (1847-1925) und Rudolf Lebius (1868-1947) als Faltblätter drucken und an Zeitungen verteilen lassen, die sie zum Teil oder ganz abdruckten oder als Grundlage eigener Artikel verwendeten. Zu einem dieser Flugblätter (Die ‚Rettung‘ des Herrn Cardauns) *existiert heute noch das Manuskript Karl Mays in Privatbesitz.*

Unter den späteren Gegnern Mays ragt die Persönlichkeit des Chefredakteurs der Kölnischen Volkszeitung, *Dr. Hermann Cardauns, deutlich heraus. Cardauns war promovierter und habilitierter Historiker und eine anerkannte Autorität auf dem Gebiet der mittelalterlichen Geschichte nicht nur Kölns. Als Redakteur der* Volkszeitung *war er maßgeblich daran beteiligt, den politischen Katholizismus in den Jahren nach dem ‚Kulturkampf‘ zu prägen und gegen die Angriffe seiner Gegner und politischen Feinde zu verteidigen. Cardauns hatte sich auch einen Namen gemacht durch die Entlarvung des Schwindlers Leo Taxil alias Gabriel Jogand-Pagés. Taxil hatte sich in der Öffentlichkeit als ‚bekannter' Freimaurer vorgestellt und ‚Enthüllungen' über angebliche satanistische und dämonische Praktiken der Freimaurer verbreiten lassen, die von manchen katholischen Kreisen begeistert als Argumente gegen das Freimaurertum verwandt wurden. Die Kölnische Volkszeitung entlarvte im Jahre 1896 unter der Ägide von Hermann Cardauns Taxil als dreisten Schwindler und die angebliche Satansbraut ‚Miss Diana Vaughan' als Taxils Frau. Als Cardauns im Jahre 1900 erfuhr, Karl May habe neben seinen ‚katholisierenden' Reiseerzählungen für den* Deutschen Hausschatz *‚unsittliche' Kolportage für Münchmeyer geschrieben, musste der Kölner Journalist Karl May für einen ‚zweiten Taxil' halten. Eine mehr kursorische als gründliche Lektüre der Kolportageromane, die gerade bei Münchmeyer unter dem neuen Inhaber Adalbert Fischer in* Neuer Illustrierter Ausgabe *erschienen, veranlasste Cardauns zu seinem anderen großen Anti-May-Artikel* Herr Karl May von der anderen Seite *in den* Historisch-politischen Blättern CXXIX *(1902). Hier behauptete Cardauns, May habe über weite Strecken ‚zweigleisig' geschrieben, ‚einwandfrei sittlich' für den katholischen* Hausschatz *und ‚abgrundtief unsittlich' für Münchmeyer, wobei er sich aus der Handlung der Romane gerade das herausgriff, was für seine Polemik passend war, und es bei der Mayschen Kolportage weidlich übertrieb, selbst wenn man berücksichtigt, dass Cardauns – nach eigenem Urteil – moralisch überaus empfindlich und der damalige Zeitgeschmack eben zweifellos sehr prüde war. Ab dem 6. November 1901 hielt Cardauns auch viermal einen Vortrag in deutschen Städten über ‚Literarische Kuriosa', wobei May direkt neben den Schwindler und Betrüger Taxil gerückt wurde. Kein Wunder also, dass May in dem Kölner Redakteur spätestens nach 1902 einen seiner gefährlichsten Feinde erblicken musste, zumal jener in Kreisen der deutschen Zeitungswelt als seriöser und fundierter Journalist geschätzt wurde. Als May von Freunden wie Heinrich Wag-*

ner, dem Chefredakteur der Passauer Donauzeitung *verteidigt wurde und Wagner dabei Cardauns scharf attackierte, griff der 1907 noch einmal zur Feder und verfasste eine zweite Polemik,* Die ‚Rettung' des Herrn Karl May, (Historisch-politische Blätter CXL, *1907), auf die May dann mit seinem Flugblatt* Die ‚Rettung' des Herrn Cardauns *nicht weniger pointiert antwortete.*

Ohne Zweifel waren Hermann Cardauns' Motive für seine Angriffe gegen Karl May keinerlei persönliche. Noch 1892 hatte er selbst in der Kölnischen Volkszeitung *Mays Reiseerzählungen, wenn auch etwas säuerlich, gelobt und Mays Helden attestiert, sie ständen „turmhoch über den Skalp-, Büffel- und sonstigen Jägern, für welche sich unsere Jugend oft mehr als wünschenswert begeistert". Hätte Cardauns May nicht für einen zweiten Taxil gehalten und ihn, auch weil May sich im* Kürschner *als katholisch ausgab, für schädlich erachtet, weil natürlich gerade antiklerikale Journalisten wie Fedor Mamroth über Mays Verbindung zu den ‚Klerikalen' spotteten, hätte er sich sicher nicht so ins Zeug gelegt. So aber war May nun ein möglicher Feind der katholischen Sache; menschlich hatte Cardauns, der May nie begegnet war, sicher nichts gegen den sächsischen ‚Reiseschriftsteller' einzuwenden, wie May damals meist bezeichnet wurde.*

Für May jedenfalls war Cardauns so gefährlich, dass er dem Kampf gegen ihn mehr Zeit widmen musste, als es seiner Gesundheit zuträglich war. Liest man die fünf von May verfassten Flugblätter aus dem kritischen Abstand von fast hundert Jahren, so fällt auf, dass seine Polemik argumentativ viel geschickter ist als noch die der Tremonia-*Briefe gegen Mamroth. Insbesondere wusste May um die Hauptschwäche der Cardauns'schen Argumentation, dass sein Kölner Gegner nämlich die Originalmanuskripte der Münchmeyer-Romane nicht besaß und sie daher auch nicht zum Beweis dafür vorlegen konnte, May habe die angeblich ‚unsittlichen' Stellen selber verfasst. Er nutzte diese Beweisnot des Kölners trefflich aus. Spätestens in* Die ‚Rettung' des Herrn Cardauns *vom August*

1907 wird Mays polemischer Ton allerdings auch beklagenswert schärfer. Formulierungen wie die vom ‚juristischen Babyverstand' des Herrn Dr. Cardauns tun der Sache nichts Gutes, und wenn May eine ‚Verschwörung' von Cardauns mit dem Hause Münchmeyer gegen sich vermutet, so beweist das nur, wie stark ihn die heftigen Presseangriffe in seiner Urteilsfähigkeit eingeschränkt und seine Möglichkeit zum ruhigen Abwägen von Argumenten beeinträchtigt hatten. Literarisch stehen die Flugblätter Mays auf keinem sehr hohen Niveau; als Dokumente von beträchtlichem autobiografischen Wert sind sie dennoch wichtig, weil sie zeigen, wie sehr May persönlich gekränkt war durch die ‚May-Hetze', wie er sie nicht unzutreffend nannte.

Ein Gegner ganz anderer Art war der Journalist Rudolf Lebius, der 1904 vergeblich versucht hatte, Karl May zu erpressen, und in der Folge zu einem der erbittertsten Widersacher wurde. Im Jahre 1910 trieb Lebius einen Manegenindianer namens Ojijatheka Brant Sero auf, dem er angeblich Mays Winnetou IV *übersetzte; Mr. Sero erklärte daraufhin, Mays ‚Machwerk' sei ‚blutrünstig' und verletze den Stolz der indianischen Völker. Brant Seros ‚Protest' wurde, mit einem schönen Porträt des Indianers geschmückt, von Lebius als Flugblatt verteilt. May reagierte darauf mit einem eigenen Faltblatt:* Herr Rudolf Lebius, sein Syphilisblatt und sein Indianer. *In diesem Fall ist nun Mays Polemik unbedingt nachzuvollziehen; ganz offenkundig war Brant Sero eine mehr als zwielichtige Gestalt, deren Schulden May in der Hoffnung, einem armen Indianer helfen zu können, beglichen hatte, und ebenso ohne jeden Zweifel ist* Winnetou IV *ein Manifest für Freiheit und Würde des Indianers und keine Beleidigung der indianischen Rasse. ‚Blutrünstige' Schlachtszenen gibt es vielleicht gelegentlich in frühen May-Erzählungen wie* Old Firehand, *später aber nicht mehr. Auch wird es May wohl sehr verletzt haben, dass es ausgerechnet ein Manegenindianer war, der hier gegen ihn ins Feld geführt wurde. Der Gründer der so genannten ‚Wild-West-Shows' war ja kein anderer als jener Colonel*

William Cody, der als Büffelschlächter in die Geschichte einging, und May hatte sich vehement gegen den Kult um die Buffalo-Bill-Groschenhefte gewendet. Übrigens war Cody auch mit seiner Show in Deutschland gewesen und Brant Sero gehörte zu einer Buffalo-Bill-Nachfolgetruppe; also muss Mays bittere Polemik gegen ‚Rudolf Lebius' Indianer' auch auf diesem Hintergrund verstanden werden. Lebius hat sich allerdings dafür gerächt, dass May ihn im Juni 1910 in der Brant-Sero-Affäre bloßstellte, denn er veröffentlichte im November 1910 sein Buch Die Zeugen Karl May und Klara May, *in dem alle alten Verleumdungen über May zusammengetragen, Gerichtsurteile und Zeitungsartikel tendenziös gekürzt und Fakten gefälscht wurden.*

OFFENER BRIEF AN DEN HAUPT-REDAKTEUR DER ‚KÖLNISCHEN VOLKSZEITUNG', HERRN DR. PHIL. HERMANN CARDAUNS
(1905)

Geehrter Herr Redakteur!

Die gleich anfangs von mir vorausgesehene Zeit ist da, mich mit vorliegendem Brief an Sie zu wenden.

Wie Sie wissen, führe ich meinen nun dreijährigen Prozess gegen die Dresdener Kolportage-Firma H. G. Münchmeyer, sowohl gegen die frühere Inhaberin als auch gegen den jetzigen Besitzer. Ich freue mich herzlich, dass die gesamte deutsche Presse daran denjenigen regen Anteil genommen hat, den solch eine Sache verdient. Nur war dieses Interesse leider ein so ungeduldiges, dass ein ruhiges Abwarten des Richterspruchs nicht im Bereich der Möglichkeit gelegen zu haben scheint. Man hat vielmehr diesem Urteil weit vorausgegriffen und mich, Karl May, durch die ganze deutsche Presse als den ‚Entlarvten' hingestellt, ohne zu bedenken, wie erschwerend und schädigend dies auf den Gang dieser Rechtssache einwirken musste. Es war nicht etwa leicht für mich, dies ruhig hinzunehmen!

Es handelt sich um diejenigen ‚Romane', welche Sie, Herr Redakteur, sowohl in den Zeitungen als auch in Ihren öffentlichen Vorträgen als ‚abgrundtief unsittlich' gekennzeichnet und gebrandmarkt haben. Hunderte von Blättern und Hunderte von Kritikern haben ganz genau dieselbe Ansicht geäußert, und da es auch die meinige ist, wie ich schon längst veröffentlicht habe, so gereicht es mir zur freudigen Genugtuung, mich den Verbreitern dieser ‚abgrundtiefen Unsittlichkeiten' gegenüber nicht allein, sondern unter so vortrefflichem Schutz zu wissen.

Es kann mir nicht einfallen, nun auch meinerseits dem Gange des Prozesses vorauszugreifen, aber da so oft versichert worden ist, dass ich ihn nur aus pekuniären, überhaupt niedrigen Gründen führe, so darf ich mir wohl folgende Berichtigung gestatten:

Die Firma Münchmeyer hat mir erklärt, dass sie diese ‚Unsittlichkeiten' für unzertrennlich von diesen Romanen halte und mit ihnen so viel Geld wie möglich verdienen wolle. Ich kann dies jederzeit durch unanfechtbare briefliche Dokumente beweisen. Um diese Ausnützung der Unsittlichkeiten endlos fortsetzen zu können, behauptet man, dass ich auf alle Urheber- und Verlagsrechte verzichtet habe, wobei sogar das Recht der beliebigen Veränderung, Umarbeitung usw. mit inbegriffen sei. Ich hingegen prozessiere, um diese mir gewaltsam vorenthaltenen Rechte mir gerichtlich bestätigen und die Romane dann sofort und für immer verschwinden zu lassen. Das ist zunächst meine erste und höchste Pflicht: Die Vergiftung hat ganz unbedingt schnellstens aufzuhören. Ob ich sie damals genau so geschrieben habe, wie sie jetzt gedruckt werden, ob man berechtigt ist, die Unsittlichkeiten gar noch zu illustrieren usw., das sind Fragen, die darum erst an zweiter Stelle zu stehen haben, obgleich sie mich nicht weniger berühren. Diese unsittlichen Werke zunächst und so schnell wie möglich aus dem Buchhandel und aus den Verkaufsläden heraus; das ist für mich die Hauptsache! Denn, wenn der jetzige Besitzer der Kolportagefabrik von H. G. Münchmeyer auch zehn- und hundertmal öffentlich erklärt, dass die schlechten Stellen nicht von mir stammen, sondern von anderer Hand hineingetragen worden seien, so geschieht das nicht etwa zu meiner ‚Ehrenrettung', es wird vielmehr durch diese höchst pfiffige Reklame ganz besonders auf die Schlüpfrigkeit dieser Werke aufmerksam gemacht, damit sich zu den zahllosen May-Lesern auch noch diejenigen gesellen möchten, die May nur deshalb nicht lesen, weil seine Bücher keine aufreizenden Liebesgeschichten enthalten. Ich habe mich also gegen alle derartigen ‚Sittenzeugnisse' des Herausgebers solcher Werke auf das Energischste zu verwahren. Es soll nicht wieder von ihm und mir geschrieben werden:

„Sie vertragen sich!"

Indem ich mich in dem Bestreben, diese Münchmeyerschen Werke schleunigst verschwinden zu lassen, mit jedermann einig weiß, dem das Wohl und die Gesundheit der Volksseele am Herzen liegt, darf ich nicht beachten, dass ich mich dadurch wahrscheinlich selbst auch schädige. Und noch viel weniger darf mich der Umstand zur Nachsicht bewegen, dass die Hersteller und Verbreiter dieser ‚abgrundtiefen Unsittlichkeiten' es verstanden haben, sich hoch klingende Namen und hoch gestellte Personen dienstbar zu machen, von denen ich nur sagen kann, dass ich sie bedauere, weil sie nicht wissen, was sie tun.

Der gegenwärtige Besitzer der Fabrik wagte erst kürzlich, am 21. Dezember 1904, vor Gericht zu erklären, er gebe diese Romane in 30 Bänden heraus und der unsittlichen Stellen seien eine ganze Menge darin. Dann ging er hin, um weiter zu drucken und weiter zu verbreiten. Man denke, vor Gericht! Das ist doch wohl schon mehr als kühn! Hätte er das wagen können, ohne so einflussreiche Personen hinter dem Namen Münchmeyer zu wissen? Man sieht, wie weit das Gift zu schleichen vermag, und es ist wohl an der Zeit diesem Umsichgreifen der Schundroman-Moral aus allen Kräften Einhalt zu tun! Man gründet Vereine, um derartige Romane aus der Literatur hinauszuschreiben zu lassen, übrigens ganz derselbe Zweck, den ich damals verfolgte. Es treten hohe Herrschaften an die Spitze dieser Vereine. Man setzt Preise aus, man scheut keine Opfer und gibt sich alle Mühe. Was nützt aber dies alles, wenn der Verleger von 30 Bänden ‚abgrundtiefer Unsittlichkeiten' sich geschäftlich, rechtlich und moralisch so sicher weiß, dass er sich herausnehmen darf, vor Gericht mit ihnen zu prahlen, ohne dass irgendjemand die Macht besitzt, ihm das Handwerk zu legen! Dieser Mann scheint wohl gewusst zu haben, wie die Karten liegen, als er mir am Anfang des Prozesses drohte, ich sollte ja auf den Vergleich eingehen, denn falls er der Verlierende sei, werde er mich mit Hilfe der Zeitungen moralisch kaputt machen!

Oder sollten wir uns irren, Sie, Herr Redakteur, und ich und die vielen anderen alle, die über die Romane jenes schwere, vernichtende Urteil ausgesprochen haben? Sollte die Verbreitung dieser ‚Unsittlichkeiten' ein so großes Verdienst um unser Volk und seine Seele sein, dass man sogar Geheime Hofräte respektive einen Rektor magnificus in Bewegung setzen darf, wenn es gilt, mit allen möglichen und unmöglichen Mitteln den Fortbestand der ge- respektive erwerbsmäßigen Unsittlichkeit zu erzwingen? Denn das ist sie doch, da man durch sie nur Geld verdienen will, weiter nichts! Fast hat es den Anschein, als ob man geneigt sei, unsere einstimmige Konstatierung und Verurteilung der Unsittlichkeit für eine Farce oder Faxe zu halten, der gegenüber man die Verbreiter und Verkäufer zu beschützen habe. Da wollen wir uns denn doch beeilen, uns Klarheit zu verschaffen.

Nämlich ich werde sehr wahrscheinlich nächstens veranlasst werden, Ihnen Gelegenheit zu geben, sich vor Gericht hierüber auszusprechen. Sie standen und stehen noch heute an der Spitze derer, die in sittlicher Empörung über die Münchmeyerschen Romane zum Wort und zur Feder griffen. Es würde mich unendlich freuen, wenn Sie heute noch derselben Meinung wie damals wären und auch mit ganz derselben Begeisterung für sie eintreten wollten. Denn ich bitte Sie hiermit um die Erlaubnis, Sie in dieser Angelegenheit als Kenner, Sachverständigen und Zeugen angeben zu können.

Ich befürchte nicht, mit dieser meiner Bitte von Ihnen zurückgewiesen zu werden, und habe dazu folgenden Grund: Ich hatte Sie in einem hiesigen Blatt gelegentlich als Zeugen meiner Gegenpartei im Beleidigungsprozess May gegen Praxmarer bezeichnet. Ich nannte natürlich keinen Namen, weil es sich um einen sehr tüchtigen, katholischen Pfarrer, einen berühmten katholischen Erzieher und einen hohen österreichischen Prälaten handelte. Die Namen dieser drei Herren zu erfahren, wäre der hiesigen Presse eine wahre Wonne gewesen. Man versuchte mich zur Indiskretion zu reizen. Man schrieb an Sie. Man hatte sich nicht verrechnet. Sie stellten in Abrede, Zeuge gewesen zu sein. Hierauf coramierte[1] man mich öffentlich als Lügner, ich ging aber nicht auf den Leim. Zwar befindet sich in meinen und in meines Rechtsanwalts Handakten die betreffende Zufertigung des Großherzoglich Hessischen Amtsgerichts Friedberg vom 1. September 1904, in welcher wir benachrichtigt werden, dass Sie als Zeuge angegeben und vorzuladen seien; der Beweis, dass nicht ich gelogen habe, wäre mir also sehr leicht gefallen; aber ich schwieg trotzdem, denn zu verantworten pflegt man sich doch nicht vor Leuten, die einem weder amtlich noch intellektuell etwas zu sagen haben, und ich bin ja gewohnt, unsagbar Albernes über mich schwatzen zu lassen, ohne darauf einzugehen! Von Interesse war mir nur, was man Ihnen in den Mund legte, nämlich: „Wäre ich als Zeuge über seine Kolportageromane vernommen worden, so hätte ich umso mehr gesagt."

Wie mich das freute, als ich es las! Sie haben sich zwar in mir, ich mich aber nicht in Ihnen geirrt! Das, was Sie da tun wollen, ist ja grad das, was ich mir von Ihnen wünsche, und ich habe Sie nur zu bitten, ‚halten Sie aber auch Wort, Herr Redakteur!' Ich werde sehr wahrscheinlich, wenn Sie in Köln vernommen werden, mich beim Verhör einfinden, bitte Sie aber schon jetzt, vollständig überzeugt zu sein, dass Sie meiner guten Sache umso mehr dienen werden, je weniger nachsichtig Sie mit diesen Münchmeyerschen Romanen verfahren.

In höflichster Hochachtung
Karl May.

Radebeul-Dresden, den 1. März 1905.

---

[1] Von lat. ‚coram publico' = öffentlich

AUS DEM LAGER DER MAY-GEMEINDE
(1907)

In Heft 4 der *Historisch-politischen Blätter* erschien ein Aufsatz von Hermann Cardauns, der sich mit dem Prozess May-Münchmeyer beschäftigt und eine solche Menge von direkten Unwahrheiten und falschen Kombinationen enthält, dass ich gezwungen bin, in Heft 5 derselben Blätter das Wort zu ergreifen, um die Wahrheit zur Geltung zu bringen. Hierauf brachte die *Kölnische Volkszeitung* in ihrer Nr. 706 einen Aperçu[1] über denselben Gegenstand, dessen Gedankengang in der Behauptung gipfelt, Herr Cardauns weise im Einzelnen urkundlich nach, dass die ganze Rettungskampagne nichts als ein einziger ungeheurer Schwindel sei. Herr Cardauns hat nämlich seinem Aufsatz den zweischneidigen Titel ‚Die Rettung des Herrn Karl May' gegeben. Ich sage zweischneidig, denn diese Rettung des Herrn May ist offenbar nur zur Rettung des Herrn Cardauns geschrieben, der, wie sich nun zur Evidenz herausstellt, der journalistische Schutzpatron des Münchmeyer-Fischerschen Schundverlages ist und infolgedessen gegenwärtig in der augenfälligsten Gefahr schwebt, nach einer langen und ehrenhaften Tätigkeit wider alles Erwarten doch noch mit einem vernichtenden Fiasko abzuschließen. Da ist es menschlich sehr wohl zu begreifen, dass er sich an den letzten Strohhalm klammert, an dem sich auch seine bisherigen Schützlinge, meine Prozessgegner, noch mühsam zu halten suchen, und da in seiner Not von meiner Rettung spricht, wo es sich doch nur um seine eigene handelt. Ich gebe gern zu, dass diese seine Rettung, um in seiner Weise zu reden, nur durch einen einzigen, ungeheuren Schwindel möglich ist, und werde sicherlich noch entdecken, wer es eigentlich ist, der diesen Schwindel treibt.

Es ist für jedermann klar, dass der literarische Prozess

---

[1] Franz.: geistreiche Bemerkung

‚Cardauns gegen May' den Zweck verfolgt, auf den juridischen Prozess ‚May gegen Münchmeyer' verwirrend einzuwirken. Von wem und in welcher Weise Herr Cardauns hierfür gewonnen wurde oder ob er nur genarrt worden ist und nicht die Kraft besitzt, dies offen zu bekennen, das wird man hoffentlich in absehbarer Zeit erfahren. Vor allen Dingen wirft er meinen Verteidigern vor, dass sie nicht sachlich seien, sondern sich auf allgemeine Redensarten beschränkten. Er meint, dass es sich einzig und allein nur darum handle, ob ich unsittlich geschrieben habe oder nicht. Ich bin bereit, hierauf einzugehen, und erkläre Folgendes:

Es mangelt hier der Raum, ausführlich zu sein. Meine erschöpfende Antwort wird Herr C. in Nr. 5 der *Hist.-pol. Blätter* bekommen, wo er mich angegriffen hat. Ich verweise die Leser der *Köln. Volkszeitung* hierauf und bitte, diese Antwort ohne Voreingenommenheit zu lesen.

Die raffinierteste aller Schwindelarten, deren man sich gegen mich bedient, ist der ‚Akten'-, ‚Urkunden'- und ‚Dokumenten'-Schwindel. Von Anfang an bis heute wurden diese behördlichen Ausdrücke gebraucht, um die Öffentlichkeit zu düpieren. Herr C. ist viele Jahre lang Redakteur, sogar Hauptredakteur gewesen. Er weiß also besser als jeder andere, dass nur das geschriebene Originalmanuskript maßgebend ist, wenn es sich darum handelt, festzustellen, ob ich unsittlich geschrieben habe oder nicht. Meine eigenhändig geschriebenen Originale bestehen aus 13.000 Quartblättern mit 26.000 vollen Seiten. Wer mir diese vorzeigt, mit dem will ich verhandeln. Wer aber über meine moralische Qualität aburteilt, wohl gar öffentlich, ohne den Münchmeyerschen Schund mit ihnen verglichen zu haben, der macht sich der Lüge, des Betrugs, der Fälschung, kurz, des einzigen, ungeheuren Schwindels schuldig, von dem Herr Cardauns so tief entrüstet spricht.

Also Herr Cardauns, heraus mit diesen meinen 26.000 Seiten! Sie behaupten ja, das authentische ‚Aktenmaterial' zu besitzen! Und Sie sind ein Ehrenmann! Sind Ihre Dokumente aber nur Münchmeyersche Drucksachen, so sprechen wir uns an anderer Stelle weiter! Was meine Freunde bisher in den Zeitungen veröffentlicht haben, ist kein Schwindel, sondern die vollste Wahrheit gewesen. Ich werde das in dem bereits angegebenen Heft 5 der *Historisch-politischen Blätter* des Näheren erörtern. Bis dahin aber hoffe ich, obgleich Sie mir niemals antworten, Ihre klare, kurze und bestimmte Erklärung zu lesen, wie Sie zu meinen 13.000 Blättern gekommen sind und wo Sie sie jetzt haben. Mit den ‚allgemeinen Redensarten‘ aber, die Sie uns vorwerfen, ist uns nicht gedient.

Radebeul-Dresden, den 19. August 1907.

Karl May.

DIE ‚RETTUNG' DES HERRN CARDAUNS
(1907)

Das vierte Heft der *Historisch-politischen Blätter* bringt einen Aufsatz, in welchem der oben genannte frühere Redakteur der *Kölnischen Volkszeitung* sich über mich in Auslassungen ergeht, die teils auf falscher Kombination und teils auf direkter Unwahrheit beruhen. Der Geist, der aus ihnen spricht, versteigt sich bis zu den beiden gefährlich hohen Punkten: „Diese ganze Rettungskampagne ist nichts als ein einziger ungeheurer Schwindel" und „Durch Vorstehendes den Fall endgültig erledigt zu haben, schmeichle ich mir nicht. Dafür gibt es zu viele von jener Art, die nicht alle wird!" Herr Cardauns wirft also die ungezählten Tausende, die nicht seiner Meinung sind, einfach zu den ‚Dummköpfen'. In dieser Art, sich auszudrücken, liegt eine Hoffart, eine Selbstüberhebung, die man nur dann für möglich halten kann, wenn man die Zeilen wirklich vor sich liegen sieht.

Ein solcher Ton kann ganz unmöglich in eine Revue von dem literarischen, ethischen und auch ästhetischen Rang der *Historisch-politischen Blätter* gehören. Es herrscht vom ersten bis zum letzten Wort dieses von unendlicher Verachtung strotzenden und von Beleidigungen geradezu wimmelnden Artikels ein Tropenkoller, den es bis vor kurzer Zeit in Bonn am Rhein noch nicht gegeben hat. Wenn das Ausland solche Dinge von uns liest, muss es auf einen sehr, sehr niedrigen Standpunkt der deutschen Kritik schließen, und darum war es gleich am Beginn der vorliegenden Berichtigung meine Pflicht, mir diese südafrikanische Ausdrucksweise sehr ernstlich zu verbitten. Ich bin höflich, und wenn May dies kann, kann es Cardauns doch wohl auch!

Er war ja früher höflich, sogar sehr höflich gegen mich. Er bezeichnete in seiner *Kölnischen Volkszeitung* meine Werke als ‚turmhoch' stehend. Er rühmte meine ‚vielseitige Bildung', meine ‚ernste Lebensauffassung' und meine

‚gründlichen Kenntnisse'. Er bestätigte ausdrücklich, dass alles für die Jugend Anstößige sorgfältig vermieden sei. Und er fügte hinzu: „Viele tausende Erwachsene haben aus diesen bunten Bildern schon Erholung und Belehrung im reichsten Maße geschöpft!" In dieser höchst anerkennenden Weise schrieb Herr Cardauns sowohl über mich als auch über meine Bücher. Aber eines Tages wurde dieser freundliche Ton ein ganz entgegengesetzter, nicht etwa langsam, nach und nach, sondern ganz plötzlich, wie über Nacht. Warum? War ich ein anderer geworden? Nein! Oder hatten meine von ihm gelobten Bücher sich verschlechtert? Nein! Aber ein bisher vollständig unbekannter Schundverleger war mit der ganz unglaublichen Behauptung aufgetreten, dass ich unsittliche Romane geschrieben habe. Mit diesen Romanen verhält es sich folgendermaßen:

Meine Eltern bewogen mich vor nun über 30 Jahren, bei einem ihrer Bekannten als Redakteur einzutreten. Er befand sich in augenblicklicher großer Not und ich sollte ihn retten. Es war der Kolportageverleger Münchmeyer in Dresden. Ich nahm mich seiner an, doch nur unter der Bedingung, dass er sich verpflichte, seinen Schundverlag in einen anständigen zu verwandeln. Er ging darauf ein und so gründete ich für sein Geschäft mehrere neue Blätter, welche den Zweck verfolgten, für den Glauben, für die wahre Menschlichkeit und besonders auch für das geistige und seelische Wohl der arbeitenden Klassen einzutreten. Für eines dieser Blätter schrieb ich meine *Geographischen Predigten*. Ich hatte hiermit das Richtige getroffen. Das Geschäft blühte auf und Münchmeyer war gerettet. Er versuchte mich durch die Verheiratung mit einer Schwester seiner Frau für immer an sich zu fesseln. Während er selbst mir die Ablehnung dieses seines Planes nicht übel nahm, zog sie mir einen derartigen Hass seiner Frau zu, dass ich schleunigst meine Redaktion niederlegte. Infolgedessen ging der Aufschwung wieder zurück. Er fand keine geeignete Kraft, die von mir gegründeten Blätter in meiner Weise zu halten. Sie gingen schließlich ein, und als ich nach fünf bis sechs Jahren bei einer kurzen Anwesenheit in Dresden ganz zufälligerweise mit ihm zusammentraf, teilte er mir in verzweifelter Stimmung mit, dass es sehr schlecht mit ihm stehe. Seit meinem Fortgang habe er sich vergeblich bemüht, sich festzuhalten, und er nehme es als eine Fügung des Himmels, mich hier wieder zu sehen. Niemand könne ihn retten als nur ich allein, und ich sei eigentlich verpflichtet, es zu tun, weil er nur durch meine Zurückweisung seines Heiratsplans in die gegenwärtige, schlimme Lage geraten sei. Meine Frau war anwesend. Er verstand es, seine Kolportage-Herzenstöne anzuschlagen. Sie fühlte sich gerührt. Sie bat und bat, bis ich schwach wurde und einwilligte. Ich rettete ihn zum zweiten Mal.

Was ich einmal tue, pflege ich ganz zu tun. So auch hier. Ich schrieb ihm nicht nur einen Roman, sondern mehrere, seiner Lage wegen für ein höchst bescheidenes, einstweiliges Honorar. Doch durfte er nur 20.000 Exemplare drucken, worauf das Werk mit allen Rechten und einer nachträglichen Gratifikation an mich zurückzufallen hatte. Hierauf sollten diese Erzählungen, genau so wie die bei Pustet erschienenen, von mir als ‚Gesammelte Reiseerzählungen' herausgegeben werden. Dass dieser Kontrakt kein schriftlicher, sondern ein mündlicher war, genierte mich damals nicht. Ich war noch jung und vertrauend und hielt es für völlig ausgeschlossen, dass Münchmeyer an einem Mann, von dem er zweimal aus so schwerer Not gerettet worden war, als Schurke handeln werde. Ich bekam während des Drucks weder Korrektur noch Revision zu lesen, hatte auch gar keine Zeit dazu. Die Werke erschienen in hundert und noch mehr Lieferungen. Einzelne Hefte konnten mir nichts nützen. Fertige Pflichtexemplare waren nur nach dem Erscheinen der letzten Nummer möglich, und wenn man die letzten heraus hatte, waren die ersten schon wieder verkauft, kurz, man bekam kein komplettes Werk für mich zusammen und mir fiel das gar nicht auf, weil ich ohne Ahnung und immer nur bei dem Gedanken war, dass mir nach Erreichung der 20.000 ja doch alles zufallen werde. Um diese meine Nachlässigkeit, die aber nur eine scheinbare ist, zu begreifen, muss man die Kolportage nach Münchmeyerschem Stil kennen. Es hat sich erst jetzt im Jahre 1907 gerichtlich herausgestellt, dass es in Beziehung auf meine Werke eine geordnete Buchführung gar nicht gab. Es wurde sogar den einzelnen Arbeitern verboten, sich schriftliche Notizen zu machen, „weil dadurch die Schriftsteller erfahren könnten, wie viele Exemplare man von ihnen drucke!" Auf meine Anfragen erhielt ich immer nur den Bescheid, dass die 20.000 noch lange nicht vollendet sei. Schließlich wurde man kurz und grob gegen mich, da zog ich mich zurück.

Hierauf starb Münchmeyer grad zu der Zeit, als ich mit der Herausgabe meiner Pustetschen Erzählungen bei Fehsenfeld begonnen und keine Zeit für andere Dinge hatte. Seine Witwe führte das Geschäft fort. Bei Todesfällen und gegen Witwen ist es mir unmöglich, streng zu sein. Auch konnten die Münchmeyerschen Sachen erst nach den Pustetschen herausgegeben werden. Ich hatte also Zeit und drängte Frau Münchmeyer nicht. Da geschah etwas Hochwichtiges. Sie bat mich plötzlich um einen neuen Roman. Sie meinte, ich brauche nur ja zu sagen, so gebe sie mir das Honorar voraus. Ich ging scheinbar auf Verhandlungen ein, um klaren Wein zu bekommen. Das Resultat hiervon war: Die 20.000 seien wahrscheinlich erreicht, doch müsse sie erst noch genau nachrechnen lassen. Sie gebe mir also mein Manuskript zurück, weil es doch nun wieder mir gehöre und ich es neu herausgeben werde. Sie liefere es mir aber in Form von Abdrucken, denn meine Originale seien leider verbrannt. Das erregte in mir zum ersten Mal Verdacht. So wertvolle Manuskripte wirft man doch nicht in das Feuer! Frau Münchmeyer sandte mir das so genannte ‚Manuskript', für mich extra in Leder gebunden. Ich hatte keine Zeit, die dicken Bände zu lesen, und stellte sie ahnungslos in die Bibliothek. Ich verreiste verschiedentlich. Da kam die Pustetsche Frage. Meine Antwort ist bekannt. Aber so leicht, wie Herr Cardauns mit seinem juristischen Babyverstand denkt, ist ein so hochwichtiger Prozess nicht in Gang zu bringen. Ich wusste nun plötzlich, warum man behauptete, meine Originale seien verbrannt. Es sollte mir und dem Gericht die Möglichkeit genommen werden, die Drucke mit den Originalen zu vergleichen. Es fiel mir wie Schuppen von den Augen. Hunderte von Worten und Szenen kehrten in mein Gedächtnis zurück, um sich in mir zu einer Entdeckung zu vereinigen, bei der sich mir die Haare sträuben wollten. Ich sah ein, dass die größte Vorsicht nötig sei, und sammelte zunächst Beweise. Das war ungeheuer schwer, denn die Zeugen, die ich brauchte, standen alle in Münchmeyerschem Brot. Das Gerücht von den Karl Mayschen ‚Schundromanen' stammte aus Amerika, wo Münchmeyer einige sehr bedeutende Filialen hatte. Die Recherchen dort erforderten ungeheure Zeit. Ich erfuhr nur nach und nach, was da drüben in Amerika alles mit meinen Werken geschehen war. Wie mühsam solche Nachforschungen sind und welchen Zeit- und Geldaufwand sie kosten, sei an dem Leiter dieser amerikanischen Filialen nachgewiesen, der später nach Deutschland zurückkehrte und sich in Berlin niederließ. Dort besaß er mit Weib und Kind eine Privatwohnung, sodann eine größere Fabrik von Harmonikas, zu denen er einen Roman von mir vollständig gratis gab, und außerdem in den größeren Städten des Deutschen Reichs über 20 Filialen mit demselben Harmonika- und Karl-May-Vertrieb. Und wenn ich ihn fassen wollte, war er nie zu haben. Nur ein einziges Mal ist es mir und meinem Rechtsanwalt gelungen, ihn zu sehen, dann niemals mehr.

Hierzu kam, dass Frau Münchmeyer mich noch einige Male an den von ihr gewünschten Roman erinnert hatte, von mir aber abgewiesen worden war. Sie erfuhr von meinen Nachforschungen und bekam Angst. Ich stand grad vor einer Orientreise, als ich hörte, dass sie verkaufen wolle. Ich nahm an, dass sie das tue, um ihren Kopf aus der Schlinge zu ziehen, und schickte ihr einen Warnungsbrief, in dem ich sie daran erinnerte, dass sie kein Recht habe, etwa auch meine Werke mit zu veräußern. Dann trat ich die erwähnte Reise an, die nicht zu verschieben war, die ich aber doch verschoben hätte, wenn es mir möglich gewesen wäre, das Furchtbare, was dann kam, zu ahnen. In Kairo erhielt ich von meiner Frau die Nachricht, dass ein gewisser Adalbert Fischer das Münchmeyersche Geschäft gekauft habe, meine Rechte und Werke eingeschlossen. Ich schrieb diesem Herrn. Er antwortete mir in rüder Weise, er habe mit mir nichts zu tun, wohl aber mit meinen Werken, die nun ihm gehörten, und er werde sie und meine ‚Berühmtheit' so ausbeuten, wie es nur möglich sei. Wenn ich ihn nicht binnen 14 Tagen verklage, werde er mich später wegen Schadenersatz gerichtlich belangen! Da war er zum ersten Mal, der Adalbert Fischersche Ton, den ich damals nicht begreifen konnte, dann später aber an Herrn Cardauns begriffen habe! Ich betraute einen Freund daheim mit dieser Angelegenheit und reiste weiter. Diese Studienreise dauerte zirka zwei Jahre. Ich reise nicht wie andere Leute. Die Nachrichten von daheim trafen mich nur selten. Ihre Bedrohlichkeit wuchs derart, dass ich meine Frau von Padang auf Sumatra aus telegrafisch aufforderte, nach Ägypten zu kommen und mir Bericht zu erstatten. Was ich dort erfuhr, war so schlimm, dass ich sofort nach Hause reiste, um den Prozess, der Herrn Cardauns so seltsam interessiert, in die Wege zu leiten.

In der Heimat angekommen, sah ich mit dem ersten Blick, welch eine ungeheure Veränderung mit meinem literarischen und auch persönlichen Ruf vorgegangen war. Früher hatte man mich in den Zeitungen nur lobend besprochen, mit der einzigen Ausnahme der *Frankfurter Zei-*

tung, die mich wegen meiner ‚christlichen' Anschauung natürlich gleich von vornherein befehdet hatte. Jetzt aber fand ich ganze Berge von Zeitungen aufgehäuft, in denen mit keiner einzigen Ausnahme nur Tadel, Hass und Neid, Verachtung, Hohn und Spott die Stimme gegen mich führten. Der gesamte Inhalt dieser zahllosen Artikel, von denen jeder einzelne eine förmliche Hinrichtung für mich bedeutete, führte auf eine vereinte, ganz besondere Quelle. Ich fand sie in dem Hauptredakteur der *Kölnischen Volkszeitung*, Hermann Cardauns. Zwar hatte eigentlich die *Frankfurter Zeitung* begonnen, doch in ihrer altgewohnten Weise, die man genugsam kennt, um zu wissen, dass es nichts weiter auf sich hat. Herr Cardauns aber beging bekanntlich die Ungeheuerlichkeit, die Münchmeyer-Fischersche Jauche auf kirchliches Gebiet hinüberzuleiten, mich mit Graßmann und Taxil zusammenzustellen und seine ganze blinde Gefolgschaft für diesen Frevel zu begeistern. Die dann so berüchtigt gewordene ‚Karl-May-Hetze' war im vollsten Gange, der ordinärste, niederträchtigste und barbarischste Schandfleck, den die deutsche Literaturgeschichte dem Schundroman-Fischer und seinem journalistischen Schutzpatron zu verdanken hat. Diese beiden eng verwandten Geister haben den ‚großen Rummel' geleitet, Fischer als der Pfiffigere nur im Verborgenen, Cardauns aber in vollster, verantwortungsreichster Öffentlichkeit. Fischer war der heimliche Verfasser, Cardauns der offenbare Verleger und Verbreiter, der Requisiteur und Kulissenschieber dieser beispiellosen Hanswurstiade. Aber Fischer war Herrn Cardauns in jeder Beziehung über. Der ‚Schutzpatron' sank nach und nach zum ‚Fuchs' und Schüler des schlauen ‚Burschen' herab. Der Redakteur der *Kölnischen Volkszeitung* trat in die Fußstapfen des Dresdner Schundverlegers. Er machte sich seine Anschauungsweise, seine Ausdrücke, seinen Stil und ganz besonders auch seinen ‚Ton' zu eigen, mit dessen Erwähnung ich nun zu den ersten Seiten meiner Berichtigung zurückkehre. Dieser

Fischersche Schund- und Kolportageton beherrscht alles, was Herr Cardauns über mich geschrieben hat, und ist auch auf seine gehorsamen Gardisten übergegangen. Unwahrheiten und Verdrehungen achtet man schon gar nicht mehr, sie sind alltäglich. Ausdrücke wie Schwindler, Lügner, literarischer Hochstapler usw. wirft man als Früchte der verdorbenen Cardauns'schen Säfte einfach auf den Kompost. Dieser Herr kann meinen Namen schon gar nicht mehr nennen, ohne ein jämmerliches Beiwort hinzuzufügen. Er scheint gar nicht zu ahnen, dass er mit Stechapfelblüten wie ‚der glorreiche May!' nicht nur seine eigene Seele und seinen eigenen Stil vergiftet, sondern bei seiner hervorragenden Stellung auch die journalistischen Umgangsformen damit verpestet. Er ist auch hier Herrn Fischer seelisch verwandt. Der eine infiziert mit seinen Schundromanen die Volksseele überhaupt, der andere durch seine stilistische Unsauberkeit die Seele der Presse insbesondere! Wie konnte so etwas möglich werden? Bei einem Mann von der früheren Reinlichkeit des Herrn Cardauns?

Dieser Frage steht jeder Uneingeweihte ratlos gegenüber. Herr Cardauns kannte mich und meine Werke, auch ihre Wirkung. Er hatte sie und mich ‚turmhoch' gestellt. Meine Bücher enthielten nicht ein einziges laszives Wort. Ja, ich bin der einzige Schriftsteller, der 30 Bände Erzählungen geschrieben und dabei die Geschlechtsliebe vollständig ausgeschaltet hat! Da behauptet plötzlich jemand, dass ich unsittliche Romane geschrieben habe. Dieser jemand war nicht etwa eine Autorität, der man zu glauben hatte, sondern ein gewisser Herr Fischer, den niemand kannte. Was tat Herr Cardauns? Ohne in Berücksichtigung meiner bisherigen Unbescholtenheit und seiner bisherigen Hochachtung mir auch nur die kleinste Anfrage zu gönnen, setzte er sich mit dem obskuren Schundfabrikanten in Verbindung, ließ sich die Romane kommen, vertiefte sich in ihre moralischen Abgründe und schlug dann aus dieser bodenlosen Schamlosigkeit heraus in einer Weise auf mich ein, als ob er einen Casanova vor sich habe! Nicht etwa, dass mir nicht geglaubt wurde, nein, ich wurde gar nicht erst gefragt! Diese Sinnesänderung war eine so plötzliche und so vollständig radikale, dass ihre Gründe, falls man sie kennen lernte, gewiss ebenso befremden und frappieren würden wie die Änderung an sich selbst. Literarische Gründe aber, die sich, wie Herr Cardauns glauben machen will, wirklich nur auf die ‚Sittlichkeit‘ meiner Werke beziehen, sind sie jedenfalls nicht. Denn als ich öffentlich bat, doch meinen Prozess ruhig abzuwarten, bei dem sich herausstellen werde, dass die mir gemachten Vorwürfe unberechtigt seien, wartete er nicht etwa, sondern er schlug mit doppeltem Eifer zu. Es war ihm also nicht um die Klärung der Karl-May-Frage, sondern ganz allein nur um die Hiebe zu tun, die er mir zugedacht hatte. Es schweben gegen Münchmeyer und gegen Fischer noch andere Prozesse als der eine, um den es sich hier handelt. Man scheint das Herrn Cardauns verschwiegen zu haben. Die Untersuchung wird sich auch auf ihn erstrecken und dann werden die eigentlichen Ursachen seiner Handlungsweise wohl kaum mehr zu verbergen sein. Herr Cardauns hat in seinen Angriffen gegen mich aller ‚guten Sitte‘ derart ins Gesicht geschlagen, dass es nicht nur lächerlich, sondern etwas noch ganz anderes von ihm ist, sich zum Sittenrichter über mich zu erheben!

Ich kehre zu meiner Heimkehr aus dem Orient zurück. Ich hatte eine Fülle von köstlichen, tiefen, ja heiligen Eindrücken mitgebracht. Einiges davon ist in *Friede auf Erden* und *Babel und Bibel* verwertet. Ich wollte mich nun an ganz nur einem liebsten Ideal, der ‚Menschheitsseele‘ widmen. Denn ich liebe die Menschen, und alles, was ich schreibe, ist den ‚Menschheitsproblemen‘ geweiht. Wie aber wurde ich von diesen Geliebten daheim empfangen! Nicht wie von Menschen, sondern wie von Teufeln! Mehrere Wochen brauchte ich, um die aufgehäuften

Zeitungsartikel zu lesen und mich in den Beschuldigungen, die sie gegen mich enthielten, zurechtzufinden. Meine arme Frau weinte bitterlich, ich aber kämpfte das Leid hinab. Mitten in dieser Seelenpein gab ich die *Himmelsgedanken* heraus, eine unendliche Fülle von göttlicher Liebe und menschlicher Güte, nicht nur für meine Freunde, sondern auch für meine Gegner. Dazwischen hinein klang der Fischersche Reklameradau und der Lärm der sittlichen Rodomontaden[1] des Herrn Cardauns. Man weiß, dass ich mich mit psychologischen Problemen beschäftigte. Auch dieser letztere Herr ist eines. Aber es fiel mir nicht schwer, ihn zu durchschauen. Das alte, wohl bekannte „Nullum ingenium magnum sine mixtura dementiae" führte mich in das Innere dieses eigenartigen Charakters. „Kein Mann von Geist ist ohne eine Beigabe von Dummheit respektive Narrheit." Noch bei niemand habe ich dieses Wort so bewährt gefunden wie bei Herrn Cardauns. Männer von Geist beherbergen in sich zwei ganz entgegengesetzte Wesen. Das eine ist das Ingenium und das andere ist der Dummkopf respektive Narr. Sobald mir diese Sentenz einfiel, wusste ich mit einem Mal, warum die feindseligen Auslassungen des Herrn Cardauns, die an sich sehr ernst, ja schrecklich waren, für mich und alle, die hierüber mit mir sprachen, außerdem noch einen schnurrigen Beiklang hatten.

Psychologisch ist das im höchsten Grade interessant. Auf dieses ‚Ingenium' und auf diesen ‚Narren' des Herrn Cardauns komme ich wieder zurück, nachdem wir uns mit einer Art von Traum oder Vision beschäftigt haben, die ich hatte, als ich, vom Lesen der zahllosen, feindseligen Zeitungsartikel tief niedergedrückt, eines Abends ermüdet im Zimmer saß. Ich hatte grad eben einen schreienden Fischerschen Bombast gelesen und auf einen Stoß von Blättern gelegt, in denen allen zum tausendsten Mal nachgewiesen wurde, dass Herr Cardauns mich ‚entlarvt' und

---

[1] Rodomontade = Aufschneiderei, Großsprecherei

vernichtet' habe, da wurde meinen Nerven die Sache doch zu toll. Sie begannen in mir zu schwingen und zu klingen, um mir zu zeigen, was für ein Gesicht das Gebaren des Kölnischen Redakteurs in Wahrheit hatte. Ich sah eine große Vogelwiese, darauf ein riesiges Kasperltheater, mit einer lachenden Menschenmenge drumherum. Auf der Außenseite der Leinwand war in hundertfacher Vervielfältigung zu lesen: ‚Zehn Mark pro Person, der Preis eines Fischerschen Romans!' Herr Fischer selbst stand am Eingang, stieß immer während in eine schmetternde Trompete und rief dazwischen: "Herbei, herbei! Neu, neu! Neu, neu! Cardauns und May! Große Keilerei!" Man hörte im Innern der Bude Hiebe fallen. Dann brüllte, zeterte und fauchte es: "Ich habe ihn erschlagen, ich, nicht du! Er ist nun endlich tot, mausetot!" Das war ganz deutlich die Stimme des Herrn Cardauns. Eine andere Stimme, die ich nicht kannte, antwortete: "Dafür mache ich dich aber auch zum Professor der Geschichte in Bonn!" Ich gab Herrn Fischer nicht zehn Mark, sondern zwei Millionen Mark Entree und ging hinein. Da stand die fesche, nicht ganz züchtig gekleidete *Frankfurter Zeitung* und spielte Puppe, und mit der Rechten dirigierte sie Herrn Cardauns, der den Hanswurst zu spielen und den armen May alle zehn Minuten fünfmal umzubringen und dann zu brüllen hatte: "Ich habe ihn erschlagen, ich, nicht du! Er ist nun endlich tot, mausetot!" Worauf die *Frankfurter Zeitung* stets in anerkennendem Ton erwiderte: "Dafür mache ich dich aber auch zum Professor der Geschichte in Bonn!" Und nach jeder abgelaufenen halben Stunde fügte sie außerdem noch hinzu: "Und deine Inauguralrede hältst du über die Befähigung des Hanswurstes zur akademischen Professur!" Dann brach unter den Zuschauern ein homerisches Gelächter aus. Man klatschte, trampelte und jubelte und das zog immer weiteres Publikum heran. Herr Adalbert Fischer aber steckte einen Geldhaufen nach dem anderen in die Tasche und freute sich des Herrn Cardauns!

Dies zur psychologischen und moralischen Bewertung der Verhältnisse und der handelnden Personen. Herr Cardauns fordert mich nicht nur durch seine gegenwärtigen Artikel zur kräftigsten Abwehr heraus, sondern er zieht auch alles Veraltete und längst Widerlegte herbei und spielt jetzt zum zweiten Mal eine Rolle, die mich ins Verderben führen soll. Nämlich, da es an einem geschriebenen Kontrakt fehlte, kam es zwischen mir und meinen Gegnern nur darauf an, wer den Eid erhielt, sie oder ich. Darum zogen sie, die überhaupt keine sachlichen Beweise hatten, den Prozess in das rein Persönliche und gaben sich fünf Jahre lang die allergrößte Mühe, mich als einen Menschen hinzustellen, der nicht eideswürdig ist. Herr Cardauns reichte ihnen dazu seine Hand! Ich wurde in der ganzen Welt als ein lügenhafter, ehrloser Mensch blamiert. Die Richter lasen das in allen Zeitungen. Seine Henkerartikel wurden zu den Akten gegeben. Das wirkte wie Wagenschmiere in das Gesicht. Man kann sich den Einfluss auf den Gang des Prozesses denken. Es dauerte Jahre, ehe die Richter es vermochten, hinter diese Schmiere zu schauen. Umso höher nun aber auch der Wert meines Sieges. Der ganze Berg von Lügen, unter dem ich ersticken sollte, brach unter den Augen der Wahrheit und der Gerechtigkeit zusammen. Auf meiner Seite aber wurde nicht eine einzige, noch so geringe Unwahrheit gefunden. Und nun es sich nicht nur um die zivilrechtliche, sondern auch um die kriminelle Verfolgung meines Sieges handelt, wird Herr Cardauns abermals in das Geschirr gespannt, um ‚den Karren aus dem Dreck zu ziehen!' Man hofft, mit seiner Hilfe das ‚Ende mit Schrecken' abermals auf Jahre hinaus zu verschieben. Und man will mich durch ihn zu einer Rechtfertigung verleiten, durch die ich mein juridisches Material und meine Waffen für die noch bevorstehenden Strafprozesse verrate. Das ist der Hauptpunkt, der bei der Beurteilung der vorliegenden Entgegnung in Betracht zu ziehen ist. Ich soll übertölpelt werden!

Wenn Herr Fischer nicht gelogen hat, so beträgt mein Verlust durch ihn weit über zwei Millionen Mark und Herr und Frau Münchmeyer haben mich um genau ebenso viel betrogen. Es handelt sich also nicht um einen Pappenstiel, sondern um ein ungeheures, durch lange Jahre raffiniert fortgesetztes Verbrechen, welches nur deshalb bis heute ungesühnt geblieben ist, weil ich mir die Beweise erst durch den Prozess zu erkämpfen hatte. Und diese kriminellen Beweise mussten für mich die Hauptsache sein, weil aus ihr alle anderen Beweise springen! Die Sittlichkeitsfrage als prozessual Höchstes vorzuschieben, ist Spiegelfechterei, weiter nichts!

Jawohl, sie ist auch mir das ethisch Höchste, aber ich lasse sie mir nicht als Scheuleder anschnallen, um die Peitsche des Herrn Cardauns nicht zu sehen! Dieser Herr mag wohl wissen, was gut und was böse ist, aber in Beziehung auf die Prozessordnung scheint er ein goldiges Baby zu sein, dem ein Soxhlet-Hütchen[1] in den Mund gehört, nicht aber das große Wort! Dass er selbst jetzt noch, wo ich gewonnen habe, die Spiegelfechterei nicht lässt, beweist wohl mehr als genügend, dass er an die Münchmeyerei durch Knoten gebunden ist, die er selbst nicht mehr aufzuknüpfen vermag. Ich bin überzeugt, dass es nur mir gelingen wird, ihn aus diesen Fesseln zu befreien!

Nach Einleitung des Prozesses besuchte mich Fischer persönlich, um mir Angst zu machen. Er bat und drohte. Ich wies ihn ab. Es handelte sich um die Frage, ob ich sittlich oder unsittlich geschrieben habe. Sie konnte, da man den Schundfabrikanten mehr glaubte als mir, nur durch meine Originalmanuskripte beantwortet werden. Das weiß Herr Cardauns als langjähriger Redakteur ebenso gut wie jeder andere Mensch. Frau Münchmeyer stellte jetzt plötzlich alles Vorangegangene in Abrede. Fischer hatte ihr 175.000 Mark bezahlt und nun behauptete sie, ihr Mann habe diese Manuskripte damals für immer ge-

---

[1] Der deutsche Chemiker Franz von Soxhlet (1848-1926) konstruierte das erste Sterilisationsgerät für Säuglingsfläschchen.

kauft und darum stehe mir kein Recht auf sie zu. Herr Fischer sei jetzt ihr rechtmäßiger Eigentümer. Ich verklagte ihn also um diese meine Rechte. Nur wenn sie mir zugesprochen wurden, konnte ich meine Unschuld beweisen. Frau Münchmeyer trat als Nebenintervenientin gegen mich bei. Die Cardaunsschen Artikel machten es mir ungeheuer schwer, nicht einfach als Betrüger zu erscheinen, dennoch errang ich eine außerordentlich wichtige einstweilige Verfügung, die meine Gegner aber zur äußersten Anstrengung trieb, mich nicht sachlich, denn das konnte man nicht, sondern persönlich zu vernichten. Was damals geschah, darf ich nicht verraten. Es ist das Sache eines besonderen Verfahrens gegen Fischer, zu dem im September verhandelt wird. Zu sagen erlaubt, ist mir nur Folgendes:

Die Fischersche Reklame war trotz ihrer schlechten Zwecke eine geradezu geniale. Er arbeitete besonders für die ganz unteren Klassen. Die besseren Kreise überließ er Herrn Cardauns, der ihm das mit fast noch größerer Genialität besorgte. Es war für Kolporteure eine wahre Lust, diese beiden Männer an der Arbeit zu sehen. Wer von dem Schund nichts wusste, der erfuhr es durch Cardauns. Seine unbegreiflich kurzsichtige und unablässige Hindeutung, dass Karl May ‚Schamlosigkeiten' geschrieben habe, trieb Herrn Fischer Hunderttausende von Neugierigen in die Netze.

Mir wurde himmelangst! Was ich mit aller Kraft zu verhüten versuchte, nämlich die Verbreitung dieses Schundes, das wurde von Cardauns mit aller Kraft begünstigt. Es liefen so viele Bestellungen ein, dass die Fabrik sie nicht allein befriedigen konnte, sondern fremde Druckereien heranziehen musste. Und dabei sagte man mir, der Prozess werde noch lange Jahre dauern! Das brannte mir auf der Seele. Ich suchte und suchte nach einem Mittel, den Einfluss des Herrn Cardauns zu brechen und der Verbreitung der Fälschungen noch vor Schluss des Prozesses Einhalt zu tun. Es kostete Opfer, an deren Größe ich gar nicht mehr denken darf, aber es schien zu gelingen: Es kam zu jener Abmachung vom Februar 1903, die mir von Cardauns vorgeworfen wird, obwohl er der Vater von ihr ist. Der Wortlaut dieses so genannten Vergleichs ist nebensächlich. Hätte Herr Cardauns[1] überhaupt Wort halten wollen, so gäbe es trotz des Ausdrucks ‚die seiner Überzeugung usw. usw.‘ heute diese Schundromane nicht mehr. Er aber ging nur darauf aus, die Cardauns'sche Karl-May-Hetze und meinen brennenden Wunsch, sein Gift zu vernichten, zur Erpressung neuer, endloser Opfer von mir auszunutzen. Ich habe auch das gerichtlich anhängig gemacht und die Entscheidung steht nächstens bevor. Er hatte die Folgen seiner beispiellosen Habgier nicht berechnet. Der Prozess ruhte gegen ihn nur scheinbar, ging aber gegen Frau Münchmeyer umso nachdrücklicher und auch gegen ihn selbst noch im Verborgenen fort, denn es war mir nun möglich, ihn als Zeuge gegen sich selbst und gegen seine eigenen Verbündeten vorzunehmen und dadurch zu Beweisen zu gelangen, die wichtig genug waren, ganze Prozesse aufzuwiegen. Es kam durch ihn folgender Sachverhalt an den Tag:

Münchmeyers wussten, dass die Romane ihnen nur bis zur 20.000 gehörten. Aber als man sah, welch ein riesiges Geld sie brachten, wurde beschlossen, sie für immer zu behalten und den mündlichen Kontrakt abzuleugnen. Man betrachtete meine Originale als volles Eigentum und strich und änderte nach Belieben. Alles hinter meinem Rücken. Hauptsache war, mir niemals zu sagen, dass die 20.000 erreicht sei. Für den Fall, dass ich die Wahrheit dennoch entdecken und gerichtlich klagen sollte, war man fest gewillt, durch eine energische Zeitungskampagne die Fälschungen und Laszivitäten auf mich zu werfen und mich dadurch öffentlich zu vernichten. Nach diesem Plan wurde strikt gehandelt. Nur einmal, als es galt, mir einen neuen Roman abzulocken, wich Frau Münchmeyer von ihm ab,

---

[1] Müsste sinngemäß eigentlich ‚Fischer‘ heißen.

indem sie mir die oben erwähnten Eingeständnisse machte, doch leugnete sie dieselben später vor Gericht wieder ab. Ich musste sie durch Zeugen überführen. Dieser Plan wurde Herrn Fischer, bevor er das Geschäft kaufte, mitgeteilt. Er erfuhr schriftlich und mündlich, dass ich den Verkauf meiner Werke verboten habe, und zwar mit einer Unerbittlichkeit und Energie, die mich an den Rand des Verderbens brachte, weil sie an dem ihm attachierten Journalisten, Herrn Cardauns, einen ebenso erbarmungslosen Helfer fand. Ich hebe aus den Zeugenaussagen nur die folgenden zwei Punkte hervor:

1.) Fischer selbst war wiederholt gezwungen, als Zeuge einzugestehen, dass der Plan, mich durch die Zeitungen kaputt zu machen, vorhanden sei. Das genügt für heut!
2.) Es ist durch Zeugen, und sogar durch gegnerische Zeugen, erwiesen worden, dass meine Werke bei respektive von Münchmeyer gefälscht worden sind.

Wo, Herr Cardauns, ist nun der ‚einzige, ungeheure Schwindel', der mit meiner ‚Rettung' getrieben worden ist? In den Zeitungen stand: „Karl May hat seinen Prozess gegen die Münchmeyer nun auch in dritter und letzter Instanz vor dem Reichsgericht gewonnen, und es ist zu konstatieren, dass es während des ganzen Verlaufs dieser 6-jährigen Rechtssache den Gegnern trotz aller Mühe, die sie sich gaben, nicht gelungen ist, ihm auch nur ein einziges unwahres Wort oder auch nur die geringste Bestätigung dessen, was ihm vorgeworfen worden ist, nachzuweisen. Sein Sieg ist vollständig und bedingungslos." Ich trete für diese Zeilen voll und ganz ein, obwohl ich sie anders abgefasst hätte. Was Herr Cardauns gegen sie vorbringt, ist wieder nur Spiegelfechterei. Die Ausdrücke ‚Teilprozess' und ‚Teilurteil' sind für Juristen. Nicht einmal das ‚goldene Baby' scheint etwas davon zu verstehen. Für den Laien heißt das: Der Prozess wurde wegen seines kolossalen Umfangs in einen untersuchenden resp. erkennenden und einen ausführlichen Teil zerlegt. Im ersten Teil wird untersucht und Recht gesprochen. Im zweiten Teil wird das Urteil ausgeführt. Folglich kommt es für uns hier nicht auf den zweiten, sondern auf den ersten Teil an. Verstehen Sie das nun, Herr Cardauns? Das Urteil ist gefällt, ich habe obsiegt. Und alles, was ich durch diesen Sieg errungen habe, fällt auch Herrn Fischer mit zur Last. Wo ist da Schwindel? Und dieser Sieg ist wirklich vollständig und bedingungslos, denn ich habe jede Bedingung, die man an mich stellte, erfüllt. Wo ist da Schwindel? Drehe ich aber den Spieß um, so frage ich: Wenn es sich für Herrn Cardauns und seine Münchmeyerei in Wirklichkeit nur darum handelt, nachzuweisen, dass ich unsittlich geschrieben habe, warum hat man das dann nicht getan? Man hatte doch volle sechs Jahre Zeit dazu! Der Schwindel liegt wo – wo – wo? Die Absichten des Herrn Cardauns scheinen doch nicht auf die Sittlichkeit meiner Bücher, sondern auf ganz andere Dinge gerichtet zu sein? Es ist ein Jammer, dass ein Mann von seinen Meriten sich aus der Münchmeyerei Instruktionen holt, die auf der Lüge basieren und gegen Christentum, Humanität und gute Sitte verstoßen. Ich durchschaue diesen Herrn. Er steuert einem Aktschluss zu, der seiner unwürdig ist und ihm keinen Segen bringt!

Seine Ausführungen in Heft 4 der *Historisch-politischen Blätter* erinnern an den Kasperl der *Frankfurter Zeitung*. Nullum ingenium usw.! „Kein Mensch von Geist ist ohne Beimischung von Narrheit!" Sein Artikel zeigt von Seite 286 bis 309, dass sein ‚Ingenium', welches er auftreten lässt, sich in Gefahr begibt, als ‚mixtura dementiae' wieder abzutreten. Diese ‚mixtura' ist kenntlich am Fischerschen Stil und Ton. Immer nur Anzüglichkeiten und Beleidigungen! Das ‚Ingenium' beginnt Seite 286 natürlich mit ‚Quellenmaterial!', ‚Öffentlichen Erklärungen!' und ‚Akten!', aber schon 287 zeigt sich die ‚mixtura', die bei öffentlichen Vorträgen nicht das Soxhlet-Hütchen, sondern das große Wort im Munde führte. ‚Die Prozesse', Seite 288-292, enthalten abermals Spiegelfechterei. Kein ‚Ingenium', sondern nur eine ‚dementiae' kann mir die Schuld geben, wenn ein anderer einen Prozess verliert, den ich nicht führe! Hätte ich sie geführt, so hätte ich sie sicherlich gewonnen. Um Herrn Cardauns dies zu beweisen, werde ich sie wieder aufnehmen lassen und selbst zu Ende führen! Ob ich meine Beleidigungsklage auf die Unsittlichkeit oder auf die Irrenanstalt stelle, geht allerdings das ‚Ingenium' nichts, umso mehr aber die ‚mixtura' sehr viel an! Über diese ‚mixtura' und Herrn Schumann in Dresden wird noch vor Gericht verhandelt werden! Über den ‚Rettungsfeldzug', 292-296, habe ich zu sagen, dass Herr Cardauns seine ‚Rettung des Herrn Karl May' nur zu seiner eigenen Rettung geschrieben haben kann. Selbst wenn ich es nötig hätte, gerettet zu werden, würde ich mich doch dagegen wehren, weil ich weiß und sehe, dass dabei das ‚Ingenium' von der ‚mixtura' zu Grunde gerichtet wird! Bei der famosen ‚Kritik der Rettungsaktion', 297, muss ich leider an mein Buch *Himmelsgedanken* denken. Herr Cardauns kritisierte über dasselbe folgendermaßen: „Auch als lyrischen Dichter müssen wir uns Herrn May verbitten!" Das ganze Buch enthält aber nicht ein einziges lyrisches Gedicht. Seit dieser ganz unglaublichen mixtura dementiae muss ich mir das ‚goldige Baby' als Kritikus verbitten! Zu 298 usw.: Glaubt Herr Cardauns etwa, dass er als Zeuge Reden halten kann à la Elberfeld und Coblenz! Ich werde ihn allerdings zitieren lassen. Wann, das ist nicht seine, sondern meine Sache. Da werden ihm ganz bestimmte Fragen vorgelegt und er hat sie kurz, bündig und bescheiden zu beantworten. Sie werden sich nicht auf seine Ansicht über mich und meine Werke beziehen, sondern auf meine Ansicht über ihn und seine Dresdener Verhältnisse! Über den ‚Vergleich May-Fischer', 301-305, habe ich mich bereits ausgesprochen. Es ist hierüber ein Prozess im Gange. Das ‚Ingenium' des Herrn Cardauns hat die gerichtliche Entscheidung abzuwarten; will aber seine ‚mixtura' bereits vorher darüber reden, so soll mich wundern, in welchem Blatt es geschieht! ‚Der Prozess May - Witwe Münchmeyer', 305-309: Das ist weder das ‚Ingenium' noch die ‚mixtura', die hier von ‚Talern, Groschen und Pfennigen' redet, sondern eine mir sehr wohl bekannte Dresdener Stimme, die nächstens Gelegenheit finden wird, sich vor der Anwaltskammer zu verantworten. Und grad in dieser und einer verwandten Angelegenheit wird Herr Cardauns vor einer andern Kammer stehen, ob als Zeuge oder als etwas anderes, das ist wohl weder dem ‚Ingenium' noch seiner ‚mixtura' heut schon klar!

Mit dem jetzt vom Reichsgericht aufrecht erhaltenen Teilurteil ist die Untersuchung meiner Angelegenheit allerdings zu Ende. Was nun noch folgt, ist nur die Ausnutzung des Sieges, Herr Cardauns mag es drehen, wie er will! Die Leser dieser Zeilen sind über die Soxhletzeit hinaus und danken für alles, was dieser Herr sich teils aus der Münchmeyerflasche und teils aus seinen eigenen Fingern saugt. Wenn er auf Seite 297 so peremtorisch[1] fragt: „Um was hat es sich denn eigentlich bei dieser gerichtlichen Auseinandersetzung gehandelt?", so bin ich gern bereit, die fünf Millionen, um die ich betrogen worden bin, zu überspringen, indem ich seinem Wunsch gemäß antworte: Um die Frage, ob ich sittlich oder unsittlich geschrieben habe. Diese Frage aber ist durch den Prozess beantwortet. Erstens hat Fischer eingestanden, dass die unsittlichen Stellen von dritter Hand hinzugetragen worden sind. Als Sittenzeugnis habe ich das zurückgewiesen, als Zurechtweisung für die ‚mixtura dementiae' aber hat es vollen Wert! Zweitens ist durch Zeugen unwiderleglich bewiesen, dass Münchmeyer meine Arbeiten gefälscht hat. Und drittens hat sich während des Prozesses herausgestellt, dass Herr Cardauns sich im Besitz meiner Originalmanuskripte befindet, und das sind:

---

[1] endgültig, abschließend

13.000 Quartblätter
mit 26.000 von mir selbst beschriebenen Seiten!

Herr Cardauns weiß ebenso gut wie ich und jeder andere, dass bei der von ihm aufgeworfenen Frage nur diese Originale authentisch und beweisgebend sind.

Er hat von Anfang an bis heute behauptet, im Besitz des Beweismaterials zu sein. Er hat mich auf dieses Material hin vor aller Welt an den Pranger gestellt und tut das auch noch heute. Es ist also gar nicht anders möglich, als dass er diese 26.000 Seiten besitzt und mit dem Fischerschen Schund verglichen hat. Ich fordere ihn hiermit auf, mir bis zum ersten September a. c. öffentlich mitzuteilen, von wem er diese Manuskriptenstöße bekam und wo sie sich befinden. Sie gehören nämlich mir, und wer sie mir vorenthält, begeht eine Unterschlagung, die ich streng bestrafen lassen werde. Besteht sein so genanntes Beweismaterial aber vielleicht nur aus gedrucktem Münchmeyer-Schund, so hat er mich und die ganze öffentliche Welt seit Jahren belogen und betrogen und den niederträchtigsten und gemeinsten Schwindel begangen, wie es keinen zweiten gibt in der Presse sämtlicher Völker! Und stellte sich heraus, dass nicht er, sondern ein anderer der Schwindler ist, so wäre sein ‚Ingenium' zur ausgesprochenen ‚Narrheit' geworden und die Vision hätte Recht, die ihn mir als ‚Hanswurst in fremden Händen' zeigte. Denn ein ‚Narr' oder ‚Hanswurst' muss doch wohl derjenige sein, der als so langjähriger Redakteur, sogar Hauptredakteur, nicht einmal weiß, dass Drucksachen keine geschriebenen Originalmanuskripte sind!

Jedermann weiß, dass ich ein Kind des niedrigsten Standes, der bittersten Armut bin. Das Elend war meine Wiege und der Hunger nährte mich. Ich lernte schon in meinen ersten Tagen das hagere Gespenst des Menschheitsleides kennen. Es hatte mich besonders lieb, es lächelte mich an und nahm mich an sein Herz. Es hat mich durch die Kindheit, durch die Jugend und durch das Alter bis hierher getragen. In seinen Armen liege ich noch heut. Es ist mir nichts erspart geblieben, was es an Leibesnot und Seelenqual in unserer Erdenhölle gibt. Und dennoch habe ich das Leben und die Menschen lieb, und wenn das Herz mir schwer und schwerer wird, so dass es brechen oder sterben will, so greife ich zur Feder und wandle meine Qualen in Glück für andre um, in Glück auch für die Toren, die mich hassen! Warum hassen sie mich? Warum hasst mich Herr Cardauns? Er nannte mich einen Taxil, einen Graßmann. Ich bin weder dieser noch jener. Er behauptete, ich sei ein unsittlicher Schriftsteller. Auch das ist nicht wahr. Als er in Elberfeld gegen mich sprach, versicherte er mit Pathos: „Wenn es sich herausstellt, dass May diese Unsittlichkeiten nicht geschrieben hat, bin ich der Erste, der ihm die Hand zur Versöhnung reicht!" Er hat es nicht getan. Ist es denn gar so schwer, die geballte Hand zu öffnen, zumal wenn man Unrecht hat? Pustet und Denk kehrten zu mir zurück, Muth und Pöllmann und andere werden ihnen folgen. Ist Cardauns nicht ebenso edel, nicht ebenso groß? Ist er kleiner als sie? Bei dem erwähnten Vortrag rief er in sittlicher Entrüstung aus: „Wer da lügt, muss Prügel haben!"

Er hat mich jahrelang geprügelt, ohne dass ich log. Jetzt lügt er! Aber ich gebe ihm diesen Spruch nicht zurück. Ich warne ihn nur, indem ich sein hochmütiges Wort wiederhole, dass mit meiner Rettungsaktion ein einziger, ungeheurer Schwindel getrieben worden sei. Aber dieser Schwindel geschah nicht von Seite derer, die er einfach zu den ‚Dummen' wirft, sondern von Seite derer, die, so Gott will, alle werden! Ich vollende in nächster Zeit ein Werk, welches schon fast fertig gedruckt ist und unter dem Titel *Ein Schundverlag*[1] die ganze Karl-May-Hetze und den Münchmeyerprozess ausführlich beschreibt. Es wird da jede hierbei tätig gewesene Person so scharf wie möglich beleuchtet, damit der literarischen Forschung späterer Zeit ein authen-

---

[1] Karl Mays Gesammelte Werke Bd. 83, „Am Marterpfahl"

tisches, wohlgesichtetes und peinlich genaues Material zur Verfügung stehe.

Es tut mir aufrichtig Leid, dass das umfangreiche Kapitel, welches ich Herrn Cardauns widme, in einem so traurig tiefen Schatten liegt, doppelt hervorgehoben durch einen grellen, in das Gebiet der Monomanie hinüberweisenden Schein. Das ‚goldige Baby‘, die ‚Münchmeyersche Soxhletflasche‘ und der ‚Hanswurst der Frankfurter Zeitung‘ sind da in größerer gerichtspsychologischer Schärfe herausgearbeitet und der charakteristische Gegensatz zwischen dem ‚Ingenium‘ und der ‚mixtura dementiae‘ im Menschen Cardauns wird in ganz anderen, sehr deutschen Worten gezeichnet als hier in dieser Entgegnung, wo es mir noch gegönnt ist, schonend zu verfahren.

Radebeul-Dresden, im August 1907.

Karl May.

IST CARDAUNS REHABILITIERT?
ENTGEGNUNG ZU NO. 194 DER ‚GERMANIA'
(1907)

Herr Karl Küchler schließt seinen Artikel „Ist Karl May rehabilitiert?" in Nr. 194 dieses Blattes mit den folgenden Worten: „Herr Karl May hat noch immer den Beweis zu führen, dass er nicht gleichzeitig anständige und ‚abgrundtief unsittliche' Werke geschrieben hat. Bis er diesen Nachweis erbracht hat, möge er uns mit Zumutungen, seine Ehre auszubessern, verschonen."

Herr Karl Küchler befindet sich in mehrfachem Irrtum. Ich bat bei der Feuilletonredaktion der *Germania* um mein Recht. Etwas anderes wollte ich nicht. Und nebenbei beabsichtigte ich damit, die *Germania* vor der Blamage zu bewahren, mit Herrn Cardauns hereinzufallen. Herr Karl Küchler hat diesen Wink nicht beachtet und wird nun die Folgen tragen müssen. Leider verfällt er nicht nur in die bekannten Unzuverlässigkeiten, sondern auch in den Münchmeyer-Fischerschen Kolportageton des Herrn Cardauns. Indem ich seine Irrtümer richtig stelle, werde ich mich bemühen, diesen giftigen Ton zu vermeiden.

Erstens behauptet Herr Karl Küchler, dass Herr Cardauns den ‚Nachweis' meiner Unsittlichkeit angetreten habe, verschweigt aber, wo, wann und wie ihm dieser Nachweis gelungen sei. Zweitens behauptet er, dass ich ‚für Kinder und unreife Menschen Frömmigkeit geheuchelt habe'. Die Romane, welche er meint, sind im *Deutschen Hausschatz*, einer Zeitschrift für sehr ernste und sehr erwachsene Leser, erschienen. Wo sind da die ‚Kinder' und die ‚unreifen Menschen'? Und vor allen Dingen, wo ist die Heuchelei? Drittens behauptet er, dass ich geschäftsmäßig Pornografisches vertreibe. Also nicht nur Schamlosigkeit, sondern sogar geschäftsmäßige Schamlosigkeit. Etwas Schlimmeres kann man einem Autor, der dreißig Bände Erzählungen geschrieben hat, ohne sich auch nur ein einziges Mal mit der Geschlechtsliebe zu befassen, doch wohl nicht vorwerfen. Herr Karl Küchler wird vor Gericht die Stellen, in denen ich Frömmigkeit heuchle, nachzuweisen haben. Und ebenso wird er vor Gericht die unsittlichen Stellen der Münchmeyerromane zu bezeichnen und dabei durch die Vorlegung meiner Originalmanuskripte den Beweis zu führen haben, dass diese Stellen aus meiner Feder sind. Viertens ist die Erwähnung ‚zweier Beleidigungsprozesse‘ eine jener Cardauns'schen Spiegelfechtereien, die bei Leuten, welche offenen Auges sind, nicht verfangen. Diese Klagen waren nicht gegen mich, sondern gegen andere gerichtet. Auch bin ich weder als Zeuge beteiligt noch irgendwie aufgefordert worden, mich über den Gegenstand zu äußern. Ihre Erwähnung hat also nur den Zweck, die Karl-May-Affäre zu meinem Schaden zu komplizieren. Fünftens muss ich mir den Ausdruck ‚Clique‘ allen Ernstes verbitten. Was ich schreibe, ist wahr. Ich verbinde mich mit keinem Schurken. Und die Herren Redakteure und Autoren, die für mich eintraten, sind Ehrenmänner. Herr Karl Küchler wird vor Gericht die Namen derer zu deponieren haben, die er mit diesem höchst beleidigenden Ausdruck meint. Auch wird er an derselben Stelle die ‚besten Beweisgründe‘ aufzuführen haben, dass die ‚Öffentlichkeit wieder einmal gründlich angelogen worden ist‘. Ebenso wird er den ‚blauen Dunst‘ zeigen, den ich mit meiner ‚Clique‘ der Öffentlichkeit vormache, und zwar zum Besten anrüchiger Unternehmungen. Welche sind das? Sechstens soll mir in Beziehung auf den Friedberger Prozess Herr Karl Küchler den ‚Advokatenkniff‘ beweisen. Wie ich meinen Strafantrag formuliere, ist Nebensache, wenn nur die Hauptssache mit geklärt und verhandelt wird. Hier wieder Cardauns'sche Spiegelfechterei! Und warum nennt er nicht offen die betreffenden Namen? Es handelt sich um den Pfarrer, Religionslehrer und Redakteur Praxmarer in Friedberg in Hessen, den bekannten bayerischen Pädagogen Ludwig Auer, Direktor des berühmten Cassianeums in Donauwörth, und den Ordensmann und ‚Professor' Pater Bessler in der Abtei Sekkau, Steiermark. Diese Herren werden Herrn Karl Küchler wenig Dank wissen, dass er mich zwingt, nach so langer und ehrlicher Diskretion ihre Namen nun doch noch zu veröffentlichen. Sie wurden nur durch die Cardauns'sche Hetze verführt, gegen mich zu schreiben. Sie baten um Verzeihung, gaben mir schriftliche Ehrenerklärungen und baten mich, die Klage nicht weiter zu verfolgen, in deren Verlauf natürlich auch die ‚Unsittlichkeit' mit zur Verhandlung gekommen wäre. Ich willigte ein und verzichtete in Rücksicht auf ihren Stand und ihre Schüler und Beichtkinder sogar freiwillig auf die Veröffentlichung ihrer Ehrenerklärungen. Den Dank für diese Humanität bringen mir nun Herr Karl Küchler und Herr Cardauns! Siebtens habe ich mich gegen den Ausdruck ‚glatte Geldaffäre' zu verwahren. Die Richter aller drei Instanzen und auch meine Anwälte werden es mir gern bezeugen, dass es mir nicht auf das Geld angekommen ist, obwohl ich, wenn Fischer nicht gelogen hat, um fünf Millionen betrogen worden bin. Herrn Karl Küchler aber muss ich fragen, ob es denn ihm so gar sehr gleichgültig wäre, wenn man ihm solche Millionen unterschlagen hätte! Achtens habe ich in wohlerwogener Absicht nicht auf die Unsittlichkeitsfrage, sondern auf die Klarlegung meiner Eigentumsrechte geklagt. Ich wollte und musste durch Zeugen erwiesen haben, dass Münchmeyer meine Werke verfälscht hat. Die Zeugen, die ich brauchte, standen alle in Münchmeyers respektive Fischers Brot. Hätte man diesen meinen eigentlichen Zweck geahnt, so hätte Fischer mir jeden Zeugen unmöglich gemacht. Es hat bisher nur einer seiner Arbeiter für mich gezeugt. Den bedrohte er dafür mit drei Monaten Gefängnis, so dass der alte, ehrliche, abgearbeitete Mann sich vor Schreck und Angst hinlegte und starb. Unter solchen Verhältnissen hatte ich äußerst vorsichtig zu sein, denn Münchmeyer-Fischers kämpften mit jeder Art von Waffe gegen mich. Dieser blinden Gier verdanke ich es, dass mir, sogar auf Seite der Gegner, zwei vollwichtige Zeugen erstanden, welche die Fälschungen meiner Werke bewiesen. Das genügt doch wohl! Es ist also wahr und keine Lüge, wenn gesagt worden ist, es sei durch den Prozess erwiesen, dass meine Romane gefälscht worden sind. Aber diese Zeugen- und Eidesbeweise sind trotz ihrer Vollgültigkeit hier doch nur Nebensache. Die Hauptsache liegt im neunten und letzten Punkt, den ich so stark wie möglich zu unterstreichen bitte.

Nämlich Herr Cardauns wirft mir doch nicht etwa vor, dass Münchmeyer unsittliche Romane gedruckt habe; täte er das, so könnte er es durch Drucksachen beweisen. Sondern er wirft mir vor, dass ich diese Unsittlichkeiten geschrieben habe; das ist aber doch nicht durch das, was gedruckt worden ist, zu beweisen, sondern eben durch das, was ich geschrieben habe. Als langjähriger Redakteur, sogar Hauptredakteur, weiß Herr Cardauns ganz genau, dass in dieser Angelegenheit nicht die Münchmeyerschen Schunde, sondern meine selbstgeschriebenen Originalmanuskripte maßgebend sind. Und Herr Karl Küchler weiß das auch, denn auch er ist Redakteur im Dienste der *Germania*. Nun hat Herr Cardauns nicht nur behauptet, dass ich unsittlich geschrieben habe, sondern er hat auch in jeder seiner Veröffentlichungen mit ‚Akten‘, ‚Dokumenten‘ und dem Besitz von ‚Beweismaterial‘ geprahlt. Dieses Beweismaterial aber besteht nur aus meinen Originalmanuskripten, 13.000 Quartblätter mit 26.000 vollgeschriebenen Seiten. Er muss also dieses zentnerschwere Material besitzen und jede unsittliche Münchmeyersche Stelle mit der betreffenden Schreibseite meiner Manuskripte verglichen haben. Herr Karl Küchler wird nicht umhin können, mir da Recht zu geben. Die Sache liegt also folgendermaßen:

Im gegenwärtigen Kesseltreiben geht es nicht über meinen Pelz her, sondern über das Fell des Herrn Cardauns. Ich habe gar nichts zu beweisen! Der Ankläger, der Behauptende und also der zum Beweis Verpflichtete ist Herr

Cardauns. Ich warte nun schon seit Jahren auf seinen Beweis, habe aber bis heute noch nicht die geringste Spur von ihm gesehen. Herr Karl Küchler hat sich mit seinen Vorwürfen also nicht an mich, sondern an diesen Herrn zu wenden. Nicht ich, denn ich bin rein, sondern Herr Cardauns hat sich zu rehabilitieren! Der große Schwindel, von dem man spricht, fällt nicht mir, sondern dem zur Last, der die Öffentlichkeit in den Glauben versetzte, sein angeblich ‚einwandfreies Beweismaterial' bestehe aus meinen Manuskripten! Darum sind Herrn Karl Küchlers Schlussworte nicht auf mich, sondern nur auf Cardauns zu beziehen: Bis Cardauns den vollen Beweis von der Wahrheit seiner Behauptungen erbracht hat, möge er uns mit Zumutungen, seine Ehre auszubessern, verschonen! Und wenn dieser Beweis nicht sehr bald, und zwar durch Vorlegung meiner 26.000 geschriebenen Manuskriptseiten, geliefert wird, kann mich selbst meine beispiellose Langmut nicht mehr hindern, mir und der deutschen Literatur nun endlich Ruhe zu schaffen. Zunächst aber wird Herr Karl Küchler anzugeben haben, wann und wo ich ihn aufgefordert habe, meine Ehre auszubessern.

Radebeul-Dresden, den 26. August 1907
Karl May.

AN DIE DEUTSCHE PRESSE!
(1907)

Als der frühere Redakteur Cardauns mich vor Jahren öffentlich anklagte, in den Münchmeyerschen Romanen unsittlich geschrieben zu haben, behauptete ich, dass dies nicht wahr sei, versprach, den Verleger zu verklagen, und bat, das Ende des Prozesses abzuwarten. Ich hielt Wort.

Ganz selbstverständlich konnte die Frage, ob ich unsittlich geschrieben habe oder nicht, nur ganz allein durch Einsicht in meine Originalmanuskripte entschieden werden, welche sich im Besitz der Firma Münchmeyer-Fischer befanden. Da ihre Herausgabe mir verweigert wurde, musste ich sie mir erzwingen. Ich hatte also gerichtlich nachzuweisen, dass die Romane nicht Münchmeyer-Fischer, sondern mir gehörten, und darum wurde die Klage auf Anerkennung meiner Rechte und Rechnungslegung gestellt. Dass ich direkt auf Entscheidung über meine Sittlichkeit hätte klagen sollen, kann nur ein – – Laie verlangen!

Leider wartete man nicht. Herr Cardauns ging weiter gegen mich los, als ob meine Schuld bereits bewiesen sei. Er sprach in Zeitungen und öffentlichen Vorträgen von ‚Akten, Dokumenten, Urkunden, vollgültigem Beweismaterial' und auch von ‚Quellenbelegen'. Dass nur meine Originalmanuskripte maßgebend und entscheidend sind, weiß er als langjähriger Redakteur ganz bestimmt. Dennoch hat er von den über 13.000 Blättern mit über 26.000 von mir selbst sehr eng beschriebenen Seiten bisher noch nicht eine einzige Zeile gebracht und auch von ‚Not- oder Verlegenheitsbeweisen', die man, ohne die Unwahrheit zu sagen, vielleicht als Urkunden oder Dokumente bezeichnen könnte, ist nichts zu sehen gewesen. Und die ‚Quellenbelege'? Die Quelle, aus der sie stammen, ist der Münchmeyer-Fischersche Schundverlag, den ich nicht anders bezeichnen kann als mit diesem Wort, weil Fischer selbst sich ‚Schundverleger' nannte. Wie rein oder schmutzig diese Quelle fließt, mag man aus Folgendem ersehen:

Ich schrieb diese Arbeiten, um Münchmeyer zu retten und zu heben, genau so, wie Fischer dann später von mir dasselbe hoffte. Das Honorar war spärlich, doch hatten die Romane beim 20.000. Abonnenten mit allen Rechten an mich zurückzufallen, wobei die eigentliche Bezahlung in Form einer ‚feinen Gratifikation' erfolgen sollte. Der Erfolg war ungeheuer. Münchmeyer gab schon vor zirka 20 Jahren kolossale Ziffern an, nach denen ich Millionen eingebüßt habe. Aber diese Erfolge wurden mir sorgfältig verschwiegen. Ich erhielt keinen Pfennig, ich erhielt nie meine Rechte wieder und nie meine Originalmanuskripte zurück. Die Summen, welche einliefen, waren verführerisch. Sie waren so groß, dass man beschloss, die Romane für immer zu behalten und zu sagen, dass ich sie für alle Zeit und mit allen Rechten an Münchmeyer abgetreten habe. Aber der immense Erfolg konnte mir doch nicht ewig verschwiegen bleiben, einmal musste ich ihn doch erfahren. Was sollte man tun, wenn ich Münchmeyer dann verklagte? Nichts leichter als das! Man brauchte den Kontrakt, der ja kein schriftlicher war, nur einfach abzuleugnen! Aber falls ich den Prozess dennoch gewann? So war nur nötig, ein Mittel zu entdecken, mich derart einzuschüchtern, dass ich es nicht wagte, zu prozessieren. Einem Schundromanfabrikanten kann es nicht schwer fallen, ein solches Mittel zu erfinden. Man zog zwei Unterlagen herbei, auf die man baute.

Erstens hatte man meine Romane, natürlich ohne dass ich etwas davon ahnte, nach dem Grundsatz verändert, den Fischer später vor Gericht aussprach: „Ich kann auf die Unsittlichkeit nicht verzichten, sonst mache ich kein Geschäft!" Und zweitens gründete sich mein schriftstellerischer Ruf auf die Tatsache, dass ich in keinem meiner Werke mit der geschlechtlichen Liebe manipuliere. An diesem meinem Ruf musste mir alles liegen. Er war sofort verloren, falls es gelang, mir verborgene Unsittlichkeiten vorzuwerfen. Man brauchte die Veränderung meiner Originale einfach nur wirken zu lassen, ohne zu gestehen, dass sie von Münchmeyer seien. Und man brauchte nur noch so nebenbei ein kleines, allerliebstes, schamloses *on dit*[1] zu kolportieren, so war der Weg zu meiner vollsten Einschüchterung geebnet. Kurz, es entspann sich gegen mich, doch hinter meinem Rücken, eine Kabale, von der ich leider erst dann Kenntnis erhielt, als sie mit voller Wucht zum offenen Ausdruck kam. Es wurde gelegentlich gesagt und geflissentlich verbreitet, dass ich früher wegen ‚Unsittlichkeiten' bestraft worden sei. Es bildete sich über diese Bestrafungen ein ganzer Sagenkreis. Ich brauche wohl nicht ausdrücklich zu erklären, dass es nicht wahr, sondern eine raffinierte Lüge ist, erfunden zu dem Zweck, den Glauben vorzubereiten, dass ich gewiss auch fähig sei, unsittliche Romane zu verfassen.

Die Untersuchung, wie diese Kabale gegen mich sich von Jahr zu Jahr weiter entwickelt hat, gehört nicht hierher; sie ist beim Königlichen Landgericht im Gang. Ich habe nur zu konstatieren, dass Münchmeyers Plan, falls ich meine Rechte geltend machen und meine Originalmanuskripte zurückverlangen werde, darin bestand, mich durch Bedrohung einzuschüchtern und, falls dies nicht gelingen sollte, die Drohung ohne Skrupel auszuführen. Die Parole lautete:

„Wenn May klagt, wird er durch ganz Deutschland in allen Zeitungen kaputt gemacht!"

Dieser Plan, so unglaublich er zu sein scheint, ist erwiesen. Fischer selbst hat ihn bestätigt, vor Gericht, sogar dreimal in einer Viertelstunde. Der Vertrauensmann der Frau Münchmeyer, der den Verkauf des Geschäftes leitete, hat alles verraten. Als Fischer erfuhr, dass Frau Münchmeyer meine Romane „eigentlich nicht mit verkaufen dürfe", wurde er bedenklich. Da sagte ihm dieser Vertrauensmann,

---

[1] Franz.: Gerücht

der Walther hieß, grad heraus, dass er trotzdem ganz ruhig kaufen könne. Man besitze die Mittel, mich von der gerichtlichen Klage abzuhalten. Das ist die eine Seite der ‚Quelle', die Münchmeyersche, aus der die berühmten ‚Belege' des Herrn Cardauns stammen. Mit der anderen Seite, der Fischerschen, verhält es sich folgendermaßen:

Herr Fischer hat mir nachträglich selbst gesagt, er sei ein steinreicher Mann und seine bisherigen Kinder bekämen einst sehr viel Geld. Aber es sei ihm ein Söhnchen nachgeboren worden, für das er nun auch ein Vermögen zu erwerben habe, und das gehe am schnellsten und am leichtesten mit Karl Mayschen Sachen. Darum habe er das Münchmeyersche Geschäft gekauft, nur um meiner Romane willen. Also nur eines kleinen, nachgeborenen Fischerleins wegen hat Cardauns die ganze literarische Welt in Alarm versetzt! Bevor Fischer kaufte, warnte ich Frau Münchmeyer durch einen Brief, den beide gelesen haben. Ich drohte darin, zu verklagen. Fischer wusste also von meiner Seite aus sehr genau, dass Frau Münchmeyer die Romane nicht verkaufen durfte, weil sie mir gehören. Und ebenso wusste er das auch von Münchmeyerscher Seite aus, denn Walther, der Münchmeyersche Vertrauensmann bei dem ganzen Handel, teilte ihm ausdrücklich mit, dass Münchmeyer die betreffenden Rechte von mir zwar haben wollte, aber nicht bekommen habe. Er wusste also von beiden Seiten, dass die Werke nicht Frau Münchmeyer, sondern mir gehörten. Dennoch kaufte er sie und zahlte dafür 175.000 Mark! Wie war das möglich? Sehr einfach! Nur durch die beruhigende Versicherung:

„Haben Sie keine Angst! Den machen wir moralisch kaputt, wenn er überhaupt gegen uns vorgeht!"
und durch das hierauf folgende Übereinkommen:

„Wenn er doch verklagt, so machen wir ihn durch ganz Deutschland in allen Zeitungen kaputt!"

Diesen Plan hat Fischer ausgeführt. Über das Wie will ich schweigen. Zunächst kam er zu mir und forderte 70.000

Mark, dann werde er auf meine Rechte verzichten. Als ich ihn mit diesem Ansinnen zurückwies, drohte er. Ich klagte dennoch, denn ich war unschuldig, und Unschuld kann man nicht erkaufen! Im Verlauf des Prozesses wiederholte er die Drohung, mich „in allen Zeitungen kaputt zu machen", noch sehr oft, nicht nur gegen mich, sondern auch gegen meine Frau. Ja, er ging sogar so weit, sich meinem juristischen Vertreter, dem mitunterzeichneten Rechtsanwalt Bernstein, gegenüber in diesem Sinn auszusprechen! Am weitesten aber ging er in dem so genannten ‚Vergleich' vom 11. Februar 1903, den Herr Cardauns gewiss nicht erwähnt hätte, wenn er wüsste, um was es sich da handelt. Es liegt sogar von später noch eine ganze Reihe von Erpressungen vor, über die vor Gericht noch zu verhandeln ist.

So, das ist die andere Seite der ‚Quelle', aus der Herr Cardauns seine ‚Belege' bezieht! Diese Quelle ist eine Kolportageschundfabrik. Herr Cardauns bezieht aus ihr seine ‚Belege'! Der Besitzer dieses Schundgeschäftes erklärt vor Gericht, dass er auf die Unsittlichkeit nicht verzichten könne, sonst mache er keine Geschäfte. Herr Cardauns bezieht von ihm seine ‚Belege'! In dieser Schundfabrik steckt man die Millionen ein, die Karl May gehören. Herr Cardauns bezieht aus ihr seine ‚Belege'! Herr Fischer eignet sich die Werke von Karl May an, obgleich er weiß, dass dies nach dem Strafgesetzbuch ein Verbrechen ist. Herr Cardauns bezieht von ihm seine ‚Belege'! Die Schundfabrik will Karl May in den Zeitungen totmachen, falls er sich gerichtlich gegen das Unrecht wehrt. Herr Cardauns bezieht aus ihr seine ‚Quellenbelege'! Als May trotz dieser Drohungen die Klage erhebt, gehen Münchmeyer-Fischer mit vereinten Kräften gegen den völlig Unschuldigen vor, indem sie mit dem ‚Totmachen in den Zeitungen' beginnen. Herr Cardauns bezieht von ihnen seine ‚Belege'! Der Totschlag in den Zeitungen hat schon seit Jahren angehalten, ein kaum auszusagendes Schinden und Kafillern sondergleichen. Durch dieses fast unglaubliche Quälen und Martern ist der Münchmeyer-Fischersche Plan gegen May, falls er klagen sollte, zur Ausführung gebracht und die kolossale Erpressung also erwiesen. Herr Cardauns bezieht seine ‚Quellenbelege‘ von ihnen weiter! Aber nicht bloß das, sondern man höre: Herr Cardauns bekommt diese ‚Quellenbelege‘ geliefert, um in den Zeitungen gegen mich vorzugehen. Indem er das tut, stellt er sich auf das gleiche Niveau mit der Schundfabrik und macht sich zum ausführenden Domestiken der Münchmeyer-Fischerschen Kabale! Man könnte an der Gerechtigkeit, Gewissenhaftigkeit und Ehrlichkeit dieses Herrn Cardauns verzweifeln, wenn nicht noch die Annahme möglich wäre, dass er unter der ihm weit überlegenen Suggestion des Schundverlages steht. Diese Suggestion ist ungeheuer stark. Wer das nicht weiß, der glaubt es nicht. Auch ich habe es erfahren, an mir selbst. Und es bedurfte meiner ganzen Willenskraft, mich von diesem niederträchtigen Einfluss loszureißen.

Dieser Einfluss ist bei Herrn Cardauns so groß, dass er in seinen gegen mich gerichteten Artikeln schon ganz sich selbst verleugnet und nur noch in der Sprache und im Geist der Kolportage redet. Denn nur in diesem Geist kann er die juridische Lächerlichkeit begehen, meinen Rechtsanwälten vorzuwerfen, dass sie die Prozessforderung nicht so gestellt haben, wie es ihm beliebt. Und nur in diesem Geist kann er ihnen und mir zumuten, ihm über die ‚sittlichen‘ Erfolge unseres Prozesses Rechenschaft abzulegen! Und nur darum, weil er von diesem Geist geblendet ist, sieht er nicht, dass eine Schundquelle ihm nur Schundbeweise und Schundbelege liefern kann und dass er nur das zu lesen bekommt, was für den Schund scheinbar günstig klingt, nicht aber das, was ihn verdammt. Und nur in diesem Geist konnte er sich rühmen, in seinem Vorgehen gegen mich gerecht und unparteiisch verfahren zu sein. Ich konstatiere hiermit vor der gesamten deutschen Presse, dass Herr Cardauns mit den Schundfabrikanten in fluktueller Verbindung steht, mit mir aber noch nicht ein einziges Wort gewechselt hat, um sich von der Wahrheit zu überzeugen. Das sagt wohl mehr als genug!

Herr Cardauns befindet sich in einer schlimmen Lage. Er hat mich vor Jahren öffentlich beschuldigt, die Münchmeyerschen Romane unsittlich geschrieben zu haben. Er ließ sich von Fischer, der weit pfiffiger war als er, verleiten, gegen mich derart aufzutreten, als ob er meine wirklichen Originalmanuskripte, nicht aber die falschen Münchmeyerschen Abdrucke in den Händen habe. Jetzt nun, da die Zeitungen endlich beginnen, von diesen Fälschungen und von den an mir verübten Dingen zu sprechen, wird ihm himmelangst um seine eigene Ehre. Er tritt wieder gegen mich auf, wie Goliath, ‚sechs Ellen und eine Handbreit hoch‘, und hält beschimpfende Reden, genau wie dieser Philister. Der Stoff zu diesen Reden stammt aus der Schundfabrik und ihr Zweck ist, mich zu übertölpeln. Es gehen nämlich noch weitere Prozesse gegen Münchmeyer-Fischer nebeneinander. Der Schundverlag möchte nun gar zu gern erfahren, mit welchen Waffen aus dem gewonnen Prozess ich mich für die anderen zu rüsten gedenke. Daher die jetzigen Ausführungen des Herrn Cardauns. Daher besonders auch die Zumutung, mich über die Beweise der Münchmeyerschen Fälschungen auszulassen. Diese Beweise liegen vor Gericht. Da haben sie liegen zu bleiben, bis ich sie nicht mehr brauche. Da sind sie mir sicher. Da werden sie mir nicht auch noch gefälscht!

Herr Cardauns hat sich eine Reihe von Jahren hindurch darin gefallen, mein Schicksal zu lenken und meinen Richter zu spielen. Aus diesem Spiel wird nun Ernst. Nicht für mich, denn ich bin allezeit ernst, sondern für Herrn Cardauns. Er hat entweder meine Originalmanuskripte vorzulegen und die Stellen zu zeigen, auf die er seine Anklagen gründet, oder er hat einzugestehen, dass er zum Richter über mich und meine Werke nicht die geringste Befähigung besitzt. Denn wer Cardaunssche Urteile fällt, ohne auch nur ein einziges Manuskriptblatt zu besitzen und ohne mich auch nur ein einziges Mal um Auskunft ersucht zu haben, der kann nur der Gerichtete, nicht aber Richter sein!

Zum Schluss noch eine Bitte an die deutsche Presse.
Die Presse ist eine Schirmburg, erbaut zum Schutz des Rechts, der Humanität, der guten Sitte. Ihre Tür steht einem jeden offen, an dem gegen dieses Recht, gegen diese Humanität und gegen diese gute Sitte gesündigt wird. Als Herr Cardauns vor Jahren diese dreifache Sünde an mir beging, flüchtete ich mich nach dieser Burg. Ich wurde abgewiesen. Ihm, dem Pressgewaltigen, standen alle Zeitungen offen; mir aber warf man zwei- oder dreimal eine nichts sagende, altbackene Zeile zu, an der die Gerechtigkeit ihren Hunger doppelt fühlte. Ich komme heut zum zweiten Mal; ich weiß, es ist das letzte Mal. Ich bitte um Gerechtigkeit, um weiter nichts! Ich verlange, dass Herr Cardauns sich nun endlich einmal über meine Originalmanuskripte mit derselben Offenheit ausspricht, mit der er sich über den Münchmeyerschen Schund verbreitet hat. Dann, wenn das geschehen ist, soll die Presse Richter sein über mich und über ihn. Tut er das aber nicht, so ist er ganz von selbst gerichtet und die arme deutsche Literatur wird wieder Ruhe haben.

Radebeul-Dresden, Ende August 1907.

Karl May.

HERR RUDOLF LEBIUS, SEIN SYPHILISBLATT UND SEIN INDIANER
(1910)

Soeben versendet Herr Rudolf Lebius ein neues Flugblatt gegen mich, welches angeblich aus der Feder eines ‚Vollblutindianers‘ stammen soll. Dieser Indianer ist ein Mohawk und nennt sich Brant Sero. Die Überschrift des Flugblattes lautet „Eines Indianers Protest gegen die blutrünstige Indianerliteratur". An der Spitze ist Brant Sero in indianischer Kleidung mit großem Federkopfschmuck abgebildet. Ganz selbstverständlich wendet sich der Inhalt trotz der Überschrift nicht etwa gegen die „blutrünstige Indianerliteratur" überhaupt, auch nicht etwa gegen die alleinschuldigen Verfasser der berüchtigten Zehn- und Zwanzigpfennighefte, sondern gegen mich allein, der ich mit diesen Verfassern und deren Heften nicht das Geringste zu schaffen habe. Es handelt sich also nicht um den vorgespiegelten allgemeinen, zornesedlen Protest, sondern einzig und allein um eine sehr unedle, „blutrünstige" Abschlachtung Karl Mays. Urheber des Machwerkes ist nicht Brant Sero, sondern Rudolf Lebius. Als vor einigen Jahren Herrn Lebius ein Gerichtstermin drohte, in dem ich als Zeuge vorgeschlagen war, gab er unter anderem Namen ein ähnliches Pamphlet heraus, welches genau kurz vor diesem Termin zu erscheinen hatte. Es sollte auf die Richter gegen mich wirken. Er hat für den betreffenden Namen 250 Mark bezahlt. Jetzt, am 29. Juni, war wieder ein solcher Termin anberaumt, von dem alle Zeitungen berichteten. Natürlich musste da wieder etwas gegen mich losgelassen werden, auch ganz kurz vor dem Termin, am 27. oder 28. Juni, dieses Mal angeblich von einem Indianer, also eine Sensation allerersten Ranges. Da dieser Indianer aber leider weiter nichts als ein herumziehender Schaubuden- respektive Schautruppentänzer ist und bei der Darstellung indianischer Pferdediebe und Mordbrenner mitzuwirken hatte, so wurde er schleunigst in einen großen ‚Gelehrten‘ verwandelt und der Berliner Strafkammer, die in der Berufungssache May-Lebius zu entscheiden hat, als Sachverständiger benannt. So etwas war nur Herrn Lebius zuzutrauen. Nicht zugetraut aber hätte ich ihm, dem stets so außerordentlich Pfiffigen, die unverzeihliche Torheit, den auf allen Schaustellungen herumtanzenden und mit „blutrünstigen" Revolvern herumknallenden Roten auch außerhalb des verschwiegenen Gerichtssaales, nämlich in der hellsten Öffentlichkeit der Presse, als Kapazität auftreten zu lassen und gegen mich loszuhetzen. Denn dadurch zwang er mich, in Winkel zu leuchten, in denen weder für Herrn Rudolf Lebius noch für Mister Brant Sero etwas Ersprießliches zu entdecken ist. Alle meine Leser wissen, wie sehr und wie aufrichtig ich mich für die rote Rasse begeistere. Es ist ein Teil meines Lebenswerks, nachzuweisen, dass sie nicht dem Untergang geweiht ist, sondern eine große Zukunft besitzt. Es tut mir außerordentlich Leid, einem ihrer Angehörigen in der Weise entgegentreten zu müssen, wie es hier geboten ist. Er ist der Verführte. Die wirkliche Schuld und die Verantwortung fällt auf den Verführer! –

In gewissen Zeitungen trifft man auf folgende und ähnliche Annoncen:

Syphilis
Heilung durch Aufklärung. *Lazarus*
(Monatsschrift). Jahresbezugspreis
2 Mk. 40 Pfg. Mommsenstraße 47,
Charlottenburg.

Kommt der Syphilitiker, der das liest, nach Charlottenburg, Mommsenstraße 47, so wohnt da Herr Rudolf Lebius mit seiner Frau M. Lebius, die mit ihrem Namen als Verlegerin des Syphilisblattes zeichnet. Dieses Blatt heißt *Lazarus*. Die Frau ist auch Verlegerin des *Bund*, des Leibblatts der Lebius'schen Gemeinde. An dem Kopf dieses Blattes sind eine Menge der bedeutendsten und ehrenhaftesten Firmen angeführt. Lebius bezeichnet einen Geheimen Kammergerichtsrat als ‚mein Syndikus'. Hoch gestellte Juristen werden als Anwälte genannt. Dabei aber stützt sich der Lebius'sche Verlag auf Syphilisannoncen, um Klienten nach seiner Wohnung zu ziehen. Im *Lazarus* ist den ‚Syphilistropfen' und ähnlichen Dingen der breiteste Raum gegeben. Und ausgerechnet grad dies Syphilisblatt hat Lebius gewählt, um den angeblichen ‚Protest' des Indianers Brant Sero beizulegen und in die Welt hinauszuschicken. Ist die rote Rasse, der alle anständigen Zeitungen der ganzen Welt sehr gern zur Verfügung stehen, so tief gesunken, dass sie nur noch im Rahmen der Charlottenburger Syphilisinteressen ihr Heil zu finden vermag? Wer ist denn eigentlich dieser Brant Sero, welcher der Wahrheit entgegen behauptet, dass die Indianer über keine Presse verfügen? Soll ich ihm ein Schock und noch mehr ganz prächtige indianische Zeitungen nennen, die kleineren gar nicht gerechnet? Und wie kommt er zu der Ansicht, dass ich Angst vor ihm gehabt habe? Ich habe seine Schaustellungen in Dresden wiederholt besucht und war empört darüber. Wir haben – sowohl ich als meine Frau – mehrere Male mit ihm gesprochen, aber unsere Namen nicht genannt. Wir haben mit George W. Deer, James D. Deer, Mrs. James D. Deer und anderen gesprochen, uns aber gehütet, zu sagen, wer wir sind. Denn hätte ich meinen Namen genannt, so wäre ich verpflichtet gewesen, das ungeheure Verwerfliche dieser so genannten ‚Wild West Show' derart zu geißeln, dass es zu ernsten Szenen gekommen wäre, und das wollte ich nicht.

Ich frage, wer ist schuld daran, dass es hier minderwertige Schriftsteller gibt, die so „blutrünstige" Sachen schreiben, wie im Verlage von Münchmeyer, Eichler und anderen erscheinen? Etwa wir? Mitnichten! Man schaue nach, seit wann solcher Schund erscheint! Seit dem ersten Auftreten von Buffalo Bill und Konsorten. Seit dem Erscheinen jener Wild-West-Schaustellungen, bei denen rote Räuber, rote Diebe, rote Schurken, rote Mörder die Hauptrolle spielen. Und die, welche diese niederträchtigen, verlogenen Rollen gaben, waren – – – Indianer! Sie taten das für Geld! Sie zogen bei uns herum! Sie schrien und brüllten ihr Kriegsgeheule! Sie schmückten sich mit falschen Federn! Sie beschlichen und bestahlen einander! Sie überfielen einander! Sie knallten einander nieder! Sie mordbrennerten! Das alles haben uns die Buffalo Bills, die Texas Jacks und anderen zu hundert Malen gezeigt und wir mussten es bezahlen. Und was der Deutsche bezahlt, das hält er fest. In allen diesen Wild-West-Shows wurden die niederträchtigsten Schufte von Indianern dargestellt. Sie gaben das, was sie mimten, für Wahrheit aus. Es war unsere Pflicht, es ihnen zu glauben, und der Ungebildete glaubte es ihnen auch wirklich. Ist es da ein Wunder, dass sie in den jetzigen Schundheften das alles wieder finden, was sie uns an blutrünstigen Grauenhaftigkeiten vorgelogen haben? Ich kenne ehrenhafte Indianer, die sich lieber erschießen als für Geld sehen lassen würden. Diese hier aber sind wiederholt durch ganz Europa gezogen und haben überall da, wohin sie kamen, die Ehre ihres eigenen Stammes, ihrer eigenen Rasse mit Füßen getreten und uns Erinnerungen hinterlassen, für die ich nicht die richtigen bezeichnenden Worte setzen will. Es sind nur wenige deutsche Schriftsteller, denen es geglückt ist, sich von diesen Eindrücken freizumachen, sich über sie zu erheben. Ich selbst habe mir die größte Mühe gegeben, diese Blutrünstigkeiten auszuwischen, den roten Mann als sympathisch hinzustellen und ihn in meinem *Winnetou* zu idealisieren. Ich kann wohl sagen, wir haben bei unsern Lesern etwas erreicht.

Aber wieder und immer wieder kommen neue, herumziehende Indsmen herüber, um die reinen Bilder zu beschmutzen.

Nie hat mich das so sehr empört, wie bei der Truppe, zu

welcher Brant Sero gehörte. Diese Darstellung der indianischen Verkommenheit und Grausamkeit musste in jedem Zuschauer die etwa vorhandene Sympathie für die rote Rasse geradezu vernichten. Diese niederträchtigen Überfälle weißer Ansiedler! Diese „blutrünstigen" Raub- und Mordbrennerszenen! Ein Dieb wurde vom Pferd an der Leine im Galopp über das Feld geschleift, an einem Baum emporgehisst und dann von roten Burschen, Frauen und Mädchen mit Revolverkugeln durchlöchert! Rundum stand die hoffnungsvolle Dresdner Jugend und jubelte vor Entzücken! Die Väter und Mütter schmunzelten! Ahnten diese Eltern denn nicht, dass die Seelen ihrer Kinder soeben für immer vergiftet wurden?

Und Mister Brant Sero war auch dabei, wenn auch nur in sehr untergeordneten Rollen. Er tanzte, er mordbrennerte mit und er pferdediebte mit. Er bekam nur 50 Mark pro Woche, nach amerikanischen Begriffen ein wahrer Hungerlohn. Aber er trank gern, und zwar aus den größten Gläsern. Daher kam es, dass er dem Wirt für Wohnung 180 Mark schuldig blieb, für Essen und Trinken über 119 Mark. Das ist bis heute noch nicht bezahlt. Sogar der arme Kellner hatte sieben Mark zu fordern. Ich gab sie ihm, der seine paar Groschen so notwendig braucht. Der Wirt, Karl Stieler, hat über 300 Mark zu bekommen, auch für die Wäsche Mister Brant Seros. Dieser Letztere hat nichts anzuziehen gehabt. Da hat ihm der Wirt einen getragenen Überrock für 22 Mark gekauft, ihm sieben Mark geschenkt und nur 15 Mark verlangt, aber auch diese nicht bekommen. Das ist der ‚große indianische Gelehrte'! Der 2. Vizepräsident der historischen Gesellschaft von Ontario! Der die hervorragenden Männer aller Stämme des nordamerikanischen Kontinents kennt! Ich aber weise ganz anderes nach. Nicht einmal die Federn gehörten ihm, die man auf seinem Bild sieht; er hat sie sich geborgt!

Arme historische Gesellschaft von Ontario! Dein Präsident tanzt für Geld auf deutschen Völker- und Vogelwiesen herum, spielt den Brandstifter, Räuber und Mörder und flüchtet sich dann, weil er seine Schulden nicht bezahlen kann, in die Arme des Herrn Lebius, der einst 250 Mark bezahlte, um einen fremden Namen für seine Schmähschrift gegen mich zu bekommen. Ich werde Mister Brant Sero vor Gericht zitieren und ihn fragen lassen, wer der eigentliche Verfasser seines Aufsatzes ist und welcher Lohn ihm für die Hergabe seines Namens wurde!

Mister Brant Sero war zirka sechs Monate lang in Dresden. Erst in der letzten Zeit schrieb er an mich, ich solle mir seine ‚Schau' ansehen. Die kannte ich aber schon längst. Sogar die Pferde waren geborgt! Zudem lag ich krank und durfte das Haus nicht verlassen. Von einer weiteren Zuschrift weiß ich nichts. Wenn er sich einen ‚Vollblut-Mohawk-Indianer' nennt, so lässt das den Kenner sehr kalt, denn das ist ganz dasselbe, als wenn ein Deutscher drüben in Amerika sagen würde: „Ich bin ein Vollblut-Reuß-Schleitz-Greitz- oder Lobensteiner!" Die Mohawks zählen nur einige hundert Köpfe. Er droht mir mit dem Indianerkongress in Muscogee. Armer Teufel! Was weiß dieser Kongress von Brant Sero! Und wenn er etwas wüsste z. B. von seinen Tänzen, seinen blutrünstigen Indianerspielen und seinen Schulden, so würde das wohl ein ganz anderes Ende nehmen, als Mister Brant Sero uns hier sagen darf!

Und was er über das Küssen sagt, klingt ganz wie Lebius. Er weise mir doch die ‚allgemeine Abschleckerei' in Band IV von *Winnetou* nach. Das ist ja eine Lüge! Ein jeder gebildete Indianer der Gegenwart weiß, dass er der Dame des Hauses einen Handkuss schuldet, und es ist ihm ein Vergnügen, ihr diese Höflichkeit zu erweisen. Und dass auch der ungebildete Indianer küsst, haben die Wild-West-Shows erwiesen, bei denen ja auch er mit tätig war. Man erkundige sich nur bei den Dienstmädchen und Bajaderen[1], mit denen die roten Schausteller so gern verkehren, so wird man über die Behauptung, dass der Indianer nicht

---

[1] Eigentlich Tempeltänzerinnen; hier im Sinne von Tingeltangel-Showgirls

küsst, nur lächeln können. Hier liegt auch ein dunkler Punkt jener Schaustellungen, über den Mister Brant Sero oder vielmehr Herr Lebius am besten geschwiegen hätte!

Dass ich behauptet habe, das Christentum bei den Indianern eingeführt zu haben, ist eine Lüge sondergleichen. Eine ebenso große Lüge ist es, dass ich die Indianer als eine aussterbende Rasse bezeichne. Ich behaupte und beweise grad das Gegenteil.

Brant Sero kennt keinen einzigen Band meiner Werke, auch nicht den, über den angeblich er soeben schreibt. Ich bin aber überzeugt, dass nicht er, sondern Lebius der Verfasser ist. Dieser Band ist, wie jedes Kind sofort erkennen muss, vollständig sinnbildlichen Inhalts.

Der Verfasser des ‚Protests' kann also unmöglich auch nur die geringste Spur von literarischer Bildung besitzen, denn alles, was er als konkret und faktisch nimmt, ist eben nur abstrakt vorhanden. In *Winnetou Band IV*, der kritisiert wird, gibt es einen Kampf Tausender gegen Tausende. Von diesen vielen Tausenden fallen nur zwei Personen, und zwar nur aus Liebe und Aufopferung, zur Sühne! Ist das etwa „blutrünstig"? Wie kommt Mister Brant Sero dazu, grad mich bei jenem Kongress anzuklagen? Er, der „blutrünstige" Kriegstänzer, der „blutrünstige" Raubmörder, der „blutrünstige" Einbrecher in weiße Ansiedlungen, der „blutrünstige" Pferdedieb? Denn diese „blutrünstigen" Szenen hat er doch alle gespielt, und zwar viele hundert Male! Es wird endlich einmal Zeit, uns und unsere Jugend gegen solche verderbliche Indianer-Shows zu schützen! Die rote Rasse ist eine edle Rasse. Ich weiß, dass sie einst groß werden wird, gewiss ebenso groß wie die weiße. Grad deshalb habe ich diesen Band IV von *Winnetou* geschrieben. Aber es gibt einen angefaulten Bodensatz von ihr. Den dürfen wir nicht zu uns herüberlassen. Eine einzige jener „blutrünstigen" Schaustellungen aus dem Wilden Westen schadet mehr als tausend Bände Schundliteratur, denn diese Bände sind nur die Folgen, die aus jenen Shows entspringen. Mister Brant Sero hat nicht den geringsten Grund zu einem Protest. Er ist sogar der selbst Schuldige. Der Schaden, den er durch seine „blutrünstigen" Indianerspiele seiner Nation zufügt, ist gar nicht abzumessen. Ich führe ihn hiermit zur Anklagebank. Ich kenne gar wohl die Sünden, die unsere Schundschriftsteller begehen, und es fällt mir gar nicht ein, sie verteidigen zu wollen. Aber ich halte es für ein sehr starkes Stück von einem herumziehenden Indianer, sich hierüber in so hohem Ton zu beschweren und dabei doch selbst ein zehnfach „Blutrünstiger" zu sein und diese „Blutrünstigkeit" sogar ganz handwerksmäßig für 50 Mark pro Woche zu betreiben!

Wenn es sich um einen Protest handeln soll, so sind wir zu ihm berechtigt, wir Weißen. Wir müssen ihn bei den Gesandtschaften und Konsulaten der Vereinigten Staaten erheben. Wir müssen uns nach Washington wenden. Wie wir uns faulende Wurst und verdorbenen Schinken von da drüben verbitten, so müssen wir unsere Grenzen auch allen jenen verdorbenen Völkerabfällen verschließen, die uns Gift anstatt Belehrung bringen und dafür auch noch bewundert und belohnt sein wollen! Ich gebe diesen Gedanken allen Jugendschriften-Kommissionen und Jugendschriftsvereinen zur weiteren Verfolgung hin. Wäre Mister Brant Sero ein nur einigermaßen bedeutender Mensch, so würde ich sofort die nötigen Schritte tun, die mir da drüben in seiner Heimat geboten erscheinen, so aber macht das, wozu er sich gegen mich hat verleiten lassen, ganz genau den Eindruck, als ob ein kurdischer Tabakspfeifenhändler oder ein armenischer Pantoffelverkäufer nach Berlin oder Dresden käme, um Deutschland darüber zu belehren, dass meine Werke, die er gar nicht einmal lesen kann, nichts taugen.

Ich habe ihn nur zu fragen: Was bekam er für den Protest? – – –

Ende Juni 1910.

Karl May.

„GEBT EUERM VOLK UND EUERN KINDERN SONNENFRÜCHTE!"

KARL MAYS KAMPAGNE GEGEN DIE ‚SCHUND- UND GIFTLITERATUR'

Als Karl May gezwungen war, sich gegen seine literarischen Feinde und besonders gegen eine immer größer werdende Anzahl gegnerischer Pressestimmen zur Wehr zu setzen, wählte er zur Durchsetzung seiner Ideen immer öfter das Mittel der ‚Selbstrezension', indem er in dritter Person über seine eigenen Absichten sprach und solche Texte entweder von Freunden unter deren Namen lancieren ließ oder sie an Journalisten weitergab, die daraus Material für ihre Artikel gewinnen konnten, um May zu verteidigen. Die nachstehenden vier Texte gehören im Wesentlichen in diese Kategorie. Die Schundliteratur und der Früchtehunger *ist vermutlich 1907 oder Anfang des Jahres 1908 entstanden; der Text blieb Manuskript, sodass sich letztlich nicht sagen lässt, ob er überhaupt für eine Veröffentlichung vorgesehen oder, wenn ja, in welchem Rahmen diese geplant war. May musste im Rahmen der Pressekampagnen gegen sich bemerkt haben, dass immer wieder der Vorwurf erhoben wurde, seine Schriften gefährdeten die sittliche Entwicklung der Jugend, seine Bücher gehörten zum Umkreis der ‚Schundliteratur'. Besonders Ferdinand Avenarius, aber auch die Polemiken des* Dresdner Anzeigers *zielten in diese Richtung.*

In Die Schundliteratur und der Früchtehunger *wendet sich May nun ausdrücklich gegen die Heftromane, die in Deutschland nach 1906 verstärkt Einzug hielten und wegen ihres billigen Preises ‚Groschenromane' (angelehnt an den amerikanischen Ausdruck ‚dime novels') genannt wurden.*

Besonders beliebt war Nick Carter, Amerikas größter Detektiv, *eine Heftromanserie, die in Dresden seit 1906 mit ungeheurem Erfolg gedruckt wurde. Erfinder der Nick-Carter-Figur, einer Kombination aus der intellektuellen Kapazität eines* Sherlock Holmes, *den kämpferischen Talenten eines Profiboxers und der Verkleidungskunst eines großen Schauspielers, war der Amerikaner John Russel Coryell, der lange Zeit in China gelebt hatte. Seine Nick-Carter-Storys wurden unter Benutzung der amerikanischen Originalheftumschläge in Deutschland massenhaft nachgedruckt. Eine weitere populäre Serie war* Buffalo Bill, *der Held des Wilden Westens, bei der sich die Autoren sehr frei an die Abenteuer des realen Westmannes, Büffel- und Indianertöters William F. Cody, genannt Buffalo Bill, anlehnten. Buffalo Bills Erlebnisse sind streng genommen nichts anderes als die in die Prärie verlegten Kriminalfälle eines Nick Carter, mit derselben stereotypen Abfolge von Verbrechensaufklärung, Rettung Unschuldiger und abenteuerlicher Momente. Seit 1907 verzeichnete in Deutschland auch die Reihe* Sherlock Holmes. *Aus den Geheimakten des Weltdetektives große Erfolge, die sich – natürlich ohne Genehmigung – der von Arthur Conan Doyle erfundenen Figur des geigenspielenden Meisters der Kombination bediente, allerdings in trivialer Verwässerung. Statt des wissbegierigen Assistenten Dr. John Hamish Watson wurde Sherlock Holmes in den Groschenheften ein jugendlicher Helfer an die Seite gestellt, dessen Aufgabe sich meist auf freundliches Applaudieren zu den Leistungen des Detektivgenies beschränkte.*

Gegen die drei genannten Heftserien richtete sich nun der Zorn Mays in besonderem Ausmaß; sie erschienen ihm als typisch für die verderbliche Schundliteratur, die die Jugend „in den Schmutz zieht", während er seine eigenen Werke als wahre „Sonnenfrüchte" bezeichnete, die den „Kindesseelen" ein „reines, edles" Glück vermitteln können. Dies sind die Grundgedanken der kleinen Schrift Die Schundliteratur und der Früchtehunger. *Allerdings wirken Mays Metaphern hier angestrengt und nicht wirklich überzeugend.*

Anders ist das bereits in Die Schund- und Giftliteratur und Karl May, ihr unerbittlicher Gegner. *Diese Abhandlung wurde unter dem Namen des Oberlehrers Franz Langer im Juni/Juli*

1909 im Mährischen Volksboten *in Brünn erstveröffentlicht und von dem Volksschullehrer Franz Weigl in die zweite Auflage seiner Schrift* Karl Mays pädagogische Bedeutung *(München 1909) übernommen. Stil und Inhalt dieser kleinen Polemik erinnern sehr stark an* Die Schundliteratur und der Früchtehunger. *Daher war die Karl-May-Forschung auch bisher davon überzeugt, dass May selber die* Schund- und Giftliteratur *verfasst habe und sich bei der Wahl des Namens Franz Langer lediglich eines Pseudonyms bediente.*

Auch hier richtet sich Mays Kritik vor allem gegen Groschenhefte à la Nick Carter und Sherlock Holmes, die er für den moralischen Niedergang der Jugend verantwortlich macht, allerdings in weitaus schärferer Diktion. Er behauptet, man habe ihn beschuldigt, "selbst ein Schund- und Giftschriftsteller zu sein". Die Gleichsetzung von ‚Schund' und ‚Gift' findet ihre Parallelen im Werk Mays; so wird in der symbolischen Dorfgeschichte Das Geldmännle[1] *von 1903 der Musteranton, ein strebsamer Musterzeichner, durch die giftigen Dämpfe einer Falschmünzerwerkstatt getötet. In seinen Verteidigungsschriften spricht May im Zusammenhang mit dem Verlag Münchmeyer stets vom Verderben bringenden ‚Gift' der Kolportage. Die durchgängige Verwendung der Gift-Metapher im Aufsatz über* Die Schund- und Giftliteratur *ist daher als Indiz zu werten, dass May diesen Text tatsächlich selbst verfasste.*

Aphorismen über May *sind zwanzig handbeschriebene Blätter betitelt, die Karl May, der Altersangabe auf Blatt 6 zufolge, im Jahr 1909 niederschrieb. Es handelt sich hier um einen Versuch, seine Intentionen als Schriftsteller (wieder in dritter Person formuliert) darzustellen und sich gegen falsche Einschätzungen seiner Gegner zu verwahren. Bemerkenswert ist allerdings, dass er dennoch nicht ganz von seiner Superhelden-Legende lassen wollte; so wird auf Blatt 2 behauptet, er sei "verschiedene Male in Afrika und Asien, sogar bis hinter nach Ostasien" und das "mehr als zehn mal gewesen" – alles ganz zu Unrecht.*

---

[1] Heute in Karl Mays Gesammelte Werke Bd. 44, „Der Waldschwarze"

Zwar hatte das Ehepaar May im Jahr 1908 wirklich Amerika und Kanada besucht, doch die Reise war, wie neuere Forschungen ergaben, bereits im November 1908, einen ganzen Monat früher als bisher angenommen, zu Ende[1]*, und die Legenden um die angeblichen ‚Frühreisen' Mays in den Jahren vor 1875 können inzwischen getrost auch ad acta gelegt werden.*

Wirklich interessant sind vor allem jene Bemerkungen in den Aphorismen *(die allerdings nicht wirklich aphoristisch kurz gehalten sind), die auf einen ‚tieferen Inhalt' seiner Bücher verweisen. May gibt auf Blatt 4 eine sehr interessante symbolische Deutung des frühen Bandes* Durch die Wüste*. Hier, wie an anderen Stellen des Spätwerks, wird aber auch deutlich, dass er seine psychologische, ja menschheitspsychologische, Deutung den frühen Reiseerzählungen nachträglich überstülpte. Auch bei entsprechend aufmerksamer Lektüre des Orientzyklus lassen sich diese tieferen Inhalte nur schwer nachvollziehen. Immerhin knüpft May in Blatt 11 an einen Gedanken an, der sich schon im Frühwerk findet, in den* Geographischen Predigten*, aus der von May herausgegebenen bzw. redigierten Zeitschrift* Schacht und Hütte[2]. *Hier wird Geografie nicht im materialistischen Sinne, sondern gewissermaßen philosophisch betrieben. Auch wenn die* Geographischen Predigten *eher biedere Hausmannsweisheiten verkünden, so wird doch jene Intention deutlich, die May in Blatt 11 seiner* Aphorismen *für sein gesamtes Werk reklamiert, nämlich „zum Herzen der Menschheit" sprechen zu wollen.*

Der kurze Schriftsatz Zur Abwehr *(vermutlich nach März 1908 entstanden) ist keine Verteidigungsschrift, sondern ein Versuch Mays, die letzte Phase der Münchmeyer-Prozesse zu seinen Gunsten zu beeinflussen. May klagte auf Rechnungslegung gegen den Dresdner Verlag und wollte damit seiner Forderung nach nachträglichem Honorar für unberechtigt zu*

---

[1] vgl. Karl Mays Gesammelte Werke Bd. 82, „In fernen Zonen", besonders die Ausführungen von Dieter Sudhoff und Lothar Schmid zur Amerika-Reise

[2] vgl. Karl Mays Gesammelte Werke Bd. 72, „Schacht und Hütte"

viel gedruckte Exemplare der Münchmeyer-Romane zum Erfolg verhelfen. Die Argumentationslinie, die er – vielleicht auf Betreiben seines Anwalts Rudolf Bernstein – in dem kurzen Text einschlägt, wirkt allerdings auf unbefangene Leser nicht überzeugend.

Einerseits besteht May darauf, seine Originalmanuskripte seien nicht ‚unsittlich' gewesen, und kündigt an, den Kölner Redakteur Hermann Cardauns auf Herausgabe seiner Manuskripte zu verklagen. Dabei muss er gewusst haben, dass Cardauns die Manuskripte natürlich nicht besaß und ausschließlich aufgrund der Neuen Illustrierten Ausgabe *von Adalbert Fischer urteilte. Vermutlich waren die Handschriften – dem Usus der Kolportage entsprechend – schon lange vor 1900 zum Altpapier gewandert.*

Andererseits klagt er über die Tatsache, dass der Verlag Münchmeyer von seinem Waldröschen, *entgegen der Absprache mit dem Autor, 500.000 Stück verkauft, ihm aber die versprochene „feine Gratifikation" nie ausbezahlt habe.*

Insgesamt ist Zur Abwehr *eher ein Verzweiflungsschlag des alternden Schriftstellers, der an zwei Fronten kämpfte, um seinen guten Ruf zu verteidigen (weshalb er seine Autorschaft an den Kolportageromanen, zumindest in der von Münchmeyer und später Fischer gewählten Form, vehement bestritt) und gleichzeitig seine Honoraransprüche durchzusetzen. Wie unzufrieden May mit der von seinen Anwälten, besonders Bernstein, gewählten Doppelstrategie war, belegt die Tatsache, dass er sich seit 1909 von dem Dresdner Rechtsanwalt Netcke vertreten ließ und Bernstein das Mandat entzog.*

Der Text ist Manuskript geblieben; wahrscheinlich wollte May ihn noch fortsetzen, sah aber schließlich davon ab, weil ihm selbst die Schwäche der Argumentation bewusst wurde.

DIE SCHUNDLITERATUR UND
DER FRÜCHTEHUNGER
(1907/08)

Wir saßen beisammen, um über die Pest der Schundliteratur und die gegen sie anzuwendenden Mittel eine ernste Beratung zu halten und den Erfolg dieser Beratung dann zu veröffentlichen. Vor uns lagen vier Haufen von Lesematerial. Erster Haufen: eine Menge von Zeitungsartikeln gegen die Schundliteratur. Zweiter Haufen: eine Menge von Schundproben, als da sind Nick Carter, Buffalo Bill, Sherlock Holmes usw. usw. Dritter Haufen: eine Menge von Jugend- und Volksschriften, die gegen den Schund empfohlen werden und ihn verdrängen sollen. Vierter Haufen: die Bücher von Karl May. Ein jeder von uns hatte mitgebracht, was er über das vorliegende Thema besaß, und es auf den Tisch gelegt. Im Laufe der Verhandlung war dieses Material in die vier erwähnten Haufen auseinandergeschieden worden. Und das war in aller Ruhe, in der logischsten Weise geschehen, als ob sich das so ganz von selbst verstehe.

Wir alle waren darin einig, dass die Schundliteratur noch nie ihr Haupt so frech erhoben hat wie in der gegenwärtigen Zeit. Sie ist wirklich zur allgemeinen Pest geworden. Es gibt schon gar keinen Winkel mehr, der frei von ihrem Schmutz und ihren Ansteckungsstoffen ist. Sie gleicht einer Bestie, die man ohne Erbarmen totzuschlagen hat, wo man sie nur immer trifft. Vor allen Dingen hat man sich zu fragen, durch welche Ursachen die Existenz und das beispiellose Anwachsen des Schundes überhaupt begründet ist und welche Mittel es ermöglichen, seine Existenzbedingungen zu vernichten und mit ihnen auch ihn selbst. Als bei der ersten Frage das scheinbar gar nicht mit ihr zusammenhängende Wort ‚Früchtehunger‘ fiel und wir um Aufklärung baten, wurde sie uns ungefähr in folgender Weise gegeben:

Es handelt sich bei jeder Lektüre um Früchte, die dem Geist respektive der Seele geboten werden. Es gibt zweierlei Früchte: Erdenfrüchte und Sonnenfrüchte. In den Ersteren wird vorzugsweise das aus der Erde, also von unten kommende Nahrungsmaterial, in den Letzteren aber die von oben kommenden Stoffe und Imponderabilien[1], besonders das Sonnenlicht, aufgespart. Jeder Psychophysiologe weiß, dass ein goldiger Apfel oder eine köstliche Birne eigentlich nichts anderes ist als aufgestapelter Sonnenschein, materialisiert durch die Säfte des Baumes. Beide, Apfel und Birne, sind Sonnenfrüchte. Je höher die Krone, desto besser gedeihen sie. Die Erdenfrüchte lieben diese Höhe nicht. Sie beginnen in der Höhe des Getreides und nähern sich als Gemüse dem Boden mehr und mehr, bis sie als Wurzel oder Knolle ganz unter ihm verschwinden. Es lässt sich denken, dass eine Kartoffel oder ein Rettich dem, der sie genießt, nicht das bieten kann, was ihm eine Orange oder eine Reineclaude bietet. Und doch bedarf er der feinen, reinen Stoffe wenigstens ebenso sehr wie der ungeläuterten, groben. Daher kommt es, dass der Mensch umso mehr nach Sonnenfrüchten hungert, je tiefer er seinem täglichen Brot an oder gar unter der Erde nachzugraben hat. Am meisten verlangen die Kinder und die Armen nach Obst und lockenden Früchten. Die Kinder aus Instinkt, um in sich Sonnenschein für spätere, dunkle Tage aufzusparen, die Armut aber aus wirklichem und direktem Hunger nach Besserem und Menschenwürdigerem, als was die harte Scholle bietet. Und wird ihnen dieses unwiderstehliche, weil natürliche Verlangen nicht gestillt, so sind sie gezwungen, nach niedrigeren Früchten zu greifen, vielleicht gar nach solchen, bei denen die allzu große Erdennähe den Sonnenschein in Gift verwandelt hat. Da kommt der Kolporteur. Er bietet helles Glück und unendlichen Sonnenschein für nur zehn Pfennige pro Heft und Woche. Seine Äpfel sind Stechäpfel, seine Kirschen Tollkirschen. Das Gift wirkt, und je mehr es wirkt, umso schneller geht der unglückliche Leser moralisch und seelisch zu Grunde.

[1] Unwägbarkeiten

Gibt es hiergegen keine Hilfe? O doch, es gibt eine, aber auch nur diese eine: die Sonnenfrucht. Gebt eurem Volk und euern Kindern Sonnenfrüchte! Tut ihr das, so werden sie schon durch ihre eigene Natur verhindert werden, nach Tollkirsche und Stechapfel zu greifen. Der Kolporteur wird dann ganz von selbst verschwinden, der Schundhefthandel ganz von selbst aufhören! Ihr braucht ihnen nicht zuzumuten, gleich hoch zu steigen. Auch unten am Boden gibt es gar köstliches Beerenobst, in dem der Sonnenstrahl sich süß verkörpert. Bedenkt, dass jede Menschen- und jede Kindesseele ein Glück erleben will, und zwar ein reines, edles! Erlebt sie das nicht an sich selbst oder wenigstens in ihrer Nähe, so sucht sie Ersatz dafür in Büchern, aus denen sie wenigstens erfährt, dass andere glücklich werden. Findet sie dieses Glück in euern so genannten guten Büchern nicht, so steht den schlechten Tor und Türe offen. Gebt also Bücher, welche den Sonnenfrüchten gleichen! Ein jeder Verfasser sei ein heller, warmer, glücklicher Sonnenstrahl, der jedem seiner Leser entgegenduftet, sobald die Frucht, das Buch, sich vor ihm öffnet! Das ist es, was von euch verlangt wird und verlangt werden muss, ihr Autoren von Volks- und Jugendbüchern. Aber niemand kann geben, was er selbst nicht hat. Wie steht es da mit euch? Mit eurem eigenen Glück? Mit eurem klaren, warmen Gottesglauben? Mit eurem eigenen seelischen Sonnenschein? Sind eure Bücher, die da vor uns liegen, die Sonnenfrüchte, die wir für unser Volk, für unsere Jugend von euch verlangen?

Wir hatten diese ihre Bücher gelesen, den ganzen, großen Haufen. Und was war der Erfolg? Den literarischen Unwert der Schundhefte und ihre direkte moralische Schädlichkeit in Betracht gezogen, hatte es geschienen, als ob es kinderleicht sein müsse, Bücher grad antipoden[1] Wertes und Charakters zu verfassen. Und sämtliche Zeitungsartikel, die einen so großen Haufen vor uns bilde-

[1] gegensätzlich

ten, waren in einem Ton geschrieben, als ob es einem jeden der Verfasser gar keine Mühe mache, eine wahre, wirkliche Sonnenfrucht zu geben. Und nun? Der Erfolg? Zunächst hatten alle die Bücher auszuscheiden, deren Verfasser irreligiös oder aus einfachen literarischen Gründen unfähig waren, überhaupt ein Buch zu schreiben. Sodann schob man die Kopisten fort, die Nachahmer, die trockenen Dozenten, die geist- und seelenlosen Pedanten, die männlichen Blaustrümpfe, die Raisonneure usw. usw. Da blieb schließlich grad nur ein halbes Dutzend Bücher übrig, von denen man sagen konnte, dass sie als Früchte, wirklich als Früchte zu betrachten seien; aber eine ‚Sonnenfrucht' war leider, leider nicht dabei! Das eine enthielt Getreidefrucht, aber den Sonnenschein der Weizenkörner erbarmungslos zermahlen, zu Teig gerührt, zu Pfennigsemmeln verarbeitet, doch nicht verkauft und vollständig altbacken geworden. Das zweite enthielt köstliche Pfirsiche und Aprikosen, aber so übermäßig kandiert, dass man sie nicht genießen konnte. Das dritte war eine absolute Erdenfrucht: Kartoffeln, zerrieben, mit viel Mehl gemischt, fetter Speck hinein und dann ein großer, runder, sehr schöner und sehr regelmäßiger Kloß daraus gemacht, in Wasser gekocht und dann auf einem braunen, tönernen Teller zu Tisch getragen. Das vierte schien zwar unbedingt eine Sonnenfrucht zu sein, denn es war ein riesiger, gelber Kürbis, aber so klein geschnitten und dann zu Brei und Suppe gekocht, dass man am Schluss fast nicht mehr wusste, was man gelesen hatte. So ähnlich die übrigen beiden.

So blieb nur noch der vierte Haufen übrig, enthaltend unsern alten, trotz aller Anfeindungen doch niemals wankenden Karl May, der allen seinen Lesern ein immer währender Sonnenschein gewesen und geblieben ist bis auf den heutigen Tag. Vor nun fast fünfzig Jahren begann er seine *Erzgebirgischen Dorfgeschichten* mit dem unvergleichlichen ‚Sonnenscheinchen', dem bald das ebenso herzige ‚Karlinchen' folgte. Heut, wo nach beinahe einem halben

Jahrhundert seine groß angelegte und in prächtigen Farben ausgeführte Friedenssymphonie *Der 'Mir von Dschinnistan* erscheint, besitzt er, wie ‚Smihk, der Dicke' beweist, die seltene Gabe, heitern Sonnenschein zu verbreiten, noch in unvermindertem Grade. Fast zahllos sind die echten ‚Sonnenfrüchte', die er uns gespendet hat, und man darf mit vollem Recht fragen, welche Gestalt der neueren Literatur wohl seinem Winnetou an die Seite gestellt zu werden verdient. Hier aber kommt es nur darauf an, dass er sich die schwere Aufgabe gestellt hatte, ‚den Schund aus der deutschen Literatur hinauszuschreiben'. In welcher Weise ihm dies gelungen ist, darüber höre man den bekannten Juristen Dr. Lorenz Krapp, welcher in der *Augsburger Postzeitung* schrieb: „May hat eine Reinigung der Jugend- und Volkslektüre gebracht, die still und langsam vor sich ging, aber daher umso nachhaltiger wirkt. Er hat in praktischer Weise durch produktives Schaffen hier zum Mindesten so viel erreicht, wie alle deutschen Jugendschriftenausschüsse zusammen es auf theoretischem Wege vermochten." Kenner der Verhältnisse zögern keinen Augenblick, zu behaupten, dass Machwerke, die heute in Millionen Exemplaren die deutsche Volksseele vergiften, gar nicht hätten aufkommen können, wenn Karl May freie Hand geblieben wäre.

Er war der größte, der unerbittlichste, der erfolgreichste Feind dieser Schundliteratur. Er kannte sie genau und wusste, sie zu fassen. Da beschloss man ihrerseits, ihn durch einen Köder unschädlich zu machen: Er wurde beauftragt, den jetzt so viel genannten Buffalo Bill zu schreiben. Der Verleger wendete sich acht-, neunmal brieflich und mündlich an ihn, doch vergeblich. May ließ sich nicht fangen! Da griff man zum Äußersten: Man trat mit der Anklage hervor, dass May ja längst selbst schon eine ganze Reihe von Schundromanen geschrieben habe. May hat gerichtlich nachgewiesen, dass dies eine Lüge war; aber die Lüge wurde leider doch zunächst geglaubt und so sah er sich genötigt, seine Zeit und Kraft an hässliche Prozesse zu verschwenden und den ‚Schund' einstweilen laufen zu lassen, wie er lief. Die Folgen sind nicht ausgeblieben. Das deutsche Volk und die deutsche Jugend watet jetzt förmlich im giftigen Schmutz dieser Literatur, die sich sogar nicht entblödet, die Wirkung ihrer Kontagien[1] als die Wirkung seiner Werke zu bezeichnen. Gesetzgebung und Polizei, Kirche und Schule erweisen sich als machtlos dieser Seuche gegenüber. Kein Gegenmittel will fruchten. Man versucht alles Mögliche. Man will, was May schon vor Jahrzehnten tat, den Schund zu Tode schreiben. Man setzt Preise auf Volksromane aus, aber kein Preis und kein Roman will ziehen! Die Jugendschriftenkommissionen und die Bücher, die von ihnen empfohlen werden, wachsen wie Pilze aus der Erde; aber der Schund wächst noch höher und schneller als sie. Was soll daraus noch werden!

Da liest man plötzlich in einer der neuesten literarischen Veröffentlichungen: „Karl May hat einige Jahre hindurch geschwiegen und kein neues Werk erscheinen lassen; und das ist zu bedauern, denn es bleibt unleugbar: Seine Schriften haben der Kolportage-Schundliteratur, die so viel Schlimmes anrichtet, erheblichen Abbruch getan. Wer ihn las, wollte nichts von jener wissen. Es ist deshalb erfreulich, dass er hier nun mit guten, tüchtigen Volksbüchern hervortritt etc. etc." Hieraus ist zu ersehen, dass Karl May sein langes Schweigen nun endlich gebrochen hat und mit der Herausgabe von neuen Werken beginnt. Das ist mit Genugtuung zu begrüßen. Jetzt haben wir wieder Früchte zu erwarten, ‚Sonnenfrüchte', für die hungrige Seele des deutschen Volkes, für unsere Alten und Jungen! Wie lange, so wird man die Stechäpfel und Tollkirschen nicht mehr beachten. Es wachsen bessere Früchte, es naht eine neue Ernte! Er aber, der kürzlich den ärgsten Schund nach langem Ringen besiegte, wird uns auch Werke zu geben wissen, an denen alle Nick Carters und Buffalo Bills ersticken und verschwinden müssen. Wir sehen einen fröhlichen,

---

[1] Kontagium, lat. = Krankheitserreger

erfolgreichen Kampf voraus, nicht gegen May, sondern mit ihm gegen das Gift der Kolportage. Er war es, der den rechten Weg vor allen andern betrat. Sei denen, die ihm jetzt folgen, um den Schund aus der Literatur hinauszuschreiben, derselbe Erfolg gewünscht, den er sich schon errang! Und war er nicht fehlerfrei, indem er seiner Individualität gehorchte, so wird es ihnen leicht, diese Fehler zu vermeiden und ihn nicht nur zu erreichen, sondern auch bald zu überholen. Also wohlauf, Ihr Herren, die Feder zur Hand! Seid Sonnenstrahlen, gebt Sonnenfrüchte! Ihr zählt nach Tausenden, doch zwanzig oder dreißig von euch genügen. Ein jeder von diesen dreißig schreibe einen Winnetou, einen Hadschi Halef, eine Hanneh oder eine Schakara. Das ist ja gar nicht schwer, das bringen sie doch wohl fertig! Und bringen sie es, so ist es mit dem ‚Schund' zu Ende und es bedarf keiner Gesetzgebung, keiner Polizei, keiner Bevormundung und überhaupt keiner Sorge mehr. Die Literatur gehöre dem Literaten. Er sei Herr im eigenen Haus. Wenn er diese Nick Carters und Sherlock Holmes' nicht länger dulden will, so werfe er sie hinaus! Wozu das Jammern und Klagen? Wozu die fremde Hilfe? Er kann es, wenn er will!

WER WAR FRANZ LANGER?

Karl May hat insbesondere in den frühen Jahren seiner schriftstellerischen Tätigkeit oftmals nicht unter seinem eigentlichen Namen veröffentlicht. Dies hatte ganz verschiedene Gründe: Einige Pseudonyme sollten den Autor davor schützen, mit der kriminellen Vergangenheit seines bürgerlichen Ich in Verbindung gebracht zu werden, oder dienten dazu, Schutzfristen zur Wiederveröffentlichung zu unterlaufen. Als Teil seines Liebeswerbens publizierte er unter dem Namen seiner späteren Ehefrau, Emma Pollmer. Der Hang zur Renommisterei könnte zusätzlich ein Motiv für die Wahl diverser adlig oder exotisch klingender Decknamen gewesen sein, wie beispielsweise Ernst von Linden, Capitain Ramon Diaz de la Escosura oder Prinz Muhamêl Latréaumont.

In den späteren Jahren waren es vor allem taktische Gründe, die ihn zur Verwendung von Pseudonymen veranlassten. Als beispielsweise in Abwesenheit auf der großen Orientreise die öffentlichen Auseinandersetzungen um Mays Vergangenheit ihren Anfang nahmen (1899) und er nur aus der Ferne reagieren konnte, veranlasste er seinen Freund Richard Plöhn, einige brieflich übermittelte Gegendarstellungen an die Presse zu geben, die auch von Plöhn gezeichnet waren.

Aus ähnlichen Gründen – obwohl das nie richtig hinterfragt wurde – soll Karl May den nachfolgenden Text unter einem ungewöhnlichen Pseudonym veröffentlicht haben: Oberlehrer Franz Langer.

Die Schund- und Giftliteratur und Karl May, ihr unerbittlicher Gegner *wurde von Juni bis November 1909 mindestens fünfmal abgedruckt: im* Mährischen Volksboten, *in der* Augsburger Postzeitung, *im* Hildesheimer Kurier, *in der* Badischen Lehrerzeitung *sowie in der erweiterten zweiten Auflage der Schrift* Karl Mays pädagogische Bedeutung, *herausgegeben von Franz Weigl, ausnahmslos mit der Verfasserangabe Oberlehrer Franz Langer. Wie kam es nun dazu, dass Karl May als der wahre Verfasser angesehen wurde?*

Die früheste Quelle hierfür ist die Doktorarbeit des Österreichers Viktor Böhm Karl May und das Geheimnis seines Erfolges *(1955), wo es in einer Fußnote heißt: „Laut Mitteilung von Oskar Neumann an Patsch ist May identisch mit Langer. Neumann stand in naher Beziehung zu May, der Taufpate des viel jüngeren Bruders Karl Neumann war." Der frühe Mayforscher Ludwig Patsch, dessen umfangreichem Archiv Böhm im Übrigen seinen Doktorhut zu verdanken hat, ist als Autorität unangezweifelt. Aber wie steht es mit dem Gewährsmann Oskar Neumann, von dem ein Kinderfoto in Karl Mays Leseralbum überliefert ist und dessen Aussage über mindestens zwei Stationen kolportiert wurde? Wie kam dieser doch sehr junge Mann dazu, die Identität Langers mit May als Tatsache hinzustellen? Wie dem auch sei: Hinterfragt wurde der Sachverhalt nicht weiter.*

Das erste Mitteilungsheft der Karl-May-Gesellschaft (1969) brachte eine Liste von wiederzuveröffentlichenden May-Texten, in der auch das Elaborat jenes Oberlehrers Franz Langer nicht fehlte. In einer späteren Nummer wurde der Text ausschnittweise wiedergegeben, doch ohne einen erläuternden oder gar kritischen Kommentar. Bis heute wird die Identität Langers mit May als selbstverständlich angenommen.

Erst kürzlich allerdings wurden bei Nachforschungsarbeiten im Karl-May-Archiv Bamberg ein Briefkonvolut und ein weiteres Manuskript jenes Oberlehrers in May-fremder Handschrift aufgefunden. Den Briefen und sonstigen Schriftstücken sind viele interessante Details zu entnehmen, die zu gegebener Zeit umfassend dokumentiert werden. An dieser Stelle seien vorerst nur einige Eckdaten mitgeteilt.

Franz Langer war Lehrer an einer einklassigen Schule in Waldamt (Niederösterreich) und gleichzeitig deren Leiter. Er heiratete dort seine Frau Marie im Oktober 1899. Sein Sohn Rudi muss etwa 1901 das Licht der Welt erblickt haben. Nach gut zwölfjähriger Dienstzeit wurde Langer 1906 zum Oberlehrer befördert und nach Wang (Niederösterreich) versetzt.

Im September 1897 hat Langer sein Idol in Radebeul besucht und war bereits zu Weihnachten des Vorjahres von May mit 18 Bänden der Fehsenfeld-Ausgabe beschenkt worden. Einen weiteren Kontakt muss es aber ebenfalls 1896 gegeben haben, denn Karl May erteilte dem Österreicher die Erlaubnis zur Verwendung des Titels Onkel Franzens Dr. Karl May Jugendblatt *für eine von Langer vorbereitete Gratisbeilage zur* St. Pöltner Zeitung.

Dieses Jugendblatt ist tatsächlich in mehreren Nummern erschienen. Eine erste Abbildung ist seit 1978 im Bildband von Gerhard Klußmeier und Hainer Plaul enthalten. Eine detailliertere Beschreibung dazu brachte Wilhelm Brauneder in der Nr. 97 der KMG-Mitteilungen. Beide Publikationen konnten jedoch den mit „Onkel Franz" zeichnenden Herausgeber nicht identifizieren, von dem Karl Mays Leseralbum immerhin drei Fotografien enthält. Eine Verbindung wurde nie hergestellt.

Erst jetzt fügen sich die Details zu einem Bild zusammen: Franz Langer muss umfassende Diskussionen mit May geführt und/oder sich auf vorgefertigte Manuskript-Fragmente gestützt haben, wie das im Bamberger Archiv aufbewahrte handschriftliche Dokument beweist, das bereits 1909 Einzelheiten aus Mays Lebensgeschichte mitzuteilen weiß, für die ansonsten als einzige Quelle die Autobiografie Mein Leben und Streben *(1910) anzusehen ist. Beispielhaft seien hier die Episode um den Scheintod der Großmutter und das „Kreutter Buch" genannt.*

Umgekehrt hatte Langer offenbar auch ein Interesse daran, dass seine Arbeiten von Karl May kontrolliert und kommentiert wurden, wie sich aus den erhaltenen Briefen ergibt. Dass sich überhaupt ein Manuskript Langers über Mays Nachlass bis heute erhalten hat, ist ebenfalls ein Beleg für eine gewisse Zusammenarbeit.

Nachdem man bisher – vielleicht allzu pauschal – davon ausging, dass May Die Schund- und Giftliteratur *unter einem Pseudonym verfasst hat, spricht nun – da die bürgerliche Existenz jenes ‚Oberlehrers Franz Langer' identifiziert ist – sehr viel für dessen Verfasserschaft.*

Es wäre aber weiterhin zu prüfen, in welcher Weise Karl

May sich beteiligt haben könnte. Von der Vermittlung des Kontakts zu Zeitungsverlagen über brieflich mitgeteilte Hinweise oder redaktionelle Eingriffe bis hin zur bisherigen Vermutung, May habe den Langer-Text vollständig selbst verfasst, ist prinzipiell alles möglich. Thematisch lehnt sich der Text jedenfalls auffällig an das zu Lebzeiten Karl Mays ungedruckt gebliebene Manuskript Die Schundliteratur und der Früchtehunger *an. Es wäre daher denkbar, dass May dem Oberlehrer aus Wang die Handschrift als Anregung zur Verfügung gestellt hat. Sehr unwahrscheinlich scheint allerdings, er könnte ihm ein derart peinlich selbstlobendes Manuskript zur Veröffentlichung übergeben haben. Eine solche Entblößung wäre einem langjährigen Freund wie Richard Plöhn gegenüber vielleicht noch vorstellbar. Aber der Kontakt mit Langer war nie so eng und herzlich, dass die Korrespondenz über formale Höflichkeiten hinausgegangen wäre. Weshalb also ein solches Risiko bei einem Verehrer aus dem fernen Niederösterreich eingehen, den May seit zwölf Jahren nicht mehr persönlich getroffen hatte?*

Vorausgesetzt, er hat ihn selbst verfasst: Hätte May den Text nicht besser anonym veröffentlicht, wie beispielsweise 1902 mit der angeblich „von einem dankbaren May-Leser" stammenden peinlichen Verteidigungsschrift ‚Karl May als Erzieher' und ‚Die Wahrheit über Karl May' oder Die Gegner Karl Mays in ihrem eigenen Lichte *geschehen?*

Solange keine eindeutigen Beweise vorliegen, bleibt dies alles im Bereich der Spekulation und so bietet sich dem Leser die Möglichkeit, auf Grund von Textvergleichen und Stilanalysen der Wahrheit ein kleines Stück näher zu kommen. Solche Untersuchungen haben sich jedoch in der Vergangenheit mehrfach als unzuverlässige Methode zur Feststellung der Autorschaft erwiesen. Groß ist die Gefahr, dabei einen Irrweg zu beschreiten, und umso gründlicher hätte man dabei vorzugehen. Jedenfalls kann eine Diskussion, die seit 1955 als unnötig angesehen wird, nunmehr erst beginnen.

Wolfgang Hermesmeier und Stefan Schmatz

Oberlehrer Franz Langer
DIE SCHUND- UND GIFTLITERATUR UND
KARL MAY, IHR UNERBITTLICHER GEGNER
(1909)

Früher sprach man nur von Schundliteratur. Das reicht jetzt nicht mehr aus. Man hat die entsetzliche Giftigkeit und Gefährlichkeit dieses Schundes erkannt. Darum bezeichnet man in neuerer Zeit die bisherige Schund- nun auch als Giftliteratur, und zwar mit vollstem Recht. Dieses Gift ist geistig, seelisch, körperlich, ethisch und volkswirtschaftlich noch viel ekelhafter und gefährlicher als das fürchterliche Kontagium der Lepra und der Syphilis. Jammerschade, dass es auf den Körper nur indirekt wirkt und dass man die Verheerungen, die es anrichtet, also nicht mit dem leiblichen Auge sehen kann! Wie würden sie sich schämen müssen, die Schundverleger, die Schundschriftsteller und die Schundverkäufer, wenn ihr äußeres Angesicht ihrer seelischen Visage gliche: zerbeizt, zerfressen und zerstört von schundliterarischem Eiter, stinkend nach der niederträchtigen Jauche ihrer moralischen Geschwüre, ein Abscheu, ein Ärgernis und ein Schwefelwasserstoff für einen jeden reinlichen Menschen, der gewohnt ist, nicht nur äußerlich, sondern auch innerlich sauber zu sein! Ich bitte nicht etwa, mir diese gerade Ausdrucksweise zu verzeihen, denn sie ist vollständig begründet. Man geht mit diesen Leuten viel zu höflich um. Das sollte anders werden! Man muss sie wissen und fühlen lassen, dass sie Giftherde sind, die man zu meiden hat! Wer würde mit einem aussätzigen Bäcker oder Fleischer verkehren? Wer würde Brot oder Fleisch von ihm kaufen und essen? Kein Mensch, kein einziger! Aber mit diesen literarischen Giftbäckern und Giftfleischern, mit diesen von der moralischen Lepra verunstalteten Schundbuchhändlern und Schundschriftstellern verkehrt man wie mit anständigen, gesunden Menschen! Und ihre von der Seuche infizierten Waren kauft und genießt man, ohne sich zu ekeln und ohne sich zu schämen! Es wird die Zeit kommen, in der, wenn der Schundkolporteur durch die Gassen geht, alle Türen von innen verschlossen werden. Es wird die Zeit kommen, in der ein Schundschriftsteller von jeder literarischen Vereinigung wie ein Verpesteter ohne weiteres und für immer ausgeschlossen ist. Es wird die Zeit kommen, in welcher der Schundverleger höchstens nur noch bei seinesgleichen Umgang findet, sonst aber von jedermann gemieden wird. Wenn wir erst so weit sind, dann wird der Schund sehr schnell überwunden sein. So lange wir aber vor den Giftmischern, die uns das Glück unserer Familien und die Zukunft unserer Kinder vernichten, den Hut zu ziehen haben, weil sie uns als gesellschaftlich gleichwertig gelten, so lange wird alles, möge es heißen, wie es wolle, unnütz sein, was wir gegen diese Schundpest unternehmen. Menschen, welche Ansteckungsherde bilden, sind von der gesunden Gesellschaft auszuscheiden. Mit körperlich Kranken kann und soll man Mitleid haben, denn sie wünschen, geheilt zu werden und nicht andere anzustecken. Wer aber, anstatt sich kurieren zu lassen, seinen eigenen Syphiliseiter und seine eigene Leprajauche in Bücher füllt und sich die Ansteckung und Vernichtung von Millionen Menschenseelen auch noch extra bezahlen lässt, den hat man ohne Gnade und Barmherzigkeit aus jeder Tür zu werfen und vor aller Welt als gemeingefährlich zu kennzeichnen. Man sollte es kaum für möglich halten, dass Mitglieder von Jugendschriftenkommissionen und Prüfungsausschüssen mit Schundverlegern und Schundschriftstellern Billard und Karten spielen und mit ihnen verkehren wie mit moralisch gesunden, gleichwertigen Personen! Und man sollte es ebenso für unmöglich halten, dass solche Massenvergifter die Stirn haben dürfen, vor Gericht als ebenberechtigte Partei aufzutreten und sich mit ihrem Tun und Treiben in den Schutz des Gesetzes zu stellen! So lange ein Schund- und Giftverleger sich vor Gericht das volle Recht erkämpfen kann, seine Kontagien ungehindert zu verbreiten, so lange werden die oben erwähnten Kommissionen und Ausschüsse mitsamt allen ihren Volks- und Jugendschriftenwarten nur leeres Stroh dreschen und, wie Sisyphus, immer wieder von vorn beginnen müssen.

Wir sehen, dass wir einen gesetzlichen Schutz vor dem Schundgift heute noch nicht besitzen. Wir sind auf uns selbst angewiesen. Da fragte es sich: Was haben wir getan, um uns dieser Peststoffe, die heute alle Wege überfluten, zu erwehren? Man glaubt, unendlich viel getan zu haben, in Wahrheit aber ist es unendlich wenig. Man ist zur Abwehr geschritten. Das ist recht gut, aber noch lange nicht genug. Man hat geglaubt, die Fluten eindämmen zu können, dass sie nach und nach versiegen. Das war falsch! Man stopfe die Quellen zu! So lange diese fließen dürfen, ist alles Eindämmen vergeblich! Irgendwo läuft es doch über! Wie aber hat man es anzufangen, diese schädlichen Quellen zu verstopfen? Sehr einfach: Man erschließe bessere, dann verschwinden die schlechten nach und nach ganz von selbst! Hat man das getan? Ja, man glaubt wohl, es getan zu haben; leider aber ist das ein Irrtum. Man nenne mir eine Quelle, die man erschlossen hat, eine wirkliche, reine kontinuierlich fließende Quelle! Bald wird hier und bald wird dort ein so genanntes gutes Buch angepriesen. Kurz vor Weihnachten werden ganze Mengen empfohlen. Bei jedem solchen Lob platzt eine Flasche mit künstlichem Selterswasser. Das sind aber doch nur Flaschen. Das sind doch nicht lebendige, unausgesetzt fließende Quellen! Es gibt Schriftsteller, welche als solche Quellen zu betrachten sind. Und es gibt auch Werke, welche immer während fließen. Aus diesen Schriftstellern und aus diesen Werken spricht die Seele. Aus den Büchern aber, welche nicht Quellen, sondern Selterswasserflaschen gleichen, spricht nur irgendein eingekapseltes Stück des Geistes ihres Verfassers. Und das ist ein großer, unendlich großer Unterschied.

Der Erfolg eines Buches hängt davon ab, ob aus ihm der Geist oder die Seele des Verfassers spricht und ob es an den

Geist oder an die Seele des Lesers gerichtet ist. Fachbücher, Tendenzschriften, überhaupt alle Werke, die ihren besonderen Zweck verraten, werden vom Geist verfasst und an eine bestimmte Tätigkeit des Geistes adressiert. Sie wirken nicht darüber hinaus. Ihre Wirkung kann groß und tief sein, ist aber trotzdem stets nur eine beschränkte, niemals eine allgemeine. Wer eine allgemeine, unbeschränkte Wirkung erstrebt, wer ganze Kreise, ganze Klassen, ja vielleicht gar ein ganzes Volk hinreißen und begeistern will, der spreche von Seele zu Seele. Und das ist nicht leicht, die Volksseele lässt sich nicht täuschen. Der Verkehr von Seele zu Seele gleicht einer drahtlosen Telegrafie. Die Stimmung muss hüben wie drüben auf dieselbe Schwingung gestellt sein. Der Geist mag noch so sehr raffinieren, mag noch so pfiffig anfangen, mag sich noch so große Mühe geben, für die Seele gehalten zu werden, er wird doch keine Wirkung erzielen, weil ihn die Seele da drüben gar nicht hört und also auch gar nicht versteht. So geht es den Verfassern aller so genannten Volks- und Jugendschriften, die zwar an die Volks- und Jugendseele gerichtet, aber nicht von der unbefangenen Psyche des Verfassers, sondern aus gewissen geistigen Absichten und Zwecken herausgeschrieben worden sind. Der Leser entdeckt sehr schnell den vorhandenen Mangel der Wahrheit des seelischen Empfindens und stößt an deren Stelle auf eine Absicht, die ihn verstimmt. Er findet, dass das, was er als die Sprache des Herzens nehmen soll, nichts weiter als eine sehr kühl überlegte Deklamation des berechnenden Verstandes ist, und empfindet das als eine Fälschung, die gerade das Gegenteil von dem bewirkt, was man erreichen will. Solche Werke gibt es gerade jetzt leider die schwere Menge. Sie werden massenhaft auf den Büchermarkt geworfen und ebenso massenhaft angelobt, weil sie den Zweck verfolgen, das Schundgift einzudämmen. Eigentlich sollen sie an Stelle dieses Giftes treten, aber das gelingt ihnen nicht, weil sie nicht freie Kinder des Herzens, sondern gebundene Ergebnisse des kalkulierenden Verstandes sind.

Wenn man doch endlich einmal einsehen wollte, dass die Schundschriftsteller und Schundverleger nur darum so riesige Erfolge erzielen, weil sie sich nicht an den Kopf, sondern an das Herz, nicht an den Geist, sondern an die Seele des Lesers wenden! Das Volk, besonders aber die Jugend, hungert nach Idealen. Die auf die Seite Geschobenen, die Kinder der Armut, die Söhne und Töchter der Arbeit und Sorge, denen versagt ist, was andere, scheinbar Glücklichere in vollen Zügen genießen, sie wollen wenigstens lesen, dass das Glück, nach dem sie sich vergeblich sehnen, wirklich vorhanden ist. Das Leben bietet ihnen nur Arbeit, Mühe und Plage, weiter nichts. Die höheren Güter, die sie früher besaßen, die hat man ihnen genommen. Der Glaube ist weg. Das Gottvertrauen verschwand. Der Herzensfriede ging verloren. Es gibt keine Ewigkeit, keinen Himmel, keine Seligkeit mehr. Alle diese Dinge wurden ihnen so gründlich wie möglich verleidet. Es gibt überhaupt kein Glück, weder oben im Himmel noch unten auf Erden! Oder dennoch? Wäre es möglich? Die Seele hält noch einen Rest von Hoffnung fest. Da kommt der Kolporteur. Er sagt: „Ja, es gibt noch ein Glück, noch viel Glück. Ich bringe es dir. Hier, lies!" Die Seele gibt den einzigen noch übrigen Groschen und liest. Sie darbt sich fernere Groschen ab und liest weiter. Sie ahnt nicht, dass sie Gift genießt, dass man sie betäubt, dass man sie täuscht und betrügt, dass man ihr eine Welt vorlügt, die es in Wahrheit gar nicht gibt, dass es nicht auf ihr Glück und ihr Heil, sondern auf ihren Groschen abgesehen ist.

Der Schundschriftsteller ist selbst ein Kind des Volkes, aber ein verwahrlostes, ein verdorbenes. Er weiß, wie sehr die Volks- und Jugendseele nach Idealen hungert und dürstet, nach großen, ergreifenden Schicksalen, nach Edelmenschen, die in ihrem titanenhaften Aufstieg Tausende mit sich emporreißen und beglücken, nach dem Sieg des Rechts und der Pflicht, nach der Erlösung aller Mühseligen und Beladenen, nach Licht und Sonnenschein auf

Erden. Er kennt das ganz genau, denn er hat diesen Hunger und Durst ja mit empfunden. Er hat ihn stillen wollen und ist dabei auf Abwege geraten und seine Ideale mit ihm. Nun sind sie genauso verwahrlost und verdorben, so syphilis- und leprakrank wie er selbst. Die Größe seiner Helden und Heldinnen ist Räuber-, Verbrecher- und Dirnengröße. Seine Tugenden sind aufgeschminkte Laster. Seine Schönheit ist moralische Hässlichkeit, seine Kraft und Stärke nur sittliches Unvermögen. Es ist alles Täuschung, Lüge und Heuchelei. Lässt er das Gute siegen, so ist es unterlegen, und das Böse wird von ihm mit einer derartigen Vorliebe geschildert, dass es seine Schrecken verliert und in dem Leser der Wunsch entsteht, es ihm nachzutun. Sogar der Selbstmord wird als Heldentat verschönt. Daher in neuerer Zeit die bedauerliche Vermehrung der jugendlichen Verbrecher und Selbstmörder! Und rafft sich der Schund- und Giftschriftsteller ja einmal zur Schilderung eines starken, siegreichen Charakters zusammen, so kennt er keine Grenzen, übertreibt und wird grotesk, monströs und ungeheuerlich. Auf diese Weise entstehen die Buffalo Bills, Nick Carters und ähnliche Ausgeburten, deren nackte Blutrünstigkeit im Leser jeden Abscheu tötet und alles, was atavistisch, masochistisch und überhaupt sündhaft in seinem Inneren verborgen liegt, an die Oberfläche zieht und zur verbrecherischen Entwicklung bringt.

Es gilt zu betonen, dass solche Werke mit dem Geist dessen, der sie schreibt, nicht das Geringste zu tun haben. Sie sind so vollständig geistlos geschrieben, als ob er gar keine Spur von Geist besäße, was jedenfalls auch richtig ist. Sie stammen direkt aus der Seele des Verfassers, aus der verderbten Psyche, dem inneren Ansteckungsherd, und sind ebenso direkt an die Psyche des Lesers gerichtet, die in ihrem Hunger und Durst weit offen steht. Daher die ungeheuren Erfolge der Schundverleger, welche sich ihre scheußlichen Gifte allein in Deutschland mit über 60 Millionen Mark alljährlich bezahlen lassen.

Wer hier helfen will, der hat mehr als bloß geistreich zu sein. Er muss eine Seele besitzen, der es eine Lust und eine Wonne ist, in den Sumpf hinabzusteigen und die darin Versunkenen herauszuziehen und emporzuholen. Gibt es solche Autoren? Gott sei Dank, jawohl es gibt sie! Das deutsche Volk hat seelisch begabte Söhne mehr als genug, die gar wohl im Stande wären, den ganzen Schund und das ganze Gift in kurzer Zeit aus unserer Literatur hinauszuschreiben. Nun, warum tun sie es nicht? Aus zwei triftigen Gründen. Nämlich erstens würde das mit Opfern verbunden sein, die man ihnen unmöglich zumuten darf, und zweitens liegt die Gefahr sehr nahe, für all diese Menschenfreundlichkeit, diese Arbeit, dieses Risiko und diese Opfer nicht Dank, sondern Undank zu ernten und schließlich gar noch als Märtyrer verachtet, verfolgt, gepeinigt, gemartert und ausgestoßen zu werden. Das sind Bedenken, die sehr wohl verdienen, beachtet zu werden.

Was das Erstere, nämlich die Opfer betrifft, so sehe man sich doch einmal die Bücher an, die zu dem Zweck herausgegeben werden, an die Stelle von Sherlock Holmes, Nick Carter, Buffalo Bill usw. usw. zu treten. Ich will nicht fragen, ob in diesen Schriften das Expansionsvermögen und die seelische Wucht verborgen liegt, die sie besitzen müssen, wenn sie den Schund überwältigen sollen. Ich will aber aufrichtig sagen, dass ich fast nur fremde Verfassernamen sehe und dass es nur immer einzelne Bücher sind, also keine fließenden Quellen, mit denen man den Schund einfach hinausspülen könnte, sondern eben nur Seltersflaschen, die man austrinkt und dann in irgendeine Ecke wirft. Ich meine, dass zur Ausräumung dieses Augiasstalles[1] ganz andere Kräfte und ganz andere Mittel gehören. Einem Kolportageroman, der 150 Bogen zählt und dessen erste fünf Nummern in Millionen Exemplaren den Lesern in die Stuben getragen werden, kommt man nicht mit den wenigen Bogen eines unbekannten Autors bei! In Deutschland und

---

[1] Die Rinderställe des König Augias zu reinigen, war eine der Aufgaben des Herkules. Allgemein ein Symbol für Verwahrlosung und Schmutz.

Österreich werden jährlich weit über 150 Millionen Sammelnummern für Schundromane ausgetragen. Wer gegen solche Massen ankämpfen will, der darf kein Unbekannter sein und darf auch nicht mit einem einzigen Büchlein oder gar Heftchen kommen, welches in der Kolportageüberflutung augenblicklich verschwindet. Da sind Werke nötig, die wenigstens ebenso packend geschrieben und von derselben Länge sind wie die Schundromane. Auch so billig müssen sie sein, besser sogar noch billiger! Das bringen nur geübte Schriftsteller fertig, die einen zugkräftigen Namen haben. Es gibt ihrer mehr als genug. Was aber bietet man ihnen für ihre Manuskripte? Wahre Schundhonorare! Ein Autor, der mutig in diesen Augiasstall niedersteigt, um ihn mitsäubern zu helfen, bringt wahrlich Opfer genug. Mutet man ihm auch noch pekuniäre Entsagungen zu, so verzichtet man gleich von vornherein auf diejenigen Kräfte, die allein im Stande sind, die gestellte Aufgabe zu lösen.

Was nun den zweiten Punkt betrifft, nämlich die Gefahr, zum Märtyrer gemacht zu werden, so verweise ich sehr einfach auf das Beispiel Karl Mays, welches deutlicher spricht, als ich sein könnte, selbst wenn ich ganze Bände hierüber schriebe.

Heutzutage weiß jedermann, dass Karl May nicht für den so genannten Geist, sondern nur für die Seele seiner Leser schreibt. Daher seine riesigen Erfolge. Er ist der größte Idealist und darum auch der meistgelesene Schriftsteller in der gegenwärtigen deutschen Literatur. Seine Hauptideale sind:

1.) die Umwandlung des jetzigen Gewaltmenschen in den zukünftigen Edelmenschen,

2.) der Nachweis, dass wir sehr wohl zu einem Völkerfrieden kommen können, wenn wir alle Utopien vermeiden und ihn nur auf praktischem Wege zu erreichen suchen,

3.) die Aussöhnung des Morgenlandes mit dem Abendland und

4.) die Darlegung, dass sich in Amerika ganz im Stillen eine neue, germanisch-indianische Rasse bildet, als deren Prototyp er seinen berühmten Winnetou gezeichnet hat.

Das sind hohe, sehr hohe Ideale, in deren Dienst Karl May schon über vierzig Jahre lang gearbeitet hat. Doch über ihnen allen aber steht das Höchste seiner Ideale, nämlich die große, herrliche ‚Menschheitsseele', deren Personifikation er seinen Lesern in Marah Durimeh schenkte. Man sieht, seine Ideale umfassen die menschheitliche Zukunft der alten und der neuen Welt, an ihrer Spitze der längst ersehnte Edelmensch, der an der Hand der ‚Menschheitsseele' am Horizont der Gegenwart erschienen ist, um seine Herrschaft endlich anzutreten. Karl May hat durch seine Werke ein Verständnis für den Orient und eine Liebe zu ihm gebracht, die es beide vorher nicht gab. Er hat die rote Rasse aus der Niedrigkeit der Indianerschmöker emporgehoben und uns die wichtige, völkerbildende Aufgabe angedeutet, zu deren Lösung sie berufen ist. Er hat uns die Augen über die vier Weltathleten geöffnet, die über das politische Schicksal des Menschengeschlechtes zu entscheiden haben werden, ich meine den wohlgeübten Europäer, den noch schlafenden Islamiten, den soeben erst erwachten gelben Mongolen und den zukünftigen germanisch-indianischen Amerikaner, der einst zu lösen haben wird, was der Europäer nicht lösen kann oder will. Er hat in seinen ‚Reiseerzählungen' an Hunderten von Beispielen nachgewiesen, dass in allen Kämpfen einzelner oder ganzer Stämme und Völker die wahre echte Humanität und Menschlichkeit immer Siegerin bleibt, ob früher oder später. Und er hat endlich, und das ist das Schwierigste und Kühnste, was er gewagt und getan hat, der Idealgestalt des zukünftigen Edelmenschen sein eigenes ‚Ich' zur Verfügung gestellt, um ihn zu befähigen, schon jetzt und sofort den Kampf aufzunehmen, in dem der Gewalt- und Arglistmensch besiegt werden soll und muss. Es ist wohl das allererste Mal, seit es überhaupt Literaturen gibt, dass ein Verfasser sich so vollständig und persönlich mit einem seiner Ideale identifiziert, wie Karl May es mit seinem ‚Edelmenschen' tut, den er in Amerika als Old Shatterhand und in Asien und Afrika als Kara Ben Nemsi bezeichnet. Die Wandlungen, durch die er diesen Edelmenschen gehen lässt, sind ebenso hochinteressant wie augenfällig. In den ersten Bänden wird der Gewaltmensch in all seiner Gefühl- und Rücksichtslosigkeit geschildert. Die Verbrechen des amerikanischen ‚Fernen Westens' werden ebenso aufrichtig gezeigt, wie die Missetaten des morgenländischen Ostens. Das mildert sich nach und nach. Die Waffen, welche erst eine so große Rolle spielen, der Bärentöter, der Henrystutzen, die Silberbüchse, werden immer weniger gebraucht. An die Stelle des Säbels und der Flinte, des Revolvers und des Messers tritt die Intelligenz und die Menschlichkeit als immer währende Siegerin, und in der jetzt im *Deutschen Hausschatz*, Regensburg, erscheinenden Friedenssymphonie *Der Mir von Dschinnistan* ist Karl May in seiner Aufgabe schon so weit vorgeschritten, dass ein zwischen mehreren Völkern raffiniert vorbereiteter Krieg zum friedlichen Ende geführt wird, ohne dass während des ganzen Feldzugs ein einziger Schuss zu fallen braucht. Nur der Sonderbarkeit wegen sei hierbei erwähnt, dass man von gewisser Seite den Verfasser so weit ausgreifender, tief ernster, inhaltsreicher Werke unter die Schriftsteller hat werfen wollen, die nur zur Unterhaltung und Belustigung von unerwachsenen Knaben und Mädchen schreiben!

Dass dieser begeisterte Idealist, dieser unentwegte Forscher und Sucher nach der ‚Menschheitsseele', dieser eifrige Verkünder des nahenden ‚Edelmenschen', der unerbittlichste Widersacher aller derjenigen sein musste und sein muss, die sich mit der Herstellung und Verbreitung der Schund- und Giftliteratur befassen, versteht sich ganz von selbst. Es gibt doch gewiss nichts, was allem Edelmenschlichen in der Weise widerspricht, wie grad diese

Literatur und dieses Gift! Und in Wirklichkeit ist zu konstatieren, dass das Schundschriftsteller- und Schundverlegertum eine Feindseligkeit gegen Karl May entwickelt, die keine Gelegenheit, sich äußern zu können, überhaupt vorübergehen lässt. Der Hauptgrund in letzter Linie liegt für sie natürlich in seinen beispiellosen buchhändlerischen Erfolgen. Seine Bücher sind nicht nach Hunderttausenden, sondern nach Millionen in der deutschen Leserwelt verbreitet, das Ausland gar nicht mitgerechnet. Diese Karl May-Literatur ist nicht mit einzelnen Seltersflaschen zu vergleichen, sondern sie bildet einen unablässig fließenden, wirklichen Quellbrunnen, der den Lepraeiter und die Syphilisjauche der Schundfabrikanten aus den Wohnungen des Volkes und aus den Türen der Buchhändlerläden spült. Das tut der Kolportage ungeheuren Abbruch. Das kann man ihm weder vergeben noch vergessen!

Vor allen Dingen: Womit tritt Karl May vor seine Leser und womit der Schundverleger? Was der Letztere bietet, haben wir bereits gesehen. Karl May aber bringt den nach Idealen Hungernden und nach Glück Dürstenden wirkliche Ideale und wirkliches Glück. Er gibt ihnen den verlorenen Himmel zurück. Er lehrt sie wieder an Gott glauben. Er erfüllt ihre Herzen mit neuer Menschenliebe und mit neuem Selbstvertrauen. Er lehrt sie begreifen, dass ein jeder Verlust ein Gewinn, ein jedes Leid eine Gabe ist, hinter der eine Freude wartet. Er ist nicht negativ, nicht verneinend, sondern im höchsten Grade positiv und bejahend. Er nimmt niemals, sondern er gibt. Und er gibt nicht etwa nur zeitweilig, sondern immerfort und unaufhörlich. Mit jedem neuen Band folgen wieder neue Geschenke. Er ist eben ein immer fließender, lebendiger Quell. Daher die unwandelbare Treue, mit der seine Leser an ihm hängen, und die Energie, mit der sie alles, was die Schundfabrikanten ihnen bieten, von sich abweisen. Keiner von allen, die zu seiner Lesegemeinde gehören, liest einen Schundroman. Daher der grimme Hass, mit dem der Schund ihn befehdet, und daher die Freude in allen literarischen Giftfabriken, als vor nun fast zehn Jahren seine Schaffenskraft durch einen ihm aufgezwungenen Kolportageprozess derart lahm gelegt wurde, dass er eine ganze Reihe von Jahren nichts neues herausgeben konnte. Das machte der Schund- und Giftliteratur Luft. Sie benutzte diese Pause sofort. Sie begann aus dem Großen und Vollen herauszuarbeiten. Da entstanden die Kapitän Stürmers, die Sherlock Holmes', die Nick Carters, die Buffalo Bills und viele andere. Sie wuchsen wie Pilze nach einem warmen Regen aus der Erde. Sie verbreiteten sich mit ungeheurer Schnelligkeit, wie eben giftige Pilze sich verbreiten.

Karl May wurde von der Kolportage so fest an den Prozess geschmiedet, dass er nicht los konnte. Sie benutzte es, ihn in der Öffentlichkeit anzuschwärzen, und fing das so schlau an, dass man ihr glaubte. Acht volle Jahre lang standen Hunderte von Zeitungen unter dem Bann der Schund- und Kolportagelügen. May wurde beschuldigt, selbst ein Schund- und Giftschriftsteller zu sein. Er wurde öffentlich gemartert, gepeinigt, gekreuzigt, für ehrlos erklärt. Man verbot seine Bücher, die man vorher lobte und empfahl. Sie verschwanden aus den Volks- und Schülerbibliotheken, sie verschwanden aus dem Privatbesitz. Die unausbleiblichen Folgen ließen nicht auf sich warten. Das Gift nahm überhand. Es kam die Zeit, in der die Schundverleger fast nicht genug drucken konnten. Es gab einen förmlichen Sherlock-Holmes- und Nick-Carter-Rausch. Schüler erschossen oder erhängten sich. Sie legten Feuer in ihre Klassenzimmer.

Jungens, der Schule noch nicht entwachsen, schlichen sich des Nachts an das Bett des Vaters, um ihn zu erstechen und dann mit dieser Mordtat zu prahlen. Lehrlinge schossen nach ihren Meistern. Fünfzehnjährige Buben tranken sich in der Kneipe Mut an und erschlugen dann Erwachsene, um sie zu berauben. Und als hierüber ein Schrei der Entrüstung nach dem anderen durch die entsetzte Bevölkerung scholl, erklärten die Schund- und Giftfabrikanten mit lächelndem Behagen: „Das sind die Folgen von Karl May und seinen Büchern!"

Und was man nicht für möglich halten sollte, es gab eine Menge Verblendeter, die verbreiteten das weiter! Selbst heute hat man in gewissen Kreisen noch nicht aufgehört, ihn, den größten Antagonisten des Schundgiftes, wie einen jener verkannten Insektenvertilger zu verfolgen, welche der Unverstand ausrottet, obgleich sie sich durch die unerbittliche Vernichtung alles Ungeziefers als unendlich nützlich erweisen.

Da plötzlich kam die Nachricht, dass Karl May seinen Prozess gewonnen habe, und zwar in allen drei Instanzen, dem Landgericht, dem Oberlandesgericht und auch dem Reichsgericht. Das hatte man nicht erwartet. Das war ein Schreck für alle seine Gegner, besonders aber für diejenigen, die sich zu seinem Untergang derart mit der Kolportage verbunden und verbrüdert hatten, dass sie nun nicht mehr von ihr los kommen konnten. Sie konnten sich nicht entschließen, den Fehler, den sie gemacht hatten, einzugestehen, und so blieb ihnen nichts anderes übrig, als ihre Feindschaft gegen Karl May nun auch noch bis auf die höchste Spitze zu treiben, um ihn trotz des gewonnenen Prozesses doch noch zu verderben. Man klagte Karl May und seine Zeugen des Meineids an und verwandelte so den verlorenen Zivilprozess in einen Kriminalprozess, der unbedingt gewonnen werden musste, falls es gelang, May auch nur einer einzigen, kleinen Unwahrheit zu überführen, die er sich zu schulden kommen ließ. Die Voruntersuchung begann im Jahre 1907, sie dauerte volle 22 Monate und ist eine der interessantesten Kriminaluntersuchungen der neueren Zeit gewesen; es wäre sehr zu wünschen, dass Karl May ausführlich und öffentlich über sie berichtet. Sie erstreckte sich zeitlich über sein ganzes Vorleben und räumlich über das In- und Ausland, sogar bis hinüber nach Amerika. Es wurde nach Lügen und Unwahrheiten gesucht, nach irgendwelchen blamablen Punkten, die man, wenn nicht als direkte Beweise, so doch als Indizien betrachten könnte. Es war ein Martyrium sondergleichen für Karl May. Das Gefängnis stand ihm geöffnet. Ja, in den mündlichen und schriftlichen Äußerungen seiner Gegner begann das Wort ‚Zuchthaus' immer deutlicher zu werden und eine immer größere Rolle zu spielen. Und seine Freunde warnte man, sich ja nicht mehr mit ihm abzugeben, da es mit ihm ein Ende mit Schrecken nehmen werde. Je länger die Voruntersuchung dauerte, desto hochgradiger wurde die Spannung. Wer May kannte, der blieb natürlich sehr ruhig. Seine Widersacher aber waren vollständig überzeugt, dass er unrettbar verloren sei. Die öffentliche Verhandlung gegen ihn und seine Verurteilung zum Zuchthaus waren für sie nur noch eine Frage der Zeit, die man kaum erwarten konnte. Da aber kam die erste große Enttäuschung für sie, nämlich die Nachricht, dass er mit seiner Frau eine Studienreise durch Kanada und die Vereinigten Staaten mache, um den vierten Band seines *Winnetou* zu schreiben. Das wollte freilich weniger auf Einsperrung als vielmehr auf vollste, ungeschmälertste Freiheit klingen. Die Spannung stieg am höchsten, als man Anfang Dezember erfuhr, dass die Untersuchung geschlossen worden sei und der Untersuchungsrichter die Akten der Staatsanwaltschaft ausgeliefert habe. Der Staatsanwalt hatte aber schon acht Monate vorher Karl May persönlich mitgeteilt, dass ‚nichts auf ihn zu bringen sei' und dass man die Untersuchung nur deshalb mit aller Schärfe weiterführe, damit auch nicht der Schatten irgendeines Verdachts an ihm hängen bleiben könne. In diesem Sinn wurde dann auch von der Staatsanwaltschaft und der ersten Strafkammer des Königlichen Landgerichts beantragt und entschieden. So ging Karl May also auch hier, aus dem bis zur Kriminalität verschärften Verfahren, als Sieger hervor und die Schundgiftfabrikanten haben sich sowohl mit ihren Beschützern und Gönnern als auch mit den von ihnen Düpierten und Genasführten vergeblich darauf gefreut, den erfolgreichsten und unerbittlichsten Bekämpfer ihrer Kloakenliteratur für immer loszuwerden.

Es ging jetzt genau zehn Jahre her, dass der hervorragendste Vertreter der Schund- und Giftfabrikation der Welt weismachen ließ, dass Karl May ja selbst auch Schund und Gift geschrieben habe. Also ein ganzes Dezennium als Martyrium! Eine für den Kampf gegen den Schund vollständig verlorene Zeit, sodass der Eiter und die Jauche jetzt durch alle Gassen rinnen und aus allen Ecken und Winkeln stinken dürfen! Der Schund ist jetzt mächtiger, kühner und rücksichtsloser, als er je vor dem war. Wenn er es fertig brachte, einen Karl May, der damals gepriesen und gefeiert wurde wie kein Zweiter, mit einem derartigen Erfolg zu befeinden, wer soll es da jetzt wohl wagen, mit ihm anzubinden! Man sage mir nicht, dass es ja Hunderte und Tausende sind, die gegen ihn vorgehen, sowohl einzelne als auch ganze Gruppen und Vereinigungen! Ich sage ebenso hundert- und tausendmal: Das nützt alles nichts, alles nichts, wenn man nicht zu den beiden Hauptmitteln greift, die allein hier helfen können. Nämlich erstens, man werfe alle Schundverleger, Schundschriftsteller und Schundverkäufer unnachsichtlich aus jeder anständigen Gesellschaft hinaus. Und zweitens, man schreibe ihr Gift aus allen Zweigen der Literatur hinaus, in denen es offen oder verborgen ätzt und frisst! Was den ersteren Punkt betrifft, so ist nun endlich eine Tat geschehen, die wirklich eine ‚Tat‘ zu nennen ist, nur hätte sie viel eher geschehen können. Nämlich in Numero 233 der *Feder*, des Organs für den Allgemeinen Deutschen Schriftstellerverein, ist Folgendes zu lesen:

„Vorstandssitzung vom 24. Februar. Der Vorstand des Allgemeinen Schriftstellervereins beschließt: Wir verurteilen die jugend- und volksverderbliche so genannte Detektiv- und Nick-Carter-Literatur und schließen alle, die sich an der Abfassung derartiger Schriften erwiesenermaßen beteiligen, von der Mitgliedschaft aus."

Jeder wahre Freund der deutschen Volksseele ruft diesem Entschluss ein aufrichtiges Bravo zu. Es ist zu wünschen, dass alle anderen Schriftsteller- und Buchhändlervereine baldigst folgen. Dann wird es nicht mehr lange dauern, bis die Schund- und Giftmänner alle von dem Umgang mit anderen, moralisch gesunden Menschen ausgeschlossen sind.

Und was den zweiten Punkt betrifft, nämlich dass das Gift nur denen weichen wird, die wirklich im Stande sind, es aus unserer Literatur hinauszuschreiben, so wiederhole ich meine Warnung, dass man sich ja nicht auf unbekannte und ungeübte Schriftsteller verlassen, sondern sich an bewährte Autoren wenden möge, die bewiesen haben, dass sie die Volksseele zu packen, zu begeistern und über den Schund emporzuheben verstehen. Und da ist es denn hocherfreulich, zu hören, dass Karl May, der alte, tapfere Recke, sich durch sein Martyrium keineswegs hat entmutigen lassen. Kaum hat er freie Hand und freies Herz bekommen, so macht er bekannt, dass *Winnetou Band IV* erscheinen werde. Das ist ein neuer Fehdehandschuh für die Schund- und Giftfabrikanten. Ich meine das in voller Absicht: nur erst den Fehdehandschuh. Die Fehde selbst beginnt mit der Herausgabe folgender zwanzig Bände:

a) *Im fernen Westen*. Reiseerzählungen von Winnetou, dem Häuptling der Apatschen. Herausgegeben von Karl May. Zehn Bände.

b) *Im fernen Osten*. Reiseerzählungen von Kara Ben Halef, dem Scheik der Haddedihn. Herausgegeben von Karl May. Zehn Bände.

Wer da weiß, dass Karl May nach einem festen Plan und mit weit vorausschauender Überlegung arbeitet, und wem es bekannt ist, dass er seine bisherigen Bücher nur als Skizzen und Vorübungen für seine erst noch kommenden eigentlichen Werke betrachtet, der wird mit Sicherheit in diesen angekündigten zweimal zehn Bänden eine Gabe erwarten, die an Form und Inhalt, also an äußerem und innerem Wert, diese Skizzen und Etüden weit überragt. Das gibt dann gleich zwei jener lebendigen Quellen, von denen ich weiter oben gesprochen habe, und ich bin überzeugt, dass dieser neue Feldzug gegen das Schundgift ganz ebenso wie alle vorigen zum Sieg führen wird. Ich frage: Ist Karl May etwa der Einzige, der diese Befähigung, diesen Mut und diese Ausdauer besitzt? Gibt es nicht noch viele, viele andere, die alle, wenn auch jeder in seiner Weise, die Erfahrung und Geschicklichkeit besitzen, an diesem Kampf siegreich teilzunehmen? Es gibt doch wahrscheinlich Autoren genug, denen es eine Lust sein würde, einen Winnetou, einen Hadschi Halef Omar oder eine Marah Durimeh zu schaffen! Nur zwei Dutzend solcher Verfasser, die zusammentreten und einander in die Hand versprechen, das Schundgift aus der Literatur hinauszuschreiben, mehr brauchen wir nicht! Dieser Gedanke sei hiermit angeregt. Die deutsche Schriftstellerwelt braucht nur zu wollen, so ist es mit der Kloakenliteratur sofort zu Ende! Wie viele Namen stehen in Kürschners Literaturkalender? Es sind tausende! Von ihnen allen nur zwei Dutzend, nur zwei Dutzend! Ist das zu viel verlangt? Gewiss nicht!

APHORISMEN ÜBER KARL MAY
(1909)

Blatt 1

Es ist falsch, Karl May als Jugendschriftsteller zu betrachten. Er schreibt für die auch geistig Erwachsenen. Es ist sogar auch für die Letzteren nicht leicht, den tieferen Inhalt seiner Bücher zu erfassen.

Allerdings hat er auch einige Jugendbücher geschrieben, aber nur zum Zweck des Vergleiches, damit man ersehe, welch ein großer Unterschied zwischen diesen und seinen anderen Werken ist.

Blatt 2

Es ist falsch, Karl May nur als Reiseschriftsteller zu betrachten. Zwar ist er verschiedene Male in Afrika und Asien, sogar bis hinter nach Ostasien, in den Vereinigten Staaten und Kanada usw. usw. mehr als zehnmal gewesen, aber diese Reisen waren und sind nicht die Hauptsachen, sondern nur das Mittel zum Zweck.

Das Gewicht auf die Einzelheiten dieser Studienreisen legen, heiße ihn nicht begreifen, ihn zum ganz gewöhnlichen Unterhaltungskarnickel für unerwachsene respektive ungebildete Leser degradieren.

Blatt 3

Auf die Frage, was Karl May ist, gibt es nur die eine, richtige Antwort: Er ist Völker- und Menschheitspsychologe. Um dies zu werden, hatte er von der Einzelseele auszugehen, um über das Studium der einzelnen Völkerseelen zuletzt auf die allgemeine, große Menschheitsseele zu kommen.

Zum Studium der Einzelseele reichte die Heimat hin. Was er da fand, legte er in seinen heimatlichen Erzählungen nieder. Das schwierigste dieser psychologischen Probleme ist im *Geldmännle*, Erzgebirgische Dorfgeschichten Band 1 gelöst. Man lese nach!

Zum Studium der Völkerseelen waren Reisen erforderlich. Er machte sie nicht als Reisefex, als Gelehrter, als Entdecker usw. sondern nur als ‚Mensch', nur für sich selbst. Er machte sie ganz im Stillen, ohne die Aufmerksamkeit auf sich zu lenken. Und heute, wo er bekannt geworden ist, macht er sie unter anderem Namen. Denn wer ‚Seelen' studieren will, auch Völkerseelen, hat dies nicht an die große Glocke zu hängen. Darum konnte es Karl May niemals einfallen, mit den Einzelheiten und dem Zweck seiner Reisen an die Öffentlichkeit zu treten. Forscher wie Sven Hedin etc. haben es nur mit dem Erden- und Menschheitskörper zu tun, ihre Reisen vertragen Lärm; der Seelenforscher aber hat ganz anders zu verfahren. Darum hat Karl May es unterlassen, geografische, ethnologische, touristische Fachwerke zu schreiben und überhaupt als derartiger Fachmann aufzutreten. Hierdurch wurde erreicht, dass sein Name nicht auf andere Gebiete hinübergezogen wurde und er sich seiner Aufgabe ganz und voll widmen konnte. Es ist nämlich ein geradezu schreckliches Ding, allgemein bekannt oder gar berühmt zu sein!

*

Dies die Beantwortung der Frage, warum mein Name nicht erwähnt wird. Ich will es nicht!!! Weitere Antworten folgen.

Blatt 4

Karl May hat seine psychologischen Reisen in Band 1 in der Wüste angefangen. Nämlich in der Wüste unserer Unwissenheit über die Seele. Da trat ihm nicht etwa die Seele sofort entgegen, sondern zunächst die menschliche Anima, die er Hadschi Halef Omar nennt und als Diener mit sich nimmt, um sie eingehenden Studien zu unterwerfen. Halef ist klein, sitzt aber auf hohem Pferde. So auch die

Anima. Er ist ruhmredig und bezeichnet sich und seine Vorgänger als Hadschi, sie sind es aber nie gewesen. So auch die Anima, die uns weisgemacht hat, dass sie die Seele sei. In Wahrheit aber wissen unsere gelehrtesten Psychologen noch heute nicht, was Seele ist und was Geist!

Die ‚Seele' kommt erst in Hanneh, dem Weib Halefs, zum Vorschein und wird nach und nach durch alle Bände hindurch bis hinauf zu Marah Durimeh, der ‚Menschheitsseele' entwickelt.

Blatt 5

Hand in Hand mit dieser rein psychologischen Aufgabe, die sich, bald mehr und bald weniger bemerkbar, je nachdem es der Zweck erheischt, durch alle Bände zieht, werden zugleich auch jene humanisierenden Aufgaben gelöst, durch welche Karl May die Herzen seiner Leser gewann. Diese sind:

1.) Die Entwicklung des Gewaltmenschen zum Edelmenschen. Siehe *Babel und Bibel*.

2.) Die Aussöhnung des Morgenlandes mit dem Abendland, für welche durch die Mayschen Schilderungen schon Hunderttausende begeistert worden sind.

3.) Der Nachweis des langsamen, aber sichern Entstehens einer neuen, germanisch-indianischen Rasse jenseits des Atlantik, deren Prototyp Winnetou ist. Darum ist Winnetous Erzieher ein Deutscher und darum kommen in diesen Schilderungen so oft Deutsche vor. Man sieht, dass die Bedenken, die gegen May zu sein scheinen, grad für ihn sind, sobald man seine Bücher nicht wie ein jugendlicher, oberflächlicher Quartaner liest! Der Yankee ist nämlich unfähig, eine herrschende Rasse für Amerika zu zeugen, und doch hat diese Rasse dort unbedingt zu erscheinen, um die großen, menschheitlichen Aufgaben wieder aufzuheben, welche Europa vielleicht zu Boden fallen lässt. Der Deutschamerikaner ist Pionier!

Blatt 6

Es ist falsch, über Karl May schon jetzt ein endgültiges Urteil abzugeben. Er ist trotz seiner 67 Jahre ein Werdender, ein Lebenbleibender, der nicht eher sterben will, als bis er erreicht hat, was zu erreichen er strebt. Dass seine Reiseerzählungen nur flotte, aber scharf treffende Skizzen, Versuche und Vorübungen für später Kommendes sein sollen und auch wirklich sind, versteht sich von selbst. Zwar lassen auf künstlerischem Gebiet auch schon Skizzen den Meister erkennen, aber es wird sogar dem strengsten Kritiker nicht einfallen, an die Skizzen des größten Meisters denselben Maßstab zu legen wie später an das vollendete Werk.

Man lese, welchen Band von May man wolle, es treten überall Hinweise und Fingerzeige auf Künftiges hervor, und wer den Äußerungen der gegenwärtigen Kritik über ihn folgt, dem kommt sehr oft die bedauernde Frage: Warum lässt man ihm doch keine Zeit, sich naturgemäß und aus sich selbst heraus zu entwickeln?

Blatt 7

Der bekannte österreichische Kritiker Armand von Ozoroczy nennt Karl May ‚den Abgeordneten der ganzen Menschheit'.

Das ist richtig!

May redet und erzählt nicht nur im Namen der ganzen Menschheit, sondern im Namen aller irdischen Geschöpfe, die des Lebens Leid zu tragen haben.

Blatt 8

Und nun die Hauptsache:

Das Ich, in dem Karl May schreibt, das ist nicht er selbst, sondern das ist die

Menschheitsfrage!

Er hat alle Fragen, welche die Menschheit seit ihrem Bestehen beschäftigten, in eine große Menschheitsfrage zusammengefasst: ‚Wer sind wir, woher kommen wir und wohin gehen wir?' Er hat während seiner letzten Studienreise durch Amerika über diese Frage öffentliche Vorträge gehalten und diese Vorträge enthielten die Quintessenz alles dessen, was er schreibt.

Genau so, wie unter Hadschi Halef Omar die menschliche Anima zu verstehen ist und wie er unter Marah Durimeh die Menschheitsseele meint, so hat er auch diese Menschheitsfrage personifiziert, und zwar durch sich selbst, durch sein eigenes Ich. Sie ist es, die durch alle Länder geht, um die Riesenfragen der Menschheit aufzusuchen und ihrer Beantwortung entgegenzuführen. Es mag der gegenwärtigen, antiidealistischen Zeit wohl schwer werden, sich in den Gedanken zu finden, dass unter dem ‚Ich' seiner Reiseerzählungen nicht der persönliche, konkrete Karl May zu verstehen ist, sondern ein nur gedachtes, imaginäres Wesen, dem er seinen Namen leiht, damit er begriffen und verstanden werden könne. Für kommende Generationen aber wird diese jetzt vollständig neue Art der schriftstellernden Kunst etwas ganz Selbstverständliches sein.

Auf dem nächsten Blatt sei dies für die Beurteilung Karl Mays höchst wichtige Thema weiter ausgeführt.

Blatt 9

Wie Eugen Sue das heimat- und ruhelose Israel in seinem ‚Ewigen Juden' personifizierte, so schuf Karl May seine ‚Menschheitsfrage', um der Sehnsucht nach der Lösung unserer Daseinsrätsel eine sichtbare Gestalt zu geben. Das Problem vom ewigen Juden bleibt ungelöst, weil Sue es nicht an eine wirklich existierende, konkrete Gestalt gebunden hatte. Imaginationen verflüchtigen sich, wenn man ihnen keinen festen, sinnlich wahrnehmbaren Halt verleiht; Karl May war vorsichtiger. Er suchte nach einer realen, wirklich lebenden oder gelebt habenden Person, welche geeignet war, die Trägerin der von ihm geschaffenen Idee zu sein. Er fand keine. Je mehr er in der Vergangenheit und Gegenwart suchte, desto klarer wurde es ihm, dass er überhaupt keine finden konnte, außer er suchte bei sich selbst. Kein Sterblicher kann die Menschheitsfrage lösen außer in sich selbst und durch sich selbst. Sie wird im Innern geboren und muss im Innern entwickelt und erzogen werden, ehe sie nach außen treten kann, um ihre Stimme erschallen zu lassen. Und wenn sie erscheint, so ist sie keine zweite oder dritte Person, kein Du oder Er oder Sie oder Es, sondern stets eine erste Person, ein Ich! Wenn sie den rechten Träger gefunden hat, geht sie mit ihm durch alle Zeiten und durch alle Länder der Erde und lehrt ihn, nach Marah Durimeh, der großen Menschheitsseele, zu suchen, die allein im Stande ist, ihn und seine Frage der Lösung entgegenzuführen. Karl May hat sich entschlossen, dieser Träger zu sein.

Er hat sich mit Leib und Leben, Hab und Gut in den Dienst der Menschheitsfrage gestellt und ihr sich hingegeben mit seinem ganzen – – – Ich! Er hat sich derart mit ihr identifiziert, dass er sein eigenes, persönliches Leben nur insoweit lebt, als es unbedingt nötig ist, sonst aber sich nicht mehr als Karl May, sondern nur noch als Menschheitsfrage betrachtet.

Blatt 10
Karl May schreibt seine Reiseerzählungen nicht aus sich selbst, sondern aus der Menschheitsfrage heraus. Wie der Bühnenkünstler sich selbst aufgibt, um ganz und gar der zu sein, der ihm vom Dichter vorgeschrieben ist, so versenkt May sich in der Rolle der Menschheitsfrage und denkt sich, dass sie hinter ihm an seinem Schreibtisch sitze und ihm die Feder führe. Sie ist es, die seine Bücher mit ihm studiert, seine Reisen mit ihm macht und seine Manuskripte mit ihm schreibt. Er gibt zwar zu allem seinen Namen, aber in Wirklichkeit ist sie es allein, die man unter dem Old Shatterhand und Kara Ben Nemsi seiner Reiseerzählungen zu verstehen hat. Wer sich unleicht hier hereinzu-

finden vermag, der stelle sich einen Anwalt vor, der im Namen seines Klienten denkt, empfindet, redet, schreibt und reist. Der Anwalt ist May. Der Klient ist die Menschheitsfrage.

Karl May denkt sich die Menschheitsfrage, wie sie im Paradies entstand, als Gott rief: „Adam, wo bist du?" Adam = Mensch, also: „Mensch, wo bist du?" Er denkt sich, dass diese Menschheitsfrage mit den Menschen das Paradies verlassen musste und mit ihnen durch die Jahrtausende und Jahrhunderte sich fortentwickelte bis auf den heutigen Tag. Diesen ganzen, langen Weg geht May nun auch. Er studiert Altpersisch, Chinesisch, Assyrisch etc. die Kings, die Veden, den Koran, die Bibel etc., um sich keine einzige wichtige Frage entgehen zu lassen, die jemals von der Menschheit aufgeworfen ist respektive heute noch aufgeworfen wird. Das ist der geschichtliche Weg, auf dem er jede Einzelheit seiner Klientin, der Menschheitsfrage, kennen zu lernen sucht, um sich in sie hineindenken und sie, die sinnlich nicht Wahrnehmbare, durch seine greifbare, materielle Persönlichkeit voll und ganz vertreten zu können.

Blatt 11

Nach diesem geschichtlichen Weg folgt der räumliche, der geografische Weg. Es gilt, die Länder und Völker kennen zu lernen, wo die Menschheitsfrage ihre Stimme erhoben hat oder zu erheben beginnt. Hierzu sind Reisen erforderlich. May ist, wie bereits erwähnt, wiederholt in Asien, Afrika und Amerika gewesen, um ihre Lebensfragen zu entdecken, ihre Menschen-, Tier- und Pflanzenwelt zu studieren und das Milieu, in der sich dann seine sinnbildlichen Erzählungen bewegen, genau kennen zu lernen.

Denn alles für die Menschheitsfrage Wichtige, was er auf diesen beiden Wegen, dem zeitlichen und dem räumlichen, dem geschichtlichen und dem geografischen, findet, wird sorgsam aufgehoben und mitgenommen, um die Menschheitsfrage zur Persönlichkeit auszugestalten und ihre Beantwortung zu ermöglichen.

Diese Beantwortung erfolgt in seinen Büchern, und zwar nicht in gelehrten, wissenschaftlichen Abhandlungen, sondern in Form von populären, gern gelesenen ‚Reiseerzählungen'. Denn Karl May hat nicht die Absicht die Wissenschaft zu bereichern, obwohl er auch das sehr wohl könnte, sondern er will zum Herzen der Menschheit sprechen, und zwar direkt, von Seele zu Seele, nicht aber durch Vermittlung irgendeiner Katheder- oder Buchgelehrsamkeit.

Wohlgemerkt: von Seele zu Seele! Die ‚Reiseerzählungen' sind nur für die Seele geschrieben, nicht aber für den so genannten Geist, für den die Erziehung und Schule fast ihre ganze Kraft verwendet, während die Seele, die Herrliche, das Aschenbrödel ist, um welches man sich nur vorübergehend bekümmert.

Blatt 12

Aus dem bisher Gesagten ist zu ersehen, dass die ‚Reiseerzählungen' den Zweck haben, zu zeigen, wie die ‚Menschheitsfrage' an der Arbeit ist, die Rätsel des Lebens ihrer Lösung entgegenzuführen. Um leicht verständlich, deutlich und interessant zu sein, erzählt nicht er von ihr, sondern lässt sie selbst erzählen. Er behandelt sie also infolge ihrer Wichtigkeit nicht als dritte, sondern als erste Person und überlässt ihr zu diesem Zweck sein ganzes, volles, eigenes Selbst und Ich. Er weiß sehr wohl, wie gewagt und gefährlich das ist. Denn viele von denen, die nur schwer begreifen, vor allen Dingen aber seine Gegner, werden aus dieser kühnen Identifizierung mit der Menschheitsseele die Veranlassung zu allerlei Angriffen herzuleiten suchen. Aber er weiß, dass dies nur vorübergehend ist und dass man ihn, wenn nicht schon jetzt, so doch später, ganz sicher begreifen lernen wird.

Also, wer die ‚Reiseerzählungen' nicht wie ein Quartaner, sondern ernst und richtig und in die Tiefe gehend lesen will, der hat sich vor allen Dingen in die Fiktion zu versetzen, dass sie nicht von Karl May, sondern von der Menschheitsfrage erzählt werden. Was da berichtet wird, das hat sie erlebt. Zwar wird auch mit erzählt, was er erlebte, denn es werden ja die Erlebnisse der ganzen Menschheit erzählt, zu der er doch auch mit gehört, aber seine individuellen Verhältnisse treten nur dann in den Vordergrund, und zwar stets für nur wenige Zeilen, wenn es sich darum handelt, die Wahrheit seelischer Erlebnisse in körperlich sichtbarer Weise zu verdeutlichen.

Blatt 13

Jede der ‚Reiseerzählungen' bringt irgendeinen Gedanken, den die Menschheitsfrage durch diese Erzählung zur Diskussion stellen will. Es gibt zweierlei solcher Gedanken, nämlich solche, die aus der Fremde, und solche, die aus der deutschen Heimat stammen. Die Letzteren müssen mit auf die Reise gehen, um in Asien oder Afrika oder Amerika unter dortige Beleuchtung gestellt und in dortige Gewänder gekleidet zu werden. Denn erstens liest sich das Fremdländische interessanter und zweitens werden heimatliche Wahrheiten und Erfahrungen dadurch, dass man ihnen eine nicht alltägliche Gestalt verleiht, leichter begreiflich und doppelt begehrenswert. Daher kommt es gar nicht so selten vor, dass in einer hoch interessanten, packenden Indianer- oder Beduinengeschichte etwas erzählt wird, was sich hier in Deutschland ereignet hat, aber trotz seiner Wichtigkeit von niemand beachtet wurde, weil es in einen gewöhnlichen, hiesigen Anzug gekleidet war. Dadurch, dass dieser Anzug in den ‚Reiseerzählungen' mit einem anderen, einem exotischen vertauscht wird, erhält der innere Wert eine größere Sichtbarkeit. Daher kann es vorkommen, dass ein türkischer Kadi eigentlich ein deutscher Justizminister, ein arabischer Farik Pascha eigentlich ein bayerischer General und ein persischer Schahnameh eigentlich ein österreichischer hoher Adeliger ist. Dann klingt es freilich höchst spaßhaft, wenn die Gegner von Karl May erklären, dass sie in Persien, Arabien und der Türkei nachgeforscht, diese Personen aber nicht gefunden haben; May sei also ein Lügner! Und noch drolliger ist es, wenn man ihm aus diesen Schlüsselerzählungen heraus den Vorwurf macht, dass die Daten seiner Auslandsreise nicht stimmen!

Blatt 14

Es wird in die ‚Reiseerzählungen' nichts aufgenommen, was die Lösung der Menschheitsrätsel nicht fördert. Wäre Karl May der Erzähler, so würde er sie ganz anders erzählt haben, als sie jetzt lauten. Es würde jeder Satz und jedes Wort vor dem Niederschreiben daraufhin überlegt, wie er sich ausdrücken würde und wie im Gegenteil davon die Menschheitsfrage sich auszudrücken hat. Er hat auf viele seiner Lieblings-Sujets verzichtet, weil sie für die Menschheitsfrage von keiner Bedeutung waren. So ist also diese Letztere allein das treibende, wählende und handelnde Prinzip aller dieser seiner Werke. Sie ist das treibende ‚Ich'. Sie ist in Amerika Old Shatterhand und sie ist im Orient Kara Ben Nemsi Effendi. Sie ist das umgekehrte Psyeudonym von Karl May, denn die eigentliche Verfasserin der Reiseerzählungen ist sie, das Psyeudonym aber ist er.

Es ist in der Literatur aller Völker wohl der erste Fall, dass ein Schriftsteller, noch dazu der viel gelesenste seiner Zeit, sich seines ganzen ‚Ich' entäußert, um seinen idealen künstlerischen Gestaltungen die Konsistenz des konkreten Lebens verleihen zu können. Diesem ersten Fall werden aber viele andere folgen und es wird und muss die Zeit kommen, in der die bisher unbekannte Gedankenwelt, deren Tore hierdurch von ihm geöffnet worden sind, sich schnell beleben und bevölkern wird. Also, wer eines dieser Bücher in die Hände nimmt, hat, ehe er zu lesen beginnt, die Person um die bürgerliche Existenz eines gewissen Karl May vollständig auszuschalten und sich einfach vorzustellen, dass das ‚Ich', welches jetzt zu ihm sprechen wird, die ‚Menschheitsfrage' ist. Er hat sich eine menschliche Gestalt dieser Menschheitsfrage zu konstruieren und sie sich ununterbrochen gegenwärtig zu halten, so lange er sich mit einer dieser Erzählungen beschäftigt. Tut er das nicht, so wird er ihren Inhalt weder begreifen noch verstehen.

Blatt 15

Wie aber hat diese Gestalt auszusehen? Wie hat man sich die ‚Menschheitsfrage' vorzustellen, indem man ihr das Äußere eines sichtbaren Menschen verleiht?

In ihr, der Menschheitsfrage, vereinigen sich die Resultate alles menschlichen Fragens und Forschens, alles menschlichen Forschens und Könnens. Sie ist der Inbegriff aller körperlichen, seelischen und geistigen Fortschritte, welche die Menschheit gemacht hat von ihrer Entstehung an bis auf den heutigen Tag. Sie muss also alles können, was in menschlicher Möglichkeit liegt. Sie muss alles wissen, was überhaupt im Bereich des Wissens liegt. Und sie muss von allen jenen menschlichen Fehlern frei sein, welche zu einem Missbrauch dieses Wissens und Könnens führen würden. Aber sie darf trotzdem nicht überirdisch erscheinen, denn sie hat eben auch nur ein Mensch zu sein. Auch in Beziehung auf ihre äußere Gestalt soll nichts übertrieben sein. Nur soll auch hier das, was sich von innen heraus entwickelt, also Kraft, Stärke, Gewandtheit, Ausdauer usw. so entwickelt sein, wie die Aufgaben der Menschheitsfrage es erfordern. Mit einem Wort: Die Gestalt der Menschheitsfrage soll innerlich und äußerlich genau dieselbe sein, wie Kara Ben Nemsi und Old Shatterhand in den ‚Reiseerzählungen' beschrieben werden!

Hieraus erhellt die große Lächerlichkeit aller der unsinnigen Vorwürfe, die man Karl May in dieser Beziehung macht. Nämlich dass er alle möglichen Sprachen spreche, in allen Wissenschaften und Kunstgebieten es mit jedem anderen aufnehme, der beste Reiter, Schütze, Läufer, Springer, Fechter sei usw. usw. Er hat gelernt, so viel in seinen Kräften stand, und lernt auch heute trotz seines Alters noch immer weiter, aber alles das zu wissen und zu können, was seine Menschheitsfrage wissen und können muss, das hat er nie behauptet!

Blatt 16

Es ist mit größtem Nachdruck Folgendes zu wiederholen: Karl May ist mehr als zehnmal in den Vereinigten Staaten, in Kanada usw. gewesen und öfters auch in denjenigen asiatischen und afrikanischen Ländern, wo er die Studien zu seinen ‚Reiseerzählungen' zu machen hatte. Er plant für nächstens wieder eine Reise rund um die Erde. Er ist in den Wissenschaften, Sprachen, sportlichen Fertigkeiten etc. so weit daheim, wie seine Aufgabe von ihm verlangt. Aber er tritt nicht als Länderforscher, nicht als Gelehrter und nicht als Sportsmann auf. Seine Zwecke und Ziele liegen auf völker- und menschheitsseelischem Gebiet. Über dieses befinden wir uns noch im tiefsten Dunkel, in tiefster Unwissenheit. Hier erklingt die Menschheitsfrage am allerdringlichsten, am allerstärksten. Und hier hat sie allein zu sprechen, May hat zu schweigen! Sie ist es, die da forscht, und sie ist es, die dann schreibt. Sie bedient sich seiner Person, seiner Hand und seiner Feder, auf der Reise und daheim. Wie der Maler, der eine Heilige malt, sie sich ununterbrochen vorzustellen hat, um ja nichts zu übersehen oder zu überhören, was jeder einzelne ihrer Züge ihm sagt und offenbart, so hängt auch Karl May mit dem geistigen Auge und Ohr unausgesetzt an dem innern Bild seiner Menschheitsfrage und lauscht ihr alles ab, was von ihren Lippen fließt. Das Übrige, das Niederschreiben und Druckenlassen, ist Nebensache, ist leicht und schnell gemacht. Dem künstlerisch gebildeten Leser wird es gewiss nicht schwer, dies zu begreifen. Wer es aber nicht begreift, der muss eben weiterlesen, bis ihm an irgendeiner Stelle ganz plötzlich das Verständnis kommt.

Blatt 17

Wenn Karl May so unausgesetzt auf die Menschheitsfrage lauscht, so ist es kein Wunder, dass er die Zeitfragen der Gegenwart leichter begreift als andere. Er kennt das Sehnen, welches jetzt durch alle Länder und alle Völker geht, das große Sehnen nach der Menschheitsseele; bis jetzt war es der Geist, der die Menschheit beherrschte. Wie weit hat er uns gebracht? Das muss anders werden. Die Menschheit will, dass nun auch einmal die Seele herrsche! Der Geist wirkt nach außen fortgeschritten, ohne nach innen fortzuschreiten. Darum hat uns unsere Entwicklung nicht zur Harmonie, sondern zum Zerrbild geführt. Kehren wir uns vom Zerrbild ab und der Harmonie wieder zu, indem wir der Seele ihre vollen Rechte geben. Ihr werden die nächsten 500 Jahre gehören! Sie wird herrschen! Unter ihrem Zepter wird sich unser Innenleben zu einem von Licht und Klarheit durchfluteten Kaisertum entwickeln, dessen Größe unermesslich ist und auf dessen Bergen wir zu unseren Idealen emporsteigen können, die wir bisher nicht zu ergreifen vermochten. Und wer ist es, der in diesem Reich regieren wird?

Die Antwort auf diese Frage steht in den ‚Reiseerzählungen' geschrieben. In ihnen ist die Pforte dieses Reiches geöffnet. Die Seelen der Leser strömen dieser Pforte jauchzend zu. Die Seelenlosen aber wenden sich von ihr ab. Die Verkalkten und Verknöcherten können nicht mehr mit. Alle die aber, bei denen diese Verknöcherung, Verknorpelung und Verkalkung noch nicht begonnen hat – also die Jugend – drängen sich in hellen Haufen durch das Tor, um die Ersten und Willkommensten zu sein, im neuen Kaiserreich.

Daher die Erfolge der ‚Reiseerzählungen' bei der Jugend, obgleich sie nur für die Erwachsenen geschrieben sind!

Blatt 18

Der Menschheitsfrage, welche die ‚Reiseerzählungen' diktiert, eröffnen sich Perspektiven, die für andere Augen unsichtbar bleiben. Ihr scharfer Blick erspäht jede Einzelheit, ist aber zugleich auch auf die Zukunft des Großen, Ganzen gerichtet. Was für uns schlummert, ist für sie schon längst erwacht. Sie ist Seherin. Sie kennt die vier Giganten, welche sich in gewaltigem Ringen um die Zukunft miteinander zu messen haben werden: den wohlgeübten, aber nervös gewordenen und in sich selbst zersplitterten Europäer; den schlafenden Islamriesen; den mongolischen Athleten, der nur seine japanische Hand zu ballen braucht, um das mächtige Russland niederzuschlagen; und, *last not least*, den neu erstehenden germanisch-indianischen Amerikaner, der höchst wahrscheinlich über die Schicksale der alten Welt zu entscheiden haben wird. Aus den Ahnungen und Gesichten der Seherin ergeben sich die schon genannten Hauptaufgaben der ‚Reiseerzählungen':

1.) Aussöhnung des Morgenlandes mit dem Abendland, damit beide, die Träger der einstigen und der jetzigen Kultur, gerüstet zueinander stehen, wenn der Mongole sich erhebt.

2.) Aufklärung über das Entstehen der neuen amerikanischen Rasse, damit der Europäer an seine atlantischen Interessen denken möge.

3.) Die Entwicklung des Gewaltmenschen zum Edelmenschen, damit der unausbleibliche Kampf der vier Giganten von dem kriegerischen auf den friedlichen Weg geleitet werde.

Blatt 19

Diese Aufgaben sind in den bisherigen Bänden der ‚Reiseerzählungen' noch nicht hörbar betont worden, weil diese Bände ja nur erst die Skizzen und Vorübungen enthalten. Aus ganz demselben Grunde wurde auch nie irgendein Nachdruck darauf gelegt, dass sich hinter dem ‚Ich' nicht

Karl May selbst, sondern eine imaginäre Persönlichkeit verbirgt. Der wahre Mayleser hat dies längst gewusst und nur die unversöhnlichen Gegner weigern sich, es zu bestätigen.

Obgleich erst Vorübungen enthaltend, haben die bisherigen Bände doch schon in weitgehender und segensreicher Weise gewirkt. Millionen Leser haben den Orient lieb gewonnen; sie beginnen sogar, ihn schon zu achten; die früheren Vorurteile verschwinden mehr und mehr. Auch in Beziehung auf die rote Rasse beginnt man, richtiger zu sehen. Man hält sie nicht mehr für minderwertig. Es hat sich herausgestellt, dass sie keine aussterbende, sondern eine zukunftsbildende ist. Winnetou, der Gestorbene, wird vom Tode auferstehen. Darum war Karl wieder drüben, um Band IV zu schreiben. Und was die Entwicklung des Gewaltmenschen zum Edelmenschen betrifft, so ist, besonders unter der gebildeten Jugend, infolge der ‚Reiseerzählungen' eine Bewegung entstanden, die immer weiter und begeisterter um sich greift. Es ist sehr zu wünschen, dass sie Förderung, nicht aber Hemmung finden möge!

Blatt 20

Die Aufgaben, welche die ‚Menschheitsfrage' in den ‚Reiseerzählungen' zu lösen hat, zerfallen in zwei Gruppen, die aber nicht aufeinander, sondern nebeneinander her zu lösen sind. Die eine Gruppe der Erzählungen spielt im Orient, die andere in Amerika. Für die erste ist Marah Durimeh, für die letztere Winnetou die Hauptperson. Die orientalische Gruppe beginnt in der Wüste und endet auf der Höhe des Dschebel Marah Durimeh. Die amerikanische beginnt in Urwald und Prärie und endet auf dem Gipfel des Mount Winnetou. Erst dann, wenn die Erzählungen die Spitzen dieser beiden Berge erstiegen haben, sind die Leser für das Weitere vorbereitet: Das Skizzieren hört auf und die eigentliche, wirkliche Arbeit kann beginnen. Hieraus erhellt, wie falsch es ist, schon jetzt über den Platz, der Karl May in der deutschen Literatur anzuweisen ist, ein Urteil fällen zu wollen. – – –

ZUR ABWEHR
(1908)

Die vorliegenden Erklärungen der unterzeichneten Rechtsanwälte sind an die deutsche Presse gerichtet. Diese Presse ist eine Schirmburg, erbaut zum Schutz des Rechts, der Humanität, der guten Sitte. Ihre Tür steht jedem offen, an dem gegen dieses Recht, gegen diese Humanität und gegen diese gute Sitte gesündigt wird. Auch unser Klient, Karl May, hat vor diesem Tor gestanden, ist aber leider, leider nicht eingelassen worden. Darum kommt er heut abermals und wir, seine juridischen Vertreter, begleiten ihn. Wir bitten an seiner Seite um endlichen Schutz für ihn.
Es handelt sich in dem Prozess May gegen Münchmeyer-Fischer um unsittliche Romane, welche von der genannten Firma herausgegeben und mit Volldampf vertrieben werden. Diese Romane sind unbestreitbar ein höchst gefährliches Gift für das deutsche Volk, ein die ganze Seele durchdringendes Kontagium, von dem die Sittlichkeit durchfressen und vernichtet wird. Hätte Karl May diese Romane so geschrieben, wie sie von Münchmeyer-Fischer vertrieben werden, so hätte er entweder als Schurke gehandelt oder sie im Zustand geistiger Umnachtung verfasst. Der letztere Fall wäre nur bedauerlich für ihn, im ersteren aber hätte er die wohlverdiente Verachtung der ganzen Welt zu tragen. So sagen wir von May. Über die Firma Münchmeyer-Fischer aber, welche das Gift verbreitet und verkauft, und zwar ohne den Entschuldigungsgrund geistiger Umnachtung, haben wir zu schweigen. Doch schließen wir uns allen denen an, welche der Meinung sind, dass ein Mann, der sich Mühe gibt, dieses Gift auszurotten, sich den Dank der ganzen Nation verdient. Und dieser Mann ist Karl May, der gegen das Kontagium schon jahrelang kämpft, während Münchmeyer und Fischer sich ihm mit aller Kraft entgegengestellt haben und Letzterer vor Gericht sogar erklärte, er könne auf die Un-

sittlichkeit nicht verzichten, sonst mache er kein Geschäft. Die Frage, ob infolge dessen auch Münchmeyer-Fischer den Dank der ganzen Nation verdienen, lassen wir unentschieden. Ihre An- und Absichten werden durch dieses Fischersche Wort derart enthüllt, dass kein Zweifel darüber, wie diese Antwort auszufallen hat, möglich ist. Die einzige Ungewissheit, die es in der Sache gab, konnte nur in Beziehung auf May vorhanden sein, doch auch nur auf der Seite derer, die ihn, seine Art und Weise und seine Zwecke nicht kennen. Wir aber, seine Rechtsanwälte, die wir ihn nicht nur als unseren Klienten, sondern auch persönlich kennen gelernt haben, halten es für unsere Pflicht, hier klärend einzuwirken, und zwar in durchaus sachgemäßer Weise.

Karl May behauptet, die betreffenden Romane anders geschrieben zu haben, als sie herausgegeben worden sind. Wir konstatieren hierzu, dass von Münchmeyerscher Seite noch nicht der geringste Widerspruch hiergegen erhoben worden ist und dass von Seiten Fischers die Wahrheit dieser Mayschen Behauptungen sogar ausdrückliche Bestätigung fand. Im vollsten Gegensatz zu diesem Münchmeyerschen schweigenden Eingeständnis und dieser Fischerschen ausdrücklichen Bestätigung behauptete der frühere Hauptredakteur der *Kölnischen Volkszeitung*, Herr Cardauns, May habe sie so geschrieben, wie sie jetzt erscheinen, und erhob die Anklage abgrundtiefer Unsittlichkeit gegen ihn. Herr Cardauns hatte May bisher ‚turmhoch' über andere gestellt. Die Gründe, aus denen er ihn plötzlich so tief erniedrigt, gehen uns hier nichts an. Wir beschäftigen uns mit den Tatsachen, haben sie aber nicht zu kritisieren. Weil Herr Cardauns seine Beschuldigungen nicht privatim, sondern in der Zeitung erhob, flüchtet May in den Schutz der Presse. Er versprach, Klage zu erheben, und bat, den Ausgang des Prozesses abzuwarten, wo seine Unschuld sich sicher herausstellen werde. Er hat Wort gehalten. Daran, dass der Beginn der Verhandlungen sich verzögert, sind die

Verhältnisse schuld, nicht er. Leider wartete man nicht und schwieg man nicht. Warum, das haben wir nicht zu untersuchen. Ebenso schweigen wir über den stürmischen Verlauf und die destruierenden Wirkungen der so genannten ‚Karl-May-Hetze‘, denn wir haben es nur mit dem ‚Prozess an sich‘ zu tun und mit denjenigen gegnerischen Vorwürfen, welche direkt mit ihm in Beziehung stehen.

Wenn der Herausgeber und Verleger der Romane vor Gericht eingesteht, er könne auf die Unsittlichkeit nicht verzichten, sonst mache er kein Geschäft, so versteht es sich wohl ganz von selbst, dass alle die vorgenommenen Umarbeitungen, Veränderungen, Streichungen, Hinzufügungen usw. nicht den Zweck gehabt haben, die Romane sittlich zu verbessern. Und wenn andererseits Karl May volle dreißig Bände Erzählungen geschrieben hat, ohne die geschlechtliche Liebe auch nur ein einziges Mal zu Wort kommen zu lassen, so versteht es sich ebenso ganz von selbst, was er meint, wenn er behauptet, die Romane anders geschrieben zu haben, als sie jetzt erscheinen. Wer ihm den Vorwurf macht, die Klage habe auf den Beweis seiner Autorenrechte, nicht aber auf den Beweis seiner schriftstellerischen Sittlichkeit gelautet, der kennt die Schwierigkeit, ja, Unmöglichkeit nicht, den unendlich ausdehnbaren, vagen Sittlichkeitsbegriff zum Ausgangspunkt oder gar zur Grundlage juridisch unanfechtbarer Entscheidungen zu machen. Ob May unsittlich geschrieben habe oder nicht, das war einzig und allein nur aus seinen geschriebenen Originalmanuskripten zu ersehen, die demjenigen gehören, der sich im augenblicklichen Besitz des Urheber- und Verlagsrechts befindet. Münchmeyer-Fischer behaupten, May habe ihnen diese Rechte für immer abgetreten, und darum mussten wir als die Rechtsvertreter des Letzteren die Klage so formulieren und verfolgen, wie es geschehen ist. Hierbei kam nicht seine Meinung, sondern nur unsere rechtsanwaltliche Überzeugung in Betracht und es ist unbillig, hieraus Vorwürfe für ihn zu konstruieren.

Ebenso unbillig ist der Vorwurf, dass er nur um Taler, Groschen und Pfennige prozessiert. Zwar hat er nach Fischers eigenen Angaben und nach beeidigter zeugenschaftlicher Aussage nicht nur Hunderttausende, sondern noch größere Summen eingebüßt, aber uns und jedenfalls auch die Herren Richter gleich von Anfang an überzeugt, dass es ihm nicht um das Geld, sondern um die Ehre zu tun gewesen ist. Wir haben das mit ihm während des Prozesses bei jeder Gelegenheit betont und es ist in Wirklichkeit kein Grund zu ersehen, das Gegenteil zu behaupten. Falls wir schließlich nun doch zu dem Entschluss gelangen sollten, auch den Ersatz des materiellen Schadens zu erzwingen, so hätten die Gegner dies nur ihrem Prozessverhalten zuzuschreiben, welches nicht das von lieben Personen war, denen man Millionen schenkt. Hätten sie die Rechte, welche Herrn May von drei Instanzen zugesprochen worden sind, eingeräumt und ihm seine Originalmanuskripte ausgeliefert, so hätte er mit Hilfe der Letzteren nachweisen können, dass er unschuldig ist, und der aufreibende und erbitterte Kampf wäre unterblieben. Es hat sich durch den Prozess herausgestellt, dass einer der Romane, weil in einer Zeitschrift erschienen, schon nach zwei Jahren an May zurückfallen musste. Die anderen durfte Münchmeyer nur bis zur Zwanzigtausend drucken; dann fielen sie May wieder zu, und zwar mit einer ‚feinen', nachträglichen Gratifikation. May hat seine Originalmanuskripte aber nie zurückbekommen und auch keinen Pfennig der Gratifikation gesehen, obwohl zeugenschaftlich beeidet ist, dass Münchmeyer sich gerühmt habe, dass nur allein von dem einen Roman *Waldröschen* 500.000 Stück (à zehn Mark) verkauft worden seien! Nur ein Laie kann der eigentümlichen Ansicht sein, dass sich nur das im Prozess herausgestellt habe, was im Urteil aufgeführt ist. So ist auch die Bemerkung, dass im Urteil nichts von der Sittlichkeit der Romane stehe, als höchst verwunderlich zu bezeichnen. Wie kann jemand verlangen, dass May unter starken Kosten und tausend Anstrengungen die Beweise führt, zu denen Herr Cardauns verpflichtet ist? Karl May geht den sicheren Weg des legitimen Prozesses. Er lässt sich durch nichts und niemand zu einer Übereilung hinreißen und wird sein Ziel erreichen. Herr Cardauns hat eine andere Weise vorgezogen. Seine Anklagen und Behauptungen sind in Hunderten von Zeitungen erschienen, doch ohne jeden auch nur annehmbaren Beweis. Von May, der gar nichts zu beweisen hat, fordert er juridisch unanfechtbare Beweise. Und er, der als der Anschuldigende doch unbedingt beweispflichtig ist, hat noch nicht ein einziges der 13.000 Blätter der Originalmanuskripte vorgezeigt! Und während Herr Cardauns Herrn May derartige Zumutungen stellt, steht dieser in Gefahr, sich selbst kaum retten zu können!

Es hat sich nämlich im Laufe der Untersuchung ergeben, dass es in der Münchmeyerschen Kolportagefabrik beschlossen war, May durch Beschuldigung der Unsittlichkeit in den Zeitungen kaputt zu machen, falls er auf die Anerkennung seiner Autorenrechte und auf die Herausgabe seiner Originalmanuskripte klagen werde. Fischer selbst hat das verraten, als er gezwungen war, über seine Erwerbung der Mayschen Werke als Zeuge auszusagen. Bevor dieser Herr das Münchmeyersche Geschäft kaufte, ersah er aus einem sehr ausführlichen Brief von Karl May, dass dieser seine Rechte erhob und vor dem Mitverkauf respektive Ankauf derselben warnte. Obgleich er hieraus die große Bedenklichkeit des Handels erkennen musste, kaufte er das Geschäft doch. Es kann hier nicht unsere Absicht sein, die *bona fides* zu erörtern, doch wenn die Frage an uns gerichtet wird, wie es für Fischer dennoch möglich war, auf den Handel einzugehen, so verweisen wir auf seine Zeugenaussage, als er am 2. April 1903 vom Landrichter Döhn vernommen wurde. Er erklärte da, dass er auf die von ihm vorgebrachten Bedenken die Antwort erhalten habe:

„Haben Sie keine Angst wegen May! Da brauche ich nur ein paar Zeilen zu schreiben, an May, da ist er ruhig!"

Ferner:

„Sobald ich ihm drohe, tritt er zurück!"

Und:

„Den machen wir moralisch kaputt, wenn er überhaupt gegen uns vorgeht. Den haben wir in der Hand!"

Man war, wie sich aus dieser Fischerschen Aussage ergibt, in der Familie Münchmeyer der festen Überzeugung, dass May einer derartigen Drohung weichen werde. Wir ergehen uns nicht in moralischen Vermutungen und Untersuchungen, sondern wir bestätigen nur die Tatsache, dass Herr Fischer das Geschäft hierauf kaufte. Als Fischer Eigentümer des Geschäfts war und May ihn verklagt hatte, bedrohte der Erste den Letzteren:

„Wenn Sie die Klage nicht zurücknehmen, so mache ich Sie vor ganz Deutschland in den Zeitungen kaputt!"

Und sogar gegen den juridischen Vertreter Mays, den mit unterzeichneten Rechtsanwalt Bernstein, sprach Fischer sich in diesem Sinne aus.

Ferner, als May eine einstweilige Verfügung errungen hatte und zu Fischer kam, um dessen Lager und Druckbücher zu revidieren, wurde die Drohung laut:

„Diese einstweilige Verfügung kostet mich bereits 40.000 Mark. Das sehe ich nicht länger an! Wenn Sie den Prozess nicht zurücknehmen, mache ich Sie in allen Zeitungen kaputt!"

Die Gerichte haben sich überhaupt noch längere Zeit und in verschiedenen Prozessen mit Münchmeyer-Fischer zu beschäftigen. Der Hauptprozess wurde geteilt. Der Hauptanteil, auf den es ankam, ist vorüber, in allen drei Instanzen für Karl May entschieden. Über diese Entscheidung hat Folgendes in den Blättern gestanden: „Karl May hat seinen Prozess nun auch in dritter und letzter Instanz vor dem Reichsgericht gewonnen, und es ist zu konstatieren, dass es während des ganzen sechsjährigen Verlaufs dieser Rechtssache den Gegnern trotz aller Mühe, die sie sich gaben, nicht gelungen ist, auch nur ein einziges, unwahres Wort oder auch nur die geringste Bestätigung dessen, was ihm vorgeworfen worden ist, nachzuweisen. Sein Sieg ist vollständig und bedingungslos." Man hat diese Zeilen verdächtigt, doch nur mit scheinbarem Recht. Sie stehen nicht in einem fachjuristischen Blatt, sondern in gewöhnlichen Zeitungen. Der Verfasser ist höchstwahrscheinlich Laie und er weiß, dass auch seine Leser Laien sind. Dass er nicht geübt ist, sich in juridischen Fachausdrücken zu bewegen, ist doch noch kein Grund, ihn der Lüge oder gar des ‚Schwindels' zu zeihen. Die Form war zu vermeiden, der Inhalt aber ist richtig. May hat gesiegt, und was noch kommt, erfließt aus diesem Sieg!

Am 24. März 1903, also kurz nach dem erwähnten Vergleich, schrieb Fischer an Karl May:

„Ich versichere Ihnen schließlich noch, dass mich nur ein Zufall zum Schundverleger gestempelt hat. Es steckt aus meinem früheren Geschäft noch ein gut Teil bester Verlegergeschmack in mir, den Sie, zu meinem Glück, eventuell berufen sind, in mir wieder wachzurufen. In dieser Hoffnung begrüßt..."

Dieser Brief soll zeigen, dass hinter dem ‚so genannten' Vergleich vom 11. Februar 1903 Vereinbarungen bestanden, den Fischerschen Verlag zu heben und an die Stelle der Schundromane andere zu setzen. Also, Karl May ist berufen, der moralische Retter Fischers zu sein, der Retter desselben Mannes, dem er die ganze Qual der vorgehenden und der nachfolgenden Jahre verdankt! Und es ist erwiesen, dass May ihn wirklich heben, ihn retten wollte, genau so, wie er einst auch Münchmeyer erst rettete und dann heben wollte, und zwar mit ganz genau demselben Erfolg! Der Dank wurde ihm von beiden Seiten in der wohl bekannten Form erstattet:

„Wenn Sie verklagen, machen wir Sie in allen Zeitungen vor ganz Deutschland kaputt!"

323

Man hat diese Drohung ausgeführt, vom ersten Augenblick des Prozesses an bis auf den heutigen Tag. In welcher Weise und mit welchen Mitteln dies geschehen ist und inwieweit Herr Cardauns dabei beteiligt war, das haben wir später, nicht aber heute zu erörtern. Herr Cardauns hat die ‚Karl May-Frage' aufgeworfen und in die Öffentlichkeit getragen. Er hat Karl May ein Rätsel genannt und sich für klug genug gehalten, dieses Rätsel zu lösen. Er hat sich zum Richter über Karl May gesetzt, und zwar nicht nur literarisch. Das alles hat er getan, was uns zwingt, Stellung zu nehmen. Nämlich er mutet uns und unserem Klienten zu, dem Klang seines Namens zu Liebe einen juristischen Fehler zu begehen, der gar nicht möglich ist, nämlich den Kläger für den Angeklagten zu halten. Wir sind der vollen Überzeugung, dass nicht May sich zu verteidigen, sondern Cardauns sich zu rechtfertigen hat. Wie Karl May im juridischen Prozess gegen Münchmeyer-Fischer nicht der Beklagte, sondern der Kläger ist, so hat er auch in dem journalistischen Prozess May-Cardauns die Klage gegen den Beleidiger zu stellen.

Karl May behauptet, dass er sittlich rein geschrieben habe, dass an seinen Manuskripten geändert worden sei. Wenn der Verfasser von dreißig tadellosen Bänden das sagt, so hat man das bis zum etwaigen Erweis des Gegenteils zu glauben. Wo aber ist dieser Erweis? Es kann uns nicht einfallen, uns für diejenigen zu halten, die ihn zu erbringen haben. Jeder Versuch dazu würde einem Zugeständnis gleichen. Es hat sich im Verlauf des Prozesses ergeben, dass Münchmeyer an den Romanen herumgearbeitet hat; das konstatieren wir. Wir werden die betreffenden Aussagen am geeigneten Ort verwerten; aber uns Herrn Cardauns mit ihnen zu Befehl, zu Gebote stellen, dazu ist unser Verhältnis zu ihm ein zu wenig dienstliches. Er spricht mit Vorzug gern von Akten, von Urkunden, von Dokumenten, von Beweismaterial. Als Rechtsanwälte wissen wir, welcher Art von Schriftstücken eine derartige Bezeichnung gebührt. Im vorliegenden Fall kann Herr Cardauns nur die selbst geschriebenen Originalmanuskripte damit meinen. Das sind über 13.000 Blätter mit über 26.000 Schreibseiten, von Karl Mays eigener Hand.

Wer eine derartige Sprache führt wie Herr Cardauns über Karl May, der muss im vollsten Besitz der Mittel zur Überzeugung sein. Der muss die sämtlichen Unsittlichkeiten aus den Romanen gezogen und die betreffenden Stellen der geschriebenen Originale mit ihnen kongruiert haben. Es muss Stelle für Stelle in wörtlicher Übereinstimmung sein. Herr Cardauns muss sowohl die Münchmeyerschen Drucke wie auch die Mayschen Originale schon seit vielen Jahren besitzen, um diese Riesenarbeit zu vollenden. Die Drucke wurden ihm von Herrn Fischer geschickt. Wir haben kein Recht auf sie. Was aber die 26.000 Seiten Originalmanuskripte betrifft, so gehören sie Herrn May, und dieser hat uns beauftragt, Herrn Cardauns auf ihre schleunigste Rückgabe zu verklagen.

Sollte diese Klage aber ergeben, dass Herr Cardauns Herrn May beschuldigt hat, ohne diese Beweise, außer denen es keine gibt, zu besitzen, so schließt die Episode May-Cardauns in anderer Weise ab, als er sich dachte!

Bis dahin bitten wir für unsern Klienten um den mächtigen Schutz und Schirm der deutschen Presse. Er hat mehr als genug getragen. Man mute ihm nicht auch noch zu, dem einstigen Kölner Hauptredakteur für alles, was er schrieb und redete, den Beweis der Wahrheit zu schenken!

MEINE BEICHTE
(2. FASSUNG)

Im Jahre 1908, als May durch die Anwälte des Münchmeyer-Verlages beschuldigt wurde, im Münchmeyer-Prozess einen Meineid geschworen zu haben und der Staatsanwalt Seyfert sowie der Untersuchungsrichter Larrass bei Karl May eine Hausdurchsuchung (im November 1907) durchgeführt hatten, befand sich der Schriftsteller auf einem seelischen Tiefpunkt. In offenkundig depressiver Stimmung unternahm May den Versuch, seine frühe Strafzeit, die Verfehlungen, die zu seinen Verurteilungen und Gefängnisstrafen geführt hatten, zumindest in Umrissen zu bekennen und mit sich selbst sowie mit seiner Umwelt ins Reine zu kommen. Die erste Fassung von Meine Beichte *datiert vom 28.5.1908, wurde für das Gericht verfasst und als Schriftsatz zu den Akten gegeben.*[1]

Rudolf Lebius hat sich bei den Akten bedient und die Beichte *in ihrer Erstfassung in seinem Buch* Die Zeugen Karl May und Klara May *veröffentlicht (Berlin-Charlottenburg 1910), um zu beweisen, dass May vorbestraft war. Die zweite Fassung wurde am 1.7.1908 als Manuskript geschrieben und vermutlich nicht mehr von May verwendet.*[2] *Sie stellt zwar im Wesentlichen nur eine Überarbeitung der Urversion dar, erhält aber durch den ganz neu gefassten Schluss eigenes Gewicht.*

Meine Beichte ist, gerade in der zweiten, sorgfältig revidierten Fassung ein erschütterndes Dokument der Mayschen Seelenstimmung nach der Hausdurchsuchung und dem danach erfolgten seelischen und körperlichen Zusammenbruch. Der Schriftsteller bedient sich des Bildes der ‚Beichte', obwohl er selbst im Text bekennt, dass die Niederschrift eigentlich nur auf eine spätere ‚Generalbeichte' vorausweisen soll. In Mein Leben und Streben *wollte er diese schließlich ablegen, obwohl auch hier manches Detail aus seinem Leben schattenhaft blieb.*

---

[1] Heute in Karl Mays Gesammelte Werke Bd. 34, „ICH".

[2] Als Faksimile der Handschrift ebenfalls in Bd. 34 der Gesammelten Werke enthalten.

Es fällt auf, dass May die Beichte *zwar mit der Uhrengeschichte beginnt, die zu seiner ersten strafrechtlichen Verurteilung und einer ‚Ur-Hafterfahrung' führte, aber seine späteren Straftaten übergeht. Die Schilderung seiner Seelenverfassung, die aus dem Trauma des angeblichen Uhrendiebstahls resultierte, war ihm wichtiger als die genaue Darlegung seiner Biografie. Das ist umso interessanter, als Uhren – gestohlene und gefundene – immer wieder als roter Faden und Leitmotiv im Werk auftauchen, so etwa schon zum Auftakt des großen Orientzyklus in* Durch die Wüste.

Die Erstfassung der Beichte *schließt tief resignativ, fast verzweifelt; der Verfasser erhoffte sich nur noch „Verständnis erst jenseits des Todes". Die Realität erwies sich als gnädiger: Am 8.1.1909 wurden May und die anderen des Meineids und der Verleitung zum Meineid Beschuldigten außer Verfolgung gesetzt.*

MEINE BEICHTE
(1. Juli 1908)

Ich bin der Sohn blutarmer Webersleute. Man hielt mich für begabt. Für Gymnasium und Universität besaßen wir die Mittel nicht. Da hungerten und kummerten meine Eltern und Geschwister jahrelang, um es mir wenigstens zu ermöglichen, das Seminar zu besuchen und Lehrer zu werden. Ich wurde es, war aber dann so arm, dass ich nicht einmal die allerbilligste Taschenuhr besaß, den Unterricht zu regeln. Ich lehrte an einer Fabrikschule und wohnte mit dem Buchhalter in einem Zimmer zusammen. Er hatte es vorher allein besessen, auch die Schlafstube. Nun konnte er nicht in der freien Weise weiterleben wie vorher. Er hatte zwei Uhren, eine neue, gute, die er trug, und eine alte, billige, die er nicht mehr brauchte. Sie hing nutzlos über dem Tisch an der Wand. Ich bat ihn, mir diese alte zu borgen für die Zeit des Unterrichts, bis ich so weit sei, mir eine zu kaufen. Er tat es. Ich steckte sie täglich ein, wenn ich zur Schule ging. Ich steckte sie auch ein, als ich auf drei Tage verreiste, um zu den Weihnachtsfeiertagen nach Hause zu fahren. Da wurde ich arretiert und, weil ich mich in meinem Entsetzen wie ein wirklicher Dieb benahm, wegen Diebstahls mit sechs Wochen Gefängnis bestraft.

Von diesem Entsetzen kam ich nicht mehr frei. Es krallte sich fest und ließ mich nicht wieder los. Der Gedanke an die Schande und an meine armen Eltern bohrte sich so tief und so vernichtend in meine Seele ein, dass sie schwer und gefährlich erkrankte. Es entwickelte sich in mir eine seelische (nicht etwa geistige) Depression, in deren Tiefe wahnsinnige Gedanken entstanden. Ich begann, nicht mich, sondern andere zu beschuldigen: den hinterlistigen Eigentümer der Uhr, dem es nicht gepasst hatte, dass er die Wohnung mit mir teilen musste, den Staatsanwalt, den Untersuchungsrichter und alle anderen Personen, die in dieser Sache zu tun gehabt hatten. Ich sann auf Rache und zwar auf ‚eine fürchterliche Rache‘, auf etwas noch niemals Dagewesenes. Diese Rache sollte darin bestehen, dass ich, durch die Bestrafung unter die Verbrecher geworfen, nun wirklich auch Verbrechen beging. Nach meiner Ansicht hatte man mich auf dem Gewissen und am jüngsten Tag war Gott gezwungen, die ganze verruchte Schwefelbande in die Hölle zu schleudern. Der Laie wird so etwas wohl kaum für möglich halten, ich aber habe es erlebt! In der ersten Zeit sah ich noch ein, dass solche Gedanken Irrsinn seien. Ich kämpfte gegen sie, in heißer Angst, viele Monate lang, ohne jemandem etwas zu sagen, jedoch vergeblich! Unser Pfarrer hatte mich als seinen Lieblingsschüler während der Schulzeit mit vielen hundert unsinnigen Traktätlein gefüttert und überspannt, und auf dem Seminar war ich für die damalige selbstgerechte, starre, salbungsvolle und muckerische Schulmeisterreligiosität dressiert worden, die meiner Wahnidee das beste Nährfeld bot. Das Phantom setzte sich fester und fester; es wuchs; es gewann an Macht. Es raunte mir immer während zu: „Ewige Verdammnis für die Schurken, die dich angeklagt, verurteilt und zum Verbrecher gemacht haben! So sei also einer! Und je zahlreicher und größer nun deine Verbrechen sind, umso größer ist dann auch die ewige Strafe für sie!" – – – Das waren die Gedanken, gegen die ich mich Hunderte von Tagen und Nächten vergeblich wehrte. Aber ich war noch nicht gefestigt gegen einen derartigen Schicksalsschlag, noch zu jung, zu unerfahren, zu schwach, erst neunzehn Jahr alt; der Irrsinn siegte!

Erst nach Jahren kam ich wieder in den Besitz meiner Seele, nicht plötzlich, sondern nach und nach. Sie kehrte auf dem selben Weg zurück, auf dem ich sie verloren hatte, auf dem Wege der Religion. Ich, der Lutheraner, wurde in den letzten Jahren meiner Detention[1] Organist für den katholischen Gottesdienst in der Anstaltskirche. Bei

[1] Haft

den Klängen der Orgel fand ich mich wieder zu mir zurück. Und die edle, rührende Humanität und psychologische Einsicht des katholischen Katecheten hielt meine zurückgekehrte Seele fest, aus reiner Menschlichkeit, ohne den geringsten Versuch, sie für den Papismus[1] zu gewinnen. Darum klingt aus den Büchern, die ich nun schreibe, zuweilen noch heutigentags ein dankbarer Orgelton heraus, den man für katholisch hält, obgleich er nur dem natürlichen Register der Vox humana[2] entstammt. Als ich entlassen wurde, war ich geheilt, vollständig geheilt! Nur durch den Orgelklang und nur durch die Güte dieses einen einzigen Menschen!

Seit jener schweren, dunklen Leidenszeit halte ich ‚die Seele' fest. Ich beschäftige mich schriftstellerisch nur mit ihr, mit weiter nichts. Ich studiere sie an mir selbst und an jedem anderen, um Bücher über sie zu schreiben, damit man sie endlich einmal kennen lerne. Ich habe mir die Aufgabe gestellt, der Monograf der ‚Menschheitsseele' zu werden. Darum durchwandere ich alle ihre Gebiete, und zwar in Form von so genannten ‚Reiseerzählungen' von denen eine jede irgendeinen interessanten Abschnitt aus dem Reich der ‚Menschheitsseele' behandelt. Dass es da Leute gibt, die mich nicht verstehen oder nicht verstehen wollen, dafür kann ich nichts; ich habe nicht auf sie zu achten. Das ‚Ich', in dem ich schreibe, das bin nicht ich, sondern das ist die Menschheitsfrage, die ich personifiziere, um sie beantworten zu können. So identifiziere ich mich in meinen Büchern mit der Menschheit, der es genau ebenso ergeht, wie es mir damals ergangen ist: Sie hat ihre Seele verloren und infolgedessen ergeht sich ihr Geist in Irrtümern, die nicht eher behoben werden können, als bis ihre Seele sich wieder zurückgefunden hat.

Der Geist gilt heutigentags alles, besonders auch in der Literatur. Aber selbst der größte und klarste Geist hat sei-

---

[1] Meist abwertend für Papsttum, hier auf den Katholizismus überhaupt bezogen
[2] Wörtlich: ‚menschliche Stimme', ein bestimmtes Orgelregister

ne eigene Seele so vollständig vergessen, dass er sie nicht einmal mehr definieren kann und auch nicht mehr zu sagen vermag, wer oder was sie eigentlich ist. Darum braucht die Literatur einen schlicht und einfach denkenden Menschen, der auf alle künstliche Geistelei verzichtet und nur allein nach der Seele suchen geht, bis er sie endlich findet. Das tue ich in meinen Büchern. Der Weg zu ihr geht nur durch Herzeleid. Ich bin ihn gegangen, bin tief hinabgestiegen und habe es ausgekostet. Und seit ich nicht mehr drunten bin, habe ich es auch hier auf der Höhe kennen gelernt und bleibe ihm treu, solange ich leben werde. Aber in diesem meinem von Leid und Qual vollständig ausgefüllten, schweren Leben habe ich sie gefunden, die ich suchte, die verschwundene Menschheitsseele. Ich halte sie fest wie jener Katechet die meinige. Ich öffne ihr meine Bücher, damit jedermann sie kennen lernen möge. Wer nichts von ihr wissen will oder zu blind ist, sie zu sehen, der wird mich verkennen, wird gegen mich sein. Das habe ich ebenso ruhig zu ertragen, wie ich mein Leben überhaupt ertragen habe.

Solange sich diese Gegnerschaft nur literarisch äußert, hat sie wenigstens ein so genanntes Recht, bestehen zu dürfen. Sobald sie sich aber die Aufgabe stellt, existenzvernichtend zu wirken, sich z. B. des Herrn Lebius zu bedienen, um jene nun vierzig Jahre zurückliegenden Zeiten und Ereignisse an die große, breite Öffentlichkeit zu bringen, wird sie zum Verbrechen. Man hat mir meine Werke, Honorare usw. unterschlagen und mich dadurch um Hunderttausende betrogen. Ich habe sieben Jahre lang gegen die Betrüger prozessiert und in allen Instanzen gewonnen. Nun versuchen sie, mir diesen Sieg noch nachträglich zu entreißen. Man veröffentlicht jene alten Dinge, wegen deren ich heute unbedingt freigesprochen würde. Man bemüht sich, mit ihrer Hilfe von mir ein Charakterbild zu konstruieren, welches erlaubt, mich trotz des gewonnenen Prozesses doch noch als Verbrecher hinzustellen. Man glaubt, dass diese

Fälschung glücken werde, weil sie schon einmal glückte, als es galt, ein solches Zerrbild von mir in die Polizeiakten zu bringen, um dadurch eine hoch gewichtige amtliche Unterlage für alle späteren Angriffe zu gewinnen. Man scheute sich da nicht einmal, hohe und höchste Herrschaften mit hereinzubringen, die meine Bücher gern lasen und darum in meinem Haus verkehrten. Man schämte sich nicht, mich wegen dieses Verkehrs zu denunzieren. Man veranlasste Nachforschungen nach meinem schriftstellerischen und privaten Leben, welche derart dirigiert und beantwortet wurden, dass Le Maistre, der damalige Polizeipräsident von Dresden, gar nicht anders konnte, als schlecht über mich berichten. Und jene Auskünfte sind heute noch maßgebend, ohne dass ich es verhindern kann, wenn ich diskret bleiben und meinen hohen Gewährsmann nicht verraten will. Diese durchlauchte Hoheit, ein deutscher Herzog, der mir vertrauliche Mitteilungen über den Inhalt der Polizeiakten machte, tat dies aus Entrüstung darüber, dass an eine so einflussreiche Stelle Auskünfte gelangen können, die er, der mich genau kennt, einfach als ‚Lügen' bezeichnete. Er nannte es beklagenswert, dass diese Auskünfte nur von übel wollenden Männern stammen, denen offenbar daran liege, die Zwecke, Ziele und Erfolge meiner literarischen Arbeit zu verschleiern. Ich aber stehe diesen Unwahrheiten gegenüber völlig machtlos da, weil ich sie doch eigentlich gar nicht kennen darf und es mir also unmöglich ist, ihre Revision zu beantragen.

Was helfen alle Hoffnungen und Versprechungen, alle schönen Reden über Verbesserung der Strafgesetze, des Strafvollzugs und der Kriminalität überhaupt! Was hilft alle Humanität und aller guter Wille der Staatsanwälte und Richter, wenn es der Polizei gestattet ist, heimliche Akten führen zu dürfen, welche der Betreffende nicht kontrollieren kann! Aus den meinigen ersieht man nur zu deutlich, welch ein Geist sich in ihnen anzusammeln vermag. Dieser Geist wird immer wieder von neuem an Staatsanwälte und Richter abgegeben, und es mag sich der ehrlich Emporstrebende noch so große Mühe geben, so findet er doch grad bei denen den meisten Widerstand und wird immer wieder grad von denen zurückgeworfen, deren Schutz und Hilfe ihm das Gesetz garantiert! – – –

„FAST JEDER, DER DIE FEDER IN DIE HAND NÄHME, WÜRDE EIN LITERARISCHER SPITZBUBE SEIN!"

KARL MAYS FREISTATT-ARTIKEL GEGEN PATER ANSGAR PÖLLMANN

Waren in den Jahren nach 1899 zuerst Fedor Mamroth, dann aber Dr. Hermann Cardauns und ab 1904 Rudolf Lebius die Hauptfeinde Karl Mays, so erwuchs ihm gegen Ende seines Lebens in dem Benediktinerpater Ansgar Pöllmann ein mindestens eben so erbitterter Gegner, der zwischen dem 25.2. und dem 10.5.1910 in der Zeitschrift Über den Wassern eine achtteilige Artikelserie gegen May unter dem Titel „Ein Abenteurer und sein Werk" publizierte. May erwiderte darauf in sechs Aufsätzen, die am 9.4., 30.4., 14.5., 28.5., 4.6. und 11.6.1910, also zum Teil noch vor Pöllmanns letzten Folgen, in der Wiener Zeitung Die Freistatt erschienen. Pöllmann war ein überaus aggressiv schreibender Feind, der sich nicht nur damit begnügte, May als „Musterbeispiel eines literarischen Diebes" zu bezeichnen, sondern seine eigenen Intentionen recht unverblümt so darlegte: „...darum drehen wir den Strick, um diesen Händler aus dem Tempel der deutschen Kunst hinauszupeitschen" (am 6.2.1909 in der Radolfzeller Freien Stimme über seinen Kampf gegen May). Die Anspielung an die Evangeliumsperikope, in der Christus die Händler aus dem Tempel verjagt, ist deutlich, wie überhaupt Pöllmann sich des Öfteren in der Rolle eines ‚zweiten Heilands' zu gefallen schien. May hat diesem Punkt in seinen Freistatt-Artikeln ausführliche Beachtung geschenkt.

Überhaupt war Pater Pöllmann ganz offenkundig trotz seiner verdienstvollen Tätigkeit für den Benediktinerorden kein angenehmer Mann; als Triebfeder für seine maßlose Polemik gegen May lassen sich auch Ehrgeiz und Geltungsbedürfnis ausmachen, und schließlich – nachdem May gerichtlich gegen ihn vorgegangen war – wurden von Pöllmanns

Ordensoberen gegen den allzu eifrigen Pater Disziplinarmaßnahmen verhängt und er daran gehindert, seine publizistische Fehde fortzusetzen. In der offiziellen Sterbechronik des Ordens über P. Ansgar Pöllmann (1871-1933) finden sich denn auch unverhohlen kritisch-distanzierende Sätze: „Es wurde ihm zum Teil sehr verübelt, dass er in seiner Kampfstellung manchmal jene weise Maßhaltung und Objektivität vermissen ließ, die man von ihm als Priester und Benediktinermönch erwarten durfte." Das spricht eine deutliche Sprache, zumal jener Nachruf 23 Jahre nach Pöllmanns Fehde mit May verfasst wurde.

Dass es May erfolgreich gelang, die Angriffe des Paters abzuwehren, lag aber nicht nur daran, dass dieser in seiner Polemik die Grenzen des Anstands überschritten hatte; Mays Artikel in der Freistatt gehören nämlich zum Besten, was er auf dem Gebiet der Apologie gegen seine Feinde geschrieben hat. Er gibt sich zwar souverän und kämpferisch, ohne aber – wie etwa bei den Flugblättern gegen Cardauns – ins Persönlich-Beleidigende zu geraten. Pöllmanns moralisierendem Ton, seiner fragwürdigen Ethik, die den ‚literarischen Abenteurer' May schlimmer behandelt als einen gewöhnlichen Kriminellen, setzt er das Bewusstsein eines Mannes entgegen, der um seine Fehler weiß, sich aber nicht von seinen Gegnern beirren lässt: „Mag er (= Pöllmann) sich gebärden, wie er will, ich schreibe ruhig weiter." Und im Vergleich zwischen seiner Entwicklung als Schriftsteller und Mensch mit der Pöllmanns: „Er hat sich in Beziehung sowohl auf die Person als auch auf die Sache geirrt. Er ist ein abgeschlossener. Es sind ihm die Konturen, über die hinaus er sich nicht weiterentwickeln darf, streng vorgeschrieben. Ich aber bin trotz meines viel höheren Alters noch immer ein Werdender. Wer mich gefahrlos und gerecht kritisieren will, der hat zu warten, bis ich ein Gewordener bin."

Anstoß nahm Pöllmann auch an dem überkonfessionellen Christentum, das Mays späte Werke verkünden. So urteilte er: Mays „allgemeine christliche Kirche ist nichts anderes als *eine tolerante Weltverbrüderung, ein aus dem Absud aller Religionen aufsteigender Liebesdusel". Solchen eifernden Worten setzte May, wiederum völlig ruhig, die Erkenntnis entgegen: "Ich schreibe als Mensch zum Menschen, nicht aber als Katholik oder Protestant zu Katholiken oder Protestanten."*

Allerdings wird man feststellen müssen, dass nicht nur strenge Katholiken an der toleranten Behandlung sowohl der verschiedenen christlichen Bekenntnisse als auch der nicht-christlichen Weltreligionen in Mays späteren Werken Anstoß nahmen.

Am Gefährlichsten waren für May zweifellos Pöllmanns Vorwürfe, er sei ein literarischer Plagiator, der sich nicht nur in zeitgenössischen Reiseberichten, sondern auch bei Friedrich Gerstäcker (dessen Novelle Das Mädchen von Eimeo *tatsächlich von May für seine* Ehri-*Geschichte* [1] *benutzt wurde) bedient habe. Da an diesen Vorwürfen nun tatsächlich einiges Wahre war, versuchte May erst gar nicht zu widersprechen; dabei kam es ihm gelegen, dass Pöllmanns Vorwürfe bezüglich Mays Ehescheidung und andere persönliche Angriffe auf den Hetzartikeln eines Lebius basierten. May nahm also Pöllmanns Kritik und wendete sie ironisch gegen ihren Urheber: "Die Quellen, aus denen ich schöpfte, waren Ehrenmänner: Huc, Gabet, Heine. Ich brauche mich nicht zu schämen, mich und meine Leser aus ihnen belehrt zu haben. Was aber ist aus jenen Charlottenburger Flugblättern und Pamphleten (gemeint sind von Lebius verbreitete Flugblätter als Beilage zu seiner Zeitschrift* Der Bund, *erschienen in Berlin-Charlottenburg) zu holen, deren Behauptungen oft ganz wörtlich aus den Pöllmannschen Zeilen klingen? Welche Ehre ist es wohl, Plagiator, respektive Gedankenverarbeiter des Herrn Lebius zu sein?" Auch wenn damit der Plagiatsvorwurf nicht wirklich entkräftet werden konnte, hatte May den Hieb des Paters doch sehr elegant pariert.*

Die Freistatt-*Artikel sind aber auch über die Widerlegung des Gegners hinaus interessant als Dokumente dafür, wie May*

---

[1] Heute Teil von Karl Mays Gesammelte Werke Bd. 11, „Am Stillen Ozean", zudem Abdruck von zwei Frühfassungen in den Bänden 71, „Old Firehand" und 84, „Der Bowie-Pater"

sich und seine schriftstellerische Entwicklung im Jahre 1910 sah, welche Pläne und Visionen ihn bewegten. Er vergleicht sich und sein Schreiben mit der damals noch ganz jungen Entdeckung der ‚Aeronautik' bzw. ‚Aviatik' wie May sie nannte, die ihn sehr faszinierte und der auch in Winnetou IV *bzw.* Winnetous Erben *einige Passagen gewidmet sind. Im zweiten Artikel gegen Pöllmann heißt es: „Übrigens steht für mich schon seit längerer Zeit ein neuer, noch besserer Aeroplan fertig."*

Allerdings sollte es May nicht vergönnt sein, diesen ‚Aeroplan' für neue literarische Arbeiten zu besteigen; parallel mit der Aufsatzfolge in der Freistatt *schrieb er an* Mein Leben und Streben, *der Autobiografie, die sein letztes literarisches Werk werden sollte. Die Kämpfe mit Lebius, Pöllmann und anderen Gegnern in den Jahren 1909 und 1910 hatten Mays Physis ausgehöhlt. Von einer Lungenentzündung im Dezember 1910 erholte er sich nicht mehr richtig.*

AUCH ‚ÜBER DEN WASSERN'
(1910)

1.

Es erscheinen jetzt Aufsätze gegen mich, denen man den Gesamttitel gegeben hat: „Ein Abenteurer und sein Werk. Untersuchungen und Feststellungen von P. Ansgar Pöllmann, O.S.B." Darob herrscht großer Jubel im Lager der von mir befehdeten Schundromanfabrikanten und ihrer Helfershelfer. Wenn ich von Pöllmann literarisch und moralisch totgemacht werde, gewinnen sie ihre Prozesse, so glauben sie. Darum ist er im Handumdrehen ihr großer Mann, ihr Held geworden, und was er sagt, das schnellt wie ein Lauffeuer durch die sensationslüsterne Presse, die er durch den Ton, in dem er diese Aufsätze schreibt, vollständig für sich gewonnen hat. Man nennt ihn dort den ‚gefährlichsten' meiner Gegner. Man behauptet, dass er schon einmal einen italienischen Schriftsteller zur Strecke gebracht habe und nun auch mit mir, dem deutschen Scribler, die Sache kurz machen werde. Die Langsamen stellen fest, dass mein ‚Glorienschein' immer mehr und mehr verblasse, und die Schnellen konstatieren schon allen Ernstes, dass ich nun ‚endgültig entlarvt' und ‚moralisch begraben' sei. Andere, die es mit der Wahrheit noch weniger genau nehmen, bezeichnen den neuen literarischen Goliath als einen ‚hervorragenden Würdenträger der katholischen Kirche', obgleich er weiter nichts als nur ein bescheidener Pater ist und als Schriftsteller und Herausgeber nur das geleistet hat, was ein anderer an seiner Stelle gewiss ebenso leisten würde. Den größten und höchsten Ruhm aber heimst er dadurch ein, dass Rudolf Lebius, der wohlbekannte, aus der christlichen Kirche ausgetretene Widersacher aller christlichen katholischen Gewerkschaften, ihn in seinem neuesten Pamphlet gegen mich als ‚hochwürdigen Verfasser' preist und sich intim kameradschaftlich Seite an Seite zu ihm stellt.

Es werden sich in der Folge höchst auffällige Beziehungen zwischen Pöllmann, Lebius und den Münchmeyerschen Schundromanprozessen ergeben, die Schuldigen mögen das jetzt eingestehen oder nicht.

Ich habe keinen Grund, irgendeinen meiner Gegner zu scheuen. Ich stelle mich jedem, sobald er mit anständigen Waffen kämpft, sehr gern. Man spricht mit vollem Recht von jenem unerlässlichen publizistischen Takt, den jedermann schon aus Rücksicht auf sich selbst zu wahren hat. Und es gibt ein sehr niedrig liegendes Gebiet der Ausdrucksweise, zu dem ein Mann, der sich selbst achtet, niemals hinabsteigt. Schon bei den alten, vorislamitischen Arabern lautet ein wohlbekanntes Sprichwort: ‚Wer Unrecht hat, der schimpft; darum hat der, welcher schimpft, gewiss Unrecht.' Nun begegne ich schon beim ersten, oberflächlichen Blick auf das, was der ‚hochwürdige Verfasser' über mich schreibt, einer Terminologie, die mich in Erstaunen versetzt. Es sei mir folgende kleine Auswahl gestattet: Allerweltsschwindler – Abenteurer – in das Antlitz schleudern – für ewige Zeiten das Musterbeispiel eines literarischen Diebes – Sand in die Augen streuen – May glaubt, leugnen zu dürfen – dieser Mann hat die Stirn – grober Unfug – Mays pöbelhafte Tiraden – Originalmanuskripte auf die Seite geschafft – Frechheiten – zu sprechen erdreistet – Dresdener Schmutzliterat – literarischen Freibeuter – wir drehen den Strick – aus dem Tempel der deutschen Kunst hinauszupeitschen usw. usw. Von dieser kleinen Auswahl kann man auf das Ganze schließen! Da frage ich denn doch: Ist so etwas gestattet? Einem Geistlichen? Einem ‚hochwürdigen Verfasser'? Einem ‚hervorragenden Würdenträger der katholischen Kirche'? Ist das eine anständige Einladung zu einem ehrlichen Kampf mit reinlichen Floretts? Oder ist es eine Provokation zu einem öffentlichen Radau mit Düngergabeln? Wie aufrichtig haben wir uns hier im Norden darüber gefreut, dass dort im Süden die Seele zu einem neuen, schönen, edlen, künstlerischen Wollen erwacht! Wie haben wir jede Regung dieses Willens mit unseren herzlichsten Wünschen begleitet! Wie bangten wir und wie beklagten wir es, als wir sahen, dass dieser Wille sich spaltete, dass die Führer sich veruneinigten, sich bekämpften! Und nun wir sehnlichst warten, dass sich trotzdem alles zum Guten, zum Hohen, zum Herrlichen gestalten werde, hören wir aus einem Mund, dem nur Worte der ‚Gottesminne‘ geläufig zu sein schienen, Töne erklingen, die uns bis auf das Mark erkälten müssen. Ist das der Stil der neuen, veredelten und vertieften Kunst, die wir erwarten? War es so notwendig, dieses sonderbaren Wortvorrats wegen der ‚Gottesminne‘ einen anderen Namen und einen anderen Redakteur zu geben? Kann man das, was hier gesagt werden soll, nicht mit mehr Überlegsamkeit und mit besser und würdiger klingenden Worten sagen? Fühlt man sich dort schon stark und erhaben genug, öffentliche Hinrichtungen riskieren zu können, die jedem christlich, human und ästhetisch gebildeten Menschen, selbst wenn der Betreffende vollauf schuldig sein sollte, ein Gräuel sein müssen? Sind die paar Menschen, die sich eine solche Sprache gestatten, so vollständig infallibel[1], dass sie sich unmöglich irren können? Woher nehmen sie das Recht, den vielen hunderttausend Karl-May-Lesern Hohn und Spott zu bieten? Und vor allen Dingen, wer hat es jemals einem Menschen erlaubt – und sei er sogar der ‚allerhochwürdigste Verfasser‘ –, Ankläger, Richter und Henker in einer und derselben Person zu sein?

Dass ich mich einem solchen Gegner ganz unmöglich stellen oder ihm auch nur antworten kann, versteht sich ganz von selbst. Auch seinen Genossen und den Herren von der Sensations- und Revolverpresse habe ich nichts zu sagen. Allen diesen Herren, wie z. B. auch Lebius, dem Mitarbeiter der Bruhn-Dahschelschen *Wahrheit*, gegen welche soeben ein neues Kriminalverfahren eröffnet worden ist, wird das, was sie erfahren müssen, vom Gericht

---

[1] unfehlbar

aus kundgetan. Ich stehe nicht auf einem Punkt, welcher es mir ermöglicht, mich mit dem ‚hochwürdigen Verfasser' in eine Zeitungsprügelei einzulassen. Er ist überhaupt nicht der Mann, dem ich Rede zu stehen habe. Ich ersehe überhaupt nicht den geringsten Grund, mich wie ein Angeklagter zu verteidigen. Aber allen meinen Lesern und Freunden und allen den vielen, vielen wahrhaft vornehmen Zeitungen, denen weder Münchmeyer noch Lebius noch Pöllmann ein Wort der Beistimmung ablocken kann, bin ich es schuldig, durch die vorliegenden Zeilen darzutun, dass ich keineswegs der Karl May bin, dessen Existenz den Leichtgläubigen weisgemacht werden soll, sondern dass dieser May ein Münchmeyer-Lebius'sches Zerrbild ist, mit dem man den Zweck verfolgte, die Richter irrezuführen. Diese Manipulation wurde aber sehr bald durchschaut. Ich siegte in allen Instanzen und sämtliche Denunziationen, die man gegen mich erhob, wurden von der Behörde geprüft und abgewiesen. Man wird sie auch heut wieder durchschauen, obgleich nun auch noch ein ‚hochwürdiger Verfasser' diese Karikatur für Wahrheit gibt.

Es ist das Resultat der gerichtlichen Untersuchungen abzuwarten, die gegen Münchmeyer und Lebius schweben. Lebius hat den hochwürdigen Herrn bereits derart in diese Untersuchungen verwickelt, dass ich gar nicht umhin kann, gegen Pöllmann genau ebenso zu verfahren, wie ich gegen Lebius und Münchmeyer zu verfahren habe. Er hat sich, ohne dass die Sache ihn etwas anging, in den Münchmeyerschen Schundromanprozess gemengt und mag nun zusehen, ob und wie er die Geister, die er beschwor, wieder loswerden kann. Ich habe mit ihm nicht etwa literarisch oder journalistisch, sondern nur gerichtlich zu tun. Ich bin im Vollbesitz aller bürgerlichen Ehrenrechte, und wer sich unterfängt, mich in diesem Besitz zu stören, der mag die Folgen tragen! Es wird keinem rechtlich und human denkenden Menschen möglich sein, die Aufsätze *Ein Abenteurer und sein Werk* als erlaubte Kritik zu betrachten. Es handelt sich vielmehr um die öffentliche Vernichtung meiner schriftstellerischen, bürgerlichen und moralischen Existenz, und zwar in einer so beispiellos gehässigen, grausamen Weise, dass jeder Gedanke, das Priestertum des ‚hochwürdigen Verfassers' zu berücksichtigen, zur Unmöglichkeit wird.

Bevor ich auf die einzelnen Aufsätze eingehe, kann ich mich für heut zunächst nur mit dem Überfall beschäftigen, der ihnen in der Radolfzeller *Freien Stimme* vorausgegangen ist. Ich nenne das einen Überfall, und zwar nicht nur einen hinterrücksen, sondern auch einen gleich derart hasserfüllten und verletzenden, dass ich mich des hässlichen, abstoßenden Eindrucks selbst heut noch nicht erwehren kann. Das war so: Lebius hatte mich in einem aus Lügen zusammengesetzten Artikel als früheren Räuberhauptmann bezeichnet. Dieser Artikel war von der *Freien Stimme* gebracht worden, deren Redakteur mich aufforderte, mich hierüber zu äußern. Auf diesen seinen Wunsch hin schickte ich ihm eine Berichtigung, die schon in vielen anderen Zeitungen gestanden hatte und genau der Wahrheit entsprach. Hierauf erschien in demselben Blatt eine mit P. Ansgar Pöllmann O.S.B. (Beuron) unterzeichnete Auslassung, auf deren Ton und Stimmung ich nicht hier, sondern vor Gericht näher einzugehen habe. Ich gebe nur eine einzige Stelle wieder, die sehr bezeichnend für diesen Ton ist: „Es ist sehr interessant, was Karl May hier unten am Bodensee glaubt leugnen zu dürfen, wo er einmal im frischen Zuge ist." Obgleich das, was die *Freie Stimme* von mir brachte, schon in vielen anderen Zeitungen gestanden hatte, wurde ich da glattwegs als ein Mensch hingestellt, den jedermann und auch ich selbst, wenn es ihn gäbe, als einen Lumpen bezeichnen würde! Wo kam dieser Feind mir her? Ich hatte ihm nie etwas getan. Woher gleich diese Erbitterung und dieses Gift? Warum diese hässliche Schärfe und dieses ungezähmte Übermaß in allem, was er sagte? Ich antwortete. Da wurde er noch schärfer und noch übermäßiger. Das Maßloseste war die Drohung, „den Strick zu drehen, um diesen Händler aus dem Tempel der deutschen Kunst hinauszupeitschen."

Der ‚hochwürdige Verfasser' wendet hier das Bild des Heilands auf sich an. Er vergleicht sich mit Jesus Christus, dem Erlöser. Welch ein Eigenstolz! Welch ein Selbstbewusstsein! Aber der liebenswürdige Ausdruck ‚hinauspeitschen' erinnert zugleich an den mittelalterlichen Büttel, der gewisse Personen über die Grenze zu stäupen hatte. Was nun aber meint dieser Herr? Als was von beiden will er betrachtet sein? Als Heiland oder als Büttel im Tempel der deutschen Kunst? Und wie will er es anfangen, mich hinauszupeitschen? Mag er sich gebärden, wie er will, ich schreibe ruhig weiter. Er bringt nicht einmal den allergeringsten Müller oder Schulze hinaus. Ich aber befinde mich gar nicht in dem Tempel, welcher die Ehre hat, eines solchen Heilands respektive Büttels zu bedürfen. Ich gehe meinen bisherigen, abseits liegenden Weg vollständig unbeirrt weiter und bin der Meinung, dass man derartige Hinauspeitscher und Hinausschmeißer niemals selbst eines Besseren belehren, sondern nur durch den Strafrichter zur Ruhe bringen kann. Darum erkläre ich hier Folgendes:

Ich erfahre, dass der ‚hochwürdige Verfasser' mich schon vor längerer Zeit in einer seiner Veröffentlichungen einen ‚Allerweltsschwindler' genannt hat. Ich erfuhr das erst vor ganz kurzem und stelle Strafantrag.

Er bezeichnet mich in seinem Titel als Abenteurer. Ich stelle Strafantrag.

Er behauptet, dass ich mich habe von meiner Frau scheiden lassen, ‚um die Witwe Plöhn heimzuführen'. Ich stelle Strafantrag.

Er nennt mich den ‚Dresdener Schmutzliteraten'. Ich stelle Strafantrag.

Er droht, mich mit einem Strick aus dem Tempel der deutschen Kunst hinauszupeitschen. Ich stelle Strafantrag.

Er behauptet, ich habe meine Originalmanuskripte auf die Seite zu schaffen gewusst. Ich stelle Strafantrag.

Er droht, mich ‚als literarischen Dieb zu brandmarken'. Ich stelle Strafantrag.

Diese Strafanträge beziehen sich nur auf Vorangegangenes, nicht aber schon auf die Aufsätze, die in *Über den Wassern* stehen. Auf die Letzteren komme ich im nächsten Artikel zu sprechen. Da ich nur das Gericht entscheiden lassen will, verbiete ich mir, dieser Entscheidung durch ausführliche Besprechungen vorauszugreifen. Daraus folgt, dass ich nicht auf alles, was mir einzeln vorgeworfen wird, auch einzeln eingehen kann und dass ich grad die Punkte übergehe, die ich dann vor Gericht ganz besonders zu betonen habe. Ich warne also vor der geistig sehr billigen Taktik des ‚hochwürdigen Verfassers', nach der ich solche Punkte, die ich unerwähnt lasse, nicht bestritten, sondern zugegeben haben soll. Daran ist nicht zu denken! Dieser Herr nennt mich hier öffentlich einen ‚Allerweltsschwindler'. Er behauptet, dass ich ‚ohne humanistische und akademische Bildung' sei. Und er beschuldigt mich, ‚in großen Städten mit meiner Person öffentliche Schaustellung getrieben, dabei meine Frau mit vorgeführt und nun in umso größere Schande gestürzt zu haben'. Zwischen diesen drei Pfählen bewegt er sich, er kommt nicht über sie hinaus. Und diesen Pfählen angemessen ist der Ton, den er sich gestattet, und seine Ausdrucksweise. Ich bin so froh, dass ich nun endlich doch einmal einen Menschen habe, den ich fassen kann! Lebius, sein Gewährsmann, veröffentlicht seine Pamphlete stets ohne Namen; es kann also jahrelang dauern, ehe man ihn vor Gericht zu packen bekommt. Hier aber weiß man, dass man nur nach Beuron zu greifen braucht, da hat man ihn! Bisher war der Strohmann des Herrn Lebius immer ein Berliner armer Teufel, mit dem man sich unmöglich befassen konnte; jetzt aber ist das anders. In welche Hände der Beuroner Pater da geraten ist und was für eine Sache er verficht, darüber zum Schluss einstweilen nur Folgendes:

Meine erste Frau wurde als die Alleinschuldige von mir

geschieden. Es war ihr gerichtlich untersagt, meinen Namen weiter zu führen. Trotzdem ließ ich sie durch eine freiwillige Rente von 3.000 Mark für ihr ganzes Leben vor aller Not sicherstellen. Auch stattete ich sie in jeder Beziehung reichlich aus. Sie lebte in Weimar sorgenlos und frei. Da kam Lebius und verleitete sie, sich mit ihm gegen mich zu verbinden. Er gab ihr Geld und übergab sie seinem Schwager Heinrich Medem, einem gewesenen Advokaten. Dieser musste mir als ihr Bevollmächtigter mitteilen, dass sie auf die Rente von mir verzichte. Dafür versprach Lebius ihr eine Rente bis an ihr Lebensende, er, der wegen zwei, drei Mark resultatlos ausgepfändet worden ist! Und nun kommt die Hauptsache, das geradezu fürchterliche, unmenschliche Raffinement: Er schreibt über diese Rente in einem Brief, der sich in meiner Hand befindet, und fügt hinzu: ‚Auf Anraten meines Rechtsanwalts habe ich allerdings im Hinblick auf meine gerichtliche Einigung mit May verlangt, dass Frau Emma erst einen Teil ihrer Schmucksachen versetzt, weil das nach außen hin einen besseren Eindruck macht'.

Also die arme, verführte Frau musste auf ihre sichere Rente verzichten und sogar ihre Schmucksachen versetzen, um dadurch nach außen hin den Eindruck zu erzielen, dass ich, ihr früherer Mann, an diesem Elend schuldig sei! Und für diesen Lebius, der solche Rechtsanwälte besitzt, tritt nun sein ‚hochwürdiger Verfasser' öffentlich ein, um die Schande, die ein anderer verdient, auf mich, den völlig Unschuldigen zu werfen! Es ist mir gelungen, die Frau aus den Händen dieses Lebius und seiner Komplizen zu befreien. Was weiter kommt, gehört nicht hierher.

2.

Ehe ich auf die in *Über den Wassern* erhobenen Anschuldigungen eingehe, sind hier in meinem zweiten Artikel einige ‚Feststellungen' nötig, durch welche diejenigen Behauptungen, welche aus der Luft gegriffen sind, gezwungen werden, festen Boden zu fassen, damit man sie in Ruhe und Unparteilichkeit betrachten und beurteilen könne.

Erstens erkläre ich, dass ich die Kritik für nötig halte. Ich freue mich, so oft ich in gesunder, sachlicher Weise kritisiert werde, denn ich lerne davon; vor allen Dingen lerne ich mich bessern. Aber anständig, human und eines gebildeten Mannes würdig muss die Kritik sein, sonst schändet sie den, der sie übt, und schadet dem, gegen den sie sich richtet. Und innerhalb der Gesetze, die ihr gegeben sind, hat sie sich zu bewegen, ja nicht darüber hinaus! Der Kritiker hat nur drei Fragen zu beantworten, weiter nichts. Nämlich: a) Welchen Zweck verfolgt der Verfasser mit seinem Werk? (Ist dieser Zweck lobenswert?) b) Mit welchen Mitteln sucht er seinen Zweck zu erreichen? (Sind diese Mittel die richtigen?) c) Hat er diesen Zweck erreicht? (Warum oder warum nicht?) Der Kritiker hat also seine Kritik nicht aus seinem eigenen, sondern aus dem Boden dessen wachsen zu lassen, den er kritisiert. Alles, was innerhalb seiner eigenen Individualität liegt, hat zu schweigen, nur allein die Logik ausgenommen. Ich bitte, von dieser unanfechtbaren Forderung aus die in *Über den Wassern* gegen mich gerichteten Aufsätze zu betrachten!

Zweitens bin ich nicht ‚Jugendschriftsteller', obgleich auch ich einige Bücher ausschließlich für die Jugend geschrieben habe. Sie sind in der Stuttgarter ‚Union' erschienen, und zwar in der ganz ausdrücklichen Absicht, nachzuweisen, dass alle meine anderen Bücher keine ‚Jugendschriften' sind. Nur um diese Bücher anfechtbar zu machen und sie verbieten zu können, hat man mich zum Jugendschriftsteller, das Wort in gehässigem Sinn genommen, degradiert. Dass diese Werke trotzdem gerade bei der Jugend einen so großen Anklang finden, das kann nur für diejenigen ein Rätsel sein, denen für die Jugendseele und überhaupt für die Menschenseele kein Verständnis gegeben ist. Wenn jemand, nur um meinen Büchern das Recht der Existenz absprechen zu können, behauptet, dass sie für unerwachsene Burschen und Mädchen geschrieben seien, handelt er nicht ehrlich und begibt sich in die Gefahr, ausgelacht zu werden, denn es gehört gewiss kein sehr bedeutender Überfluss an Geisteskräften dazu, meine tief ernsten Bilder vom ‚Eingemauerten Herrgott', von der ‚Erlösung der verkalkten Seelen', vom ‚versteinerten Gebet', von dem toten ‚Mahalamasee' usw. mit dem ‚Sanften Heinrich' und dem ‚Prärievogel' an eine und dieselbe Adresse zu richten!

Drittens bin ich kein Tendenz- und noch viel weniger ein konfessioneller Schriftsteller. Ich schreibe als Mensch zum Menschen, nicht aber als Katholik oder Protestant zu Katholiken oder Protestanten. Ich neige zwar mehr und mehr zum Katholizismus, sodass ich es für meine Pflicht hielt, mich im *Kürschner* als innerlich zu ihm gehörig zu bezeichnen, aber ich habe niemals auch nur eine Zeile für separat katholische Zwecke verfasst, sondern immer betont, dass ich ein Christ sei, weiter nichts. Es war reiner Zufall, dass ich mit dem katholischen Verlag Pustet in Berührung kam. Ich blieb bei ihm, weil sein Zahlungsmodus mir gegenüber ein höchst angenehmer war. Er bezahlte nämlich jede Manuskriptsendung sofort mit der nächsten Post. Schickte ich ihm Montag eine Arbeit, so langte sie Dienstag dort an und Mittwoch kam mein Honorar, und zwar unbedingt, mit niemals aussetzender Sicherheit. Das ging zirka zwanzig Jahre lang. Wer Schriftsteller ist und das erreicht, der weiß es zu schätzen. Darum blieb ich. Dass Pustet Katholik war, hatte dabei gar nichts zu tun, weder von seiner noch von meiner Seite. Dass ich ein *Ave Maria* gedichtet und komponiert habe, ist mein gutes Recht, ebenso wie es Goethes gutes Recht war, am

Schluss seines Faust die Gestalt der Madonna heranzuziehen. Dass ich in meinen Reiseerzählungen da, wo es sich um religiöse Gegensätze handelt, stets das Christentum siegen lasse, versteht sich ganz von selbst. Und dass ich dieser Siegerin fast immer katholische Gestalt verlieh, hat sehr einfach seinen Grund darin, dass nur die katholische Kirche derartige Gestalten besitzt, während der Protestantismus mit seiner weitgehenden ‚Vergeistigung der Form‘ dem Autor, dem Maler und Bildner in dieser Beziehung fast gar nicht entgegenkommt. Mir hierüber Vorwürfe zu machen, heißt, diese Verhältnisse entweder nicht zu kennen oder aus Gehässigkeit nicht kennen zu wollen. Ich habe mich in meinen Reiseerzählungen wenigstens zehnmal mehr mit dem Islam als mit dem Christentum beschäftigt, durchwegs in liebevoller, eingehender Weise. Man könnte also viel eher sagen, dass ich islamitisiere als dass ich katholisiere. Ich muss hier also sehr um Mäßigung bitten, um Wahrheit und Gerechtigkeit.

Viertens habe ich niemals behauptet, dass ich meine Reiseerzählungen nach den Regeln der gegenwärtigen schriftstellerischen Kunst zu gestalten suche. Es ist mir gar nicht eingefallen, derartige Kunstwerke zu erzeugen. Ich gestehe in ruhiger Aufrichtigkeit, dass ich nicht nach jener so genannten ‚Kunst‘ trachte, welche äußere Tempel baut, in denen man aber, sobald man eingetreten ist, weder einen Priester sieht noch einen Gott herbeitreten fühlt. Jene subalterne Kunst mit den herausgedrückten Waden und dem Gleichschritt, hinter irgendeinem Sergeanten her marschierend. Wehe dem, der nicht Schritt hält! Noch weher dem, der nach rechts oder links zu blicken wagt! Am allerwehesten aber dem, der es nicht aushalten kann und davonläuft, um seinen eigenen Weg zu suchen! Sondern ich sehne mich nach jener höheren, jener wahren Kunst, welche die Säulen und Tempel unseres Innenlebens baut, ihre Altäre in unseren Herzen errichtet und erst dann, wenn dies geschehen ist, auch der Außenwelt gerecht zu werden weiß. Das ist die herrliche Kunst, die Kunst der Zukunft, die uns erst unsern Herrn und Gott und dann seinen Altar gibt. Nicht aber die vergangene, jetzt langsam hinsterbende, deren Schönheit man von außen bewundert, tritt man aber hinein, so ist alles, alles leer; Zeus und Hera, Venus und Diana, Hades und Poseidon sind verschwunden; sie waren nur Gleichnisse, sie haben nie gelebt; der aber, dem unsere Kunst und unser Ideal der Zukunft gilt, der war und ist und bleibt in Ewigkeit!

Nach dieser Kunst also suche ich, nach keiner andern. Was ich bis jetzt schrieb, das waren nur Versuche, das waren Übungen, das waren Bruchstücke, die an sich nichts bewerten und nichts bedeuten. Und vor allen Dingen waren es Skizzen, Skizzen, nur Skizzen, teils einzeln, teils einstweilen in Zusammenhang gebracht, um später zu jener reiferen Komposition zusammengehängt zu werden, vor deren Anfang ich jetzt angekommen bin.

Wenn ich sage, ich habe bisher nur erst skizziert, so lege ich hierauf ganz besonderes Gewicht. Denn hier liegt der Punkt, an dem die verständnislose oder gar übel wollende Gegnerschaft ihre Hebel einzusetzen pflegt. Diese Herren können oder wollen Skizze und Kunstwerk nicht unterscheiden. Sie leugnen, dass es wirklich meine Absicht ist, nur zu skizzieren. Sie unterschieben mir, künstlerisch schreiben zu wollen und es doch nicht zu können. Darum ist für sie alles, was ich geschrieben habe, nur Quark, nur Quatsch. Ihrer Alltagsuhr, die heute genauso ticken und schlagen muss wie gestern, erscheint es als unmöglich, dass ein achtundsechzigjähriger Autor noch skizziert, während der Tod so nahe vor seiner Tür steht. Man lacht über mich, ja, man sagt, dass ich täusche! Arme Menschen, die alle an einem und demselben Faden hängen wie ein Schock Pfennigbrezeln oder eine Schnur chinesischer Heller! Nach fünfzigjährigen Vorübungen genügt es mir, ein einziges Stück zu schreiben, um zu zeigen, was ich gewollt habe. Dann kann ich ruhig sterben. Und dass die Vorsehung mir nach so langer, ununterbrochener Lebensqual die kurze Zeit zu diesem einen Stück nicht versagt, des bin ich sicher. Vielleicht zu mehreren!

Fünftens schwingen sich meine Gegner über die unleugbare Haupt- und Tatsache, dass ich nämlich bildlich, also im Gleichnis schreibe, entweder völlig schweigsam hinweg oder sie glauben, mit billigem Spott darüber hinwegzukommen. Alle meine Leser wissen, dass das ‚Ich‘ in dem ich schreibe, mit meiner Person nichts zu tun hat, sondern dass ich damit die Menschheitsfrage meine, welche die Aufgabe hat, den Menschheitsrätseln nachzugehen, um sie zu ergründen. Mein Hadschi Halef Omar ist die menschliche Anima, die sich für den Geist und die Seele hält, ohne eines von beiden zu sein. Marah Durimeh, die alte, kurdische Königstochter, ist die Menschheitsseele. Mein Häuptling Winnetou ist der Prototyp der soeben jenseits des Atlantik entstehenden germanisch-indianischen neuen Rasse, Hanneh ist die Animaseele, Schakara die Geistesseele, Ardistan ist das Land der jetzigen Gewaltmenschen, Dschinnistan das Land der zukünftigen Edelmenschen. Zwischen beiden liegt die Geisterschmiede von Kulub, in welcher jeder, der nach oben will, wie z. B. ich, gepeinigt, geglüht, gehämmert und geläutert wird. Ich habe schon über zehn Jahre lang tagtäglich die Schläge, Hiebe und Stiche meiner Gegner auszuhalten. Und wie fast alle meine Personen bildlich gemeint sind, so ist auch alles andere bildlich zu nehmen. Ich brauche weder in Amerika noch im Orient noch in irgendeinem anderen fremden Land gewesen zu sein. Meine Sujets sind heimatliche. Ich kleide sie in fremdes Gewand und stelle sie in fremdes Licht, um sie interessant und wirkungsvoll zu machen. Spreche ich vom Schah-in-Schah, so meine ich Gott. Die Haddedihn sind diejenigen meiner Leser, die mich gern lesen, aber den tieferen Sinn meiner Bücher noch nicht begreifen. Die viel höher wohnenden Dschamikun aber sind die Leser, die mich verstehen, der ‚Pädär‘ dieser Dschamikun ist Fehsenfeld, mein Verlagsbuchhändler. Der persische Henker, welcher auf dem Pferd Kiss-y-darr, zu deutsch ‚Schundroman' reitet, ist jener liebenswürdige deutsche Herr, der mich mit Hilfe der Münchmeyerschen Schundromane hinzurichten strebt. Mit dem Ustad meine ich mich selbst, den vielverfolgten, ausgestoßenen Karl May. Klekih-petra, der deutsche Lehrer Winnetous, ist der Einfluss der deutschen Volksseele auf die indianische Stammesseele. Der alte, berühmte Medizinmann Tatellah-Satha ist die aus tausendjähriger Verborgenheit jetzt deutlich hervortretende Entwicklungsgeschichte der roten Rasse. Kurz, meine Reisebeschreibungen haben als Gleichnissammlungen gelesen und auf ihren tieferen Sinn geprüft und verstanden zu werden. Ich brauche den Boden fremder Länder mit keinem Fuß betreten zu haben und bin dennoch zu der Versicherung berechtigt, dass ich nur Wahres, wirklich Erlebtes schildere. Ich sende meine Haupt-Romangestalt, meinen Old Shatterhand respektive Kara Ben Nemsi, in fremde Länder und zu fremden Völkern, um zu zeigen, wie wir als Edelmenschen dort zu handeln haben. Aber der bin ich doch nicht selbst! Mir steht es völlig frei, daheim zu bleiben, und wenn ich dann trotzdem behaupte, auch dort gewesen zu sein und das Erzählte mit erlebt zu haben, so ist das keine Lüge, sondern die vollste Wahrheit, denn die Begebenheiten ereignen sich daheim; die Fremde ist Imagination. Wer nicht genug Fantasie oder nicht genug Einsicht besitzt, dies zu begreifen, der ist unfähig, mich und meine Bücher zu kritisieren. Und wenn er dies dennoch tut, und zwar in gehässigem Hohn, so schadet er damit nicht mir, sondern nur sich selbst.

Und endlich sechstens ist zu bedenken, dass ich in einer ganz andern Gedankenwelt lebe als in derjenigen, aus welcher mir nur Feindseligkeiten erwachsen. Ich klebe nicht an der literarischen Scholle, sondern ich habe mich von ihr losgelöst. Ich bewege mich, ich bin frei. Und selbst als Freier bewege ich mich weder im veralteten Karren oder Wagen noch auf der längst überwundenen Draisine. Ich fahre nicht Rad und nicht Automobil, sondern ich bin Aviatiker. Ich bitte, nicht zu lächeln oder gar zu lachen. Es ist mir heilig ernst! Jedermann weiß, dass sich unser materielles Leben konform mit unserem Geistesleben entwickelt. Das eine ist die Abbildung oder die Materialisation des andern. Nachdem Kunst und Literatur es gewagt hatten, sich zeitweilig vom Erdboden zu trennen, wurden Montgolfieren und Charlièren[1] gebaut. Schiller und Goethe stiegen in ihren gewaltigen Aerostaten zum reinsten Äther empor, um, der eine in imposanter Kühnheit, der andere in majestätischer Ruhe, über alles Niedrige und Hässliche hinwegzuschweben. So gleiten nun Zeppelin, Parseval usw. mit ihren ‚wirklichen' Ballonen von Ort zu Ort, von Land zu Land. Andere, die keine Goethes und keine Schillers waren, befreiten sich zwar auch vom Boden, wagten es aber nicht, sich von ihm zu entfernen. Sie erfanden die Draisine, das Zwei- und Dreirad, das Motorrad, das Automobil. Wer kennt sie nicht, die Draisinenpoesie, die mit eigenen Händen hebelt, von keiner höheren Kraft getrieben wird und, fest auf ihrem Sitz und Standpunkt klebend, so gern vergisst, dass sich nur Schwache und Kranke dieses Vehikels zu bedienen pflegen. Wer kennt sie nicht, die Zwei- und Dreiradfahrer unserer Literatur, die Motorradler und Automobilisten, die, kaum gesehen, schon wieder verschwunden sind und nichts hinterlassen als Benzin- und anderen Geruch. Das sind die Folgen des Verharrens in der Tiefe. Hinauf, hinauf! Lernt fliegen! Gibt es keine Wrights, keine Lathams, keine Farmans, keine Bleriots in Kunst und Literatur?

O doch! Es gab sie schon längst. Aber wie die Brüder Wilbur und Orville Wright erst jahrelang im Stillen rechneten, prüften und übten, so taten und tun das auch sie, die auf dem Gebiet der Kunst und Literatur von der ausgelaugten Scholle und aus dem toten Wust des längst Überlebten emporstreben, um dem Aufgang eines neuen, un-

---

[1] Wasserstoffballon, so benannt nach dem französischen Physiker César Charles, der im selben Jahr wie die Gebrüder Montgolfier, 1783, einen Pionierflug machte.

endlich schönen Tages entgegenfliegen zu können. Wir sind unser nur wenige, unsere Zahl ist gering. Ich war unter uns der Erste, der es wagte, abseits zu gehen und zu versuchen, ob es nicht vielleicht möglich sei, trotz der angeborenen Schwere emporzukommen, wie ja auch der Vogel, obgleich er schwerer ist als die Luft, es fertig bringt, sich in den Äther aufzuschwingen. Ich versuchte, übte und baute. Als ich ihn fertig hatte, meinen ersten Aeroplan, und ich ihn prüfte, bewährte er sich sofort. Ich nannte ihn ‚Reiseerzählung‘ und flog mit ihm über Länder und Meere, über Wüsten, über Sümpfe, über alles, was andere, die nicht zu fliegen wagen, hindert, dem Entwicklungsgesetz und dem Zug der Zeit zu folgen. Wie viele Seelen meiner Leser im Laufe der Zeit mit mir fuhren, das weiß ich nicht. Seelen sind nicht zu zählen. Und ebenso wenig achte ich auf die abfälligen, zornigen Rufe, die von da unten herauf ertönen, wo die alten Draisinen, Fahrräder und Benzingerüchler allen möglichen Staub und Schmutz aufwirbeln, ohne sich aus ihm erheben zu können.

Wir befinden uns über allem, was uns kränkt und hindert. Unser Blick ist frei geworden. Wir erkennen die großen, die herrlichen Zusammenhänge der irdischen Existenz. Die Systeme der Gebirge, der Flüsse entdeckten sich uns. Alles, was da unten verborgen ist, wird hier oben offenbar. Der Sonnenstrahl erleuchtet die Erde. Vor ihm fliehen alle Geheimnisse, alle Zweifel. Und da, wo die höchsten Berge ragen, ist es, als ob hinter ihnen in rosigem Schein die Zukunft des Menschengeschlechts aufsteige, um uns, die ihr Entgegeneilenden, zu begrüßen. Was ich da sehe und höre, was ich da denke und fühle, das sage und schreibe ich meinen Lesern. Sie glauben es mir. Wenn aber von da unten einer, der sich mit allem, was er kann und weiß, auf seinem kleinen, niedrigen Draisinelchen bewegt, sich über diesen Glauben ärgert und in seinem Ärger öffentlich behauptet, es sei nicht wahr, was ich erzähle, so kann ich ihm nicht zürnen, sondern ihn nur bedauern. Wer das, was er nicht weiß, nur deshalb für unwahr hält, weil er es eben nicht weiß, der ist schlimmer daran als ein Blinder, welcher das, was er nicht sieht, doch wenigstens hört und fühlt.

Übrigens steht für mich schon seit längerer Zeit ein neuer, noch besserer Aeroplan fertig. Sollte sich der alte nicht mehr bewähren, so bedeutet das noch keineswegs einen vernichtenden Sturz für mich, sondern ich stelle ihn zur Seite, steige auf den neuen empor und bleibe derselbe, der ich war und der ich bin. Kein Mensch, und sei er noch so mächtig, ist im Stande, mich zu zwingen, das hochgelegene, herrliche Land der Menschheitsseele, welches ich meinen Lesern entdeckt und geöffnet habe, ihnen wieder zu verschließen. Nur wer diese Seele in sich fühlt und mit ihr emporzusteigen pflegt aus des Tages schmutzigem Tun zu des Abends andächtiger Stille, ist im Stande, über mich und meine Reiseerzählungen zu urteilen. Von jedem anderen ist es ein selbstüberhebendes, fruchtloses Beginnen, die Gedankenflüge eines Wright oder Latham mit den Augen eines Draisinisten verfolgen zu wollen. Ich sage nicht, dass ich mir dies verbitte, denn es kann mich ja weder stören noch gar erreichen; aber es wäre besser und heilsamer für ihn selbst, wenn er es unterließe! – – –

In meinem nächsten Artikel werde ich das sonderbare Beginnen, mich als literarischen Dieb zu charakterisieren, besprechen.

3.

In der Aufsatzsammlung *Ein Abenteurer und sein Werk* ist einer dieser Aufsätze mit *Ein literarischer Dieb* überschrieben und beginnt folgendermaßen: „Der Vorwurf, den ich heute gegen Karl May erhebe, ist der schimpflichste, den je noch ein Kritiker einem Dichter ins Antlitz zu schleudern vermochte. Ich nenne Karl May einen literarischen Dieb und lasse ohne Weiteres die Tatsachen sprechen."

Das klingt, wie fast alles, was P. Pöllmann O.S.B. sagt, außerordentlich selbstbewusst. Nur Koryphäen, Kapazitäten und sonstige anerkannte Berühmtheiten allerersten Ranges dürfen sich gestatten, gleich so ohne Weiteres mit den Tatsachen zu beginnen. Alle anderen aber haben bescheiden zu sein und vorerst nachzuweisen, dass sie von der Sache, über welche sie sich äußern wollen, auch wirklich etwas verstehen. Und P. Pöllmann gehört meines Erachtens noch ganz unbedingt zu diesen anderen. Er hat, ehe er über literarischen Diebstahl spricht oder schreibt, vorerst nachzuweisen, dass er die hierzu nötigen Kenntnisse und Eigenschaften besitzt. Nachdem er diesen Beweis zu umgehen gewusst hat, darf er sich nicht darüber wundern, dass er mit seinen so genannten ‚Untersuchungen und Feststellungen' bei allen unbefangenen Leuten gerade das Gegenteil von dem erreicht hat, was er erreichen wollte. Auch ich bin weder Koryphäe noch Kapazität. Ich gestehe das aufrichtig ein und fühle mich also verpflichtet, ehe ich weiterspreche, den Nachweis zu erbringen, dass ich mich nicht in Unwissenheit über das, worüber ich sprechen will, befinde.

Zur Einleitung ein etwas kräftiges Beispiel: Wenn ich in einem meiner Bücher einige Zeilen aus Schillers *Mädchen aus der Fremde* bringe, so ist mir das gestattet; ich bin kein Dieb, selbst wenn ich Schillers Namen nicht nenne. Wenn ich aber an die Redaktion eines Familienblattes ein Gedicht schicke, welches zehn Mark kosten soll, als *Die Poesie, Gedicht von Karl May* überschrieben ist und folgendermaßen beginnt:

„In einem Tal bei armen Hirten
Erschien mit jedem jungen Jahr,
Sobald die ersten Lerchen schwirrten,
Ein Mädchen, schön und wunderbar",

so bin ich kein ehrlicher Mensch, sondern ein literarischer Dieb und Schwindler. Aus diesem Beispiel gehen die bekannten drei Hauptpunkte hervor: Zu einem literarischen Diebstahl, einem Plagiat, gehört 1.) dass der gestohlene Gegenstand nachweislich einem andern gehört, 2.) dass dieser Gegenstand noch nicht literarisches, geografisches, geschichtliches, ethnografisches usw. Gemeingut geworden ist, 3.) dass der Dieb behauptet, der Dichter, der Verfasser, der Urheber zu sein. Nur wo keiner dieser drei Punkte fehlt, kann von einem literarischen Diebstahl die Rede sein.

Für den vorliegenden Fall, nämlich dass ich es bin, der als literarischer Dieb bezeichnet wird, genügt eigentlich die Wiederholung, dass ich über diese schwere öffentliche Beleidigung Strafantrag stelle. Für den Strafprozess sind nicht die Ansichten des Beleidigers, sondern die Gesetze und die Anschauungen der Richter maßgebend. Und da heißt es denn in der Einleitung zum Motivenbericht des Verlags- und Urheberrechts: „Es sind aber keineswegs nur Gründe der Zweckmäßigkeit, welche die Verfasserrechte einschränken, sondern viel tiefere. Kein Mensch schafft seine Gedankenwelt allein aus sich selbst heraus. Er erbaut sie sich auf dem, was andere vor ihm oder mit ihm erdacht, gesagt, geschrieben haben. Dann erst, im besten Falle, beginnt seine ureigene Schöpfung. Dicke Bücher enthalten von Eigenem des Verfassers oft nur wenige Seiten und können doch sehr verdienstliche, nützliche Bücher sein. Die große Masse aller Schriftwerke, vom Kochbuch und Liebesschriftsteller an bis hoch hinauf bietet nichts als Umformungen längst bekannter Dinge zu irgendeinem praktischen Zweck. Die Tätigkeit und das Verdienst des Verfassers bestehen in Beherrschung des Stoffes, in dessen zweckmäßiger Sichtung und Gestaltung; nur verlangt man von ihm und jeder sollte von sich verlangen, dass die erlaubte Benutzung nicht zum Plagiat ausarte. Selbst die am meisten schöpferische Tätigkeit, die des Dichters, steht dann am höchsten, erreicht dann ihre größten Erfolge, wenn sie die Weihe der künstlerischen Form dem gibt, was mit dem Dichter zugleich sein Volk denkt und fühlt. Und nicht einmal die Form ist ganz des Dichters Eigentum, denn die Form liefert die ‚gebildete Sprache, die für dich dichtet und denkt', und die manchem, der sich Dichter dünkt, mehr als die Form, die ihm auch Gedanken oder deren Schein leiht. Kurz, der Schriftsteller und Künstler steht mit seinem Wissen und Können inmitten und auf der Kulturarbeit von Jahrtausenden.

Goethe, auf einer einsamen Insel aufgewachsen, wäre nicht Goethe geworden. Ist aber jemand mit Geistesgaben so begnadet, dass er die Kulturarbeit der Menschheit um einen Schritt hat weiterbringen können, weil er an das von den Vorfahren Geleistete anknüpfen durfte, dann ist es nicht mehr als billig, dass sein Werk zur gegebenen Zeit wieder anderen zum zwanglosen Gebrauch diene, nicht nur der Inhalt, sondern auch die Form." – Und in einer Fußnote wird hinzugefügt: „Das Wort Plagiat verdanken wir dem römischen Dichter Martial, der (I, 52) seine von einem anderen ausgeplünderten Gedichte mit Liedern (gemeint: mit Kindern) vergleicht, die von einem Plagiator (Menschenräuber) in die Sklaverei geführt worden seien."

Auch aus diesem Bild geraubter Kinder folgt, dass es sich beim Plagiat nur um den Diebstahl wirklicher, vollständiger, abgerundeter, literarischer Wertgegenstände handelt, nicht aber um die sehr wohl berechtigte Benützung längst freigegebener Quellen, die jeder Gelehrte und Künstler ganz unbedenklich benützt, weil er sehr wohl weiß, dass der, von dem er schöpft, einst selbst auch schöpfen ging. Paragraf 13 des Urhebergesetzes sagt, dass die freie Benützung eines Werkes zulässig ist, wenn dadurch eine eigentümliche Schöpfung hervorgebracht wird. Nach Paragraf 19 darf ein jeder Entlehnungen von anderen machen, wenn sie im Zusammenhang mit dem Aufbau seines eigenen Werkes stehen. Unsere bekannten und hier gewiss maßgebenden Lexika sagen: „Plagiat, literarischer Diebstahl, liegt vor, wenn ein Schriftsteller oder Künstler die Leistungen eines anderen für die seinigen ausgibt." Oder: „Ein Plagiarius ist derjenige, der die einem anderen entlehnten Gedanken als die seinigen veröffentlicht." So frage ich nun mit vollem Recht, wann und wo ich das getan habe? Welchen fremden Gedanken habe ich für den meinigen ausgegeben, welches fremde Werk als das meinige bezeichnet? Man sage es mir!

Ich habe in früheren, längst vergangenen Zeiten, denn das ist schon über 30 Jahre her, in einigen meiner ältesten und kleinsten Reiseerzählungen einige geografische Quellen benützt, die nur geschrieben waren, um benützt zu werden. Das haben Tausende getan und tun es auch noch heute, ohne dass die Welt ein Wort darüber verliert. Abertausende von meinen Lesern haben diese Quellen sofort erkannt und sich darüber gefreut, dass ich meinen Erzählungen so gute, sichere Unterlage gebe. Sie haben das nicht nur für ganz selbstverständlich, sondern sogar für verdienstlich gehalten. Darob erhebt sich jetzt im hohenzollernschen Schwaben ein Zetermordio, als ob ich ein Räuber, Gauner, Dieb und Schwindler ohnegleichen sei, und kein Wort ist scharf und übertrieben genug, meine angeblichen literarischen Verbrechen in ein möglichst schlimmes Licht zu stellen.

Selbst wenn ich die gegen mich aufgeführten Gründe und Beispiele nicht juridisch, sondern rein literarisch betrachte, so möchte mir himmelangst um unsere Literatur werden, nicht nur um die profane, sondern auch um die höhere, sogar heilige. Wo kämen wir hin, wenn die Ansichten des P. Ansgar Pöllmann O.S.B. richtig wären! Fast jeder, der die Feder in die Hand nähme, würde ein literarischer Spitzbube sein! Jeder halbwegs gebildete Mann müsste sich den Vorwurf machen, die alten Griechen und Römer bestohlen zu haben. Man denke nur an Tacitus, den ‚Vater der Geschichte', dessen Werke von Millionen ausgeraubt worden sind, und zwar vom ersten bis zum letzten Wort! Kaum erscheint irgendein epochenmachendes Werk, so werden ganze Weltanschauungen korrigiert, ohne dass es einem einzigen Menschen einfällt, dass dies nur auf dem Weg des Pater Pöllmannschen Plagiats geschehen kann. Hat dieser Herr noch keine Rede, noch keine Predigt gehalten, in der er entlehnte Gedanken anderer verwendete, aus Predigtbüchern usw.? Hat er diese Gedanken für gestohlen gehalten? Hat er seinen Hörern aufrichtig gestanden, dass das soeben Gesagte aus einem anderen Kopf stammte? Sollen wir an seiner Diebstahlstheorie so tief in das Niedrige steigen, dass wir schließlich behaupten müssen, der Verfasser des ersten Buch Mosis habe die babylonische Sintflutsage bestohlen? Die Autoren aller alttestamentlichen Bücher, vom Buche Josua an bis zu den Paralipomena seien Plagiatoren gewesen, die einander literarisch ausgenutzt und das Abgeschriebene für eigene Arbeit ausgegeben haben? Oder gar dass drei Evangelisten den vierten gründlich ausgeraubt und dann seine Federn als ihre eigenen zur Schau getragen haben? Man sieht mit Grauen, wohin die Wege P. Pöllmanns führen müssten, falls man sich verleiten ließe, sie zu beschreiten. Nichts, sogar die Bibel nicht, würde mehr heilig sein! Und wo bliebe die Wissenschaft, die Kunst! Wo ein Shakespeare, ein Goethe und tausend andere, die ihre Sujets, oft ihre besten, von anderen ‚stahlen'! Moliere, das Genie, scheute sich nicht, Bergeracs *Le pedant joue* für seine *Fourberies de Scapin* auszunützen; er hat von seiner Ehre nicht das Geringste verloren. Maeterlinck entnahm einem Paul Heyseschen Drama mehrere Szenen, obgleich der Dichter es ihm verbot; seine Ehre ist von diesem Diebstahl unberührt geblieben. Die berühmt gewordene Melodie *Wir winden dir den Jungfernkranz* stammt von einem fast unbekannten thüringischen Komponisten. K. M. von Weber bemächtigte sich ihrer für seinen *Freischütz*; kein Mensch nennt ihn einen Dieb! Und was tat ich? Nichts von so etwas und nichts von alledem! Wie kommt P. Pöllmann dazu, mich mit so unverdienter, maßloser Verachtung an den Pranger zu stellen? Denn übertrieben, maßlos und unendlich gehässig wie alles andere ist auch diese Geste, mit der er auf mich, als auf den ehrlosen Sünder zeigt, der kein Erbarmen verdient. Es war ihm vollständig unmöglich, seine unbegründete Beschuldigung in einfachen, sachgemäßen Worten auszudrücken; er musste und musste über alles Maß hinaus übertreiben und seinen heiligen Abscheu in die Posaunentöne kleiden: „Karl May ist in der Tat ein Abenteurer und Freibeuter auf schriftstellerischem Gebiet, für ewige Zeiten das Musterbeispiel eines literarischen Diebes." Man denke: Ein Musterbeispiel! Für ewige Zeiten! Es gibt keine Besserungs- oder Gnadenmöglichkeit! Auf ewig verdammt, auf ewig ausgestoßen! Und was ist der Mann, der dies sagt? Ein Ordenspater, ein christlicher Priester, ein geweihter Repräsentant der göttlichen Liebe und Barmherzigkeit! Das zwingt ja förmlich zu der Frage, die ich am liebsten unberührt gelassen hätte:

Warum unterschreibt P. Pöllmann nicht einfach nur mit seinem Namen A. Pöllmann? Warum muss der Pater und das O.S.B. beigefügt werden? Ein A. Pöllmann darf sich manches erlauben, ein P. und O.S.B. aber nicht! Es gibt Dutzende von Pfarrherren, welche sehr gute und viel gelesene Schriftsteller sind, doch nur mit ihrem Namen unterzeichnen. Durch die immer während und überall beigefügten vier Buchstaben wird der geistliche Stand derart betont und hervorgehoben, dass man schließlich zu dem Verdacht geführt wird, dass diese Erwähnung des Standes die Leistung unterstützen soll. Und wenn diese Leistung dann keine dem Stande angemessene ist, so wird die Enttäuschung, die unausbleiblich ist, vergrößert und vertieft. Es ist dem betreffenden Herrn jetzt mehrfach öffentlich nachgewiesen worden, dass er sich selbst als anerkannter Kritiker belobt. Nun weiß jedermann, dass es die Aufgabe jeder wirklichen, anständigen Kritik ist, zu veredeln, zu erheben. Ist der Kritiker kein Laie, sondern gar Ordensmann und Priester, so tritt ein noch ganz anderes, fast

Göttliches hinzu, und jedes lieblose Wort und jede Härte und Schärfe hat ausgeschlossen zu sein. Auch ein Pöllmann hat, sobald er sich mit P. und O.S.B. unterzeichnet, in den Stapfen zu bleiben, die Christus, sein Herr und Meister, allen denen, die sich Priester nennen, hinterließ. Denke ich ihn mir aber an Christi Stelle einem Sünder gegenüber, so komme ich infolge der Töne, die er gegen mich anschlägt, zu einem nicht sehr tröstlichen Resultat. Ich kann mir nicht denken, dass er zu dem Übeltäter am Kreuz sagen würde: „Heut wirst du mit mir im Paradiese sein!" Würde er ihn nicht vielleicht ganz im Gegenteil fragen: „Wieso? Paradies? Du bist für ewige Zeiten das Musterbeispiel eines Schächers und Sünders. Fahre in die Hölle!"

Zu solcher Betrachtung führen die vier allgegenwärtigen Buchstaben. Wären sie nicht da, hätte man nur den Menschen vor sich, nicht auch den Priester, der neben seinen öffentlichen Angriffen auch warnende Privatbriefe gegen mich schreibt, so würde sich ein ganz anderes Kampfesbild ergeben. Damit will ich aber ja nicht sagen, dass ich diese vier Buchstaben, mit denen er sich umpanzert, zu fürchten habe. Im Gegenteil, sie waren mir stets sympathisch und sind das auch noch heute. Meine Werke wurden von den Herren Benediktinern sehr freundlich anerkannt und überall warm empfohlen. Diese Anerkennung ging sogar so weit, dass man sie druckte und verbreitete, ohne mich zu fragen. P. Pöllmann steht hier also in direktem Widerspruch zu dem literarischen Urteil seines Ordens. Um einen eklatanten Beweis dieses Widerspruchs zu geben, ziehe ich eine sehr sprechende Episode herbei, obgleich ich mich dadurch in die Gefahr bringe, den Vorwurf hören zu müssen, dass ich mich brüsten will. Jedermann kennt die Benediktinerabtei Fiecht in Tirol und den weitgehenden Einfluss, den der berühmte Abt derselben besitzt. Ich befand mich am Achensee bei einem Freund. Dieser meldete dem Abt meine Anwesenheit. Der Abt kam nach dem See. Er umarmte mich und grüßte mich mit den Worten: „Sie sind der größte Wohltäter der deutschen Jugend!" Er führte mich im Laufe des Tages rund um den Achensee und ich habe von ihm die Erinnerung an einen der höchsten und bedeutendsten Edelmenschen, die ich kennen lernte, mit heim genommen. Ich nehme ganz selbstverständlich an, dass ihm die angezogene Äußerung von sehr viel Güte und sehr wohlwollender Höflichkeit diktiert worden ist; aber so maßlos wie der ‚hochwürdige Verfasser' des Herrn Lebius übertreibt ein Abt von Fiecht denn doch wohl nicht und so bleibt gewiss immerhin noch genug übrig, um den Nachweis zu liefern, dass es bei den Benediktinern auch Herren gibt, welche gerade das Gegenteil von dem denken, was jetzt in *Über den Wassern* über mich zu lesen ist. Diese Bemerkung mache ich für diejenigen guten Seelen, welche vielleicht der Meinung sind, dass Ansgar Pöllmann wirklich so infallibel ist, wie er sich den Anschein gibt.

Später erschien in dem katholischen Studentenblatt *Stern der Jugend*, welches bei Ludwig Auer in Donauwörth erscheint und von dem Pfarrer und Religionslehrer Praxmarer in Friedberg, Hessen, redigiert wird, ein gegen mich gerichteter Artikel, in dem der Wahrheit zuwider behauptet wurde, dass ich in ein Irrenhaus eingeliefert worden sei. Ich stellte Strafantrag gegen Auer, Praxmarer und den Verfasser, den ich mir erst mühsam suchen musste, bis ich ihn in dem Benediktinerstift Seckau in der Steiermark fand. Ich betone da ganz besonders, dass dieses Stift Seckau den Benediktinern von Beuron, wo Pöllmann wohnt, übergeben ist. Der Verfasser der Unwahrheit, dass ich in ein Irrenhaus eingeliefert worden sei, war auch Benediktinerpater. Er bezeichnete sich in den Blättern als Professor, gestand mir aber ein, dass er kein Recht habe, diesen Titel zu führen. Darum ziehe ich es hier vor, seinen Namen nicht zu nennen. Ich ließ ihn aus Seckau nach Leoben zitieren, vor das Gericht. Da gab er gute Worte. Er suchte mich im Hotel auf und bat, ihm zu verzeihen. Ich tat es. Er stellte mir eine Ehrenerklärung aus, mit dem Recht, sie zu veröffentlichen. Von da reiste ich nach Donauwörth zu Auer und dann nach Friedberg zu Pfarrer Praxmarer. Auch diese beiden Herren baten mich schriftlich um Verzeihung und stellten mir Ehrenerklärungen aus, die ich veröffentlichen konnte, so bald es mir beliebte. Ich habe es aber freiwillig unterlassen – – bisher! Besonders der Seckauer Benediktinerpater tat mir Leid. Er war bescheiden und auch im Übrigen ganz das Gegenteil von dem Beuroner Benediktinerpater, der jetzt den Strick dreht, ‚um mich aus dem Tempel der deutschen Kunst hinauszupeitschen'.

Mein nächster Artikel wird spezieller sein als die bisherigen. – –

4.

Radebeul-Dresden, den 24. Mai 1910

Bisher ließ ich mir von meiner Frau, die meine Sekretärin ist und alles, was eingeht, zu lesen hat, über die Pöllmannschen Aufsätze berichten. Gestern aber, am 23. Mai, nahm ich sie vor, um sie einmal selbst zu lesen. Als ich sie wieder aus der Hand legte, war ich erstaunt, war ich entrüstet, war ich tief traurig, wirklich, wirklich traurig! Ich hatte mir wohl gedacht, dass diese Auslassungen, in einem Zuge hintereinander gelesen und geprüft, keinesfalls den Eindruck machen würden, welchen der Verfasser mit ihnen beabsichtigt; aber dass dieser Eindruck ein so ganz und gar anderer sein werde, das zu vermuten, war mir nicht beigekommen. Ich kann mich über etwas, was gut, wohl durchdacht und in edler, ruhiger Klarheit geschrieben ist, recht herzlich freuen, selbst wenn es aus der Hand eines Gegners kommt; doch hier war mir diese Freude versagt, vollständig versagt. Ich sage, ich war erstaunt. Wie kann ein kleines, an fremden Gängelbändern hüpfendes Geisterlein, welches nur durch unausgesetzte Übertreibungen erreichen kann, dass es größer erscheint, als es in Wirklichkeit ist, sich an ein Problem wagen, zu dessen Lösung ihm nicht weniger und nicht mehr als alles fehlt? Wie kann ein solches Geisterlein sich unterfangen, dieses unendlich schwere, tief tragische Menschheitsproblem in der Weise zu behandeln, wie unvernünftige Knaben einem Käfer die Flügel und die Beine ausrupfen und den zuckenden Körper dann von sich werfen? Gibt es für einen Priester kein humaneres Verfahren als solche Tierquälereien? Auch war ich entrüstet! Seit wann ist man gezwungen, einen Rezensenten, der nicht die Hälfte meiner Werke kennt und das, was er gelesen hat, nicht begreift, der meine Person mit den Figuren meiner Bücher immerfort verwechselt, vermischt und vermengt, wie er es gerade braucht, der sich nicht scheut, die Unwahrheiten über mich, mein Haus und meine Familie herbeizuziehen, nur um die von ihm beabsichtigten Effekte zu erreichen, ich frage, seit wann ist man gezwungen, einen solchen Rezensenten als Kritiker höheren Ranges und Stils gelten zu lassen? Und ich war tief traurig! Wie ist es um unsere arme, arme Kunst und Literatur bestellt, wenn da Publizisten maßgebend werden sollen, welche so wenig Verständnis für Künstlerpsychologie oder künstlerisches Schaffen besitzen und nicht nur mit den inneren, sondern auch mit den rein äußerlichen Wahrheiten derart umspringen, wie ich es im Laufe des vorliegenden Artikels nachweisen werde? Ohne strengste Wahrheit und unausgesetzte Selbstzucht keine wahre, edle Kunst und keine volksbeglückende Literatur!

Ich will da gleich mit der Unwahrheit beginnen: Ich soll Pfeilerheiliger in der Dresdener katholischen Hofkirche sein. Ich besuche diese Kirche nie, aus guten Gründen. – – Ich soll 1876 geheiratet haben, es geschah aber 1880. – – Ich soll meine schriftstellerische Laufbahn 1879 begonnen haben, ich schreibe aber schon seit 1863. – – Fast keine Nummer der letzten Jahrgänge der *Augsburger Postzeitung* soll frei vom Kampf für Old Shatterhand sein; er gibt aber selbst zu, dass er vom 27. Jänner 1907 bis zum letzten Dezember 1909 nur 27 Aufsätze und Notizen über mich gefunden habe. Also in 1.068, sage und schreibe 1.068 Nummern, nur 27! Die übrigen hinzugemachten 1.041 Nummern nennt er ‚fast keine Nummer'! – – Auf Seite 68 heißt es: „Nicht Mays Leben, seine Werke sind Gegenstand unseres Disputes." Man lese hierzu Seite 306! – – Ich soll meine jetzige Frau unter ‚sehr unschönen Umständen' geheiratet haben. – – Ich soll ein ganz überzeugter, tätiger Spiritist sein. – – Die Redakteure Müller und Keiter sollen mich ‚vortrefflich gelenkt' haben. Grad das Gegenteil war der Fall. Keiter musste zu mir nach Radebeul, um mich um Verzeihung zu bitten, sonst hätte ich nicht weitergeschrieben! – – Ich soll ‚mit ganz respektablem Krach aus der Regensburger Redaktionsstube hinausgeflogen' sein und ‚unverschämte Honorarforderungen' gestellt haben. Die Wahrheit ist, dass ich einer Beleidigung wegen nach Regensburg telegrafierte, kein Wort mehr für den *Hausschatz* schreiben zu wollen. Da kamen Kommerzienrat Pustet, Pustet jun. und Keiter, einer nach dem andern, zu mir nach Radebeul und baten mich, diesen Entschluss zurückzunehmen. Als ich dies tat, freute sich der alte Herr Pustet so sehr darüber, dass er mir das bisherige Honorar freiwillig verdoppelte. – – Ich soll ‚mit plumper Geschicklichkeit meine Prozesse verwechselt' haben! – – Ich soll ‚gezwungen' worden sein, mein Doktordiplom dem Ministerium des Kultus einzureichen. Das ist nicht wahr. Ich hatte gar nichts damit zu tun. Meine Frau ist ganz aus eigenem Antrieb zum Minister gegangen, um ihm das Diplom zu zeigen und um Auskunft zu bitten. Er war nicht da. Sie wurde vom Regierungsrat Freiherrn von Welck empfangen, der meine Bücher kannte und ihr darum gern versprach, ihren Wunsch dem Minister vorzutragen. Von ihm erhielt sie neben dem offiziellen Schreiben einen sehr wohlwollenden persönlichen Bescheid. – – Es soll Literaturdenkmale in Indianerdialekten nicht geben. Ich habe hunderte solcher Denkmale gesehen und besitze dicke Verzeichnisse über sie. – – 1896 habe ich geschrieben, dass ich gern rauche; 1904 habe ich gesagt, dass ich nicht rauche. Das wird mir als Widerspruch, als Unwahrheit vorgeworfen. Sind acht Jahre nicht Zeit genug, den Entschluss zu fassen, nicht mehr zu rauchen? – – Dass ich an einer Oper schreibe, ist nicht wahr. – – Seite 147 wird behauptet, dass ich Ernst Weber ‚frisch und frech‘ zu einem Jenaer Studenten gestempelt habe. Nun aber hat Weber selbst sich für Jahrgang 1903 des *Kürschner* folgendermaßen eintragen lassen: ‚Ernst Weber, Lehrer, München, zurzeit Student der Philosophie in Jena‘. Habe ich da etwa gelogen? Weber hat sich wohl damals in Jena seinen Doktor errungen, worüber ich mich herzlich freue. Man sieht auch hier wieder, in welcher Weise Pater Pöllmann mit der Wahrheit und mit der Ehre seiner Mitmenschen umspringt! – – Ich soll 1899 zum ersten Mal im Ausland gewesen sein! – – Seite 237 behauptet Pöllmann, bewiesen zu haben, dass ich all mein geografisches und ethnografisches Material gestohlen habe. Was aber hat er erwiesen? Nichts, gar nichts! Er hat von einigen meiner ältesten und kleinsten Reiseerzählungen gesprochen, die zusammen noch keinen halben Band ergaben. Selbst wenn es sich da wirklich um verbotene Entlehnungen handelte, was aber keineswegs der Fall ist, würde es, nur die Fehsenfeldschen Bücher gerechnet, über 32 Bände geben, die ich nicht ‚gestohlen‘ habe. Und solche Unwahrheiten und geradezu gewissenlose Übertreibungen wagt man, in *Über den Wassern* drucken und verbreiten zu lassen! – – Ich werde an verschiedenen Stellen als vollständig ‚fantasielos‘ bezeichnet, aber wo es gilt, mich zu schädigen, besitze ich plötzlich Fantasie. So wird mir auf Seite 273 eine ‚rohe Einbildungskraft‘ zugesprochen und auf Seite 272 wird von den Schmutzerzeugnissen der Mayschen ‚Fantasie‘ gesprochen! – – Es wird

Seite 244 behauptet, dass in *Am stillen Ozean* pag. 479 und *Auf fremden Pfaden* pag. 56 zwei volle Seiten wortwörtlich wiederholt werden. Das ist nicht wahr. Die wörtliche Wiederholung ergibt nur eine einzige Seite; es werden also gleich hundert Prozent mehr hinzugemacht und dann folgt die wieder ganz maßlose Übertreibung, dass sich das bei mir ‚alle Spannen lang' wiederhole. Was nennt der Pater eine ‚Spanne'? Wenn eine und dieselbe Person in zwei verschiedenen Werken vorkommt, so habe ich sie zweimal zu beschreiben, und das tue ich selbstverständlich beide Male in genau derselben Weise, sonst widerspreche ich mir. Ich finde es empörend, mir da erst ‚Plagiate' vorzuwerfen und dann hinzuzufügen, dass ich sogar bei mir selbst abschreibe. Noch dazu ‚alle Spannen lang'! – – Auf Seite 274 wird gesagt, ‚aber er hat nur lamentiert'. Auch das ist rein erfunden! – – Auf Seite 308 wird behauptet, meine Frau habe gesagt, dass Attala nicht auf Selbstgesehenes zurückzuführen sei. Das ist unwahr. Meine Frau weiß gar wohl, dass Chateaubriand unter den Indianern war, aber Lebius wusste das nicht. Er war es, der sich blamierte. – – Auf Seite 310 wird gesagt, dass mein Verleger ein Flugblatt über mich versendet, und hinzugefügt ‚selbstverständlich nicht ohne Mays Kenntnis'. Ich finde hierfür keine Worte! Ich erkläre, dass Fehsenfeld mir kein Wort hierüber mitgeteilt hat. Ich hätte ihm nicht erlaubt, auch nur eine einzige Zeile zu versenden! – – Ganz empörend wie diese Unterstellung ist auch die Behauptung auf Seite 315, dass man derartige ‚Reklamesitzungen' eine ganze Anzahl kenne und dass ich die Annonce stets selbst besorgt habe. Ich forderte Pater Pöllmann auf, mir auch nur einen einzigen dieser Fälle nachzuweisen! – – Nicht wahr ist es, dass das ‚Bischarilager' bekanntlich hübsch auf dem Wege von Kairo nach Colombo liegt. – – Nicht wahr ist ferner, dass ich alle meine Reisen ‚in der treuen Hut meiner einstigen Ehehälfte' gemacht habe. Wie kommt es wohl, dass diese Frau, nachdem sie sich über

Pater Pöllmann öffentlich geäußert hat, jetzt plötzlich ohne alle frühere Sympathie nur als meine ‚Ehehälfte' bezeichnet wird? Übrigens ein sonderbarer Ausdruck! Von einem Ordensmann! Dem Sänger der Gottesminne! In einer anständigen katholischen Revue! – – Seite 318 ist zu lesen: „Und wie steht er da? Während alle die zahlreichen aus- und einsteigenden Herren in der gewöhnlichen Tagestracht des Europäers mit Hut oder Fez sich geben, steht ‚Er' da im Tropenhelm und schneeweißem Reisekostüm, protzig über die Maßen, Karl May vom Scheitel bis zur Sohle!" O weh! Der Pater ahnt gar nicht, wie sehr er sich da bei allen Kennern blamiert! Erstens kam ich damals aus dem Süden und trug diesen leichten Anzug der Hitze wegen, die andern aber kamen alle aus dem Norden. Und zweitens kostet ein solcher Anzug, Rock, Hose, Weste, zusammen genau elf Franken. Jedermann sieht das an jedem Ladenfenster. Wer also ‚protzt über die Maßen'? Man rede doch nicht von Dingen, die man nicht versteht, zumal so öffentlich und in so gehässiger Weise! – – Zuletzt noch meine ‚Selbstherrlichkeit' und unbezähmbare Sehnsucht nach Ruhm vor den Menschen! Wenn der Pater doch wüsste, wie verhasst, ja wie geradezu ekelhaft mir dieser so genannte Ruhm ist! Wäre er Psychologe, so müsste er schon seit zehn und noch mehr Jahren gefunden haben, dass ich mir gar nichts gelte, sondern dass alles, was ich bin und was ich habe, nicht mir, sondern meinen Nebenmenschen gehört. Er lese den Band:

Das Problem Karl May
von
Karl May,

der nächstens erscheinen wird; vielleicht lernt er da anders denken. – Ich bin mit meinem heutigen Artikel nicht auf der Höhe geblieben. Ich wurde gezwungen, herabzusteigen. Man verzeihe mir, dass ich es tat! Aber die trüben Schwaden, die einem aus diesen ‚Wassern' entgegensteigen, ziehen selbst den Besten und Stärksten mit sich hinab. Man höre nur die kurze Auslese Pöllmannscher Ausdrücke, deren Zahl ich leicht verdoppeln, ja verdreifachen könnte:

„Größenwahn – Maßlose Verhimmelung – Kriecherei – Weihräucherei – Übervoller Mund – May-Claqueure – Renommisterei – Hinter dem Rücken der Vernunft wühlendes Publikum – Niedertracht – Große Beschämung – Bosheit – Pöbelhafter Ton – Überstürzende Hast – Unruhe seines Gewissens – Lobhudler – Glühender Hass – Grüne Wische – Bis dato ungekannten Geifer ausspeien – Spannungsmache – Unverschämte Herausforderungen – Eingefleischter Mayling – Schreiender Zeugenbeweis – Pöbelhafte und ungebildete Anrempelungen – Hat sich nicht geschämt – Ungezogen – In welche Abgründe schauen wir da hinein – Ekelhaft – Selbst vernichtet und gerichtet – Berüchtigte Annoncen und Flugblätter – Hinaufhimmeln – Rohe Burleske – Öde Renommisterei – Künstlerisches Unvermögen – Ungezogener, regelloser Empfindungsrenommist – Läppisch – Schmutzerzeugnisse der Mayschen Fantasie – Der große Katholik May – Er Selbst – Personifizierte Vorsehung Gottes – Renommage – Triefende Salbung – Widerliches Zerrbild – Armselige Proselytenmacherei[1] – Salbungstriefender Apostel – Heiligsprechung Mays durch Krapp – Sonntagsreiter – Unflätige grüne Wische – Ungezählte Prozesse – Kohl gepflanzt – Hochtönende Phrasen – Hasssprühend – Salbungstriefende Ergüsse – Absud von Liebesdusel – Spottet aller Beschreibung" usw. usw.

Es ist wirklich schwer, zwischen all diesen stilistischen Schweiß- und Tintenflecken hindurchzukommen, ohne selbst mit fett und schwarz zu werden. Als kürzlich dem Erzabt von Beuron das kaiserliche Bronzekreuz überreicht wurde, sprach der Fürst zu Fürstenberg im Namen des Kaisers eine Reihe herrlicher Worte, aus denen die folgenden besonders hervorzuheben sind:

---

[1] Proselyt = frisch bekehrter bzw. zu einem anderen Glauben übergetretener Mensch

„Seine Majestät hat grad Ihren heiligen Orden gewählt, dieses Zeichen seiner Huld zu empfangen, da er, wie ich wohl sagen darf, das volle Vertrauen auf den Orden setzt und aus Erfahrung weiß, dass er in Treue und patriotischer Gesinnung seinem schönen, heiligen Berufe folgend, Frieden stiftend, veredelnd wirkt auf alle, die ihm näher treten. – – Indem ich Euer Gnaden nun dieses Handschreiben überreiche, bitte ich, das Kreuz in Empfang zu nehmen mit dem Wunsch, den ich hier aussprechen möchte, dass es weiteren Segen bringe Ihnen und allen, die Ihrer Obhut anvertraut sind und auf welche Sie in Ihrer ernsten, ruhigen, friedfertigen, schönen Weise einzuwirken das Glück haben."

Als diese Worte erklangen, wurden sie auch von Pater Pöllmann gehört. Er stand dabei. Woran dachte er? Dachte er an die herrliche Aufgabe seines Ordens, an der auch er zu arbeiten hat, nämlich Frieden zu stiften und veredelnd zu wirken auf alle, mit denen er sich in Berührung setzt? Dachte er daran, dem hohen Beispiel seines Erzabtes nachzueifern, den wegen seiner friedfertigen, schönen und ruhigen Weise selbst Kaiser und Fürsten ehren? Oder dachte er daran, die Zahl der von mir aufgeführten 26 Unwahrheiten durch neue zu vermehren? Dachte er an die nicht enden wollenden Verzerrungen und Übertreibungen, die ihm nicht erlauben einfach und bescheiden, klar und wahr zu sein? An die ‚Unflätigkeit', die ‚triefende Salbung', an die ‚pöbelhaften Anrempelungen', an die ‚Unverschämtheit' und noch anderes? Der Ruhm seines Ordens und das Lob seines ruhigen, gütigen, abgeklärten Erzabtes ist soeben durch alle Zeitungen erklungen. Was aber sendet er, der kleine Pater, in die Blätter hinaus? Wie sieht das Bild wohl aus, welches seine Aufsätze in hunderttausend Lesern hervorgerufen haben? Etwa auch ruhig, gütig und abgeklärt?

Wir leben in der großen Zeit, da die Gewalt vom Thron steigt, um der Güte Platz zu machen. Ich habe gar nicht nötig, ruhig zuzusehen, dass irgendjemand zwölf feindse lige Aufsätze gegen mich schreibt. Es stehen mir gesetzliche Mittel zur Verfügung, mir Ruhe zu verschaffen. Ich habe sie nicht angewendet, und zwar aus reiner Güte. Und weil ich sehr genau weiß, dass mein Gewissen rein ist. Ich ließ den Pater schreiben, um ihm Gelegenheit zu geben, über sich selbst nachzudenken und das zu werden, was er noch nicht ist, nämlich in sich klar und nach außen hin voll wohltuender, stets Maß haltender Sachlichkeit. Sollte diese meine Güte umsonst gewesen sein? Es kommt wohl niemals eine Gelegenheit wieder, die so geeignet ist wie diese hier, einen jungen, allzu raschen Rezensenten zur Selbsteinkehr, zur Prüfung und Vertiefung zu führen.

5.

„Nicht Einzelwesen, sondern Drama ist der Mensch", so lautet das Hauptaxiom der neueren Psychologie, welche das innere und das äußere Werden des Menschen mit der Bildung eines Stromes vergleicht, der, einst ein kleines namenloses Wässerlein, berufen ist, in seinen Mannesjahren ein Segen spendender Landbewässerer, Städtebildner und Kulturträger zu sein. Er nahm von Jugend an zu beiden Seiten eine Menge Zuflüsse auf, die seinen Lauf gestalteten und ihm belebten und belebenden Inhalt gaben. Er ist schon nach kurzer Zeit nicht mehr derselbe. Bei jeder Biegung oder Krümmung erscheint er als ein anderer. Schon bald darauf besitzt er keinen einzigen Tropfen jenes unbedeutenden Bächleins mehr, nach dessen Namen man ihn benannte. Alles, alles, was er war und was er ist, das war und ist er nicht durch sich selbst, sondern es wurde ihm zugetragen.

Und nun kommt das Bild, an welches ich denken muss, indem ich dieses schreibe. Um kurz und deutlich sein zu können, will ich diesem Fluss einen großen und bekannten Namen geben; ich spreche vom Rhein. Auf seinen

Unterlauf mündet neben bedeutenden, herrlichen Seitentälern auch eine kleine, geologisch vollständig nebensächliche Bodensenkung, auf deren Sohle ein armes, schmales, seichtes Wässerlein fließt. An diesem Rinnsal ist ein Mann in einer Aufregung, als ob es sich um Tod oder Leben handle, beschäftigt, Schutt, Erde, Stein und Geröll herbeizuschleppen, um die paar Tropfen, welche da sickern, vom Rhein abzudämmen. Andre sind dabei, ihm zu helfen. Noch andre stehen von fern und lachen ihn aus. Jeder Schritt, den er tut, zeigt den Kothurn[1]; jeder Handgriff ist pathetisch und jedes Wort, welches er dabei spricht, klingt ungezähmt und heftig. „Ich dämme ihn ab, den Rhein, ich, ich!", ruft er aus. „Er darf nicht weiter! Er war in seiner Jugend, da oben, wo er entsprang, ein Bösewicht. Er schwoll im Frühjahr an und trat frech über die ihm vorgezeichneten Ufer. Man darf ihm das nicht verzeihen, weil er immer noch existiert! Hätte er nur Böses getan, so dürfte man ihn entschuldigen. Aber er tat Gutes und Böses zu gleicher Zeit und das, das wird niemals vergeben. Er fließt, ohne zu erröten, an Kirchen und Spelunken vorüber. Er stiehlt die Landschaften, die er bildet, von der Donau, von der Elbe, von der Weser. Er wiederholt sich sogar selbst und ist also sein eigener Plagiator. Er mutet uns zu, ihn nicht nur als Wasser, sondern auch von einem höheren Gesichtspunkt aus zu betrachten. Er will sogar bildlich, symbolisch genommen sein! Er ist an jedem Tag, an jedem Bogen, den er macht, ein anderer; er täuscht, er betrügt, er lügt! Er verführt die Jugend, die an seinen Ufern spielt, und die Alten, die an ihn glauben! Ich sage Euch, er ist für ewige Zeiten das Musterbeispiel eines Verderben bringenden Wassers. Kommt, helft mir, ihn abzudämmen! Ich drehe ihm hier den Strick. Dieser Rhein muss aus Deutschland hinaus!"

So schleppt er in rastlos aufgeregtem Eifer Schmutz um Schmutz, Stein um Stein zusammen und dämmt sein ei-

---

[1] Bühnenschuh im antiken Theater

genes Wässerlein ab, indem er glaubt, den Strom, der ruhig an seinem Seitentälchen vorüberfließt, zum Versiegen zu bringen. Oh, diese kurzsichtigen Menschen, die sich einbilden, Gedankenströmungen, die hoch über ihnen dahinfließen, mit der Kurbatsch vernichten zu können! Und würde ich heut vernichtet, so träten nach meinem Tod zehn und zwanzig andere für mich auf. Mein Leben ist ein mehr als bescheidenes. Sein Lauf ist keinesfalls mit dem des Rheins zu vergleichen. Ich wählte das Bild des Letzteren nur, um leichter verstanden zu werden. Aber die Gedanken, welche zwischen den Ufern dieses meines, wenn auch noch so freudenarmen Daseins fließen, gehören weder mir noch irgendeinem Rezensenten. Beide, sowohl ihre Richtung als auch ihr Ziel, liegen außer mir und sie werden das Letztere erreichen, ganz gleich, ob ich weiterschreibe oder ob ich darauf verzichte, in der Weise kritisiert zu werden, wie es soeben geschieht. Denn es ist wahrlich und wahrlich kein Vergnügen, zusehen zu müssen, wie es diejenige Art der ‚Kritik‘ treibt, von der ich hier zu sprechen habe. Sie hält sich für gottberufen und für intelligent genug, mich, den kerngesunden, arbeitsfrohen und zukunftsgläubigen Mann hinauszupeitschen und – – was bietet sie der deutschen Literaturgeschichte dafür? Ein armseliges Zerrbild, eine literarische und moralische Vogelscheuche, eine geistige und seelische Missgestalt, die aus weiter nichts besteht als nur aus lauter Fehlern und Gebrechen! Und solchen Handel und solche Unterschiebungen soll sich die deutsche Literatur gefallen lassen? Mitnichten! Wer sich vermisst, einen wahrhaft Schaffenden hinauszupeitschen, um eine elende Karikatur an seine Stelle zu setzen, der begibt sich in die Gefahr, dass die Peitsche ihm entwunden und gegen ihn selbst gerichtet wird. Hinaus mit allem, was nicht wahr, was nicht klar, was nicht rein und edel ist! Die Kunst stellt keine Henker an und die Literatur duldet keine Kafiller! Solch niedriges Treiben ist nur für den Mob da unten. Die aber, die höher liegende Ziele verfolgen, brauchen weder Büttel noch Häscher, sondern sie sind Manns genug, sich selbst in Zucht zu halten. Und wenn sich trotzdem einer unterfängt, als Vogt oder Sbirre[1] aufzutreten, so bedarf es zu seiner Abwehr nur einiger Fragen, wie zum Beispiel der folgenden:

Wie kommt es, dass Pater Pöllmann die ganze erste Zeit meines literarischen Schaffens verschweigt, indem er die unwahre Behauptung aufstellt, ich hätte erst im Jahre 1879 begonnen zu schreiben?

Meine ersten Veröffentlichungen erschienen schon im Jahre 1863. Ich schrieb von da an eine ganze Menge von Humoresken, erzgebirgische Dorfgeschichten und andere Charaktersachen, welche durch hunderte von Zeitungen gingen. Weiß er das etwa nicht? So ist er nicht der Mann, über mich zu schreiben, denn er kennt mich nicht. Oder hat er es gewusst und diese sechzehn Jahre einfach überschlagen? So wäre das keine Über-, sondern eine Unterschlagung, die sich kein ehrenhafter Kritiker zu Schulden kommen lässt! Ich weiß gar wohl, dass gerade diese Tätigkeit vor 1879 meinen Gegnern höchst unbequem liegt. Es ist ja einer ihrer raffinierten Tricks, zu behaupten, dass ich nur um des Geldes willen fromm zu schreiben begonnen habe, sobald ich einsah, dass mit der Frömmigkeit mehr Geld zu verdienen sei als in der bisherigen Weise. Und nun werden sie von den heiteren, gottvertrauten Humoresken und von den tiefernsten *Erzgebirgischen Dorfgeschichten* Lügen gestraft, in denen aus jeder Zeile ein tiefgegründeter, unwandelbarer Glauben und eine Ethik spricht, an welcher selbst das stärkste Schicksal nicht zu rütteln vermag! Darum verschweigt man sie. Auch Pater Pöllmann schweigt. Er schweigt sogar über meine *Geographischen Predigten*, deren Urausgabe im Jahre 1875 erschien und von jedem Kritiker unbedingt gekannt sein muss, weil sie den einzigen Schlüssel zum Verständnis aller meiner späteren Werke bilden. Ebenso verschweigt er oder weiß er

---

[1] Ital: Polizeidiener

nicht, dass meine erste Arbeit über Winnetou schon in jener frühen Zeit erschien. Er ist wohl nicht einmal im Stande, mir das erste meiner Werke zu nennen! Hält er das so genannte Karl-May-Problem denn wirklich nur für eine so kleine, seichte, trübe Pfütze, dass er sie mit einem einzigen Fußstoß austreten kann? Wie wegwerfend, wie obenhin er verfährt! Ein allmächtiger literarischer Maharadscha, der mich, seinen Sklaven, mit einem einzigen, noch nicht einmal sekundenlangen Blick vernichtet! Wie leicht er es sich macht, mich aus der deutschen Kunst hinauszupeitschen, das ist geradezu erstaunlich. Man höre!

Der Titel seiner Aufsätze lautet *Ein Abenteurer und sein Werk*. Mit dem Abenteurer meint er mich, obgleich es Leute gibt, die seine Angriffe gegen mich für zehnmal abenteuerlicher halten als alles, was mir von ihm vorgeworfen wird. Was aber meint er mit dem Ausdruck ‚sein Werk'? Etwa die Gesamtheit meiner Bücher? Nein, denn über die springt er sehr vorsichtig hinweg. Oder mein Lebenswerk? Auch nicht, denn hiervon weiß er noch weniger als nichts. Doch genug! Wir sehen schon hieraus, klar ist sich der Verfasser nicht, und darum versteht er es auch nicht, sich andern klar zu machen. In seinem Untertitel verspricht er ‚Untersuchungen und Feststellungen', aber noch niemals wurde ein Versprechen so wenig gehalten wie dieses hier. Ich habe in den sieben Aufsätzen, die bis jetzt erschienen sind, nicht eine einzige wirkliche Untersuchung oder Feststellung, sondern nur Behauptungen gefunden. Er scheint der Ansicht zu sein, dass alles, was ein Pater oder Priester spricht, keine Behauptung, sondern eine Feststellung ist. Gut, nehmen wir das als richtig an, doch aber nur, so lange er als Priester funktioniert. Verlässt er aber sein Gotteshaus und seine theologische Atmosphäre, um auf unserem Boden mit uns Schriftsteller oder Journalist zu sein, so hat er auf den Schutz des Baldachins seiner Kanzel verzichtet und muss es sich gefallen lassen, wie jeder andere Schriftsteller oder Kritiker behandelt zu werden. Und da gilt nicht etwa das, was er sagt, als Feststellung, sondern nur das, was er beweist. Nun gehe man seine sieben Aufsätze durch und zähle nach, wie oft er behauptet. Dann zähle man, wie oft er beweist. Man wird über die Fülle der Infallibilität, die in ihm wohnt, erstaunen! Bei tausend und abertausend Lesern wird und muss sie Ärgernis erregen, vielleicht gar Heiterkeit. Der Nichtkatholik wird die hier gemachten großen Fehler nicht dem allein, aus dessen Feder sie kommen, sondern der katholischen Kirche überhaupt und dem katholischen Klerus besonders zuschieben, und das ist es, was ich als Ärgernis bezeichne.

Er hat Behauptungen über meine erste Frau, über meine Ehescheidung, über mein Einkommen, über meine ‚Kolportagenschmutzware', über meinen persönlichen Verkehr und über hundert andere Dinge gebracht, aber keinen Beweis, und zwar aus dem einfachen Grunde, weil kein Mensch von der Unwahrheit beweisen kann, dass sie Wahrheit ist. Ich zeige durch ein Beispiel, wie Pater Pöllmann mit der Wahrheit umspringt und was man demzufolge von seinen angeblichen ‚Untersuchungen' und ‚Feststellungen' zu halten hat: Er behauptet in Nr. 102 der *Augsburger Postzeitung*, dass deren Redakteur die ‚saftigsten Stellen' meiner Entgegnung gestrichen habe und dass diese in der *Freistatt* veröffentlichte Entgegnung fast ebenso viele Unrichtigkeiten wie Zeilen enthalten habe. Nun bitte ich, diesen meinen Artikel in der *Freistatt* nachzulesen. Man wird kein einziges Wort finden, welches man als ‚saftig' bezeichnen darf! Und ich bitte, nachzuzählen, dass dieser Artikel 351 Zeilen enthält. Ich hätte mir also nach Pöllmanns Behauptung, respektive ‚Feststellung', in diesem einen Artikel weit über 300 Unrichtigkeiten zu Schulden kommen lassen! Was soll man hierzu sagen? Ist das nur übertrieben? Nein, gewiss nicht! Ist es Unwahrheit? Wissentliche oder unbewusste? Ich gestatte mir nämlich, anzunehmen, dass Pater Pöllmann stets, wenn er schreibt, bei vollem Bewusstsein ist! In genau derselben Weise sind seine sieben Aufsätze in

Über den Wassern geschrieben. Man denke an den ‚Krach', mit dem ich aus der Redaktion geflogen sein soll, an meine ‚unverschämten Honorarforderungen', an den ‚Zwang', mein Doktordiplom vorzulegen, an den Diebstahl ‚allen' meines Materials, an die Annoncen, die ich bezahlt haben soll, von denen ich aber gar nichts weiß! Wie soll man das nennen? Untersuchungen oder Feststellungen? Behauptungen oder Verleumdungen? Und dabei muss hervorgehoben werden, dass alles, was in dieser Weise gesagt wird, nicht zur Sache gehört. Damit bin ich nun an den Haupt- und Mittelpunkt der ganzen, hochinteressanten Pöllmanniade gelangt, wo ich nun endlich wohl mit meiner Hauptfrage kommen darf: Was will Pater Pöllmann denn eigentlich von mir? Und was hat er bisher zu seiner Sache getan und gesprochen?

Ich beantworte zunächst die zweite Frage; die erste beantwortet sich dann ganz von selbst: Nichts hat er zur Sache getan, gar nichts! Denn alles, was er bisher vorbrachte, gehörte nicht zur Sache oder war durch Übertreibungen derart entstellt, dass man sich selbst über direkte Unwahrheiten nicht mehr wundert.

Diejenigen meiner Bücher, welche Pater Pöllmann eigentlich zu besprechen hatte, zählen zusammen zirka 26.000 Seiten. Er hat aber nur einige kleine, kurze Erzählungen gebracht, welche zusammen zirka 700 Seiten ergeben. Das heißt nach Adam Riese, dass er von 37 Bänden nur einen einzigen herbeizuziehen beliebte. Und hat er den Inhalt dieses einzigen etwa besprochen, kritisiert? O nein! Mit keinem Wort! Er hat nur nach Plagiaten gesucht, weiter nichts! Da aber, wie bekannt, meine bisherigen Bücher nur Vorübungen sind und nur Skizzen für meine eigentlichen, noch kommenden Werke enthalten, so kann in Beziehung auf sie überhaupt nicht von Plagiaten die Rede sein, da es ja doch im Begriff der Skizze liegt, dass sie ihre Unterlage genau kopiert, um sie emporzuheben und dem Veredelungsverkehr zuzuführen. Sämtliche Bemühungen Pöllmanns, mich als Plagiator hinzustellen, sind demzufolge vollständig ergebnislos und überflüssig gewesen, und so fällt sogar auch die Beschäftigung mit diesem einen, einzigen Band als nichts in sich zusammen.

Nach der Aufgabe der wirklichen, der ernsten Kritik hatte Pater Pöllmann zu untersuchen und festzustellen: Was will May in seinen Büchern? Auf welchem Wege will er es erreichen? Hat er es erreicht? Nun frage ich: Hat Pöllmann das getan? Nein! Er hat kein einziges Buch, keinen einzigen Roman, ja nicht einmal eine einzige meiner Gestalten untersucht! Das, also grad die Hauptsache, ist ihm gar nicht eingefallen! Das hätte er auch gar nicht gekonnt. Er hat über meine literarischen Ideale, literarischen Ziele und literarischen Wege keine einzige Silbe geäußert! Auch über meine Gedichte, die doch gewiss sehr ernst zu nehmen sind, verschwendet er keinen Hauch. Da war Cardauns denn doch ein kühnerer Mann. Der sprach, obgleich sich unter allen diesen Gedichten kein einziges lyrisches befindet, das große, imponierende Urteil aus: „Als Lyriker müssen wir ihn uns verbitten!" Konnte Pater Pöllmann denn gar nichts Ähnliches sagen? Konnte er nicht einige meiner Romanfiguren wenigstens versuchsweise ein wenig hin- und herschieben, damit es einen gewissen Anschein bekam, dass er sich mit dem Inhalt meiner Bücher, also mit der Sache selbst, beschäftigt habe? Ich weiß gar wohl, dass er nicht aus Prinzip und auch nicht aus Prüfung und Überlegung mein Gegner ist, sondern nur infolge der Erziehung. Seine Lehrer und die ihn sonst beeinflussten, waren Mayfeinde. Darum kann er weder meine Seele noch meine Gedankenwelt begreifen. Nur darum ist es möglich, dass er mir, dem Sohn der Fantasie, alle Fantasie abspricht. Aber ich meine, es wäre denn doch vielleicht klug und geraten gewesen, in seinen sieben Aufsätzen wenigstens zwei oder drei kurze Bemerkungen zu bringen, aus denen man vermuten könnte, dass er sich nicht nur mit der Hinauspeitschung der Person, sondern für einige Augenblicke auch mit der Sache selbst beschäftigt habe. Konnte er nicht wenigstens sagen: „In seiner allerkürzesten Erzählung

Schamah, versucht May, die orientalische Frage auf friedlichem Wege zu lösen. Darum lässt er den Sohn eines jüdisch-arabischen Vaters und die Tochter einer christlichen Ostjordanländerin die Hauptpersonen sein". Aber selbst dieses Wenige tat er nicht. Es wäre ja ein Eingeständnis gewesen, dass meine Reiseerzählungen wirklich bildlich zu nehmen sind und alle Angriffe gegen mich also zu schweigen haben. Auch hätte es einer tieferen menschheitspsychologischen ‚Untersuchung' der Charaktere bedurft, und wir wissen ja, dass die Untersuchung bei Pater Pöllmann zwar im Untertitel steht, im Inhalt aber nirgends vorgenommen wird. Worauf ich mir vielleicht gestatten darf, nun auch meinerseits einmal eine ‚Feststellung' vorzunehmen, und zwar folgende:

Pater Pöllmann hat in seinen sieben Aufsätzen zwar in Summa 3.800 Zeilen geschrieben, aber trotz dieser großen Ziffer doch gar nichts gegen mich bewiesen. Und falls er etwas bewiesen hätte, so doch nur das, dass er nichts beweisen kann!

Diese ‚Feststellung' ist keine von der Pöllmannschen Art, sondern eine wirkliche, denn ich habe vorher der Wahrheit gemäß erhärtet, dass er keine einzige Zeile meiner Werke auch nur dem Schein nach einer kritischen Untersuchung unterzogen hat. Ebenso wenig entsprechen seine persönlichen Behauptungen den Anforderungen einer Kritik, die niemals aus trüben Quellen schöpft, nichts übertreibt, sondern stets Maß zu halten weiß und jedes Wort, bevor sie es spricht oder schreibt, genau auf seine Wahrheit hin zu prüfen versteht. Besonders ist die ruhige, sachliche, ungehässige Ausdrucksweise zu vermissen, die man bei seinem Stand und der Wichtigkeit der Sache, um die es sich handelt, ganz unbedingt von ihm verlangen muss. Er hat sich in Beziehung sowohl auf die Person als auch auf die Sache geirrt. Er ist ein Abgeschlossener. Es sind ihm die Konturen, über die hinaus er sich nicht entwickeln darf, streng vorgeschrieben. Ich aber bin trotz meines viel höheren Alters noch immer ein Werdender. Wer mich gefahrlos und gerecht kritisieren will, der hat zu warten, bis ich ein Gewordener bin. Die Kunst, aus der man mich ‚hinauspeitschen' will, ist kein eng ummauertes Kloster mit strengen Ordensregeln und scharfen Disziplinarien. Und wer mit Peitschen, Knütteln und solchen Gewaltmitteln droht, der hat bewiesen, dass er nicht in das freie sonnige Land der stets nur wahrhaft schön und wahrhaft adelig handelnden Kunst gehört, sondern dahin, wo dem ästhetisch noch nicht ausgereiften Tatendrang durch Gesetze und Regeln erzieherische Grenzen gezogen sind.

Ich kann als Werdender irren, ja, ich muss sogar irren. Aber die wahre, die edle Kritik hat den Irrenden nicht totzuschlagen, sondern zurechtzuführen. Die Afterkritik, die dem entgegenhandelt, kann leicht zur Selbstmörderin werden, indem sie mit ihren eigenen Streichen nur sich allein verwundet. Da verweise ich denn auf Seite 94 von *Über den Wassern*, wo Pater Pöllmann die Güte hat, meinen ersten 20 Bänden seine Genehmigung zu erteilen. So bleiben also nur die übrigen Bände. Die verwirft er als Theologe. Warum? Wo sind seine Gründe, wo seine Beweise? Er führe sie an, von Buch zu Buch, von Seite zu Seite! Wo tut er das? Nirgends! Er hat keine einzige Zeile gebracht, um nachzuweisen, dass sie gegen den Glauben verstößt! Er spricht von mir als von dem ‚Abenteurer und seinem Werk'. Soll ich nun nach seinem Werk fragen? Worin besteht es? Wodurch imponiert es uns? Er hat meinen ersten zwanzig Bänden seine Zustimmung erteilt und gegen die übrigen Bände keinen einzigen wirklichen Vorwurf erhoben respektive begründet. Wozu da überhaupt sein Angriff gegen mich? Wozu die Kolossalverschwendung von 3.800 resultatlosen Zeilen? Er verspricht ‚Untersuchungen' und ‚Feststellungen'. Er verspricht, mich ‚hinauszupeitschen'. Und was geschieht nach diesen fulminanten Vorherverkündigungen? Er billigt von meinen Bänden volle zwanzig Stück! Und über die anderen Bände bringt er keine einzige Untersuchung, keine einzige Feststellung, er schweigt sich vollständig aus! Das ist das ganze, große Pöllmannsche ‚Werk'! Das ist das ganze, große Pöllmannsche ‚Abenteuer' in *Über den Wassern*, welches mit einem unklaren Titel begonnen hat, um aber, wie ich hoffe, umso klarer zu enden. Wir werden ja sehen!

6.

Soeben kommt mir das neunte Heft der *Historisch-politischen Blätter* mit dem Pöllmannschen Aufsatz *Zur konfessionellen Ausschlachtung des Falles May* in die Hand. Fürwahr ein echter Pöllmann, ein Pöllmann, wie er leibt und lebt! Dieser ungebändigte Aufregungstrieb! Diese wühlende und explosive Ausdrucksweise! Dieses leidenschaftliche Fechten mit Windmühlenflügeln! Dieses untrügliche Behaupten von Dingen, die gar nicht vorhanden sind! Man erkennt den Verfasser sofort an den Bomben und Raketen, die unablässig platzen: Ausschlachtung – konfessionell – Reklamebroschüre – unsere Scham – Maysche Schmutz- und Schmierkolportage – solche Dithyramben[1] – schamlose Riesenannoncen usw. usw. Wer außer Pater Pöllmann weiß etwas von einer konfessionellen ‚Ausschlachtung' des Falles May? Ich nicht! Und ich bin doch der, um den es sich handelt! Wenn irgendein Witzblatt, Ahlwardt[2] oder Zeitungsclown sich den Hochgenuss leistet, mich dem Katholizismus ‚in die Schuhe zu schieben', ist das doch noch lange kein Grund, um schleunigst zum *enfant terrible* dieses Katholizismus zu werden und dreinzuschlagen, als ob die Kirche sonst ver-

[1] überschwängliche Lobeshymnen
[2] Gemeint ist höchstwahrscheinlich der Reichstagsabgeordnete Hermann Ahlwardt, der 1893 wegen seiner antisemitischen Verleumdungsschrift „Judenflinten" verurteilt wurde und dessen Namen May hier wohl als Synonym für ‚Verleumder' allgemein gebraucht.

loren sei. Ich wehre mich doch auch nicht, sondern ich nehme es heiter! Freilich weniger heiter, sondern außerordentlich ernst ist wohl die Frage, ob Pater Pöllmann der rechte Mann ist, sich als Schutzherr und literarischer Feldmarschall der katholischen Kirche zu gebärden! Ist man nicht förmlich gezwungen, aus der Ungeduld und dem Übereifer des Paters, mich loszuwerden, den Schluss zu ziehen, dass ich ihm wirklich im Schuh stecke und ihn dort drücke? Warum verfährt er nicht ruhiger, nicht stiller, nicht diplomatischer? Er hat als Ordensmann so große Mächte hinter sich, ich aber habe niemand, der mich stützt. Muss ihn diese Erwägung nicht besonnen, mild und sicher machen? Hat er aus meinen Antworten noch nichts, noch gar nichts gelernt? Konnte er sich nicht wenigstens in den *Historisch-politischen Blättern* hüten, Behauptungen zu bringen, die gegen die Wahrheit streiten? Musste er z. B. behaupten, dass ich seit *Im Reiche des silbernen Löwen* den Katholizismus an den Nagel gehängt habe? Das ist gar nicht wahr! Denn ich habe seitdem z. B. in *Ardistan und Dschinnistan* die Madonna genau ebenso besprochen wie früher! Und diese Ausdrucksweise! Ist ihm, dem Ordensmann, der Katholizismus wirklich etwas, was man ‚an den Nagel hängt‘, ganz wie es einem beliebt? Sollte er, der auf so hoher Warte steht, sich nicht hüten, auf das Heiligste, was wir haben, solche vulgären, plebejischen Ausdrücke anzuwenden? Ich meine, dass jedes Wort eines ‚Hochwürdigen‘ hochwürdig zu sein hat, sei es gesprochen, sei es geschrieben! Musste er sodann der Wahrheit zuwider behaupten, dass dieses ‚an den Nagel hängen‘ mir jetzt so leicht geworden sei, weil meine Gemeinde sich zu gleichen Teilen aus Katholiken und Protestanten rekrutiert? Woher weiß er das? Meine Gemeinde hat in Beziehung auf die Religion genau dieselbe Zusammensetzung wie die Bevölkerung Deutschlands. Das war früher so, ist heute noch so und wird auch immer so bleiben. Wenn ich meine Gesinnungen so mir nichts und dir nichts ‚an den Nagel hängen‘ könnte, wie es bei Pater Pöllmann möglich zu sein scheint, so hätte ich das also früher ebenso leicht tun können als jetzt!

Hierauf bringt Pöllmann zwei Unwahrheiten gleich auf einer Seite: Dass ich ‚ein neuer Messias' werden wollte und dass mein Christentum ein pantheistisches Scheinchristentum sei. Und dann die zwei Monstrositäten: „Werners Vorwort gibt uns ein anschauliches Bild von der Annäherung Mays an die maßgebenden protestantischen Kreise." – – – Und: „...wahrscheinlich hätte sich die volle Abkehrung Mays von den katholischen Lehren und die Hinkehr zum protestantischen Lager sehr rasch vollzogen – aber da kam der Prozess."

Das, was da behauptet wird, sind nicht nur Unwahrheiten, sondern geradezu Ungeheuerlichkeiten, Hirngespinste, Chimären. Professor Werner hatte in Heidelberg Ästhetik gelesen. Als Ästhetiker schrieb er sein Begleitwort. Nach seiner Religion habe ich gar nicht gefragt. Und gar mit ‚maßgebenden protestantischen Kreisen' bin ich niemals in Berührung gekommen. Pöllmann nenne mir einen einzigen solchen Kreis, so will ich ihn für diesen Fall von der Anklage entlasten, dass er behauptet, was nicht wahr ist! Und was er sodann über meinen ‚wahrscheinlichen' Wechsel zwischen Katholizismus und Protestantismus sagt, ist dermaßen kennzeichnend für seine Denkweise und seinen Wertgehalt, dass ich es gar nicht nötig habe, diese beispiellose Schmähung derart zurückzuweisen, wie sie es verdient. Also, es braucht nur in seinem eigenen Innern ‚wahrscheinlich' zu sein, so genügt ihm das vollständig, mich öffentlich eines derartigen religiösen Vagabundentums für fähig zu erklären, wie es ihm jetzt im Kreise seiner publizistischen Lieferanten entgegentritt. Wenn er hinzufügt ‚da kam der Prozess', so habe ich das weiter unten zu charakterisieren.

Eine Unwahrheit ist es ferner zu behaupten, dass das *Radebeuler Tageblatt* mein ‚Publikationsorgan' sei. Dieses Blatt hat sich schon häufiger sehr gegnerisch gezeigt. Ebenso unwahr ist auch der ‚Zusammenbruch Karl Mays'. Ich bin weder geistig noch körperlich, weder seelisch noch moralisch, weder literarisch noch geschäftlich zusammengebrochen. Pater Pöllmann glaubt wahrscheinlich, an meinem Wohlsein zu rütteln; aber er ist zu klein, er reicht nicht zu mir her, er rüttelt nur an sich selbst! Eine der unverantwortlichsten Unwahrheiten liegt in der Behauptung, Lebius habe ‚in Notwehr gehandelt, er war ein Anhänger Mays. Als er aber mit dem Menschen May näher in Beziehung trat, da gingen ihm die Augen auf'. Die Wahrheit ist: Als Lebius zum ersten Mal zu mir kam und zu mir sagte: „Wir Journalisten haben kein Geld und darum auch keine eigene Meinung. Wer am meisten zahlt, der hat uns", da gingen ganz selbstverständlich mir die Augen auf. Als er dann bare 3.000 Mark, 6.000 Mark, 10.000 Mark von mir verlangte, um mich dafür in den Blättern zu rühmen und zu preisen, da ging mein Geldbeutel nicht auf. Als dann, obgleich er sich für vollständig zahlungsfähig ausgab, gerichtlich verlautete, dass er bereits den Offenbarungseid geleistet habe, gingen seinen Gläubigern die Augen auf. In dieser oder ähnlicher Weise sind noch vielen anderen die Augen aufgegangen. Nur Pater Pöllmann hält die seinen zu. Darum bleibt er auch über mich im Dunkeln und tappt beständig zwischen Unwahrheit und Wahrheit hin und her, ohne den festen Punkt zu finden, auf dem die Letztere steht. Daher kommt es, dass ich ihm sogar in diesem kurzen Aufsatz wieder eine ganze Reihe von Leidenschaftlichkeiten, Übertreibungen und Wahrheitssünden nachzuweisen habe. Und daher ist ihm auch eine der bedeutendsten Niederlagen entgangen, die er sich selbst zugezogen hat.

Nämlich während er mich seitenlang des Plagiats, des literarischen Diebstahls, der Benutzung fremder Gedanken beschuldigt, bombardiert er mich in einem fort mit Lebius'schen Gedanken, mit Lebius'schen Fälschungen, Erdichtungen und Unwahrheiten. Zu gleicher Zeit schießt er mit der alten Cardauns'schen Feuersteinpistole auf mich und lässt wohl auch einen Münchmeyer-Gerlach'schen Einschlag durch die Kutte blicken. Ich frage, ist das nicht ein noch ganz anderes Plagiat, als mir von ihm vorgeworfen wurde? Die Benutzung fremder Gedanken? Der Gedanke und Lügen von Personen, mit denen er in Beziehung zu stehen leugnet? Die Quellen, aus denen ich schöpfte, waren Ehrenmänner: Huc, Gabet, Heine. Ich brauche mich nicht zu schämen, mich und meine Leser aus ihnen belehrt zu haben.

Was aber ist aus jenen Charlottenburger Flugblättern und Pamphleten zu holen, deren Behauptungen oft ganz wörtlich aus den Pöllmannschen Zeilen klingen? Welche Ehre ist es wohl, Plagiator respektive Gedankenverarbeiter des Herrn Lebius zu sein? Ich muss Pater Pöllmann fragen: Hat er die Lebius'schen Behauptungen direkt von ihm bezogen und mit seiner Erlaubnis verwertet? Dann weiß man, woran man ist! Oder hat er sie ohne Wissen und ohne die Genehmigung des Herrn Lebius für sich verbraucht? Dann weiß man ebenso, woran man ist! In keinem Fall aber ist es für Pater Pöllmann von Vorteil gewesen, das Wort Plagiat auf den Markt zu bringen. Ich will den geistlichen Stand Pater Pöllmanns gern achten und schonen, ich will nicht Gleiches mit Gleichem vergelten und noch weniger will ich beleidigen und kränken; aber wenn ich auf Seite 132 von *Über den Wassern* den unmenschlichen Richterspruch lese, der mich ‚für ewige Zeit zum Musterbeispiel eines literarischen Diebes' macht, bin ich schon durch die einfachste publizistische Logik gezwungen, die Frage zu erheben: Wie würde es wohl klingen, wenn jemand nach diesem echt Pöllmannschen Muster jetzt sagen wollte, Pater Pöllmann ist in der Tat ein Nachtreter und Nachbeter des aus der christlichen Kirche ausgetretenen Herrn Rudolf Lebius auf journalistisch-ethischem Gebiet, für ewige Zeiten das Musterbeispiel eines katholischen Ordensmannes und Priesters, der in den *Historisch-politischen Blättern* den Protestanten die ‚konfessionelle Ausschlachtung des Falles May' vorwirft, in *Über den Wassern* diesen Fall aber selbst ausschlachtet, und zwar in so gehässig konfessioneller, leidenschaftlicher und übertriebener Weise, dass er sich nicht scheut, dabei aus den verwerflichsten Quellen zu schöpfen, nämlich aus dem Sumpf einer bekannten Schund- und Giftromanfabrik und aus der Lebius'schen Fantasie!

Besonders diese letztere Quelle kann Pater Pöllmann nicht verleugnen, sie riecht überall hervor. Am deutlichsten und am widerlichsten aus den immer währenden Wiederholungen, dass ich ‚ein schwerreicher Mann' sei, dass ich ‚Riesenhonorare' beziehe, dass ich ‚das Jahreseinkommen eines Millionärs' habe usw. Das zeigt so recht die eigentliche Grundursache der Hetze gegen mich, den gelben Neid! Ich, der Millionär, habe Herrn Lebius, als er wiederholt Geld von mir verlangte, keinen Pfennig gegeben. Das muss natürlich gerochen werden, zehnfach und hundertfach! In Wahrheit aber bin ich gar nicht reich, sondern ich habe nur mein gutes Auskommen, weiter nichts! Mit dieser infamen Lebius'schen Lüge war es nur darauf abgesehen, den Neid und die Missgunst gegen mich mobil zu machen. Das ist mehr als gut gelungen. Ich habe die Folgen zu tragen, Pater Pöllmann aber druckt die Lüge ohne alle Prüfung nach!

Noch größer, aber auch noch lächerlicher ist der Lebius'sche Schwindel von der ‚Zweiseelentheorie'. Als Lebius bei mir war, erklärte ich ihm, dass meine Romane auf zweierlei Weise gelesen werden, nämlich erstens nur als Unterhaltungsstoff und zweitens bildlich, das Letztere sei das richtige. Er versprach, in seinem Blatt ganz besonders darauf hinzuweisen und Klarheit zu schaffen, damit man mich verstehen lerne. Dann aber, als ich ihm die Tausende, die er von mir ziehen wollte, nicht gab und auch nicht geben konnte, hielt er es für vorteilhafter für sich, nicht Klarheit zu schaffen, sondern die Unklarheit zu vergrößern. Er erfand die famose Zweiseelentheorie, auf welche im Ernst nur ein Verrückter kommen könnte. Dass es aber dennoch Personen gibt, von denen sie ernst genommen wird, wenn auch nur aus taktischen Gründen, ist aus *Über den Wassern* zu sehen, wo Pater Pöllmann diese Missgeburt der Lebius'schen Fantasie sofort psychologisch annektiert, um meinen inneren Werdegang pathetisch zu beleuchten. Das Resultat ergibt ganz selbstverständlich einen siamesischen Doppelzwilling, der aber nicht in eine Halbmonatsschrift für schöne Literatur, sondern nur in Castans Panoptikum oder zu Barnum gehört. Ich versichere allen Ernstes, dass Pater Pöllmann ihn dort ‚sehen lassen' kann!

Ebenso sehens- wie auch lesenswert ist eine Zeile auf Seite 307 von *Über den Wassern*. Dort bringt Pöllmann einige Briefe von mir und schreibt dazu: „Die Adressaten der folgenden Briefe tun nichts zur Sache". Ich bin da ganz anderer Meinung. Warum verschweigt er ihre Namen? Heraus mit ihnen, damit ich mich ehrlich aussprechen kann! Ich fürchte und schäme mich doch auch nicht! Und warum bringt er nur meine Antworten, nicht aber ihre vorhergehenden Briefe und Fragen an mich, aus denen sich ergeben würde, dass ich gerade so und nicht anders zu antworten hatte? Weiß Pater Pöllmann nicht, dass man eine Antwort niemals ohne die betreffende Anfrage beurteilen kann? Er rät auf derselben Seite dem Wiener *Vaterland* und der Wiener *Freistatt*, sich ‚einen Storch braten zu lassen'. Und er bezeichnet das, was diese beiden hoch angesehenen Blätter geschrieben haben, als ‚Kohl'. Also sogar der ‚gebratene Storch' gehört zu den Reichtümern und Schönheiten des Pöllmannschen Geistes und der ‚Kohl' zu den Schätzen der Pöllmannschen Ästhetik! Das imponiert mir fast ebenso sehr wie seine eben erwähnte psychologische Welt- und Doppelwundertat, mich von der ‚falschen Wirklichkeit' in anderthalb Jahren über die Lebius'sche ‚Zweiseelentheorie' zu reiner ‚Symbolik' spazieren zu lassen! Warum kam da nicht auch ‚der Prozess', um diese psychologische Heldentat in andere Bahnen zu lenken?

Welcher Prozess? Nun, ‚der Prozess'! Den Pater Pöllmann in treuer Verarbeitung Lebius'scher Gedanken und Absichten als die Ursache meines angeblichen Sturzes, meines literarischen und moralischen Todes, kurz, meines vollständigen Untergangs genommen wissen will. Ahnt er denn wirklich noch immer nicht, welchen Lug und Trug, welche Fälschungen und welchen Schwindel man mit diesem ‚Prozess' getrieben hat? Diese kleine, völlig nebensächliche Beleidigungsklage gehörte ja gar nicht zu dem großen, komplizierten Prozesse, der zwischen Lebius und mir zu entscheiden hat! Das wurde nur vorgegaukelt. Es war ein nur ganz kurzer Termin, der wegen der da vorgekommenen Unzuträglichkeiten gar keine Geltung haben kann. Es wurden weder Zeugen vernommen noch Dokumente vorgelegt noch irgend andere Beweise erbracht. Es gab nur Lebius'sche Behauptungen, von denen aber keine einzige erwiesen worden ist. Die Beweise wird er erst in höherer Instanz vorzulegen haben. Wenn dennoch in in- und ausländischen Zeitungen, sogar in Amerika, die gerichtspsychologisch geradezu ungeheuerliche Lüge verbreitet wurde, dass sämtliche Beschuldigungen, die man auf mich warf, durch Zeugen, durch Eide und Dokumente bewiesen worden seien, so ist das eben ein Schwindel sondergleichen. Und wenn sogar den französischen und englischen Zeitungen Depeschen zugegangen sind, dass ich unter der Wucht dieser Beweise völlig zusammengebrochen sei, so besitzt die deutsche Sprache wirklich kein Wort, mit dessen Hilfe es möglich wäre, die Niederträchtigkeit und Gewissenlosigkeit derartiger Fälschungen zu verdeutlichen! Wer von Entlarvungen oder Enthüllungen spricht, welche da stattgefunden haben sollen, der lügt! Wenn Pater Pöllmann diese Lebius'sche Darstellung zu der seinen macht, so beweist das gar nichts gegen mich, sondern alles nur gegen ihn selbst. Ich fühle mich nicht im Mindesten besiegt und nicht im Mindesten beschämt. Ein süddeutscher Gerichtspräsident schreibt über diesen so genannten ‚Prozess':

„Wir haben die verächtliche Hetze gegen den bedauernswerten Mann mit Entrüstung verfolgt. Als Jurist muss ich aber auch das Gerichtsverfahren in der schärfsten Weise verurteilen. Es ist für uns süddeutsche Richter gänzlich unverständlich, wie man in dieser gesetzwidrigen Form verfahren konnte. Man muss sich wahrlich schämen, dass in unserer Zeit eine solche barbarische Rechtsverfolgung erlaubt ist, die grausamer ist als alle Foltergrade der hochnotpeinlichen Halsgerichtsordnung!"

Ein bayerischer Jurist schreibt in einer bayerischen Zeitung:

„Wenn die Zeitungsberichte hierüber wahr sind, dann darf sich der dortige Amtsrichter sein Geld wieder herauszahlen lassen, denn diese Vorsitzführung ist eine Köpenickiade erster Güte... In Wirklichkeit ist in der ganzen Verhandlung nicht einmal die geringste Spur eines Wahrheitsbeweises zu sehen. Auf die bloß einseitigen Behauptungen des Lebius hin hat das Gericht sein Urteil gefällt. Nach all diesen Zeitungsberichten scheint uns das Charlottenburger Gericht seiner Aufgabe in keiner Weise gewachsen zu sein, und es wäre wohl sehr angebracht, wenn der dortige Amtsrichter einen Kursus über Strafrechtspflege bei einem bayerischen Dreierjuristen besuchen würde... Aus diesem Grunde verwahren wir uns auch dagegen, dass ein hiesiges Blatt von einer Entlarvung Mays als eines Plagiators, Schwindlers und wiederholt abgestraften Verbrechers zu sprechen wagt. Nichts als unerwiesene Behauptungen sind bis jetzt die Angriffe gegen May. Das aller Gesetzlichkeit hohnsprechende Urteil des Amtsgerichts Charlottenburg hat keine Existenzberechtigung."

Über Pater Pöllmann aber, den Usurpator und Verarbeiter Lebius'scher Gedanken und Unwahrheiten, schreibt ein älterer, in Amt und Würden stehender, akademisch gebildeter Herr aus München:

„...P. A. Pöllmann beweist die Unchristlichkeit gewisser Kreise. Ich greife an die Stirn und frage mich: Wie kann der Mann täglich die Messe feiern? Wie Brevier beten?

Oder auch nur das hehre Vaterunser, wenn er so wütet wie gegen Sie? Pöllmann schadet dem Christentum, als Priester und Mönch in diesem Kampf, mehr denn hundert Freidenker, die das Christentum zu stürzen arbeiten.

Nicht Sie haben den dauernden Schaden. Sie haben Aufregung, Verlust an Zeit, die Sie für Besseres zu verwenden hätten als zu Verteidigungsartikeln. Den Schaden hat das Christentum, das formelle und das ideelle. Es ist beklagenswert!

Pöllmann wird das nicht erreichen, was er in Absicht hat: Karl May zu vernichten, literarisch und gesellschaftlich zu töten, ihn auszuschalten aus dem Gedankenumlauf. – Aber er wird erreichen, dass viele irre werden am katholischen Priestertum, denn dieser tiefgründige Hass muss seine Früchte bringen, leider, leider! Und auch die ethischen Kosten dieses Kampfes wird Karl May nicht tragen, sondern der Katholizismus. Denn durch solche Pöllmanns sind wir alle bedroht, die sich anders als sie zu denken erlauben. Solche Pöllmanns sind kulturfeindliche Streiter, und es wird notwendig sein, dass die Bedrohten sich sammeln! Das ist die praktische Lehre und Konsequenz aus dem Pöllmannschen Streit... Sie aber schreiben ruhig weiter. Sie sind uns noch viel schuldig!" – –

Der Verfasser obiger Zeilen ist ein hoch gebildeter, streng gläubiger Katholik, dem es niemals eingefallen ist, seiner Kirche und seinem Klerus die höchste Anerkennung zu verweigern. Nun schreibt er so! Ich besitze viele Dutzende von gleichen und ähnlichen Briefen, sogar auch aus der Hand geistlicher Herren, die bei mir eingegangen sind, seit Pater Pöllmann mich mit Schmach und Schmutz überschüttet. Wie lange soll das noch weitergehen? Mir schadet das nichts! Ich halte es aus! – – –

„ES SEI AUFGABE EINES JEDEN BEDEUTENDEN MENSCHEN, DER SICH NICHT MEHR ALS SCHAF BETRACHTET, LEITHAMMEL IRGEND EINER HERDE ZU WERDEN, GLEICHVIEL WELCHER."

MAYS POLEMIKEN GEGEN RUDOLF LEBIUS

Von den anderen Gegnern der letzten Lebensjahre Karl Mays unterschied sich Rudolf Lebius deutlich durch die bedingungslose Skrupellosigkeit, mit der er beinahe jedes Mittel anwendete, um dem Schriftsteller zu schaden. Insbesondere bediente er sich der Informationen, die er Mays Ex-Ehefrau Emma zu entlocken verstand. Dass sie von Lebius auf schamlose Weise instrumentalisiert worden war, ist Emma May später klar geworden. Sie hat ihn dann auch als „Schuft, der über Leichen geht" charakterisiert. Das Manuskript Lebius, der Ehrenmann *ist vermutlich im April 1908 entstanden; es existieren im Nachlass noch weitere Fassungen, teilweise unter anderen Titeln, etwa* Lebius als Ehrenmann. *Äußerer Anlass war ein Ersuchen des* Vorwärts-*Redakteurs Carl Wermuth, der in seinem Kampf gegen Lebius als ‚Vormann' der ‚gelben' Gewerkschaften geschrieben hatte, jener sei kein Ehrenmann, und daraufhin verklagt worden war.*

Wermuth hatte sich an Karl May um Hilfe gewandt und dieser reagierte mit einem Text, in dem Lebius' Erpressungsversuche gegenüber May klargestellt wurden. Er hat Lebius der Ehrenmann *in Form einer Zeugenaussage verfasst und auch für seine Frau Klara eine entsprechende Aussage formuliert.*

Diese kurzen Texte haben kaum literarischen Wert, sind aber für die Charakterisierung von Lebius und zur Beurteilung seiner Rolle in Mays letzter Lebenszeit von Gewicht. May entlarvt ihn nicht nur als dreisten Erpresser und Fälscher von Informationen, sondern empört sich besonders über Lebius' Anspruch, als ‚Hirt' einer Herde aufzutreten, wobei es ihm offenbar nicht um ‚Gesinnungsführerschaft' ging: „Gehe es bei der einen Sorte von Schaf nicht, so gehe es bei der an-

deren; man brauche nur zu wechseln; allerdings stets mit der jeweilig nötigen Überzeugung, denn das begeistere die Schafe!" Zwischen den Zeilen wird sehr deutlich, dass May sich von einer solchen rein zweckorientierten und manipulativen ‚Meinungsführerschaft' absetzen wollte. Auch er sah sich ja als eine Art literarischer ‚Führer', allerdings stets im Sinne moralischer Normen und religiöser Grundsätze. Umso stärker war er bemüht, Lebius als gewissen- und religionslos darzustellen. So heißt es in der Zeugenaussage für Klara: „Der Erfolg sei die Hauptsache und unter dem Erfolg verstehe er das Geld. Alles andere, Religion, Kunst, Wissenschaft, Gesetze, Moral, Humanität, sei Mumpitz!" Solche Sätze sind auch in bewusster Anspielung darauf formuliert, dass Lebius in seiner frühen Verleumdungskampagne vor allem auf Mays angeblich hohes Einkommen abzielte. Der Schriftsteller wehrte sich stets gegen Behauptungen, er sei Millionär oder überhaupt sehr reich. Jedenfalls wird aus den Texten gegen Lebius deutlich, wie sehr May durch das skrupellose Vorgehen seines Gegners bedrängt wurde und wie viel Kraft ihn die Widerlegung der zahllosen Verleumdungen kostete.

LEBIUS, DER ‚EHRENMANN‘
(1908)

Es war im Jahre 1902, als ich in Südeuropa reiste. Unter den Postsachen, die mir wöchentlich aus der Heimat nachgesandt wurden, befand sich die Zuschrift eines gewissen Rudolf Lebius, welcher sich als eifriger Leser meiner Werke gebärdete, mich seiner großen Bewunderung versicherte und den Wunsch äußerte, mich in Radebeul besuchen zu dürfen. Die Zuschrift strotzte und triefte förmlich von Hochachtung. Ich sagte mir sofort: „Der Mann will Geld haben, und zwar sehr viel Geld!", und antwortete dementsprechend kühl zögernd. Ich hatte richtig geurteilt, nur allzu richtig!

Am 7. April 1904 schrieb mir derselbe Mann nach Radebeul, unter Beilegung meiner damaligen Antwort:

„Sehr geehrter Herr! Schon vor 1 1/2 Jahren versuchte ich, mich Ihnen zu nähern, wovon die inliegende Karte ein Beweis ist. Inzwischen habe ich hier eine neue Zeitung herausgegeben, die großen Anklang findet. Können Sie mir nicht etwas für mein Blatt schreiben? Vielleicht etwas Biografisches, die Art, nach der Sie arbeiten, oder über derartige Einzelheiten, für die sich die deutsche May-Gemeinde interessiert. Ich würde Sie auch gern interviewen. Mit vorzüglicher Verehrung. Rudolf Lebius, Verleger und Herausgeber."

Ich erkundigte mich nach dem Mann, der nach meiner Mitarbeiterschaft begehrte, obgleich er wissen musste, dass dieser Wunsch ein geradezu kindisch lächerlicher war. Entweder war dieser Lebius naiv und unerfahren oder schlaukalt berechnend und gefährlich, im ersteren Fall nutzlos für mich, im letztern Fall aber mir zuwider. Was ich erfuhr, klang nicht gut. Ich wurde gewarnt. Das Blatt, welches er gegründet hatte, hieß *Die Sachsenstimme* und schien sich zu einem Revolverblatt allerniedrigsten Ranges entwickeln zu wollen. Die Warnung war sehr ernst.

Ich hätte sie sicher befolgt und die Person nicht zu mir gelassen, wenn nicht der Militärschriftsteller Max Dittrich, der in meinem Hause verkehrte, mir geraten hätte, es doch zu tun. Er war der Ansicht, dass ein gefährlicher Mensch grad durch die Zurückweisung doppelt gefährlich werde. So wurde also beschlossen, Lebius kommen zu lassen, aber Max Dittrich sollte von Anfang bis zum Ende gegenwärtig sein, um nötigenfalls an ihm einen Schutz und Zeugen zu haben. Lebius erhielt also die Erlaubnis, zu kommen, und schrieb mir hierauf am 28. April:

„Vielen Dank für Ihr liebenswürdiges Schreiben. Ihrer freundlichen Einladung leiste ich natürlich gern Folge. Falls Sie mir nicht eine andere Zeit angeben, komme ich Montag den 2. Mai 3.^{00} Uhr zu Ihnen (Abfahrt 3.^{31} Uhr). Mit großer Hochachtung und Verehrung. Rudolf Lebius."

Er kam, Max Dittrich aber auch. Dittrich kam noch eher als Lebius und ging am Abend mit ihm fort, hat also alles gehört, was zwischen mir und Lebius gesprochen worden ist. Es geht aus dem bisher Gesagten hervor, dass ich mich äußerst vorsichtig benahm. Ich zog mich sogar öfters in meine obere Etage zurück, um den zudringlichen Fragen des Lebius auszuweichen. Es war ja gar nicht schwer, den Mann und seine Absichten zu durchschauen. Erstens war seine ganze ‚Hochachtung' und ‚Bewunderung' für mich und meine Werke weiter nichts als künstliche Mache. Er kannte von allen 36 Bänden nur den einen Namen Winnetou und konnte keine einzige meiner Fragen nach dem Inhalt beantworten. Er hatte also keines meiner Bücher gelesen. Er kam nicht als Leser, sondern in ganz anderer Absicht zu mir. Er konnte auch nicht als Kritiker gekommen sein, denn hierzu war er zu unwissend, und die *Sachsenstimme* hat während der ganzen Zeit ihres Bestehens auch nicht eine einzige wirkliche, fachmännische Kritik gebracht. Es stellte sich vielmehr fast schneller als schnell heraus, dass er nur gekommen war, um mir des Geldes wegen den Revolver auf die Brust zu setzen. Zweitens war sein

Benehmen teils widerlich lauernd und aushorchend, teils voller Eigenlob und Eigendünkel, teils geradezu ordinär in seiner Ausdrucksweise, wenn er von denen sprach, denen er seine Existenz zu verdanken hatte. Das stieß ab! Er strich seine ‚großen außerordentlichen Erfolge' als Parteimann, als Journalist, als Buchhändler und Verleger in den sattesten Farben heraus. Er sagte, er sei auf allen diesen Gebieten ein ‚ganzer Kerl'. Er hob hervor, dass er ganz ‚besonders große Erfahrungen' besitze, welche meinerseits das größte Vertrauen verdienten. Geradezu fürchterlich wirkte es, als er, der sich rühmte, aus der christlichen Kirche getreten und völlig ohne Glauben zu sein, in einem fort mit seiner ‚Beliebtheit bei den Juden' prahlte und von seinen ‚jüdischen' Gönnern und von dem ‚Juden' Herzfeld sprach, der ‚ganz allein mit seinen Annoncen die ganzen Druckkosten meines Blattes deckt'! Für diese seine Wohltäter hatte er nur den Ausdruck ‚Juden'! Das musste mich unbedingt verhindern, auch nur einen einzigen Pfennig für diesen undankbaren Menschen zu riskieren. Er bat uns beide, Dittrich und mich, Mitarbeiter der *Sachsenstimme* zu werden. Dittrich sagte zu. Ich aber lehnte selbstverständlich ab, wenn auch nicht in beleidigender Weise, denn er war doch immerhin mein Gast, sondern ich sagte, wenn ich ihm einmal etwas schreiben würde, so sei es nicht gegen Honorar, sondern umsonst. Das war höflich, aber dennoch positive Abweisung. Als Lebius mich nach dem Abendessen verließ, um mit Max Dittrich heimzukehren, hatte er von mir über meine Verhältnisse fast nichts erfahren und nur dem Munde Dittrichs waren einige Bemerkungen entschlüpft, die dann später auf eine Art und Weise verdreht und ausgebeutet wurden, die geradezu unglaublich ist. Desto mehr aber hatte er selbst gesprochen, und zwar Dinge, die der starke Wein, den er wie Wasser trank, aus seinem Innern heraufzubefördern schien. Er war, als er ging, betrunken und so kam es, dass er Gedanken, Ansichten und Lebensregeln offenbarte, die er bisher, wenigstens in so unvorsichtiger Weise, wohl noch keinem Menschen mitgeteilt hatte. Sein Gesprächsgrundsatz ‚Wer am meisten zahlt, der hat uns' wurde nicht nur einmal, sondern dreimal mit ganz besonderer Betonung ausgesprochen. Er sah mich dabei in jener Weise an, welche deutlicher spricht, als Worte reden können. Wenn der Herausgeber eines Revolverblattes in dieser Weise spricht, so weiß man wohl, was die Glocke geschlagen hat. Das heißt dann umgekehrt: ‚Wer aber kein Geld gibt, der hat uns nicht, sondern dem gnade Gott!'

Hierzu kam die Unbedenklichkeit, mit der er nicht nur sein religiöses, sondern auch sein politisches und soziales Bekenntnis an den Mann brachte. Offenbar glaubte er, uns durch die absolute Wurstigkeit, deren er sich in allen diesen Dingen rühmte, außerordentlich zu imponieren. Die Religion war für ihn weiter nichts als eine Idealisierung des gewöhnlichen, sozialen Herdenverhältnisses, nämlich Hirt und Herde, Leithammel und Schafe. Es sei Aufgabe eines jeden bedeutenden Menschen, der sich nicht mehr als Schaf betrachte, Leithammel irgendeiner Herde zu werden, gleichviel welcher. Gehe es bei der einen Sorte von Schafen nicht, so gehe es bei der andern; man brauche nur zu wechseln, allerdings stets mit der jeweilig nötigen Überzeugung, denn das begeistere die Schafe! Er nannte das ‚pfiffig sein', und sagte, dass er dieser seiner außerordentlichen ‚Vielseitigkeit und Pfiffigkeit' alle seine bisherigen großen Erfolge zu verdanken habe. Den Schafherden, die man führen wolle, imponiere man ganz besonders dadurch, dass man die Obrigkeit, die Beamten und überhaupt alle Angestellten in den Sack bekomme. Das sei sehr leicht. Jeder von allen diesen Leuten habe Werg am Rocken[1]. Man braucht nur aufzupassen. Man forscht heimlich nach, was jeder Einzelne für verborgene Sünden und Fehler zu verstecken hat. Dadurch bekommt man ihn in die Hand. Man bringt es in das Blatt, aber so, dass es keine direkte Drohung ist,

---

[1] Rocken = ein Spinngerät, Werg = Abfallfasern beim Spinnen; umgangssprachlicher Ausdruck im Sinne von ‚Dreck am Stecken'

und doch von ihm und allen Lesern verstanden wird. Dann hat man ihn fest; dann muss er, wie man will. Auf diese Weise komme man in den Ruf eines ‚tüchtigen Kerls', man werde gefürchtet, man regiere und man könne hierdurch alles erreichen, was man wolle. „Aber nur wer Geld hat, kann das erreichen, und nur wer Geld hat, kann sich einen eigenen Willen und eine eigene Meinung gestatten. Leider haben wir Journalisten und Redakteure meist keines. Darum sind wir gezwungen, gegen unsere Überzeugung zu handeln und zu schreiben und nur denen zu dienen, von denen wir Geld bekommen. Darum wiederhole ich: Wer am meisten zahlt, der hat uns!"

Dieser Zynismus empörte mich dermaßen, dass ich von meinem Platz aufsprang und in mein Arbeitszimmer ging, um mich zu beruhigen und diese Reden genau zu notieren. Max Dittrich aber sagte ihm ganz offen in das Gesicht: „So etwas ist mir fremd; so etwas kenne ich nicht. Ich habe es immer für eine Schande gehalten, nach Geld zu zielen und dabei meine Überzeugung zu verschachern. Wenn Ihr jüngern Journalisten von dieser Sorte seid, da bin ich froh, dass ich mich noch unters alte, gute Eisen rechnen darf!" Man kann sich denken, dass ich aufatmete, als dieser Sucher nach einer gläubigen ‚Lämmerherde', deren ‚Leithammel' er werden könne, mein Haus verlassen hatte. Ich nahm mir vor, mit diesem Mann nie wieder zu sprechen. Für mich war er abgetan, und zwar für immer, wie ich glaubte. Leider aber täuschte ich mich da. Schon gleich am nächsten Tag schrieb er mir folgenden Brief:

„Indem ich Ihnen herzlich für den freundlichen Empfang und die erwiesene Gastfreundschaft danke, bitte ich Sie, wenn Sie die Kunstausstellung besuchen oder sonst einmal nach Dresden kommen, bei uns zu Mittag zu essen oder den Kaffee einnehmen zu wollen. In einem Punkt muss ich unser jetziges Abkommen widerrufen. Ihre unentgeltliche Mitarbeit kann ich nicht annehmen. Wir zahlen 10 Pfennige für die Zeile, was wohl derselbe Preis sein wird, den Sie auch von andern Blättern erhalten haben. Was Sie mir gestern erzählt haben, habe ich heute noch einmal überdacht. Es will mir scheinen, als ob trotz des kolossalen Absatzes Ihrer Werke der Umsatz noch erheblich gesteigert werden könnte. Meine Buchhändler- und Verlegererfahrungen haben mich gelehrt, dass der Wert einer richtig geleiteten Propaganda und diskreten Reklame gar nicht überschätzt werden kann. Meine Frau und ich empfehlen sich Ihrer werten Frau Gemahlin und Ihnen in Verehrung und Dankbarkeit. Ergebenst Rudolf Lebius."

Als ich diese Zeilen las, sah ich, dass der Revolver, der mir auf die Brust gesetzt werden sollte, schon geladen wurde. Es versteht sich ganz von selbst, dass ich nicht antwortete. Aber das nützte nichts. Max Dittrich schrieb damals eine Broschüre über mich und meine Werke. Er war so unvorsichtig, das Manuskript Lebius zu zeigen. Dieser kam sofort nach Radebeul, um mich zu bitten, mich bei Dittrich dafür zu verwenden, dass dieser ihm das Werk in Verlag gebe. Er wurde von meiner Frau empfangen. Ich ließ ihm sagen, ich habe keine Zeit. Er war aber nicht fortzubringen und so ging ich auf Bitten meiner Frau in das Empfangszimmer hinab, um ihn kurz abzufertigen. Ich sagte, dass ich es ablehnen müsse, ihn Max Dittrich als Verleger zu empfehlen; die Sache gehe mich gar nichts an, denn Dittrich sei der Verfasser, nicht aber ich. Er begehrte die Fotografie von mir zu sehen, welche Dittrich für seine Broschüre zu haben wünschte; sie wurde ihm von meiner Frau gezeigt. Als er sah, wie unnahbar und abweisend ich mich verhielt, versuchte er sich dadurch bei mir einzuschmeicheln, dass er mir die Namen derjenigen nationalsozialen Herren nannte, die feindlich über mich sprachen. Er verriet mir sogar wörtlich genau, was sie über mich geäußert hatten. Besonders versuchte er mich gegen den hochverdienten und rühmlichst bekannten Arzt Dr. Hänel aufzubringen, den er als hervorragendes Parteimitglied und als einen Mitarbeiter seines Blattes bezeichnete. Dieses sein Blatt, die *Sachsenstimme*, war das Organ der nationalsozialen Partei, von welcher Lebius in sehr umfassender Weise unterstützt wurde. Er hatte ihr viel, wenn nicht alles zu verdanken. Und nun dieser Verrat, dieser Vertrauensbruch, dieses Doppelspiel, nur um mich für sich zu gewinnen! Ich überlasse es andern, das richtige Wort hierfür zu suchen, war aber so empört hierüber, dass ich ihn schleunigst zur Tür hinauskomplimentierte. Als er fort war, bemerkten wir, dass die Fotografie fehlte. Er hatte sie ohne unser Wissen eingesteckt, wahrscheinlich um sie Max Dittrich als Legitimation zu präsentieren, dass ich wünsche, er möge die Broschüre verlegen. Ich teilte Dittrich augenblicklich den Sachverhalt mit, forderte ihn auf, sich die Fotografie herausgeben zu lassen, und erklärte ihn, dass ich nie mehr mit ihm verkehren würde, falls er diesem Lebius die Broschüre überlasse. Das ist denn auch unterblieben. Aber man bemerke, wie eilig dieser Mann es hatte! Sein Besuch hatte höchstens zehn Minuten gedauert, dann war er hinausgegangen worden! Aber das hatte seine Ehre nicht im Geringsten angegriffen. Schon am nächsten Tage, am 12. Juli 1904, schrieb er mir:

„Ich möchte sehr gern die Dittrichsche Broschüre verlegen und würde mir auch die größte Mühe geben, sie zu vertreiben. Durch den Rücktritt von der *Sachsenstimme* – offiziell scheide ich erst am 1. Oktober d. J. aus – bin ich aber etwas kapitalschwach geworden. Würden Sie mir vielleicht ein auf drei Jahre laufendes fünfprozentiges Darlehen gewähren? Ich zahle Ihnen die Schuld vielleicht schon in einem Jahr zurück. Als Dank dafür würde ich die Broschüre so lancieren, dass die Welt von dem Buch spricht. Ich habe ja auf diesem Gebiet besonders große Erfahrung. Meine Zeitung kommt zu Stande, und zwar auf ganz solider Basis. Nun heißt es, arbeiten und zeigen, dass man ein ganzer Kerl ist usw. Ihr Ihnen ergebener Rudolf Lebius."

Herr Lebius nannte hier zwar noch keine Summe, aber

der Lauf des Revolvers war schon ganz deutlich und direkt auf mich gerichtet. Ich antwortete ihm schon wieder nicht. Ich war der Ansicht, dass jemand, der auch nur eine Spur von Ehre besitzt, auf ein solches Schweigen ganz unmöglich weiter gehen könne. Aber am 8. August schrieb er trotzdem wieder:

„Die *Sachsenstimme* ist am 4. des Monats zu vorteilhaften Bedingungen an mich allein übergegangen. Ich kann jetzt schalten und walten, wie ich will. Um mich von dem Drucker etwas unabhängig zu machen, würde ich gern einige tausend Mark (drei bis sechs) auf ein halbes Jahr als ein Darlehen aufnehmen. Ein Risiko ist ausgeschlossen. Hinter mir stehen die jüdischen Inserentenfirmen, die mich, wie die letzte Saison bewiesen hat, in weitgehendem Maße unterstützen. Das Weihnachtsgeschäft bringt wieder alles ein. Würden Sie mir das Darlehen gewähren? Zu Gegenleistungen bin ich gern bereit. Die große Zahl von akademisch gebildeten Mitarbeitern erhebt mein Blatt über die Mehrzahl der sächsischen Zeitungen. Wir könnten außerdem die Artikel, auf die Sie Wert legen, an 300 oder mehr deutsche und österreichische Zeitungen versenden und den betreffenden Artikel blau anstreichen. So etwas wirkt unfehlbar. In Dresden lasse ich mein Blatt allen Wirtschaften (1760) zugehen etc. etc. Mit vorzüglicher Hochachtung Rudolf Lebius."

Also, die Summe war jetzt genannt! Zwar nur drei- bis sechstausend; aber es verstand sich ganz von selbst, dass dies nur erst der Anfang war. Es sollte ja nur dazu dienen, sich ‚etwas' unabhängig vom Drucker zu machen. Zur ‚vollen' Unabhängigkeit war später noch viel mehr erforderlich. Ich erfuhr, dass Lebius schon den Offenbarungseid geleistet hatte, dass er also nichts, gar nichts besaß, dass er den Drucker nicht bezahle, dass er überhaupt Schulden habe, dass er sogar auch Honorare schuldig bleibe! Und das nannte er ‚ein Risiko ist ausgeschlossen' und ‚dass man ein ganzer Kerl ist'! Die günstige Darstellung seiner Lage, die Behauptung von der ‚großen Zahl seiner akademisch gebildeten Mitarbeiter' und von den 1760 Dresdener Wirtschaften usw. gehört unbedingt vor den Staatsanwalt! Hier an dieser Stelle mache ich nur auf das aufmerksam, was er alles für mich tun wolle, falls er Geld von mir erhielt! Ich antwortete abermals nicht! Da schrieb er am 15. August an Max Dittrich:

„Werter Herr Dittrich! Ich gebe Ihnen für die Vermittlung ein Prozent. Mehr als 10.000 Mark brauche ich nicht. Ich würde aber auch mit weniger fürlieb nehmen. Das Honorar sende ich am 20., wie verabredet. Könnten Sie nicht Dr. May bearbeiten, dass er mir Geld gibt? Freundlichen Gruß. R. Lebius."

Dann am 27. August:

„Werter Herr Dittrich! Meine Frau kommt am 1. September zu Herrn Dr. Klenke, einen kleinen Betrag kassieren. Bei dieser Gelegenheit gibt sie Ihnen Ihr Honorar. Sie haben meine schriftliche Zusage, dass ich Ihnen 1 Prozent von dem Geld gebe, welches Sie mir von H. V. oder Dr. M (May) vermitteln. Sie erhalten das Geld sofort etc. Freundlichen Gruß. Lebius."

Also, kaum hatte er drei- bis sechstausend verlangt, so waren es nur eine Woche später schon zehntausend! Wenn er hinzufügte, dass er auch mit weniger fürlieb nehmen würde, so hieß dies doch nur, dass er überhaupt mit allem fürlieb nehmen müsse, was er bekommen könne. Dabei stand er sich so, dass er Max Dittrich nicht einmal die winzige Summe von 37 Mark und 45 Pfennigen Honorar zahlen konnte, sondern sich noch am 29. Oktober einen Spiegel fortpfänden lassen musste, um Sicherstellung zu geben! Als Lebius weder die 10.000 Mark noch auch wieder eine Antwort von mir bekam und Dittrich vielmehr allen Ernstes sein Honorar nun endlich forderte, schrieb er diesem am 3. September in rabiatem Ton:

„Geehrter Herr Dittrich! Ich habe Herrn Dr. med. Klenke ersucht, Ihnen M. 40,– zu meinen Lasten gutzuschreiben.

Ihr Verhalten mir gegenüber finde ich höchst sonderbar, um nicht zu sagen, beleidigend. Achtungsvoll R. Lebius."

Also Geld hatte er nicht, aber andere sollten für ihn bezahlen, die sich aber sehr hüteten, dies zu tun! Und dabei dieser Ton! Man beschrieb mir seine Verhältnisse als außerordentlich derangiert. Was ich da hörte, ließ mich vermuten, dass der längst erwartete Revolverschuss nun wohl ganz sicher krachen werde. Und er krachte allerdings! Schon am 7. September kam eine Postkarte bei mir an, die in der Nähe der Lebius'schen Wohnung aufgegeben war. Sie lautete:

„Werter Herr! Ein gewisser Herr Lebius, Redakteur der *Sachsenstimme*, erzählte einem Herrn, dass er einen Artikel gegen Sie schreibt. Ich habe es im Lokal gerade gehört. Es warnt Sie ein Freund von dem Manne. B."

Nach Gutachten Sachverständiger ist diese Karte von Lebius geschrieben. Nicht nur die Handschrift, sondern auch noch anderes spricht dafür, so z. B. die Anrede ‚Werter Herr' (siehe zweimal ‚Werter Herr Dittrich') und ebenso der Ausdruck ‚ein gewisser Herr Lebius'. Jeder andere hätte sich wohl mit dem Namen Lebius begnügt, er selbst aber setzte ‚Herr' davor, um selbst in solcher Angelegenheit noch respektiert zu werden. Die Hauptsache aber ist nicht diese Karte, mit welcher nur der Hahn des Revolvers gespannt wurde. Der eigentliche Schuss fiel, da ich auch nun noch nichts von mir hören ließ, am 11. September, an welchem Tage in Nr. 33 der *Sachsenstimme* ein gegen mich gerichteter Schand- und Schmähartikel unter der dreifachen Überschrift erschien:

„Mehr Licht über Karl May.
160.000 Mark Schriftstellereinkommen.
Ein berühmter Dresdner Kolportageschriftsteller."

Schon der dreifache Titel enthält eine dreifache Unwahrheit: Lebius wirft kein Licht, sondern nur Schmutz und Schmant über mich. Ich bin überhaupt nicht Kolportageschriftsteller. Und ich habe niemals ein Einkommen von

160.000 Mark gehabt. Er behauptet, ich selbst habe ihm das gesagt. Das ist aber nicht wahr. Er will mit dieser Summe nur zum Neid stacheln! Der ganze Artikel strotzt überhaupt von absichtlichen Verdrehungen und direkten Unwahrheiten. Er behauptet, er kenne mich genau; er habe öfters mit mir gesprochen, getrunken, gegessen. Das ist ja gar nicht wahr! Er behauptet, meine Frau habe ihm Recht gegeben, aber nicht mir. Das ist gar nicht wahr! Er behauptet, meine Frau habe gesagt, Chateaubriand sei nicht in Amerika gewesen. Das ist gar nicht wahr! Er war ja dort, in den Urwäldern der Indianer! Lebius behauptet, ich lasse mir zwei Marmorbüsten für 50 bis 60.000 Mark machen. Das ist gar nicht wahr. Die eine wurde mir von meinem Freund, Professor Sascha Schneider geschenkt und die andere kostete bei Professor Selmar Werner nur 1.300 Mark! Er nennt mich, um mich zu blamieren, kurzsichtig. Auch das bin ich nicht! Er behauptet, mein Verleger Fehsenfeld habe mit einem kleinen Papiergeschäft Bankrott gemacht. Um diese Unwahrheit treffend zu bezeichnen, mangelt mir das passende Wort! Noch viel weniger aber weiß ich es deutlich genug zu charakterisieren, dass er, um sich an Max Dittrich zu rächen, diesem öffentlich ein ‚schweres Rückenmarksleiden' vorwirft. Ich brauche wohl nicht zu fragen, wie das eigentlich zu nennen ist! Dieser Artikel ist zirka 200 Zeilen lang, enthält aber trotzdem zirka 70 Unsauberkeiten, ist also jedenfalls ein Meisterstück journalistischer Revolverei.

Trotzdem wollte der Tiger die Maus noch gar nicht etwa verschlingen, sondern ihr vorerst nur zeigen, was er könne, wenn er wolle! Herr Lebius sprach trotz aller seiner Unwahrheiten jetzt noch von ‚Hochachtung' und ‚Bewunderung' für mich. Er wollte für uns beide die Tür noch offen lassen, für mich, ihm Geld zu geben, für sich, um es sich zu holen und dann mein Freund und weiterer Vampir zu sein. Darum verspritzte er in den nächsten Nummern der *Sachsenstimme* nur einzelne kleine Tropfen Giftes gegen mich. Als er aber sieht, dass ich mein sauer und ehrlich verdientes Geld trotz alledem festhalte, lässt er in Nr. 44 wieder einen größeren Artikel gegen mich los, der in 51 Zeilen zehn hervorragende Unwahrheiten enthält. Der Artikel in Nr. 33 enthielt in zirka 70 Unsauberkeiten volle 40 direkte Unwahrheiten. Dieses Maß, nämlich eine volle Unwahrheit auf je fünf Zeilen, die andern falschen Noten gar nicht mitgerechnet, ist geblieben, so lange und so oft Lebius gegen mich geschrieben hat! Diese Lügenhaftigkeit charakterisiert sich am besten dadurch, dass er mich z. B. in Nr. 44 als ein ‚gebrechliches Männlein' beschreibt, während ich doch 1,70 Meter messe und 1,05 Meter Brustumfang habe! Als er endlich eingesehen hat, dass es absolut kein Geld gibt, übersteigt das Maß der Unwahrheiten alles Dagewesene. Es kommt vor, dass acht Zeilen vier echtblütige Unwahrheiten enthalten. Die Angriffe wachsen in das Riesige. Am Weihnachts-Heiligenabend macht er mir die Freude, mich in großen, roten Plakatlettern in den Dresdener Schaufenstern auszuhängen. Als die traurige Rolle, die er in Dresden spielte, zu Ende ging, ließ er mich noch durch den Zeichner karikieren. Und während er dann verschwunden war und man vergeblich nach ihm suchte, um ihn wegen zwei, drei Mark auspfänden zu lassen, verkaufte er seine Unwahrheiten an österreichische Blätter, um mich aus sicherm Hinterhalt auch dort noch zu erdrosseln!

Ich habe die hervorragendsten seiner Verleumdungen zur Strafanzeige gebracht und also fünf Jahre Zeit, sie zu verfolgen. Das soll nun nächstens geschehen. Ich habe auch staatsanwaltliche Anzeige erstattet, doch wurde aus Gründen, die nicht hierher gehören und inzwischen hinfällig geworden sind, die öffentliche Anklage bisher noch nicht erhoben. Es handelte sich da besonders um die Postkarte vom 7. September 1904, deren Urheberschaft Lebius ableugnet. Inzwischen ist auch da eine Wendung eingetreten, die von großer Wichtigkeit erscheint.

Ich war im September vorigen Jahres mit meiner Frau in

Berlin. Wir erfuhren zufällig, dass Lebius in der Nähe wohne und ein neues Blatt herausgebe. Wir wollten das Blatt kaufen, konnten es aber nicht bekommen. Es war der *Bund*. Ich hatte triftigen Grund, eine Frage über Max Dittrich an Lebius selbst zu richten. Ich liebe nicht Hinterlist, sondern Offenheit. Ich ging direkt an ihn selbst, ich ließ ihm telefonieren. Er bestellte mich und meine Frau nach dem Café Bauer. Wir kamen. Er war mit seiner Frau und ihrer Schwester da, um Zeuginnen zu haben. Als er hörte, dass wir sein Blatt hatten kaufen wollen, begehrte er zornig auf und verweigerte die Auskunft über Max Dittrich. Er fragte, was ich mit seinem Blatt wolle. Das war das böse Gewissen! Er wusste, dass es, sobald ich sprechen wollte, mit seiner jetzigen Position vorüber sei! Das brachte ihn in Angst. Er begann, zu drohen. Er sagte, dass es in Berlin wohl 20 Revolverblätter von dem Genre der *Dresdener Rundschau* gebe. Ich solle mich ja hüten, etwas gegen ihn zu sagen oder zu tun, sonst hole er seine alten Angriffe von neuem hervor und lasse sie von diesen Blättern drucken; dann sei es mit mir für immer aus! Ich antwortete nicht und ging ohne alle Aufregung fort. Meiner Frau aber versprach er, ihr zu schreiben, wie er zu jenen unmenschlichen Angriffen gegen mich gekommen sei.

Er hat natürlich vorgezogen, dieses Versprechen nicht zu halten. Dafür aber bekam meine Frau von der seinigen am 27. Oktober 1907 folgenden Brief:

„Berlin 26.10.07. Hallesche Str. 20. Geehrte Frau May. Als Sie mir vor einem Monat im Café Bauer, wohin Sie uns eingeladen hatten, das Wort abnahmen, im Falle drohenden Ausbruchs des alten Streits mich an Sie zu wenden, damit wir Frauen neues Unheil abwenden, wusste ich nicht, was Sie im Auge hatten. Jetzt weiß ich es. Ihr Mann soll als Zeuge auftreten in einer Klage meines Mannes gegen den *Vorwärts*. Er ist von dem *Vorwärts*-Redakteur als Zeuge vorgeschlagen worden. Weder Sie noch ich haben ein Interesse daran, dass der alte Spektakel wieder losgeht.

Da ich am Montag meine Eltern in Dresden besuche, wäre es mir lieb, wenn ich Sie bei dieser Gelegenheit in einer Dresdener Konditorei sprechen könnte. Mein Mann liegt seit zwei Monaten an einer Venenentzündung zu Bett. Eigentlich sollte auch er die Reise zu meinen Eltern mitmachen. Hoch achtend. Frau Marle Lebius."

Hierzu ist zu sagen: Nicht meine Frau hat Lebius, sondern Lebius hat meine Frau nach Café Bauer bestellt; ich wollte zu ihm nach Nicolasee, wo er wohnte, fahren; er lehnte das aber ab. Es war im September, als er mit seiner Frau und ihrer Schwester von Nicolasee nach Berlin, Café Bauer, kam. Und einen Monat später, im Oktober, behauptet seine Frau, dass er schon seit zwei Monaten an einer Venenentzündung zu Bette liege. Also auch hier sofort gleich wieder die offenbarste Unwahrheit und direkte Umkehrung der Tatsachen! Das scheint bei diesen Leuten habituell zu sein!

Meine Frau gab folgende Antwort:

„Geehrte Frau Lebius! Was ich Ihnen versprochen habe, halte ich auch. Sie sind aber im Irrtum, wenn Sie glauben, dass ich wegen Ihrer Klagesache mit Ihnen sprechen wollte. Ich hatte davon keine Ahnung. Erst durch einen hier eingegangenen Brief des Redakteurs vom *Vorwärts* erfuhr ich davon. Sie können vom Inhalt des Briefes Kenntnis nehmen, wenn Sie hier sind. Heut kann ich Ihnen auch offen sagen, was mich zu jenem Zusammentreffen veranlasste. In erster Linie war es wegen Dittrich, in zweiter aber lag mir daran, in der Sache Fischer reinen Wein eingeschenkt zu erhalten. Was ich da wissen wollte, hat sich in der Zwischenzeit so ziemlich erledigt. Frau Fischer hat 14 Tage vor ihrem Tod eine Erklärung durch ihre Bevollmächtigten abgeben lassen, die alles weitere Forschen in dieser Sache erledigen. Wie furchtbar hat die Hand Gottes im Lager unserer bittersten Feinde gewütet! Fischer und auch dessen Frau sind eines sehr schweren Todes gestorben. Er tut mir Leid, obgleich diese Menschen schlimmer als Bestien an uns gehandelt haben. Durch diese Leute kam ja zu viel Leid über uns. Sie wissen ja am besten, wie auch Ihr Gatte als Werkzeug der Münchmeyer-Fischer gehandelt hat. Ich mache Ihnen keinen Vorwurf, bin Ihnen auch nicht böse. Weshalb also wollen wir uns an einen dritten Ort treffen? Kommen Sie ruhig zu mir. Ich werde jederzeit für Sie da sein, wenn Sie mir eine passende Zeit zuvor bestimmen."

Hierauf kam am nächsten Tag die Antwort:

„Berlin 26.10.07. Hallesche Str. 20. Geehrte Frau May. Ich werde Dienstag nachmittags halb vier Uhr in der Bahnhofswirtschaft Radebeul Sie erwarten. Warum sollen wir nicht versuchen, ob eine Einigung und Verständigung möglich ist! Hoch achtend. Frau Marle Lebius."

Als ich das las, fragte ich mich: Wozu eine Einigung oder Verständigung in einer Eides- und Zeugensache? Ich habe die Wahrheit zu sagen, weiter nichts. Die Partei, welche mir da zumutet, mich vorher mit ihr zu einigen respektive zu verständigen, kann doch unmöglich auf gesetzlichem, auf rechtlichem Fuß stehen! Sie hat kein gutes Gewissen! Und warum die Zusammenkunft wieder in einer Kneipe, nicht in meiner Wohnung, wie es sich doch schickt? Ich wollte meine Frau partout nicht gehen lassen; aber sie meinte, die Sache könne wichtig sein, und so stimmte ich endlich zu. Die Zusammenkunft fand zu der angegebenen Zeit am angegebenen Ort statt. Es handelte sich, wie sich sofort herausstellte, um eine Zeugenbeeinflussung mittelst starker Bedrohung.

Frau Lebius sagte, ihr Mann sei sehr krank und könne sich gar nicht bewegen. Dass sie ihn in diesem Zustand liegen ließ, um durch meine Frau auf mich einzuwirken, zeugt von der Größe der vorhandenen Furcht und Angst. Er hatte sie scharf instruiert, ihr sogar mancherlei aufgeschrieben, was sie meiner Frau vorzulesen hatte, aber nicht aus den Händen gab. Es war etwas aus den Akten, aus der Anklageschrift. Es bezog sich auf die Postkarte, deren Urheberschaft von Lebius abgeleugnet, von den Sachverständigen aber behauptet wird. Frau Lebius war von ihrem Mann offenbar angewiesen, meiner Frau den Wortlaut dessen, was und wie ich auszusagen hatte, zu übermitteln und, falls dies nicht von Erfolg sei, ihr zu drohen. Ich solle als Zeuge aussagen, dass ich zwar früher Lebius für den Verfasser der Karte gehalten habe, inzwischen aber zu der Überzeugung gekommen sei, dass diese meine Ansicht auf Irrtum beruhe. Meine Frau wies das sofort und energisch von sich. Sie sagte: „Das ist ja gar nicht wahr! Wir können doch nicht lügen! Wir sind genau noch ebenso fest wie früher überzeugt, dass die Karte von Ihrem Mann stammt. Das werden wir sagen, etwas anderes nicht." Da geriet Frau Lebius in Angst und Aufregung. Sie stieß die Drohung aus, dass ihr Mann, wenn wir in dieser Weise aussagten, ganz unbedingt gezwungen sei, die alten Angriffe gegen mich zu erneuern, und was dann daraus folge, das wüssten wir genau! Frau Lebius hatte ihre Schwester mit, aus berechnender Vorsicht, jedenfalls. Sie war so wütend über den Bescheid, den sie von meiner Frau erhielt, dass sie von dieser ihrer Schwester gewarnt werden musste, sich in so auffälliger Weise aufzuregen. Nun, da der verzweifelte Schritt misslungen war, kam man zu der Einsicht, was Lebius für ein Wagnis unternommen hatte und was von ihm auf das Spiel gesetzt worden war, als er seine Frau von Berlin nach Radebeul sandte, um von mir eine ihm günstige Zeugenaussage zu erzwingen!

Zu gleicher Zeit mit dem Beleidigungsprozess Lebius-*Vorwärts* in Berlin geht ein Beleidigungsprozess Lebius-*Arbeiterzeitung* in Dresden. Ich bin auch für den Letzteren als Zeuge angegeben. Genau eine Woche vor dem betreffenden Termin in Dresden erschien im Verlag von Herrmann Walther in Berlin unter dem Titel

„Karl May, ein Verderber der deutschen Jugend. Von F. W. Kahl – Basel"

ein zwanzigseitiges Machwerk, welches mit einem notorischen Aufsatz von Lebius beginnt und derart von spezifisch Lebius'schen Verdrehungen und Unwahrheiten strotzt, dass eben nur Herr Lebius der Verfasser sein kann, F. W. Kahl in Basel aber ein Pseudonym oder Strohmann ist, den man in die Schweiz versetzt hat, um mir die Strafverfolgung zu erschweren. Sollte es sich herausstellen, dass ich richtig vermute, dass also Lebius der Verfasser respektive der intellektuelle Urheber dieses scheußlichen Pamphletes ist, so hat er eben begonnen, die Drohung seiner Frau gegen meine Frau wahr zu machen, ‚die alten Angriffe gegen mich zu erneuern, und was dann daraus folgt, das wissen wir genau!'

Er vergleicht mich mit Manolescu[1]. Das ist so unmenschlich niederträchtig, so höllisch und so teuflisch, dass ich keine Worte mehr finde.

Ich schweige!

Karl May.

---

[1] Ein seinerzeit berühmt-berüchtigter Hoteldieb, über den sogar Bücher erschienen. In der „Berufungssache May-Lebius 16 P. 221/17 10" sagte May, man habe ihn sogar beauftragt, selber ein Buch über Manolescu zu schreiben, was er ablehnte. Vgl. Karl Mays Gesammelte Werke Bd. 83, „Am Marterpfahl", S. 467

ZEUGENAUSSAGE FÜR KLARA MAY
(1908)

Es ist die Frage, ob Herr Rudolf Lebius als Ehrenmann zu betrachten ist oder nicht. Ich muss als Zeugin der Wahrheit die Ehre geben, indem ich offen bekenne, dass es mir vollständig unmöglich ist, ihn als Ehrenmann zu bezeichnen. Er hat an mir und meinem Mann nicht wie ein Mensch, sondern wie ein Unmensch gehandelt, der alles Mitleid, alle Wahrheitsliebe und alle Ehrenhaftigkeit bis auf den letzten Rest vollständig verloren hat.

Schon im Jahre 1902, als mein Mann im Süden reiste, schrieb Herr Lebius an meinen Mann, dass er ein Leser seiner Werke sei, dass er ihn verehre und bewundere und dass er wünsche, sich ihm vorstellen zu dürfen. Als mein Mann diese Zuschrift gelesen hatte, sagte er sofort: „Der will mein Geld, weiter nichts." Er antwortete ihm sehr kühl mit einer Karte.

Unter Beilegung schrieb Herr Lebius am 7. April 1904 einen Brief, in dem er seinen Wunsch wiederholte. Er habe ein Blatt in Dresden gegründet (die *Sachsenstimme*), welches großen Anklang finde. Mein Mann möge für dieses Blatt etwas schreiben.

Die *Sachsenstimme* war ein Revolverblatt allerniedrigsten Ranges. Es konnte meinem Mann nicht einfallen, Mitarbeiter zu werden, aber infolge der Gefährlichkeit und Rachsüchtigkeit derartiger Revolvermänner musste er sich hüten, Herrn Lebius direkt abzuweisen. Er erlaubte ihm, zu uns nach Radebeul zu kommen. Er wurde hierzu besonders auch durch den Militärschriftsteller und Redakteur Max Dittrich bestimmt, der ihn warnte und ihm versprach, bei dem Besuch gegenwärtig zu sein, damit mein Mann so wenig wie möglich mit Lebius zu sprechen habe. Herr Lebius meldete sich für den 2. Mai nachmittags drei Uhr an.

Als der Besuch zur angegebenen Zeit gekommen war,

stellte sich sehr schnell heraus, dass Herr Lebius ein Mann war, vor dem man sich in Acht zu nehmen hatte. Gleich als ich ihn empfing, sagte ich ihm, dass mein Mann nur unter der Bedingung mit ihm sprechen werde, dass kein einziges Wort von der Unterhaltung in die Zeitung komme. Er versprach es mir. Als dann mein Mann im Gesellschaftszimmer erschien, stellte er dieselbe Bedingung noch einmal. Herr Lebius gab sein Wort. Er hat es dann, als er kein Geld bekam, ohne allen Skrupel gebrochen. Das ist ehrlos! Und noch schlimmer ist, dass er in seinen Veröffentlichungen die Wahrheit herumdrehte und derart mit bewussten Lügen ausschmückte, dass mein Mann als literarischer Schurke, Schwindler und Hochstapler erschien.

Herr Lebius trank mit Kaffee, aß dann auch mit Abendbrot und zeigte sich außerordentlich gesprächig. Er sprach fast ganz allein. Wir andern hörten meist nur zu. Er gab sich die auffälligste Mühe, sich und sein Revolverblatt uns anzupreisen. Er sprach von seinen großen Kenntnissen, seinen außerordentlichen Erfahrungen, von seinen Erfolgen als Parteimann, Journalist, Buchhändler und Verleger. Als das nicht wirkte, sprach er wieder von seiner Verehrung und Bewunderung für meinen Mann, dessen Bücher er sehr genau kenne. Er habe sie gelesen und studiert. Da stellten wir ihn auf die Probe. Wir prüften ihn. Wir fragten ihn aus. Er konnte keine einzige Frage beantworten. Er hatte diese Bücher nicht gelesen. Er kannte den Inhalt keines einzigen. Er war als Schwindler entlarvt. Das war ehrlos!

Aber er besaß so gar keine Ehre, dass er sich über diese Entlarvung nicht im Geringsten schämte. Er lachte und scherzte über sie. Er sagte, er bewundere meinen Mann nicht seiner Werke, sondern seines Erfolges wegen. Der Erfolg sei die Hauptsache und unter dem Erfolg verstehe er das Geld. Alles andere, Religion, Kunst, Wissenschaft, Gesetz, Moral, Humanität, sei Mumpitz! Das Geld sei alles in allem. Er sei aus der christlichen Kirche ausgetreten. Er sei Journalist und Parteimann. Er nehme auf die Religion anderer Leute keine Rücksicht. Die Presse sei die einzige Macht, die es gebe, und das Geld der einzige Erfolg, den er anerkenne. Darum sei sein Grundsatz folgender: „Wer am meisten zahlt, der hat uns! – Nur wer Geld hat, der kann alles erreichen. Nur wer Geld hat, kann sich einen eigenen Willen und eine eigene Meinung gestatten. Leider haben wir Journalisten und Redakteure meist kein Geld. Darum sind wir gezwungen, gegen unsere Überzeugung zu handeln und zu schreiben und nur solchen Leuten zu dienen, von denen wir Geld bekommen. Wer am meisten zahlt, der hat uns!"

Herr Lebius wurde in seiner Redseligkeit immer unvorsichtiger. Er verstieg sich schließlich zu folgenden Geständnissen:

Wer an Gott, Religion, Moral usw. glaubt, der ist Knecht. Wer an nichts glaubt, der ist freier Herr. Es gibt Sklaven und Gebieter, Schafe und Leithammel. Der Parteimann soll nicht Schaf, sondern Leithammel und Gebieter sein. Gehe es bei der einen Sorte von Schafen nicht, so gehe es bei der andern; man brauche nur zu wechseln, aber stets nur mit der nötigen Überzeugung, denn das begeistere die Schafe. Dieser seiner Pfiffigkeit habe er alle seine bisherigen Erfolge zu verdanken.

Den Schafherden, die man leiten wolle, imponiere man als Redakteur besonders dadurch, dass man sich Mühe gebe, die Obrigkeit, die Beamten und überhaupt alle Angestellten in den Sack zu bekommen. Das sei sehr leicht. Jeder Beamte hat Werg am Rocken. Man forscht nach, was jeder Einzelne bei der Obrigkeit für verborgene Sünden zu verstecken hat. Hat man es erfahren, so deutet man das als Redakteur im Blatt leise an, sodass man nicht gefasst werden kann, der Betreffende aber erfährt, dass man seine Sünden kennt. Dadurch setzt man sich in Respekt und kommt in den Ruf eines tüchtigen Kerls. Man wird gefürchtet! Man regiert!

Wir, mein Mann und ich, waren froh, als dieser Besuch

vorüber war. Wir nahmen uns vor, uns vor diesem Herrn Lebius in Acht zu nehmen und ihn fortan zu meiden. Aber schon am nächsten Tag schrieb er uns einen Dank für die ihm erwiesene Gastfreundschaft und am 12. Juli 1904 verlangte er ein Darlehen auf drei Jahre, ohne die Höhe der Summe anzugeben. Am 8. August stellte er sie auf drei- bis sechstausend Mark fest. Am 15. August verlangte er schon zehntausend Mark. Er tat das unter allerlei Vorspiegelungen falscher Tatsachen. Es konnte uns nicht einfallen, ihm das Geld zu geben. Es wäre doch alles verloren gewesen. Wir hörten, er habe schon manifestiert.[1] Als er kein Geld bekam, erhielten wir eine Postkarte, in der uns gedroht wurde, dass Herr Lebius einen Zeitungsartikel gegen uns schreiben werde. Und als mein Mann trotzdem nicht zahlte, erschien dieser Artikel am 11. September in der Lebius'schen *Sachsenstimme*. Er strotzte vor Verdrehungen, Übertreibungen und direkten Lügen und erhielt eine Menge gleichwertiger Fortsetzungen, deren Ehrlosigkeit und Boshaftigkeit jeder Beschreibung spottet. Es war offensichtlich darauf abgesehen, meinen Mann moralisch, literarisch und wirtschaftlich zu Grunde zu richten. Wir haben ganz entsetzlich unter diesem Hass und dieser unmenschlichen Rachsucht gelitten und hatten diesen Mann doch nie und auch mit einem einzigen Wort beleidigt oder gekränkt!

Diese Rachsucht hat meinen Mann nicht nur bis dahin verfolgt, wo Lebius plötzlich mit Hinterlassung bedeutender Schulden aus Dresden verschwand, sondern sie ist jetzt plötzlich in dem Prozesse Lebius gegen Wermuth wieder groß und aktuell geworden. In diesem Prozess war mein Mann als Zeuge benannt. Herr Lebius schickte seine Frau zu mir nach Radebeul, um meinen Mann durch Drohungen zu bestimmen, nicht gegen, sondern für ihn auszusagen, sonst würde ihr Mann ganz unbedingt gezwungen sein, die alten Angriffe gegen meinen Mann zu erneuern,

---

[1] einen Offenbarungseid geleistet

und was daraus folgte, das wüssten wir genau! Wir gingen natürlich nicht darauf ein.

In dieser Weise abgewiesen, beschloss Herr Lebius, eine Broschüre gegen meinen Mann erscheinen zu lassen, die ihn als einen Mann hinstellte, der keine Eidesglaubwürdigkeit besitzt. Diese Broschüre kam unter Umständen zu Stande, welche den Strafrichter noch ernstlich zu beschäftigen haben. Sie erschien einige Tage vor dem Termin, zu dem mein Mann als Zeuge geladen war, und enthält eine fast noch größere Menge von Verdrehungen, Übertreibungen, wissentlichen Fälschungen und absichtlichen Lügen als alle andern früheren Pamphlete, mit denen mein Mann vernichtet werden sollte.

Nach alledem ist es mir gänzlich unmöglich, anzunehmen, dass Herr Lebius auch nur die geringste Spur von Ehrgefühl besitzt. Ich halte ihn für einen geradezu gemeingefährlichen, vollständig unehrenhaften, rücksichtslosen Menschen, der in seiner Gewissenlosigkeit und Selbstüberhebung es sogar wagte, zu dem von ihm verführten Zeugen F. W. Kahl zu sagen: „Fürchten Sie sich nicht vor dem Gericht! Ich bin ein großes forensisches Talent! Sobald ich anfange zu sprechen, sind die Richter alle mein!"

Karl Mays Gesammelte Werke Band 83
Am Marterpfahl

Karl Mays letzte Lebensjahre waren überschattet von gerichtlichen Auseinandersetzungen, bei denen die Sachfragen bald in den Hintergrund traten. Stattdessen kam es zu bösartigen persönlichen Verunglimpfungen des greisen Dichters in der Öffentlichkeit. Der Vater des „Winnetou" wurde nun – bildlich gesprochen – selbst an den Marterpfahl gestellt. Er wehrte sich gegen die Hetzkampagne durch mehrere Texte, die ursprünglich nicht zur Veröffentlichung bestimmt gewesen sind, inzwischen aber für die biografische Forschung unschätzbare Informationen enthalten.

Band 83 der Gesammelten Werke versammelt die drei wichtigsten jener Prozess-Schriften: „Ein Schundverlag" (1905), „Ein Schundverlag und seine Helfershelfer" (1909) und „An die 4. Strafkammer des Könglichen Landgerichtes III in Berlin" (1910/11). Vor allem der erste Text bietet viele detailreiche Schilderungen aus Karl Mays Redakteurszeit. Es handelt sich somit gleichzeitig um einen Vorläufer und um eine wichtige Ergänzung der Selbstbiografie „Mein Leben und Streben" aus dem Jahre 1910. Aber auch die Eingabe „An die 4. Strafkammer..." bringt für Karl Mays Lebensgeschichte wichtiges Material, wobei zahlreiche erzählende Passagen Aufschluss über seine erste Ehe mit Emma Pollmer geben. Die Fassung des Schriftsatzes vom Dezember 1911 stellt Mays letzte größere Autorenarbeit dar. In diesen Kampfschriften zeigt sich der Meister des Abenteuerromans auch als brillanter Beherrscher satirisch geschliffener Sprache, der den literarischen Spott gekonnt als Mittel gegen seine Widersacher einzusetzen wusste.

Hintergrund und Entstehungsgeschichte der Texte werden einmal mehr von Christoph F. Lorenz kompetent und ansprechend erläutert.

ISBN 978-3-7802-0083-9

Karl Mays Gesammelte Werke und Briefe

Band 91 Briefwechsel mit F. E. Fehsenfeld I
Band 92 Briefwechsel mit F. E. Fehsenfeld II
Band 93 Briefwechsel mit Sascha Schneider

Mit Band 91 beginnt eine neue Epoche der „Gesammelten Werke", die nun zu „Karl May's Gesammelten Werken und Briefen" erweitert werden. Auch unser Bild des Menschen und Schriftstellers Karl May wird durch den Briefwechsel mit seinen Verlegern, Freunden und Lesern wesentlich erweitert.

Eröffnet wird die Reihe der Briefbände mit einer zweibändigen Edition der Korrespondenz Karl Mays mit seinem zu Lebzeiten wichtigsten Verleger Friedrich Ernst Fehsenfeld, der zusammen mit seinem Vetter Felix Krais die berühmte „grüne Reihe" begründete und seinem Autor trotz mancher Auseinandersetzungen und Anfeindungen bis zuletzt die Treue hielt. In Briefen, die von der ersten Begegnung im Jahre 1891 bis zu Mays Tod im Jahre 1912 reichen, wird die einzigartige Beziehung zwischen Autor und Verleger sichtbar.

Der „deutsche Michel Angelo" – so rühmte Karl May seinen Freund, den Maler, Zeichner und Bildhauer Sascha Schneider (1870–1927), in dessen Werken er eigene Ideen verbildlicht sah. Schneider selbst war umgekehrt von den Heldentaten der Mayschen Kraftmenschen, dem archetypischen Kampf zwischen Gut und Böse fasziniert und schrieb über den meistgelesenen Autor deutscher Sprache: „May wird unsere Zeit überdauern und noch eine andere Zeit dazu." So entzündete sich schon beim ersten Treffen ein anregender Dialog zweier in ihren künstlerischen Ansichten und Weltanschauungen zwar sehr verschiedener, aber dennoch seelenverwandter Persönlichkeiten.

ISBN 978-3-7802-0091-4
ISBN 978-3-7802-0092-1
ISBN 978-3-7802-0093-8

Christian Heermann
Winnetous Blutsbruder
Karl-May-Biografie

Karl Mays Leben und Schaffen zu erforschen, war neben der Pflege seiner Werke immer schon eine der zentralen Aufgaben des Karl-May-Verlags. An diese Tradition knüpft die neue, erweiterte Biografie des renommierten Karl-May-Kenners Christian Heermann an.

„Winnetous Blutsbruder" behandelt sachkundig, detailreich und in flott lesbarer Form die Vita des großen Abenteuerschriftstellers, die so spannend und ungewöhnlich war wie seine besten Romane. Aus ärmlichsten Verhältnissen arbeitete er sich hoch, strauchelte einige Male auf dem Wege und schaffte schließlich doch den großen Durchbruch als Deutschlands beliebtester Erzähler, bis im Alter auf tragische Weise die Schatten der Jugend wiederkehrten und ihm die letzten Jahre vergällten.

Die Forschung hat in jüngerer Zeit eine Riesenfülle neuer Erkenntnisse erbracht und konnte so manchen weißen Fleck im Lebenslauf des Schriftstellers tilgen. Viele wissenswerte Neuigkeiten rund um Karl May werden dem Leser daher hier erstmals vorgetragen – etwa die tatsächlichen Vorfälle, die ihn seine erste Stellung als Lehrer kosteten, oder die Frage, was er seinerzeit über die Lage der Indianer konkret wissen konnte.

Christian Heermann las als Zwölfjähriger seinen ersten grünen Band und ist seither begeisterter Fan. Nebenberuflich verfasste Heermann bisher rund 2500 Zeitungsbeiträge, von denen sich 250 mit Karl May befassen, sowie zahlreiche Bücher über Mathematik, große Kriminalfälle und – immer wieder über den Mann, der in seinen erträumten Abenteuern „Winnetous Blutsbruder" war.

ISBN 978-3-7802-0161-4

Der geschliffene Diamant
Die Gesammelten Werke Karl Mays

Im Mittelpunkt dieses Sonderbands steht die Arbeit eines Mannes, der die lange Erfolgsgeschichte des Karl-May-Verlags und der May-Bücher überhaupt maßgeblich gestaltet hat: Euchar Albrecht Schmid.

Verlagsleiter Lothar Schmid berichtet ausführlich über die Gründungsgeschichte des Verlages, dessen Aufgaben und Zielsetzungen sowie über persönliche Erinnerungen an seinen Vater und setzt sich auch mit vielen Schwierigkeiten auseinander, vor die der Verlag sich in seiner langen Geschichte immer wieder gestellt sah.

Weitere Autoren – allesamt ebenfalls profunde Kenner wie Siegfried Augustin, Wolfgang Hermesmeier, Walther Ilmer, Christoph F. Lorenz und Stefan Schmatz – beleuchten von unterschiedlichen Seiten E. A. Schmids Lebenswerk, den Aufbau von Karl Mays Gesammelten Werken in ihrer heutigen Gestalt. Die Sichtung, Neuordnung und Bearbeitung der zahlreichen, teilweise verstreuten und zu Beginn des zwanzigsten Jahrhunderts viel umstrittenen Schriften Mays war eine Arbeit langer, oft mühevoller Jahre. Am Ende stand das bis heute nahezu einmalige Phänomen des literarischen Longsellers Karl May, dessen lang anhaltender Erfolg sich nicht zuletzt dieser verantwortungsvollen Bearbeitung verdankt. – Aus dem wertvollen, aber auch von vielen Schlacken bedeckten Rohdiamanten wurde das kostbare, leuchtende, geschliffene Juwel.

Die Anthologie gibt Einblick in diesen Werdegang und setzt E. A. Schmid und seinen Mitarbeitern ein verdientes Denkmal, denen es zu verdanken ist, dass Karl May und sein Verlag auch noch im 21. Jahrhundert ihre Rolle in der deutschsprachigen Unterhaltungsliteratur weiterspielen.

ISBN 978-3-7802-0160-7

Reinhard Gusky / Willi Olbrich
Auf Karl Mays Fährte

Einen Bildband ganz ungewöhnlicher Art, nicht nur für Karl-May-Fans, legen die May-Kenner und Postkarten-Sammler Reinhard Gusky und Willi Olbrich hier vor. Auf rund 350 überwiegend farbigen historischen Karten des späten neunzehnten und frühen zwanzigsten Jahrhunderts entsteht ein abwechslungsreicher Bilderbogen, der von Deutschland und Europa bis nach Ceylon und in die USA reicht.

Ansichten von (fast) allen Orten, die in Karl Mays Leben eine besondere Rolle spielten, reihen sich aneinander und eröffnen einen nostalgischen Blick auf eine Welt, die sich längst tief gewandelt hat, ja ganz und gar verschwunden ist und hier in teils realistischen, teils romantischen, manchmal auch skurrilen Ansichten wieder aufersteht.

Unter den teilweise sehr seltenen und von Sammlern begehrten Karten befinden sich auch etliche ganz besondere, von Karl May selbst beschriebene und verschickte Stücke. Seinen beiden großen Reisen von 1899/1900 und 1908 in den Orient und in die USA sind eigene umfangreiche Abschnitte gewidmet.

ISBN 978-3-7802-0159-1

Hartmut Kühne / Christoph F. Lorenz
Karl May und die Musik

Karl May war ein Mann von vielen Talenten. Wie er selbst in seiner frühesten Erzählung „Wanda" verrät, träumte er als Zwanzigjähriger mehr von musikalischem denn von literarischem Ruhm. Die Geschichte kam anders und sein Erfolg als Schriftsteller war und ist beispiellos, aber ganz vergessen hat er die Liebe zur Tonkunst nie. In seinen großen Romanen spielen häufig musikalische Themen eine Rolle – man denke nur an das „Ave Maria" aus Winnetous Sterbeszene. Eben dieses „Ave Maria" wird bis heute gerne von Chören landauf, landab gesungen und hat May auch als Komponisten im Gedächtnis bleiben lassen. Aber sein musikalisches Schaffen war weitaus umfangreicher. Viele der herrlichen Chorlieder aus dem Nachlass wurden in diesem Sonderband erstmals veröffentlicht – alle in neuer Notenschrift und zum großen Teil auch auf der beiliegenden CD mit rund 70 Minuten Spieldauer. Hartmut Kühne kommentiert alle Stücke und gibt einen weitgespannten Überblick über Mays kompositorisches Werk und die Rolle der Musik in seinem Leben. Daneben kommt auch die Musik zu und über May nicht zu kurz. So mancher Bewunderer vertonte Gedichte aus Mays Feder, angefangen vom sangesfrohen Gymnasiasten bis hin zu erfolgreichen Profimusikern und Komponisten. Christoph F. Lorenz stellt die schönsten Perlen aus dieser Sammlung vor, kleine Meisterwerke ebenso wie einige Kuriositäten. Ein weiteres Kapitel widmet sich den berühmten May-Film-Melodien der 1960er-Jahre. Michael Petzel präsentiert die erste vollständige Titelliste aller Schlager und Popsongs rund um Mays Werke und Helden. 92 Seiten Noten von Karl May im professionellen Neusatz laden zum Spielen und Singen seiner Stücke ein; über 100 Seiten faksimilierter Notenschriften entführen in vergangene Zeiten.

ISBN 978-3-7802-0154-6

Wolfgang Hermesmeier / Stefan Schmatz
Karl-May-Bibliografie 1913 - 1945

Die umfangreiche Bibliografie der beiden May-Kenner, -Forscher und -Sammler Hermesmeier und Schmatz informiert erstmals vollständig über einen der wichtigsten Abschnitte in der Editionsgeschichte von Karl Mays Werken. Alle Veröffentlichungen des Karl-May-Verlags von seiner Gründung 1913 bis zum Ende der Radebeuler Ära 1945 werden hier in übersichtlicher Weise vorgestellt, daneben auch alle Lizenzausgaben sowie die von Liebhabern überaus gesuchten Sammelbilderalben jener Jahre. Mehrjährige Recherchen der Autoren in verschiedenen Bibliotheken, Archiven und im Karl-May-Verlag bilden die Grundlage dieses Bandes, den man schon jetzt als Standardwerk bezeichnen darf.

Sämtliche aufgeführten Bücher sind mit Titelseiten und Einbänden abgebildet, sodass sich jeder Leser – auch ein Neueinsteiger in das Gebiet der klassischen Karl-May-Ausgaben – ein genaues Bild von Ausstattungsvarianten, Raritäten und der ganzen Vielfalt der Radebeuler Verlagsproduktion machen kann.

Hiermit liegt nicht nur eine ab sofort unverzichtbare Nachschlagehilfe für Buchhändler, Antiquare und bibliophile Freunde Karl Mays vor, sondern darüber hinaus ein Stück Dokumentation deutscher Verlagsgeschichte, das in seiner Art einmalig ist.

ISBN 978-3-7802-0157-7

Wolfgang Hermesmeier / Stefan Schmatz
Traumwelten I-III
Bilder zum Werk Karl Mays

Das bewährte Autorengespann Wolfgang Hermesmeier und Stefan Schmatz gibt in diesem dreibändigen Werk eine umfassende Übersicht über die Illustratoren, die sich mit den Erzählungen Karl Mays kreativ auseinandergesetzt haben. Neben kurzen Biografien – soweit die Namen der Künstler ermittelbar sind – wird das Schaffen der einzelnen Maler und Zeichner im Hinblick auf May bibliografisch knapp und präzise erfasst und anhand der besten und schönsten Zeichnungen exemplarisch vorgestellt. Doch stehen nicht die Illustratoren oder eine Analyse ihrer Arbeiten im Mittelpunkt der Bände, sondern das Werk Karl Mays, dargestellt in Bildern. Den einzelnen Abbildungen sind kurze Zitate, nach Möglichkeit unter Rückgriff auf die Erstausgaben, beigegeben, die die jeweilige Szene in den Zusammenhang der „Gesammelten Werke" einordnen. Die Trilogie erweckt die Gestalten Karl Mays zum Leben und ruft Erinnerungen an viele spannende Episoden aus seinen Romanen und Erzählungen wach. Sie sollte in der Bibliothek keines Karl-May-Freundes fehlen.

Band I umfasst die Illustratoren zu Mays Lebzeiten (bis 1912), Band II eine Auswahl jener Künstler, die zwischen 1913 und 1930 Mays Werk illustriert haben, und Band III schließlich eine Übersicht der wichtigsten Illustratoren von 1931 bis zur Gegenwart.

Band I · ISBN 978-3-7802-0166-9
Band II · ISBN 978-3-7802-0167-6
Band III · ISBN 978-3-7802-0179-9

Reprint-Edition
der Freiburger Erstausgaben

Bis auf wenige Ausnahmen erschienen Karl Mays Erzählungen zunächst in Zeitschriften. Mit den Beiträgen für das Regensburger Familien-Wochenblatt „Deutscher Hausschatz" und das Knaben-Journal „Der gute Kamerad" begann Karl Mays literarischer Durchbruch, der Aufstieg zum großen Volksschriftsteller. Kein Wunder also, dass sich 1891 mit dem tatkräftigen Friedrich Ernst Fehsenfeld aus Freiburg im Breisgau ein Verleger fand, der vornehmlich die „Hausschatz"-Erzählungen in Buchform auf den Markt bringen wollte: als „Gesammelte Reiseromane". Die Edition begann bereits im folgenden Jahr und begründete Karl Mays Weltruhm.

Als Karl May am 30. März 1912 starb, umfasste die seit 1896 in „Gesammelte Reiseerzählungen" umbenannte Reihe 33 Bände. Nur wenig bekannt ist, dass der Fehsenfeld-Verlag seine Bücher in acht verschiedenen Ausstattungen anbot. Die wohl schönste davon wurde zum Vorbild für die Reprint-Edition des Karl-May-Verlags bestimmt, die nicht nur im sorgfältig faksimilierten Text, sondern auch rein äußerlich bis in kleinste Details den Erstdrucken aus den Jahren 1892-1910 entspricht und in drei Ausstattungsvarianten bezogen werden kann:

- als Standard-Ausgabe in hochwertigem Skivertexeinband
- als Luxus-Ausgabe in gediegener Echtlederausstattung
- als Sascha-Schneider-Ausgabe mit den Jugendstiltitelbildern von Mays Künstlerfreund.

Neben mehr als 20.000 Seiten Originaltext bringen Anhänge und Nachworte zur Werkgeschichte mit zahlreichen Fotos, Handschriftproben, Briefmaterialien u. v. a. zusätzlich eine wichtige Bereicherung dieser einzigartigen und prächtigen Serie.

Fordern Sie unser Gesamtverzeichnis an!

KARL MAYs GESAMMELTE WERKE

1	Durch die Wüste	48	Das Zauberwasser
2	Durchs wilde Kurdistan	49	Lichte Höhen
3	Von Bagdad nach Stambul	50	In Mekka (von Franz Kandolf)
4	In den Schluchten des Balkan	51	Schloss Rodriganda
5	Durch das Land der Skipetaren	52	Die Pyramide des Sonnengottes
6	Der Schut	53	Benito Juarez
7	Winnetou I	54	Trapper Geierschnabel
8	Winnetou II	55	Der sterbende Kaiser
9	Winnetou III	56	Der Weg nach Waterloo
10	Sand des Verderbens	57	Das Geheimnis des Marabut
11	Am Stillen Ozean	58	Der Spion von Ortry
12	Am Rio de la Plata	59	Die Herren von Greifenklau
13	In den Kordilleren	60	Allah il Allah!
14	Old Surehand I	61	Der Derwisch
15	Old Surehand II	62	Im Tal des Todes
16	Menschenjäger	63	Zobeljäger und Kosak
17	Der Mahdi	64	Das Buschgespenst
18	Im Sudan	65	Der Fremde aus Indien
19	Kapitän Kaiman	66	Der Peitschenmüller
20	Die Felsenburg	67	Der Silberbauer
21	Krüger Bei	68	Der Wurzelsepp
22	Satan und Ischariot	69	Ritter und Rebellen
23	Auf fremden Pfaden	70	Der Waldläufer
24	Weihnacht	71	Old Firehand
25	Am Jenseits	72	Schacht und Hütte
26	Der Löwe der Blutrache	73	Der Habicht
27	Bei den Trümmern von Babylon	74	Der verlorene Sohn
28	Im Reiche des silbernen Löwen	75	Sklaven der Schande
29	Das versteinerte Gebet	76	Der Eremit
30	Und Friede auf Erden	77	Die Kinder des Herzogs
31	Ardistan	78	Das Rätsel von Miramare
32	Der Mir von Dschinnistan	79	Old Shatterhand in der Heimat
33	Winnetous Erben	80	Auf der See gefangen
34	„ICH"	81	Abdahn Effendi
35	Unter Geiern	82	In fernen Zonen
36	Der Schatz im Silbersee	83	Am Marterpfahl
37	Der Ölprinz	84	Der Bowie-Pater
38	Halbblut	85	Von Ehefrauen und Ehrenmännern
39	Das Vermächtnis des Inka	86	Meine dankbaren Leser
40	Der blaurote Methusalem	87	Das Buch der Liebe
41	Die Sklavenkarawane	88	Deadly dust
42	Der alte Dessauer	89	*(in Vorbereitung)*
43	Aus dunklem Tann	90	*(in Vorbereitung)*
44	Der Waldschwarze	91	Briefwechsel mit F. E. Fehsenfeld I
45	Zepter und Hammer	92	Briefwechsel mit F. E. Fehsenfeld II
46	Die Juweleninsel	93	Briefwechsel mit Sascha Schneider
47	Professor Vitzliputzli		

Karl-May-Atlas, Karl-May-Chronik I-V, Der geschliffene Diamant, Die blaue Schlange
Winnetous Blutsbruder, Mein Hengst Rih, Fürst und Junker I-III, An der Quelle des Löwen
Auf Winnetous Spuren, Mit Kara Ben Nemsi durch den Orient, Karl-May-Filmbuch
Karl-May-Bibliografie 1913–1945, Traumwelten · Bilder zum Werk Karl Mays I-III
Karl-May-Stars, Karl May und die Musik (mit CD), Ich war Winnetous Schwester
Karl May auf sächsischen Pfaden, Durchs wilde Lukullistan, Auf Karl Mays Fährte
Old Shatterhand vor Gericht, Erkämpftes Glück, Der Riesenochsenfrosch
Auf Tod oder Leben, Hadschi Halef Omar, Unter Volldampf

KARL-MAY-VERLAG Ⓜ BAMBERG · RADEBEUL
www.karl-may.de

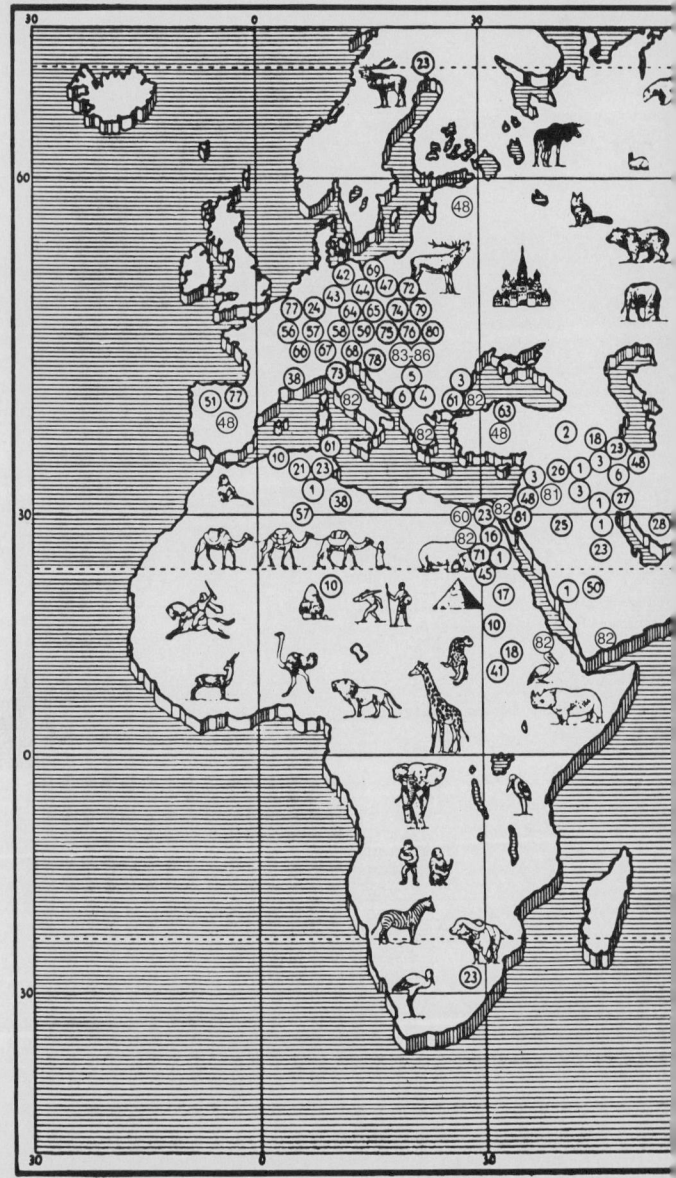